JN425293

독일사회보장법과 사회정책

전 광 석

博 英 社

머 리 말

20년 전 독일에서의 유학생활을 마치고 귀국한 후 독일에서의 경험을 기초로 복지국가에 관한 학문적, 그리고 실천적 관심을 갖게 되었다. 유럽, 그리고 좁게는 독일에서 복지국가의 문제가 국가의 핵심적인 과제로서 논의되고 있는 상황이 우리에게도 곧 현실이 될 것으로 생각되었기 때문이다. 한편으로는 사회보장법이 보호하는 사회적 위험의 구조를 밝히고, 그러한 기초 위에서 해석론 및 정책론적 개선을 위한 논의가 우선적 과제였다. 다른 한편 아직 복지국가의 학문적 역사가 길지 않은 상황에서 논의의 자료를 축적할 필요성이 있었고, 이러한 작업의 하나로서 저자가 경험한 「독일 사회보장법론」을 저술하기로 하였다. 이 책은 1994년 출간되었다.

그로부터 15년의 시간이 흘렀다. 그동안 중요한 변화들이 있었다. 우리 사회보장법, 그리고 사회정책은 양적·구조적으로 현저한 변화를 겪었다. 복지생산의 재정문제가 시급한 논의와 개혁의 대상이 되었다. 이러한 상황은 대체로 독일을 중심으로 보면 1980년대 긴축사회정책과 사회보장청구권의 존속보호에 관한 논의를 연상케 한다. 1990년대 이후 세계적으로 복지국가의 논의는 완전히 새로운 모습을 띠면서 발전하고 있다. 복지생산체계가 정치적 의사결정에 구조적으로 자리잡으면서 여러 학문 분야에서 복지국가에 대한 학문이론적 논의가 활발하게 이루어지고 있다. 이러한 복지국가의 이론적 발전은 특히 세계화, 고령화, 인구구조의 불균형 등을 배경으로 하고 있다.

이 책을 쓰게 된 이유는 이 전에 저자가 출간한 「독일 사회보장법론」이 더 이상 집필의 의도에 기여할 수 없게 되었다는 데에 있다. 독일의 사회정책에 대한 논의 구조가 세계화 및 고령화, 그리고 인구구조의 변화와 같은 새로운 배경 하에서 대폭 바뀌었다. 장기요양보험이 도입되었고, 장애인재활 및 참여에 관한 법제가 새로이 사회법전에 편찬되었다. 고용촉진 및 사회부조 역시 재편되었다. 그 밖에 질병보험, 연금보험, 재해보험 등 사회보험도 여러 차례의 변화를 겪으면서 복지국가의 지속가능성을 보장하는 시도를 거듭해 왔다. 따라서 독일 사회보장법을 새롭게 집필하여야 했고, 더불어서 독일 사회보장법의 기원과 형성 및 최근의 변화를 좀더 구조적으로 이해하기 위해서는 사회정책적 배경을 함께 소개할 필요가 있다고 생각하였다. 이에 책의 제목을 「독일사회보장법과 사회정책」으로 하였다. 어느 정도 시간이 지나면 이 책 역시 역사책이 될 것이다. 그렇게 시간이 흘러 저자와 같은 관심을 가진 분이 후일 독일에서의 논의를 소개하는 집필을 할 때 이 책이 서술의 기초가 될 수 있다는 생각도 하게 된다. 이 모든 의도들이 성공했는지는 독자가 판단할 문제이다. 이 책을 마무리하면서 교정과 그 밖에 기술적인 문제들을 세심하게 맡아준 연세대학교 강사 김진곤 박사, 연세대학교 법과대학 대학원 박사과정의 박찬권, 그리고 석사과정의 차원일에게 고마운 마음을 표한다.

이 책을 마치면서 자연스럽게 저자를 처음으로 사회보장법학에 입문하도록 이끌어 준 독일 뮌헨대학교 법과대학의 Hans F. Zacher 교수가 떠오른다. 올해는 마침 Zacher 교수가 80회 생신을 맞는 해이다. 지난 25년간 Zacher와의 교류는 저자에게는 항상 학문적 사고의 자양분이 되었고, 또 이로부터 학문적 자극을 얻어 왔다. "거인들의 어깨 위에 서서 바라보았기 때문에 좀더 멀리 볼 수 있었다"는 선인의 말이 떠오른다. 학문적, 그리고 인간적 교류를 통하여 그 때마다 확인할 수 있었던 존경과 애정을 이 책에 담아 바친다.

2008년 6월 12일

연세대학교 법과대학 광복관 연구실에서

전 광 석

차 례

제1편 서 론

제 2 편 사회정책과 사회보장법

제 3 편 사회보장법전의 편찬

제 4 편 사회보장법의 개념

제 5 편 사회법의 구조적 원리의 형성과 발전

제 6 편 사회법의 체계

제 7 편 사회법 관련 헌법질서

제8편 독일의 국제사회보장법

제9편 사회보장실체법

제11편 사회보장절차법 및 정보보호

제12편 동서독 통일과 사회보장법

◈ 약 어 표 ◈

AbgG	Abgeordnetengesetz(연방의원법)
AFG	Arbeitsförderungsgesetz(고용촉진법)
AnVNG	Angestelltenversicherungs-Neuregelungsgesetz (사무직근로자 연금보험법 개정법률)
AOK	Allgemeine Ortskrankenkasse(일반 지역질병보험조합)
ArVNG	Arbeiterrentenversicherungs-Neuregelungsgesetz (노동자 연금보험법 개정법률)
AVAVG	Gesetz über Arbeitsvermittlung und Arbeitslosenversicherung(직업소개 및 실업보험에 관한 법률)
AVG	Angestelltenversicherungsgesetz(사무직근로자연금보험법)
BAföG	Bundesausbildungsförderungsgesetz(연방교육촉진법)
BBesG	Bundesbesoldungsgesetz(연방공무원급여법)
BBG	Bundesbeamtengesetz(연방공무원법)
BeamtVG	Beamtenversorgungsgesetz(공무원부양법)
BEEG	Bundeselterngeld- und Elternzeitgesetz (연방양육부모보호법)
BGB	Bürgerliches Gesetzbuch(독일민법전)
BGBl	Bundesgesetzblatt(연방공보)
BGSG	Bundesgrenzschutzgesetz(연방방위군법)
BKGG	Bundeskindergeldgesetz(연방아동보조금법)
BminG	Bundesministergesetz(연방각료법)
BSG	Bundesozialgericht(연방사회보장법원)
BSGE	Entscheidungen des Bundessozialgerichts (연방사회보장법원 판례집)
BSHG	Bundessozialhilfegesetz(연방사회부조법)

BT Drucks.	Bundestags-Drucksache(연방의회 유인물)
BVerfG	Bundesverfassungsgericht(연방헌법재판소)
BVerfGE	Entscheidungen des Bundesverfassungsgerichts (연방헌법재판소 판례집)
BVerwG	Bundesverwaltungsgericht(연방행정법원)
BVerwGE	Entscheidungen des Bundesverwaltungsgerichts (연방행정법원 판례집)
BVG	Bundesversorgungsgesetz(연방부양법)
DDR	Deutsche Demokratische Republik(독일민주공화국; 동독)
EstG	Einkommensteuergesetz(소득세법)
GAL	Gesetz über eine Altershilfe der Landwirte(농민연금법)
HEZG	Gesetz zur Neuregelung der Hinterbliebenenrenten sowie zur Anerkennung von Kindererziehungszeiten in der gesetzlichen Rentenversicherung (공적 연금법 중 유족연금개정 및 양육기간산입에 관한 법률)
HHG	Häftlingshilfegesetz(억류자 보호법)
HwVG	Handwerkerversicherungsgesetz(수공업자 보험법)
IfsG	Infektionsschutzgesetz(전염병예방법)
JWG	Jugendwohlfahrtsgesetz(청소년복지법)
KVSG	Künstlersozialversicherungsgesetz(출판예술인 사회보험법)
MuSchuG	Mutterschutzgesetz(산모보호법)
OEG	Gesetz über die Entschädigung für Opfer von Gewalttaten (범죄피해자 보상법)
RKG	Reichsknappschaftsgesetz(광업종사자 보험법)
RVO	Reichsversicherungsordnung(제국보험법)
SG	Soldatengesetz(군인법)
StGB	Strafgesetzbuch(독일형법전)
STRehG	Strafrechtliches Rehabilitierungsgesetz(형법 복권법)

SVBG	Gesetz über die Sozialversicherung Behinderter (장애인 사회보험법)
SVG	Soldatenversorgungsgesetz(군인부양법)
UnterhVG	Unterhaltsvorschussgesetz(아동부양보조금법)
VRG	Vorruhestandsgesetz(조기 퇴직자 보조금법)
VVDStRL	Veröffentlichungen der Vereinigung der Deutschen Staatsrechtslehrer(독일공법학자대회보고서)
VwGO	Verwaltungsgerichtsordnung(행정법원법)
VwRehG	Verwaltungsrechtliches Rehabilitierungsgesetz(행정법 복권법)
WoGG	Wohngeldgesetz(주택보조금법)
ZDG	Zivildienstgesetz(민간역무법)

제 1 편 서 론

제 1 장 독일의 사회보장법을 왜, 그리고 어떻게 배우나?

제 1 절 비교법연구 일반론

독일의 사회보장법을 왜, 그리고 어떻게 배울 것인가(혹은 배워야 하나)? 라는 문제는 비교법 및 개별 외국법 연구의 의의 및 과제에 관한 질문이다. 이 질문에 대해서 두 가지로 대답할 수 있다. 첫째, 외국법 연구 그 자체가 목적이 될 수 있다. 지역학의 한 부분 영역으로서, 외국법을 보다 잘 이해하는 목적을 갖는다. 구체적으로 비스마르크(Bismarck)라는 이름과 결합되어 사회보험이 처음 시행된 국가로 주로 알려져 있을 뿐, 구체적인 제도형성과 제도의 발전에 대해서 아직 자세히 다루어지지 않은 독일 사회정책과 사회보장법의 과거, 현재, 그리고 미래에 대한 예측을 서술하는 작업이다. 둘째, 나아가서 외국법을 보다 잘 이해 · 평가하고 그 결과를 우리의 법제와 비교하면서 우리의 법을 해석 · 적용하는 데 필요한 유용한 자료를 준비하기 위한 목적을 갖는다.

이 책은 위 두 가지 목적 모두를 염두에 두고 쓰여졌다. 외국법의 연구를 효과적으로 수행하기 위해서는 연구대상인 외국법이 해당 국가의 역사적 배경에서 어떠한 구체적인 요청에 대응하기 위한 산물이었나, 또 시대적 요청에 법적 형식의 해결방안이 제시되는 데에는 어떠한 상황조건들이 긍정적 혹은 부정적으로 작용하였는가에 대한 이해가 필요하다.

19세기 중반 이후 이루어진 독일의 산업화에는 여러 가지 새로운 사회문제(Sozialfragen)가 뒤따랐다. 이에 대처하기 위해서 당시 독일 사회에서는 노동정책 및 사회정책을 중심으로 한 사회개혁(Sozialreform)의 필요성이 대두되었다. 현재 독일 사회보장법을 이해하기 위해서는 위와 같은 역사적 배경에서 생성되는 사회문제의 모습을 정확히 인식하여야 한다. 그러나 이러한 역사적 접근만으로는 영국, 벨기에, 스위스, 프랑스 등과 같이 일찍 산업화된 국가가 아니라, 독일에서 사회정책이 먼저 발달하게 된 사실을 이해하는 데에는 한계가 있다. 즉 단순한 사회정책적 필요성이라는 논리만으로 사회정책적 제도의 발전을 설명할 수는 없다. 사회보장의 성립 및 발전에는 이 밖에도 사회구조의 변화, 경제적 발전단계, 국가형태, 관료, 의회, 사회경제적 이익집단 등 사회정책에 관한 의사결정에 참여하는 행위자의 태도와 같은 상황조건이 함께 변수로서 작용하였다.[1)]

제 2 절 새로운 문제상황

비교법적 연구에 있어서는 사회적 환경의 변화에 따라 사회적 위험에 대한 이해, 그리고 이에 대한 정책구상이 변화하여 왔다는 점을 고려하여야 한다. 오늘날 선진 사회보장국가들은 모두 정도의 차이가 있지만 유사한 새로운 도전에 직면해 있다. 이를 간단히 정리하면 다음과 같다.

첫째, 경제성장의 시대에 국가의 사회보장기능이 팽창하면서 제도적, 그리고 심리적으로 개인 생활이 국가의 사회보장급여와 이에 대한 기대에 종속되는 현상이 일반화되었다. 그런데 이제 성장이 한계에 부딪히면서 국가의 부담을 경감하고 사회보장의 과제를 기업 혹은 개인적 차원으로 분산시킬 필요성이 생겼다.

---

1) 이에 대해서 자세히는, 예컨대 Gerhard A. Ritter, *Der Sozialstaat*(Oldenbourg, 1991); Gerhard A. Ritter, *Sozialversicherung in Deutschland und England*(C.H. Beck, 1983)(전광석(역), 복지국가의 기원(법문사, 2006)); Hans F. Zacher(편), *Bedingungen für die Entstehung und Entwicklung von Sozialversicherung*(Duncker & Humblot, 1979) 등 참조.

둘째, 고령사회로의 진입이다. 고령사회는 사회보장의 지평에 다음과 같은 영향을 준다. 생산인구와 피부양인구간에 균형이 상실되면서 현재 생산인구에게 지나친 재정부담을 주는 위험이 발생한다. 이러한 고령사회의 현상 혹은 경향 자체를 돌이킬 수는 없다. 노령인구를 생산활동에 계속 종사시키는 문제, 여성이 직장생활과 가정생활을 병립할 수 있도록 여성의 출산을 보호하고 아동양육과 직장을 연결하여 보호하는 문제 등이 각국에서 사회정책의 중요한 과제로 논의되고 있다.

셋째, 가족구조의 변화, 가정 및 사회에서의 여성의 역할 및 의식의 변화이다. 오늘날 전통적인 대가족구조에서 핵가족구조로, 그리고 어느 정도는 가족해체의 시대를 예고하고 있다. 그 결과 개인의 사회보장을 가족구조 속에서 인식하고 대응하는 사회보장방법론에 한계가 인식되고 있다. 이는 전통적인 사회보장에 두 가지 과제를 던져 준다. 첫째, 위와 같은 경향에도 불구하고 개인이 가족의 구성원으로서 구성원간의 기능분담을 통하여 어느 정도 보호될 수 있는 방법이 강구되어야 한다. 가족정책이 이에 유리한 상황을 조성하여야 하며, 사회보장법은 가족을 유지하는 개인의 결정에 우호적인 급여체계를 도입하여야 한다. 둘째, 가족구성원간의 기능분담을 통하여 사회보장이 충실히 실현될 수 없다는 현실을 정책적으로 반영하여야 한다. 예컨대 오늘날의 가족구조에서는 노인의 장기요양을 가족구성원의 배려에 의존하여 해결하는 데에는 한계가 있다. 이로써 이를 독자적으로 보호하는 사회보장제도가 필요하게 되었다. 또 사회보험에서 현금급여만으로는 사회적 위험이 발생한 개인을 충실히 보호할 수 없다는 점에 대한 배려가 필요하다.

넷째, 세계화(globalization)의 진행이다. 세계화는 지구 전체를 단위로 하는 시장에 적용되는 경제적 기준에 따라서 수요와 공급이 결정되는 새로운 상황을 가져왔다. 이로써 자본과 노동, 그리고 자본과 노동의 관계가 국내정책적 결정으로부터 어느 정도 독자성을 갖게 되었다. 그 결과 각국은 생산의 기반인 자본을 유치하고, 자본에 우호적인 노동관계를 형성하는 과제를 갖게 되었다. 이로써 자본과 노동의 균형관계가 상실되는 결과,

를 낳았다. 이는 노동에 대해서는 다음과 같은 두 가지 의미를 갖는다. 첫째, 자본이 필요로 하는 노동의 수요와 공급이 원활하게 이루어질 수 있어야 한다. 즉, 노동시장의 유연성에 대한 요청과 제도화이다. 둘째, 노동이 생산에 기여하는 정도에 따라 노동에 대한 양극화된 평가가 이루어지게 되었다. 이와 같은 자본과 노동, 그리고 노동시장의 변화에 따라 사회보장이 전제로 하였던 노동시장의 상황, 즉 개인이 성인이 되면 근로의 기회를 부여받고 이때 근로의 형태는 원칙적으로 종신고용·전일고용이라는 전제는 더 이상 현실이 아니게 되었다. 이러한 상황이 사회보장에 미치는 영향은 근본적이며, 각국은 이에 대한 해법을 찾아가고 있다.

독일의 사회보장법을 보다 잘 이해하기 위해서는 위와 같은 새로운 상황에 대한 이해가 필요하다. 이어 독일의 현행 법제가 관찰되고, 현행 실정법은 어떠한 새로운 시대적 요청에 직면하여 이에 어떠한 방식으로 대응하고 있는가, 그리고 앞으로 독일의 법제는 어떠한 발전방향을 띨 것인가에 대한 전망을 할 수 있어야 한다.

외국법의 연구성과, 즉 역사적 현실과 이에 대한 법적 대응, 그리고 현실과 법적 대응의 상호작용 속에서 이루어지는 평가에 관한 서술은 이제 그 각각의 단계가 우리 법제와의 비교연구를 통해서 같고 다름이 견주어져야 한다. 그리고 이를 기초로 우리 법제의 정책론적 혹은 해석론적 발전에 이바지할 수 있어야 한다. 여기에 외국법 연구의 필요성이 있다.[2]

---

2) 이에 대해서는 최대권, 영미법(박영사, 1986), 15면 이하; 현승종, 비교법입문(박영사, 1972), 63면 이하 등 참조. 비교법의 목적에 대해서는, 이상면, "비교법학적 방법론", 「법학」(서울대) 제24권 제1호(1983), 59면 이하 등 참조. 특히 사회보장법의 비교연구 방법론에 대해서는 Hans F. Zacher, "Vorfragen zu den Methoden der Sozialrechtsvergleichung", Hans F. Zacher(편), *Methodische Probleme des Sozialrechtsvergleichs*(Duncker & Humblot, 1977), 21면 이하 참조.

제 3 절 독일 사회보장법의 특수성

Ⅰ. 복지국가 유형론에 따른 특수성

이제 보다 구체적으로 특히 독일의 사회보장법을 연구하는 의미에 대한 질문을 제기하고 답할 필요가 있다.

독일 사회보장법에 대한 연구는 독일, 나아가서는 유럽, 그리고 통합되는 유럽에 대한 지역학적 연구의 중요한 한 부분이다. 그러나 법학자에게 보다 중요한 관점은 독일의 사회보장법이 우리의 사회보장법의 해석, 그리고 정책 발전에 (긍정적이든, 부정적이든) 하나의 기준이 될 수 있다는 기대이다. 특히 확대된 사회보험과 촉진제도, 그리고 사회보장과 관련된 소송제도 및 행정절차에 대한 입법상태 등이 우리에게 새로운 발전의 방향을 제시해 줄 것이다.

독일 사회보장법 및 사회정책의 유형은 적어도 구조적으로 보면 비교적 우리나라와 유사하며, 따라서 비교될 수 있는 많은 점들을 내포하고 있기 때문에 비교정책적 및 비교법적 작업의 의미와 기대를 가질 수 있다. 다음 몇 가지 점에서 그러하다.

첫째, 우리 사회보장법은 사회보험을 중심으로 발전되어 왔다. 아래에서 살펴보겠지만 사회보장의 유형은 크게 국민부양제도(Staatsbürgerversorgung)의 국가와 사회보험(Sozialversicherung) 중심의 국가로 나눌 수 있다. 영국, 스웨덴 등과 비교하여 독일은 전형적인 사회보험국가로 분류된다.[3] 따라서 사회보장의 구조적 특징과 관련해서도 독일은 우리 사회보장의 발전에 경험적 寶庫가 될 가능성이 충분히 있다.

둘째, 독일에서는 (대부분의 국가가 마찬가지이지만) 여러 사회적 위험을 보호의 대상으로 하는 사회보험들이 함께 운영되고 있다. 그런데 이들 사회적 위험들은 부분적으로 본질에 있어서 동일하기 때문에 관할 및 조

3) 이에 대해서는 Eberhard Eichenhofer, “System sozialer Sicherheit im internationalen Vergleich”, Bernd von Maydell/Walter Kannengießer(편), *Handbuch der Sozialpolitik*(Neske, 1988), 387면 이하 참조.

정의 문제를 발생시킨다. 예컨대 질병보험법상의 질병과 장애인재활보호법상의 장애는 본질에 있어서 어느 정도 유사 혹은 동일하다. 연금보험법상의 장애와 산재보험법상의 장애 역시 마찬가지이다. 또 사회적 위험 자체가 동일하지는 않더라도 관할의 문제가 항상 명확한 것은 아니다. 예컨대 장애예방을 위한 조치는 한편으로는 질병보험법의 보호대상이지만, 다른 한편 연금보험의 중요한 정책적 관심이기도 하다. 장애가 발생한 경우 이는 연금청구권을 발생시켜 연금보험에 부담으로 작용하기 때문이다. 이들 관할과 조정의 문제는 아직 우리나라에서 본격적으로 논의되고 있지는 않지만 향후 체계적 정리를 필요로 하는 문제이다.

셋째, 독일 사회보험법은 각각의 직역을 조직의 기초로서 형성·발전되어 왔다. 또 이에 상응하여 이른바 자치운영의 원칙에 기초하여 의사결정을 하여 온 전통을 가지고 있다.[4] 이와 같이 제도의 형성과 개편이 다원적인 당사자의 동의가 필요하기 때문에 한편으로는 참여와 동의에 기초하여 제도의 안정성이 확보될 수 있다. 그러나 다른 한편 제도의 합리화가 필요한 시점에서 신속한 의사결정이 이루어질 수 없다는 한계를 보여왔다. 정도의 차이가 있지만 이러한 의사결정구조는 우리 사회보험에서도 일반적으로 나타나고 있다. 독일의 예는 합리화의 필요성과, 참여와 동의에 기초한 안정성이 어떠한 모습으로 조화될 수 있는가의 문제를 보여줄 것으로 기대할 수 있다.

넷째, 독일의 사회보험은 기본적으로 직역 중심으로 발전되어 왔기 때문에 해당 직역 가입자에게 사회적 위험이 발생했을 때 상실되는 소득을 보상하여 기존의 생활수준을 보장하는 목표를 가져왔다. 이는 다시 두 가지로 세분화해서 볼 수 있다.

첫째, 독일의 사회정책을 기본적으로 성인 남성이 주부양자이며, 주

4) 이에 대해서는 예컨대 전광석, "사회보장법에서 자치행정의 문제 -사회보장에서 국가와 사회의 기능분담에 관한 시론", 김철수 교수 정년기념논문집(1998), 1142면 이하; Ulrich Becker, "Organisation und Selbstverwaltung der Sozialver- sicherung", Franz Ruland/Bernd von Maydell(편), *Sozialrechtshandbuch*(Nomos, 2003), 225면 이하 참조.

부양자에게 사회적 위험이 발생했을 때 그의 상실된 소득을 보상하는 방법을 취해 왔다.[5] 이는 안정적인 가족구조와 남성과 여성간의 정형화된 기능분담을 전제로 한 것이다. 그런데 오늘날 이 두 가지 전제는 모두 위기에 닥치고 있다. 성인 남성의 상실된 부양을 보충하면 가족이 필요로 하는 서비스는 가족 내에서 충족된다는 것이 더 이상 현실이 아니게 되었다. 또 여성의 의식 및 기능이 변화하게 됨에 따라 여성은 더 이상 남성 소득근로자의 사회보장에 종속된 위치에 있지 않고 독자적인 보호를 필요로 하게 되었다. 이러한 변화에 대한 독일의 대응은 우리에게도 중요한 시사점을 줄 것이다.

둘째, 독일의 사회보장은 가족의 주부양자에게 사회적 위험이 발생하여 상실된 소득을 보상하는 현금보상의 방법에 주로 의존하여 왔다. 이는 산업화 초기의 고용사회를 전제로 구상된 것이며, 오늘날과 같이 고용 자체가 불안정화된 사회에서 사회정책은 안정적인 고용을 매개하는 적극적인 과제에 정책적 비중을 두는 변화를 겪고 있다. 이는 아동양육, 장기요양, 교육정책 등에 대해서도 마찬가지이다.[6] 이러한 이른바 적극적인 복지국가 혹은 적극적인 노동시장정책은 필연적으로 필요한 서비스를 적시에 제공하는 것을 중요한 국가의 과제로 하게 되었다. 소득보장을 중심으로 사회정책을 형성하여 왔기 때문에 이러한 변화에 적응하는 데 어려움

---

5) 이에 대해서는, 예컨대 Gøsta Esping-Andersen, "Welfare States without Work; the Impasse of Labour Shedding and Familianism in Central European Social Policy", Gøsta Esping-Andersen, *Welfare States in Transition*(Sage Publication, 1996), 66면 이하 참조.

6) 이에 대한 일반적인 지적으로는 Manfred G. Schmidt, "Reformen der Sozialpolitik in Deutschland; Lehren aus historischen und internationalen Vergleichen", Stephan Leibfried/Uwe Wagschal(편), *Der deutsche Sozialstaat*(Campus, 2000), 165면 이하 참조. 예컨대 독일에서 다른 유럽 국가에 비해서 장기요양문제에 대한 정책적 대응이 더디었던 것은 위와 같은 현금급여 중심의 복지생산구조가 영향을 미쳤다. 이 점에 대해서는, 예컨대 Gerhard Igl, *Pflegebedürfigkeit und Behinderung im Recht der sozialen Sicherheit*(Nomos, 1987); Bertram Schulin, "Landesbericht; Bundesrepublik Deutschland", *Soziale Sicherung bei Pflegebedürfigkeit- Bestandsaufnahme und Reformbestrebungen*, Schriftenreihe des Deutschen Sozialrechtsverbandes, Bd. XXIX(1987), 8면 이하 등 참조.

이 있었던 독일 사회정책의 경험은 같은 문제를 안고 있는 우리에게 중요한 선례가 될 수 있다.

다섯째, 이와 같이 독일의 사회보험은 직역을 조직의 기초로 하여 형성되었기 때문에 소득재분배효과는 제한적이다. 보험료는 소득활동 기간의 소득을 기준으로 산정되며, 이것이 사회적 위험이 발생한 후 지급되는 급여의 산정기초가 되기 때문이다. 그만큼 복지생산은 분배과정에서의 불평등을 재생산하는 데에 기여한다. 즉 복지생산이 보수주의적, 현상유지적 이념에 의해서 지배된다. 이와 같이 사회보험급여는 국가의 일방적인 급여가 아니라 가입자가 납부한 보험료에 대한 반대급여이기 때문에 재산권 등에 의한 헌법적 보호가 이루어진다.7) 그만큼 소득재분배를 위한 처분가능성이 제한된 제도임을 다시 한번 알 수 있다.

여섯째, 위와 같이 사회보험을 중심으로 사회정책이 형성되어 왔기 때문에 사회보험능력이 결여된 주변 집단에 속하는 국민에 대한 배려가 또 하나의 중요한 과제이다. 이는 특히 사회보험가입자에 비해서 공공부조의 대상자들은 객관적인 보호의 필요성에도 불구하고 정치적 비중이 낮아서 정치적 배려가 소홀해질 우려가 있기 때문이다. 독일에서 이 문제는 특히 1980년대 이후 이른바 복지국가의 분열이라는 주제 하에 활발히 논의되고 있다.8)

Ⅱ. 그 밖의 특수성

위와 같이 복지국가유형론에서 논의되는 특수성 외에 다음과 같은 점

7) 다만 재산권적 보호의 대상은 정확히는 보험료에 대한 반대급부가 아니라 보험료산정의 기초가 되는 소득을 기준으로 산정되는 차이가 있으며, 이 점이 사회보장급여에 대한 재산권적 논의에 있어서 특징으로 나타난다. 이 점에 대해서는 Friedrich Schnapp, “Sozialstaatlichkeit im Spannungsfeld von Eigenverantwortung und Fürsorge”, *Deutsches Verwaltungsblatt*(2004), 1058면 이하 참조.

8) 이에 대해서는, 예컨대 Franz-Xaver Kaufmann, “Der deutsche Sozialstaat als Standortbelastung? Vergleichende Perspektiven”, Stephan Leibfried/Uwe Wagschal(편), *Der deutsche Sozialstaat*(Campus, 2000), 195면 이하: Stephan Leibfried/Florian Tennstedt(편), *Politik der Armut und Spaltung des Sozialstaats*(Suhrkamp, 1985) 참조.

들이 독일 사회정책 및 사회보장법을 비교의 시각에서 접근하는 의의라고 생각된다.

첫째, 독일은 헌법이, 특히 헌법재판소의 결정을 매개로 해서 사회보장법의 발전에 적지 않은 영향을 미치고 있는 대표적인 국가이다. 독일에서 사회보장법에 대한 헌법적 평가는 헌법의 규범력을 사회보장법에서 해명하는 중요한 여러 선례를 보여 준다.9)

둘째, 1990년 동서독이 하나의 독일로 통일되면서 사회보장법 영역에서도 통합작업이 이루어졌다. 이러한 과정은 아직 분단상태에 있는 우리에게 앞으로의 과제를 해결하는 하나의 희귀한 예를 보여 줄 것이다.10)

셋째, 독일 사회보장법에서는 그동안 우리가 겪지 못한 사회보장에 관한 법이론이 발달해 왔다.11) 이러한 법이론적 연구업적들이 우리의 사회보장법 해석에도 선택적이기는 하겠지만 적어도 우리의 노력을 상당한 정도 덜어 주는 데 도움을 줄 것이다.

제2장 이 책의 구성

비교법의 작업은 두 가지 방법으로 수행될 수 있다. 첫째, 사회보장법에 out-sider로서 접근하는 방법이다. 여기에서는 사회보장법의 존재이유인 사회문제가 인류보편적인 현상이 되고, 당해 외국법이 채택한 사회정책 및 사회보장법은 각국이 모색하는 해결방안 중의 하나로 나타난다. 따라서 이 시각에서는 국제비교에 입각해서 해당 국가 사회보장법의 특유한

9) 이에 대해서는 전광석, “사회보장법과 헌법의 규범력-서독의 경험”, 「연세법학연구」 창간호(1990), 101면 이하 참조. 독일 사회법연보(*Jahrbuch des Sozialrecht*)는 매년 헌법재판소의 결정을 소개·평가하는 보고논문을 게재하고 있다.

10) 독일 통일과 복지국가발전에 관한 주제를 광범위하게 다루고 있는 문헌으로는 Gerhard A. Ritter, *Der Preis der deutschen Einheit*(C.H.Beck, 2007) 참조.

11) 이에 대한 총론적 평가에 대해서는 Gerhard Igl, “Sozialrechtslehre und Staats- und Verwaltungsrecht”, Schriftenreihe des Sozialrechtsverbandes Bd. 47(2000), 91면 이하; Hans F. Zacher, “Entwicklung einer Dogmatik des Sozialrechts”, *Festschrift für Peter Krause*(2006), 3면 이하 등 참조.

구조를 주목한다. 둘째, 독일의 사회보장법을 비교법적으로 접근하기 위해서는 in-sider로서의 시각 또한 필요하다. 이때 연구자는 독일 사회보장법을 自國法과 같이 연구한다. 여기에서는 독일 사회보장법의 개별 규정에 대한 해석·적용, 그리고 정책적 문제점 등을 실제 법생활과의 밀접한 관련 하에서 파악하여야 한다. 외국인으로서 이러한 과제를 완벽하게 수행하는 것은 불가능에 가깝다. 따라서 in-sider적 시각에서는 문제중심적 접근방법과의 절충이 필요하다. 이로써 독자에게는 구체적인 관심이 직접 제기되는 효과가 있다. 이를 통해서 독자는 단편적이지만 오늘날 독일의 사회보장법이 새로운 문제에 대처해 가는 모습을 볼 수 있게 된다.

이 책에서는 먼저 사회정책과 사회보장법과의 관계(제2편), 사회보장법전의 편찬과정(제3편), 사회보장법의 개념에 대한 이해방법(제4편) 등을 서술한다. 이어 out-sider로서의 시각에서 독일 사회보장법의 비교법적 특징을 보다 잘 이해하기 위해서 사회보장의 원리가 형성되는 역사적 과정을 살펴본다(제5편). 독일 사회보장법의 발달을 우리의 사회보장법사와 단순 비교할 수는 없지만 종적인, 즉 비교역사적 고찰을 위한 유용한 기준들을 제공할 것이다. 이어 사회보장의 역사에서 자연스럽게 형성되는 전통적인 사회보장 분류방법을 설명하고, 그것이 오늘날 독일의 사회보장을 설명하기에 적합한 틀인가를 검토한다. 또 법학적으로 보다 의미있는 다른 체계화의 방법이 있는가에 대한 논의를 정리한다(제6편).

독일 사회보장법을 서술하기에 앞서 사회보장법에 관한 헌법적 윤곽질서(제7편)와 국제법적 규범의 틀(제8편)에 대해서 살펴본다. 독일에서 연방헌법재판소의 결정이 사회보장법의 발전에 중요한 기준으로 작용하고 있다는 점에 대해서는 이미 언급한 바 있다. 아직 인식의 정도가 높지는 않지만 독일의 국제사회보장법과 1992년 유럽의 시장통합과 함께 더욱 비중이 높아지고 있는 유럽공동체의 사회정책과 사회보장법이 독일의 사회보장법 발전에 미치는 영향은 오늘날 독일 사회보장법을 이해하기 위해서 필수적이다. 후자, 즉 유럽공동체 사회보장법은 독일 사회보장법에 미치는 영향 이외에도 그 자체 독립해서 시사적 관심과 연구의 대상이므로 이 책에서는 독립된 장에서 서술하였다(제8편).

독일의 사회보장실체법은 사회보험, 사회보상, 사회부조 및 촉진체계의 순서로 설명하였다(제9편). 이 밖에 법원에서의 소송을 통한 사회보장청구권에 대한 법적 보호의 문제(제10편)와 사회보장행정절차의 문제를 다룬다(제11편). 마지막으로 동서독 통일을 전후한 독일 사회보장법의 발전, 그리고 사회보장법이 동서독 통일에 갖는 관련성을 살펴본다(제12편). 이는 분단 상태에 있는 우리에게 미래의 문제를 해결하는 데 있어서 희귀하고 중요한 예이다.

제 2 편 사회정책과 사회보장법

제 1 장 개념 및 범주

제 2 편은 이 책의 서술대상을 명확히 하는 의미를 갖는다. 이 책은 독일의 사회정책 일반이 아니라 사회보장법이라는 특수한 수단으로 시행되는 독일의 사회정책을 서술한다. 이는 사회정책에서 사회보장법이 차지하는 위치를 밝히는 작업이기도 하다. 이들 용어의 개념정의를 정확히 하려는 것이 목적은 아니다. 이러한 목적을 위해서는 별도의 독립된 연구가 필요할 것이다.[1)]

사회정책과 사회보장의 개념적 차이는 유동적이다. 독일에서는 사회보장이 소극적으로 질병, 노령·장애·사망, 산업재해 등 사회적 위험으로부터 개인을 보호할 뿐만 아니라, 적극적으로 교육, 고용, 자녀양육 등 인격을 실현하기 위하여 필요한 개인의 수요를 충족하는 과제를 이른바 촉진체계(Förderungssysteme)를 통해서 확대·발전시켜 왔다. 잠정적으로는 사회보장이 사회정책과 비교하여 공동체지향성보다는 개체지향성을 보다 강하게 띤다고 할 수 있다.

사회문제에 관한 헌법규정을 비교하면 사회정책과 사회보장의 관계를 좀

---

1) 사회보장의 개념에 대한 비교연구로는, 예컨대 유광호, "사회보장개념에 관한 연구", 「사회보장연구」 제1권(1985), 1면 이하; Franz-Xaver Kaufmann, *Sicherheit als soziologisches und sozialpolitisches Problem*(Ferdinand Enke Verlag, 1973); Franz-Xaver Kaufmann, *Sozialpolisches Denken*(Suhrkamp, 2003), 13면 이하 등 참조.

더 잘 이해할 수 있다. 예컨대 독일 헌법 제20조 제1항 및 제28조 제1항에 국가목표규정(Staatszielbestimmungen) 혹은 입법위임규정(Gesetzgebungsaufträge)으로 규범화된 사회국가원리(Sozialstaatsprinzip)는 국가에 포괄적인 사회정책을 실시할 과제를 부과한다. 이에 비해서 우리 헌법 제34조는 국가에게 구체적으로 사회보장분야에서 적극적인 활동을 요구하는, 개인의 사회보장에 관한 기본권을 보장하고 있다.2) 두 규정은 헌법의 사회적 강령이 갖는 규범력의 한계 때문에 실제 효력에 있어서는 큰 차이가 없다. 그러나 전자는 1차적으로 국가, 특히 입법부에 부과된 과제로서, 그 내용이 개방적이어서, 전통적인 사회보장뿐 아니라, 교육 · 주택 · 환경정책 등을 포괄한다.3) 이에 비해서 후자는 사회국가원리에 비해서는 상대적으로 구체적인 내용을 갖는 사회보장정책을 시행할 국가의 과제를 기본권의 형태로 표현한 것이다.

위와 같이 사회보장의 개념을 좁게 이해하더라도 헌법이 구체적인 실현방법과 관련하여 지침을 제공하고 있는 것은 아니다. 즉 사회보장이 반드시 법적 수단을 통하여 시행되어야 하는 것은 아니다.4) 또 설혹 법제도를 통하여 사회보장이 실현된다 하더라도 법제화의 영역이 공법인 사회보장법이어야 하는 것은 아니다. 즉 독일 헌법상 사회국가(Sozialstaat)가 사회보장법국가(Sozialrechtsstaat)를 의미하는 것은 아니다. 따라서 극단적으로는 전혀 사회보장법적 수단에 의존하지 않는 사회보장도 가능하다.

---

2) 이에 대해서 자세히는 전광석, "인간다운 생활을 할 권리의 실현구조", 「고시계」(1991. 11), 93면 이하 참조.

3) 사회국가원리의 실질적 내용의 개방성에 대해서는, Hans F. Zacher, "Das soziale Staatsziel", Josef Isensee/Paul Kirchhof(편), *Handbuch des Staatsrechts* Bd. II (C.F. Müller, 2004), 706면 이하 참조.

4) 이 문제는 보다 일반적으로는 오늘날 각국에서 나타나고 있는 강한 법제화 경향이 과연 실질적 정의에 얼마나 기여했는가 하는 법사회학적으로 중요한 주제가 되었다. 독일 사회보장법에서 법제화 논의에 대해서는, Hans F. Zacher, "Verrechtlichung im Bereich des Sozialrechts", Friedrich Kübler(편), *Verrechtlichung von Wirtschaft, Arbeit und sozialer Solidarität*(Suhrkamp, 1985), 10면 이하 참조.

제 2 장 규범적 사회정책과 제도적 사회정책

위와 같은 문제를 명백히 하기 위해서 다음과 같은 2단계의 사고가 필요하다.

첫째, 사회정책은 규범적 사회정책(normative Sozialpolitik)으로도, 또 제도적 사회정책(institutionelle Sozialpolitik)으로도 시행될 수 있다. 규범적 사회정책은 독일과 같이 전통적으로 사회보험이 사회정책의 중심인 국가(이른바 사회보험국가)에서 나타난다. 사회보험제도에서는 가입자의 보험료 납부의무도, 그리고 지급되는 급여도 현금의 형태를 띤다. 물론 질병보험에서는 이러한 원칙이 적용되지 않지만 독일과 같이 질병보험에서 질병으로 인하여 상실된 소득을 보상하는 경우에는 현금급여의 원칙이 적용된다. 그런데 현금을 매개로 하는 보험관계에서는 당사자의 행태가 정확하게 법적으로 규율될 수 있다.[5] 이에 비해 제도적 사회정책은 영국과 같이 사회복지서비스(social work)가 일찍이 발달한 나라의 사회정책의 특징이다. 여기에서는 법은 단지 사회복지사업의 윤곽질서만을 마련해 주고 세부사업에 있어서는 사회복지사(social worker)가 주된 기능을 담당한다. 따라서 이러한 국가에서는 사회복지사에 대한 교육문제가 사회정책의 중요한 관심사이다.[6] 예컨대 영국의 국민보건제도(National Health Service; NHS)나 이탈리아의 국민의료보험조합제도(Istituto Nazionale per l'assicurazione contro le Malattie; INAM)에서는 국가와 개인 간의 구체적인 법률관계를 기초로 의료서비스가 제공되는 것이 아니다. 오히려 개인이 공적 영조물을 이용하는 형태로 질병으로부터 보호되며, 따라서 제도적 사회정책의 예에 해당한다.[7]

---

5) 이에 대해서 자세히는, Hans F. Zacher, 위 각주 4의 논문, 36면 이하 참조.

6) 이 문제에 대해서 자세히는 Rolf Haberkorn, *Die Rechtsstellung des Sozialarbeiters in England*(Duncker & Humblot, 1983); Armin Hörz, *Die Stellung des Sozialarbeiters in Frankreich*(Duncker & Humblot, 1983) 등 참조.

7) 영국과 이탈리아의 의료보장에 대해서는 Bernd Schulte, "Einführung in das Recht der sozialen Sicherheit von Großbritannien", Igl/Schulte/Simons, *Einführung in das Recht der sozialen Sicherheit von Frankreich, Großbritannien und Italien*

둘째, 규범적 사회정책에서 공법인 사회보장법이 가장 중요한 법적 수단이다. 그러나 사법 역시 중요한 사회정책의 기능을 수행한다. 또 예컨대 조세법에서도 조세법이 재정목적 이외에 직접적으로 사회보장의 기능을 수행할 수 있으며, 또 간접적으로는 사회보장을 배려하기 위한 지출 및 사회보장급여를 세법적으로 고려하여 사회보장의 기능을 수행한다.[8] 또 노동법 역시 사회보장의 중요한 매체이다. 민간보험 또는 기업연금은 직접적으로 사회보장의 기능을 수행한다.[9] 민법의 임대차 보호에 관한 규정 역시 개인에게 적절한 주거를 보장한다는 의미에서 사회보장의 한 수단이다.

위에서 살펴보았듯이 사회보장법은 사회정책의 한 실현수단이며, 독일은 사회정책이 주로 공법인 사회보장법을 통하여 이루어지는 대표적인 국가이다. 이 편을 마치면서 지적하고 싶은 것은 우리나라에서도 사회보장의 기능을 수행하는 다양한 법제간의 균형 혹은 조화의 문제가 앞으로 보다 심각하게 논의될 필요가 있다는 것이다.[10]

(Schweitzer, 1978); Thomas Simons, *Verfahren und verfahrensäquivalente Rechtsformen im Sozialrecht*(Nomos, 1985), 440면 이하 등 참조.

8) 조세법과 사회보장법의 상호기능보완관계에 대해서는 전광석, "세법과 사회보장법의 기능적인 상관관계", 「공법연구」 제32권 제1호(2003), 207면 이하 참조. 이에 관한 독일에서의 논의에 대해서는 Dieter Schewe, "Sozialrecht und Steuerrecht- ihre Dimension und Berührungspunkte", Schriftenreihe des Deutschen Sozialrechtsverbandes Bd. XXXII, *Sozialrecht und Steuerrecht*(1989), 9면 이하; Hans F. Zacher, "Steuer- und Sozialstaat im europäischen Systemwettbewerb- Schlussbemerkungen", Ulrich Becker/Wolfgang Schön(편), *Steuer- und Sozialstaat im europäischen Systemwettbewerb*(Mohr Siebeck, 2005), 291면 이하 등 참조.

9) 이와 같은 다원적인 구조에 의한 사회보장의 실현을 전제하고 있는 대표적인 국가로 미국 및 스위스를 들 수 있다. 이에 대해서는 Robert M. Ball, "Bridging the Centuries", Kingson/Schultz(편), *Social Security in the 21st Century*(Oxford University Press, 1997), 259면 이하; Obinger/Armingeon/Bonoli/Bertozzi, "Switzerland. The marriage of direct democracy and federalism", Herbert Obinger/Stephan Leibfried/Francis G. Castles(편), *Federalism and Welfare State*(Cambridge University Press, 2005), 263면 이하 등 참조.

10) 예컨대 노령, 장애라는 사회적 위험에 대한 보호, 그리고 가족보호를 위한 기능적 접근으로는 전광석, "우리나라 노령보장법제의 현황과 과제 - 소득보장을 중심으로 -", 「사회보장연구」 제7권(1991), 183면 이하; 전광석, "가족의 사회보장기능과 사회보장법의 가족보호기능", 「사회보장연구」 제12권 제1호(1996), 177면 이하; 전광석, 한국사회보장법론(법문사, 2007), 520면 이하 등 참조.

제 3 편　사회보장법전의 편찬

제 1 장　편찬작업

1960년대 후반에 들어서면서 독일에서는 사회보장법이 오랜 세월에 걸쳐 상호간의 관련성에 관한 심각한 고려 없이 난삽하게 각개의 법률을 통해 발전해 왔다는 사실이 문제로 제기되었다. 이는 사회보장에 관한 장기적인 법률관계를 규율하는 법이 이제는 일반 국민에게는 물론이고, 전문가들에게도 접근하기 매우 힘든 분야가 되었다는 비판으로 이어졌다. 이러한 문제인식은 곧 사회보장법전(Sozialgesetzbuch) 편찬사업의 계기가 되었다. 사회보장이 전반적으로 확대되면서 이제 국민생활이 점차 국가의 급여에 종속하게 되었다. 그런데 급여관계를 규율하는 사회보장법이 국민에게 이해하기 어려운 형태로 존재한다면 이는 법적 안정성을 침해하고, 이로써 개인에게는 장래의 생활계획 및 생활 그 자체를 불안정하게 할 것이기 때문이다.

사회보장법전 편찬사업은 공식적으로는 1969년 사회민주당 브란트(Willy Brandt) 정부의 정책발표에서 출발한다. 이는 1971년 전문가위원회가 구성되면서 본격적인 활동에 들어갔다.[1] 연방정부는 사회보장법전 편

1) 당정책 차원에서는 이미 1959년 사회민주당(SPD)의 고데스베르크강령(Godesberger Programm)에서 사회보장법전 편찬사업에 대한 계획을 수립하였다. 동시에 노동법전의 편찬사업 역시 계획되었으나 이는 현실로 옮겨지지는 못했다.

찬사업의 지침을 명백히 하였다. 즉, 이 사업의 중점은 기존의 사회급여체계에 대한 근본적인 검토와 개혁에 있다기보다는, 법적 안정성을 제고하기 위하여 사회보장법 상호간의 내적 조화와 통일을 도모하고, 불필요하고 복잡한 조문 및 조문간의 연계를 단순화하려는 데에 있다(이른바 “beschränkte Sachreform”).[2] 사회보장법 편찬이 결코 독일의 전통적인 사회보장법의 구조원리 자체를 재검토하는 계기가 되지는 않는다는 것이다.

사회보장법전 편찬작업은 1976년 제1권 사회보장법 총칙을 시작으로, 1977년 제4권 사회보험법 총칙, 1980년 제10권 사회보장 행정절차, 정보보호, 급여주체 간 및 급여주체와 제3자와의 관계에 관한 규정을 제정하는 결실을 맺었다. 청소년보호법(Jugendhilfegesetz)을 사회보장법전에 편입하려는 시도는 좌절되었다.[3] 이후 사회보장법전 편찬작업은 상당한 기간 정체되었다. 사회보장법 각 영역이 형성되는 당시부터 가지고 있던 비체계성과 또 시대의 흐름에 따라 필요하게 된 실체적 내용에 대한 개혁의 필요성 때문에 쉽게 합의가 이루어질 수 없었다. 이러한 논의가 어느 정도 성숙되어 개정에 대한 합의가 이루어진 후 해당 법률을 사회보장법전에 편입하는 것이 보다 합리적이라고 판단되었다.

1988년 오랜 논의 끝에 건강제도개혁에 관한 법률, 즉 Gesundheits-Reformgesetz에 의해서 질병보험법이 개정되면서 기존의 제국보험법(RVO)에 규율되어 있던 질병보험법 관련규정이 사회보장법전 제5권에 편입되었다. 1992년에는 연금개혁법(Rentenreformgesetz)에 의해서 역시 기존에 제국보험법에 편입되어 있던 연금보험법 관련규정이 개정되면서 사회보장법전 제6권에 편입되었다. 청소년 보호는 아동보호와 통합되어 아동 및 청소년

2) 이에 대해서 자세히는 Hans F. Zacher, *Das Vorhaben des Sozialgesetzbuches* (Schulz, 1973); Hans F. Zacher, “Das Vorhaben des Sozialgesetzbuchs”, Schriftenreihe des Sozialrechtsverbandes Bd. 40(1995), 7면 이하 등 참조.

3) 1980년 정부여당 및 야당에서 사회보장법전 제8권에 청소년보호법을 편입하는 안이 제출되었으나 모두 좌절되었다. 청소년 보호는 사회보장법전에서 제외되어야 한다는 것이 중론이었다. 청소년 보호가 사회보장에 국한된 문제가 아니고, 전체 사회정책적·교육정책적 차원에서 실시되어야 한다는 논리였다. 아래에서 설명하겠지만 이후 청소년보호법은 1990년 아동보호법과 함께 사회보장법전 제8권에 편입되었다.

보호(Kinder- und Jugendhilfe)라는 제목으로 1990년 사회보장법전 제8권에 편입되었다. 이로써 1975년 사회보장법전을 전체 10권으로 구성하려던 최초의 구상과는 달리 현재 사회보장법전은 전체 14권으로 구성되도록 예정되어 있다. 최초의 구상에서는 제4권 제1편에 사회보험법 총칙을, 같은 권 제2편에 질병보험법, 제3편에 재해보험법, 제4편에 연금보험법을 각각 편입시키려고 하였다. 그런데 이후 사회보험 각 분야가 독자적인 권으로 분류되었다. 즉 사회보장법전 제5권에 질병보험법, 제6권에 연금보험법, 그리고 제7권에 재해보험법이 각각 독자적으로 편성되었다.

이후 또 한번의 휴면기를 거쳐 1995년 장기요양(Pflegefälle)을 독자적인 사회적 위험으로 보호하는 장기요양보험이 사회보장법전 제11권에 제정되었다. 1998년 고용촉진법이 제2권에, 2000년 장애인의 재활 및 참여에 관한 규정들이 제9권에 제정되었다.

사회보장법전의 전체 구성과 현재까지의 편찬 진행상황을 보면 다음과 같다.

권		명 칭	기존법률	편찬진행상황
제 1 권		총 칙	(일부 새로운 규정 및 기타 여러 법률에 산재해 있던 규정)	1976. 1. 1. 편입
제 2 권		구직자 기초보장	고용촉진법 일부 규정 등	2003. 12. 24. 편입
제 3 권		고용촉진	고용촉진법, 중증장애인보호법 등	1998. 1. 1. 편입
제 4 권		사회보험 총칙	RVO 제1편과 자치행정법 등	1977. 7 .1. 편입
제 5 권		질병보험	RVO 제2편 등	1989. 1. 1. 편입
제 6 권		연금보험	RVO 제4편, 사무직근로자보험법, 광산근로자보험법, 수공업자보험법	1992. 1. 1. 편입
제 7 권		재해보험	RVO 제3편 등	1989. 1. 1. 편입
제 8 권		아동 및 청소년	청소년 보호법 등	1989. 1 . 1. 편입
제 9 권		장애인 재활 및 참여	재활급여조정법, 중증장애인보호법	2001. 7. 1. 편입
제10권	제 1 편	행정절차	행정절차법 중 일부와 새로운 규정	1980. 8. 18. 편입
	제 2 편	정보보호	신 설	

	제 3 편	사회보장주체 간의 협조와 제3자와의 관계	RVO 제 1, 2, 6 편의 일부 및 다른 법률의 규정들	1982.11. 4. 편입
제11권		사회보상	연방부양법, 범죄피해자보상법 등	미 편 입
제12권		사회부조	연방사회부조법	2003.12.27. 편입
제13권		아동보조금	연방아동보조금법, 연방양육보조금법	미 편 입
제14권		주택보조금	연방주택보조금법	미 편 입

제 2 장 사회보장법전의 기본구조

사회보장법전은 제1권 총칙 제1조에서 사회보장법의 과제를 사회정의(soziale Gerechtigkeit)와 사회보장(soziale Sicherung)의 실현으로 규정하였다. 이들 목표를 실현하기 위한 구체적 지침으로 다음과 같은 내용이 규정되었다.

- 인간다운 생활의 보장
- 자유로운 인격의 실현을 위한 균등한 조건의 조성
- 가족의 보호와 장려
- 자유로이 선택한 소득활동에 의한 생계유지 가능성의 보장
- 특별생활부담의 경감

사회보장법전은 위의 과제들을 실현하기 위해서 필요한 사회권(soziale Rechte)을 제3조에서 제10조에 규정하고 있다. 그 목록은 다음과 같다: 교육 및 고용촉진(제3조), 사회보험(제4조), 공적 희생에 대한 사회보상(제5조), 가족부담의 경감(제6조), 적정한 주거생활을 위한 보조(제7조), 아동 및 청소년 보호(제8조), 사회부조(제9조), 장애인 재활(제10조).

사회보장법전에 열거된 사회권이 개인에게 사회급여에 관한 구체적인 청구권을 부여하는 듯한 기대는 이미 총칙 제2조에서 결정적으로 제한이

가해지고 있다. 제2조 제1항에 의하면, 제3조에서 제10조에 규정된 사회권은 사회보장법전의 각칙이 급여의 조건과 내용을 구체화하는 경우에 한하여 청구권적 성격을 갖는다. 이로써 사회권의 실현은 일괄적으로 입법위임사항이 되었다. 이러한 사회보장법전 총칙 제2조의 태도는 사회권의 실현이 규범적 및 사실적인 주변상황, 즉 실현의 우선순위에 관한 의회민주주의적 결정, 또는 국가의 재정상태 등에 종속된다는 점을 보여준다. 그리고 이 규정은 일반적으로 헌법의 사회적 기본권이나 사회국가원리가 구체적인 청구권의 직접적인 근거가 될 수 없으며, 입법위임의 형태로 실현된다는 헌법에서의 논의와 맥락을 같이한다.

사회보장법전 총칙 제2조, 그리고 제3조에서 제10조까지의 규정은 국민의 법감정에 기대와 실망을 동시에 주었다는 비판의 대상이 되었다.[4] 또 다음과 같은 보다 본질적인 비판이 가해졌다. 즉 사회보장법전 총칙은 각칙이 구체적으로 시행되면서 얻은 경험을 기초로 일반원칙이 확립된 후 비로소 형성될 수 있다. 그럼에도 불구하고 먼저 사회보장법전 총칙이 법전화 되었기 때문에 총칙의 규정이 각칙의 규정과 모순을 일으키는 경우가 있게 되었다는 것이다.[5]

그러나 다른 한편 사회보장법전 편찬은 뚜렷한 긍정적인 면이 있었다. 개방적이고 모호한 내용을 갖는 독일 헌법상의 사회국가원리가 사회적 권리의 형태로 법률의 차원에서 명백히 목록화될 수 있었다. 또 사회권 규정은 사회보장법전 편찬과정에서 구체적인 방향 지침으로서 기능하고, 적극적인 입법동기로 작용할 수 있었다. 사회권에 관한 규정은 행정 및 사법작용에는 법적용 및 해석의 기준으로 이해되었다.

---

4) 이 점에 대해서는 Hans F. Zacher, 위 각주 2의 책, 32면 참조.

5) 이 점에 대해서는, 예컨대 Bernd von Maydell, "Die Idee des Sozialgesetzbuches und die Verständlichkeit des Sozialrechts", *Sozialer Fortschritt*(1987), 173면 이하; Detlef Merten, "Die Vereinheitlichung des Sozialrechts und die Kodifikation des Sozialgesetzbuches", *Vierteljahresschrift für Sozialrecht*(1974), 343면 이하 등 참조.

제 4 편 사회보장법의 개념

제 1 장 용어례에 대해서

사회보장법은 사회정책을 실현하기 위한 법적 수단이다. 따라서 사회보장법의 개념은 사회정책에 대한 이해에 기초하여 밝혀질 수 있다. 19세기 후반 이래 독일에서 전통적인 사회정책에 대한 논의는 법학 분야에서는 "사회법(Sozialrecht)"이라는 새로운 법영역을 둘러싸고 일어났다.1) 이러한 용어의 전통은 독일에서 아직도 계속되고 있다. 19세기 말부터 20세기 초에 걸쳐서 있었던 이 논의는 새로운 법영역을 둘러싼 논의라기보다는 새로운 법사상의 대두라고 할 수 있다. 이 당시 이른바 "사회개혁가들(Sozialreformer)"에게 문제가 되었던 것은 특정한 실정법이 아니라, 시민적 · 개인주의적 법사상에서 사회적 · 단체주의적 법사상으로의 전환, 그리고 "추상적 · 자유로운 인격(Person)"에서 "구체적 · 사회적 인간(Mensch)"으로의 법인류학적 인간상의 변천이었다. 이 논의는 독일 민법이 지나치게 로마법적 · 개인주의적

---

1) 독일에서 사회정책에 관한 학문적 논의는 1873년 슈몰러(Gustav Schmoller)가 중심이 되어 사회정책학회(Verein fur Sozialpolitik)가 창립되면서 본격화되었다. 이에 대한 간략한 설명으로는, Gerhard A. Ritter, *Sozialversicherung in Deutschland und England*(C.H.Beck, 1983), 24면 이하(전광석(역), 복지국가의 기원(교육과학사, 2006), 24면 이하) 참조. 이 학회의 국제적 영향에 대해서는 Edoardo Ales, "Die geistigen Grundlagen der Sozialgesetzgebung des Kanzlers Otto von Bismarck und das Entstehen des Sozialstaates in Italien", Eberhard Eichenhofer(편), *Bismarck, die Sozialversicherung und deren Zukunft*(Berlin Verlag, 2000), 55면 이하 참조.

요소를 띠고 있다고 비판하면서 전통적인 게르만법에 내포되어 있던 사회적·단체주의적 요소를 배합할 것을 주장한 기에르케(Otto von Gierke)에 의해서 시작하여, 우리에게도 널리 알려져 있는 라드부르흐(Gustav Radbruch)에 와서 정점을 이루었다.[2)]

독일에서 사회법에 관한 논의는 세분화되어 발전하면서 많은 부분이 각각 독자적인 법영역으로 형성되었다. 오늘날 독일에서 사회법은 우리가 사회보장법이라고 이해하는 법영역과 동일하다. 이 책에서도 독일의 용어례에 따라 "사회법"으로 통일하여 사용한다.[3)] 독일에서 사회법의 개념은 위에서 서술한 바와 같이 새로운 법사상의 표현이었기 때문에 그 동안 독립된 하나의 법영역으로 발전하는 과정에서 각각 실질적 의미와 형식적 의미, 그리고 넓은 의미와 좁은 의미로 개념분화를 겪으면서 발전하여 왔다.

제 2 장 실질적 의미의 사회법

제 1 절 넓은 의미의 사회법

실질적 의미의 사회법은 사회정책이라는 입법목적 및 법기능에 착안하여 이해하는 개념이다.[4)] 그리고 넓은 의미의 실질적 사회법이란 사회정책

2) 이에 대해서 자세히는 Felix Schmid, *Sozialrecht und Recht der sozialen Sicherheit*(Duncker & Humblot, 1981), 67면 이하; Eberhard Eichenhofer, "Gustav Radbruch-Theoretiker des sozialen Rechts", *Zeitschrift für Sozialreform*(1983), 393면 이하 등 참조.

3) 독일에서 현재 대표적인 사회보장법 교과서로 읽히고 있는 Igl/Welti, Wolfgang Gitter, Wolfgang Rüfner, Hans F. Zacher의 교과서는 모두 그 서명이(*Einführung in das*) *Sozialrecht*이다. 우리나라에서 사회보장 사항을 규율하는 법을 사회법이라고 지칭하는 것은 적합하지 않다. 우리나라의 경우 사회법 사상의 전통을 겪지 않았기 때문에 사회법이라는 용어는 법의 규율대상을 모호하게 하는 부정적인 기능을 수행하기 때문이다. 더욱이 우리나라에서 사회보장에 관한 논의는 미국에 기원을 두는 사회보장의 개념 및 본질이 국제적으로 보편화된 후 도입되었다. 따라서 사회보장법 이외에 사회법이라는 용어를 사용하는 것은 역사에 충실한 표현도 아니다.

4) 사회법의 다양한 개념이해방법에 대해서는 Hans F. Zacher, "Was ist Sozial-

적 관련성을 가진 모든 법규를 총체적으로 지칭하는 개념이다. 예컨대 사회법을 "규범화된 국가사회정책(zur Norm verfestigte staatliche Sozialpolitik)"이라고 개념 정의하는 경우, 이때 사회법은 실질적 의미의 사회법을 말한다.5)

실질적 의미의 사회법에 의해서 실현되는 사회정책의 주요 내용은 독일 헌법 제20조 제1항 및 제28조 제1항의 사회국가원리에 대한 해석을 통해서 찾아볼 수 있다. 일반적인 해석에 따르면 사회국가원리가 추구하는 목표는 다음과 같다. 첫째, 궁핍과 빈곤으로부터의 보호와 인간다운 최저생활의 보장이다. 둘째, 복지격차의 해소를 통한 평등의 실현이다. 셋째, 질병, 노령·장애·사망, 산업재해, 실업 등 생활위험으로부터의 보호이다. 넷째, 복지의 향상과 확대이다.6) 이러한 내용들은 절대적 차원에서는 최저생활의 보장, 상대적 차원에서는 사회적 평등의 보장, 기존에 이룩한 생활수준의 보장 등으로 설명되기도 한다.7) 이러한 사회국가의 목표는 사회법전에서는 사회정의와 사회보장의 실현이라는 추상적인 형태로 표현되어 있다(사회법전 제1권(총칙) 제1조 제1항).

사회정책적 목표들의 중요한 내용은 사회법전에 수록되어 있다. 그러나 다른 법에서도 사회정책적 배려가 이루어지고 있다. 독일과 같이 오랜 사회정책의 전통이 있고, 또 사회국가원리가 헌법에 명시되어 있는 나라에서는 사회정의 혹은 사회보장의 목표, 그리고 이를 실현하는 기능은 정도의 차이는 있지만 거의 모든 법영역에서 추구되고 있다. 넓은 의미의 사회법의 핵심은 뒤에서 살펴보는 사회보장법 혹은 좁은 의미의 사회법이다. 그러나 예컨대 세법도 직접 혹은 간접적으로 사회보장의 기능을 수행하며, 따라서 넓은 의미의 사회법에 속한다.8) 또 노동법은 노사관계에서 근로자와 사용자의 협상력을 대등하게 하여 노동자의 종속관계를 해소하는 데

---

recht?", *Festschrift für Horst Schieckel*(1978), 371면 이하 참조.

5) Helmar Bley, *Sozialrecht*(1988), 17면 참조.

6) 이에 대해서는, Hans F. Zacher, "Das soziale Staatsziel", Josef Isensee/Paul Kirchhof(편), *Handbuch des Staatsrechts* Bd. II(C.F.Müller, 2004), 683면 이하 참조.

7) 이에 대해서는 Hans F. Zacher, "Der Sozialstaat als Aufgabe der Rechtswissenschaft", *Festschrift für Leontin Jean Constatinesco*(1983), 943면 이하 참조.

8) 세법의 사회보장기능에 대해서는 위 제2편 각주 8의 문헌들 참조.

기여한다. 따라서 노동법 역시 넓은 의미에서는 사회법에 포함된다. 임대차 보호규정은 사회적 약자인 임차인에게 인간다운 주거공간을 지속적으로 확보할 수 있도록 하기 때문에 넓은 의미에서는 사회법에 포함된다.

넓은 의미의 사회법은 통일적인 법원리가 지배하는 독자적인 법영역이 될 수 없다. 사회법에 포섭되는 각 법영역의 입법목적이 다양하고, 또 무엇보다도 근본적으로 다른 원리가 지배하는 공법과 사법이 함께 포괄되기 때문이다. 이와 같은 이유에서 사회법 개념의 비체계성·모호성 또는 개방성을 제거하고, 사회법을 다른 법영역과 구별되는 독자적인 분야로서 형성하는 노력은 두 가지 방향으로 시도되었다. 첫째, 사회법의 개념을 실질적 내용에 착안하여 이해하되, 보충적으로 보다 구체적인 기준을 추가하여 사회법에 독자성을 부여하려는 시도이다. 둘째, 사회법전의 편찬을 계기로 사회법을 형식적 의미로 파악하려는 시도이다.

제 2 절 좁은 의미의 사회법

좁은 의미의 사회법 역시 사회정책이라는 실질적 목적 및 기능에 착안한다. 다만 사회정책이라는 불확정개념을 보다 좁게(그 구별이 여전히 쉽지는 않지만) 사회보장정책으로 이해하고, 실현방법 및 주체에 대해서도 단일의 기준을 제시한다.

좁은 의미의 사회법은 개인의 수요, 즉 개인의 생활위험을 급여를 지급하여 보호하는 기능을 수행한다. 이러한 기준에 따르면 넓은 의미의 사회법에 해당하는 법분야 중 조세법과 노동법은 사회법의 범주에서 제외된다. 이 법들이 사회보장의 기능을 수행하지만, 이는 어디까지나 2차적인 기능이다. 조세법은 국가재정의 확보를, 그리고 노동법은 노동력과 임금의 정당한 교환관계를 규율하는 데에 1차적 기능이 있기 때문이다.[9)]

9) 이 기준에 의하면 넓은 의미의 사회법과 좁은 의미의 사회법의 구별이 쉽지 않은 분야는 농업종사자를 대상으로 하는 사회보장제도이다. 즉 농민노령연금제도는 공적 단체가 운영주체가 되어 농민의 노후를 보장한다는 의미에서는 좁은 의미의 사회법에 속한다. 그러나 이 제도는 농업구조개선이라는 목적을 추구하고

좁은 의미의 사회법에서는 사회정책적 목표가 국가 혹은 공법인과 같은 공행정의 급부에 의하여 실현된다. 결국 좁은 의미의 사회법은 공법에 속한다.[10] 퇴직금제도, 기업연금제도 등 이른바 기업복지조치, 그리고 민간보험은 1차적으로 사회보장의 기능을 수행하지만 기본적으로는 사인간의 법률관계를 기초로 운영된다. 따라서 이는 좁은 의미의 사회법에는 속하지 않는다. 좁은 의미의 사회법은 사회급부법(Sozialleistungsrecht) 혹은 사회행정법(Sozialverwaltungsrecht)과 같은 의미로 사용되기도 한다.[11] 독일에서 사회보험, 사회보상, 고용촉진, 아동보조금 등 좁은 의미의 사회법을 관할하는 사회법원(Sozialgerichte)이 특별 행정법원의 하나라는 사실도 사회법의 공법적 성격을 표현한다.[12]

좁은 의미의 사회법의 중요한 부분은 사회법전에 수록되어 있다. 그러나 좁은 의미의 사회법과 아래에서 설명하는 사회법전적 의미에서의 사회법이 반드시 일치하는 것은 아니다. 전자에는 속하지만 사회법전에 수록되지 않은 분야로는 전쟁희생자 부양제도와 공무원 부양제도가 대표적이다. 공무원부양(Beamtenversorgung)은 역사적 · 체계적 이질성 때문에, 그리고 나

있다. 즉, 농민노령연금법(GAL) 제2조 제1항은 연금청구의 요건으로 보험료 납부와 대기기간의 경과 외에도 농기업을 젊은 세대에 양도할 것을 요구하고 있다. 이에 대해서는 Harald Deisler, "Die agrarsoziale Sicherung", Bernd von Maydell/ Franz Ruland(편), *Sozialrechtshandbuch*(Nomos, 2003), 1142면 이하 참조. 우리나라에서도 초기에 농민노령연금제도를 도입하는 논의에서 경영이양을 연금수급요건으로 하는 것이 고려된 바 있다. 이에 대해서는 유광호 외, 농어민 연금제도에 관한 연구(한국사회보장학회, 1989); 정명채 외, 농어민 연금제도의 연구(한국농촌경제연구원, 1988) 등 참조.

10) 이 점에 대해서는, 예컨대 Hans F. Zacher, "Die Sozialversicherung als Teil des öffentlichen Rechts", *Festschrift für Kurt Janz*(1968), 36면 이하 참조. 공법과 사법의 중간에 위치하는 제3의 법영역으로서의 사회법에 관한 논의는 이제는 극복된 듯하다. 사회법을 제3의 법영역으로 파악하는 논문으로는 1965년과 1972년에 발표된 J.J.M. Van der Ven의 "Die Überwindung der traditionellen Zweiteilung vom öffentlichen und privaten Recht"와 "Ein-Zwei-Drei? Bürgerliches, öffentliches und Soziales Recht" 등 참조. 이 두 논문은 그의 논문집, *Ius Humanum* (1981)의 244면과 257면 이하에 각각 수록되었다.

11) 이에 대해서 자세히는 전광석, "사회행정법-헌법구조적 이해와 행정법적 실현을 위한 시론-", 김도창 박사 고희기념논문집(1993), 837면 이하 참조.

12) 사회보장소송법(SGG) 제1조 참조.

치불법으로 인한 물적 손해에 대한 보상제도 및 부담조정(Wiedergutmachung Nationalistischen Unrechts) 등은 역사적 일회성 때문에 사회법전에 수록되지 않았다.

제 3 장 형식적 의미의 사회법

사회법전의 편찬을 계기로 형식적 의미로 사회법을 이해하는 입장이 등장하였다. 이에 따르면 사회법전에 수록된 법이 곧 사회법이다. 이는 마치 형법전에 수록된 법이 형법, 민법전이 곧 민법을 의미하며, 그 내용에 관계없이 헌법전에 수록된 법을 헌법이라고 이해하는 것과 같은 이해방법이다.

제 4 장 사회법과 사회보장법

사회보장법(The Social Security Law)이란 용어는 1920년대 후반과 1930년대 초반 미국 전역을 휩쓴 경제대공황을 타개하기 위해서 당시 미국 대통령 루스벨트(Franklin D. Roosebelt)가 제창한 뉴딜(New Deal)정책 중의 정치강령의 하나인 "The Social Security Act 1935"에서 기원한다.13) 독일에서 사회법이 노동자문제와 같은 사회문제를 극복하기 위한 해결책으로 등장하였고, 따라서 특정 사회계급을 대상으로 한정하였다. 이와 달리 Social Security Act는 경제공황의 처방책으로 등장하였기 때문에 경제

13) 이에 대해서는, 예컨대 Edward Berkowitz(편), *Social Security after Fifty-Successes and Failures*(Greenwood Press, 1987); Eberhard Eichenhofer, "Fünfzig Jahre Social Security", *Die Sozialgerichtsbarkeit*(1984), 563면 이하; Eberhard Eichenhofer, *Recht der sozialen Sicherheit in den USA*(Nomos, 1990); Roy Lubove, *The Struggle for Social Security 1900-1935*(University of Pittsburgh Press, 1986) 등 참조.

공황으로 일자리와 생계를 동시에 잃은 전국민을 대상으로 하였다. 또 이들의 최저생활의 보장을 목표로 하였다.[14] 독일에서 재해보험이 사회입법 논의의 선구이었던 데에 비해(실제 입법은 질병보험에서 먼저 이루어졌지만) Social Security Act가 사회보장의 기능은 물론이지만 구매력의 향상이라는 경제적 효과를 겨냥하여 실업보험을 우선적으로 시행했던 것도 위에서 본 바와 같은 발생기원의 차이에서 유래한다.

이와 같이 미국에서 기원한 사회보장법은 제2차 세계대전 후에는 국제적 논의의 대상이 되었다. 終戰을 앞두고 전후 국제질서의 재편성을 위한 일련의 회담에서 연합국들은 戰後 국제평화의 유지라는 인류의 공동목적을 위해서 노력해야 한다는 데에 인식을 같이했다. 그리고 이러한 목표를 위해서 이를 제도적으로 뒷받침하는 유엔(UN)과 같은 국제기구의 창설이 필요하였다. 나아가서 국제정치적 평화는 각국의 국내사회적 평화가 담보되지 않고는 취약하다는 사실을 새삼 인식하게 되었다.[15] 국제적 차원에서 다양한 사회보장강령이 채택되었다.[16] 1952년 국제노동기구(ILO)는 사회보장 최저기준에 관한 협약 제102호를 채택하였다. 이로써 사회보장의 국제기준이 보다 명확히 구체화되었으며, 사회보장 국제화는 정점을 이루었다.[17] 이러한 과정을 거치면서 사회보장법은 전 국민 대상, 그리고 최저생활보장이라는 급여수준에 관한 본래의 구상에서 벗어나 개방개념화 하였다.

14) 이는 1934년 루스벨트의 사회보장에 관한 의회연설 후 이를 구체화하기 위하여 설치된 위원회가 "Committee on Economic Security"라고 명명되었고, 이 위원회에 "Economic Security"에 관한 연구가 위탁되었다는 사실에도 잘 나타나 있다. 이 연구결과가 후에 "Social Security Act 1935"로 개명 · 공포되었다.

15) 국제평화질서와 사회보장의 상관성을 루스벨트는 1944년 ILO총회에서 다음과 같이 웅변하였다. "Poverty anywhere constitutes a danger of prosperity everywhere." Samuel Ⅰ. Roseman, *The Public Papers and Address of Franklin D. Roosebelt,* Vol. Ⅸ(Victory and the Threshold of Peace)(1950), 127면 참조.

16) 1941년 대서양헌장(Atlantic-Charter)을 시작으로 1944년 필라델피아 ILO총회에서의 사회보장강령의 채택, 1948년 UN에서의 사회보장에 관한 기본권 규정(제22조 이하) 등 참조. 이에 대해서 자세히는 전광석, 국제사회보장법론(법문사, 2002), 82면 이하, 88면 이하 참조.

17) 이에 대해서는 전광석, 위 각주 16의 책, 83면 이하; 김유성, "ILO의 사회보장의 최저기준에 관한 조약에 대한 소고", 「법학」(서울대) 제24권 2 · 3호(1983), 188면 이하 등 참조.

독일에서 사회보장 혹은 사회보장법에 관한 논의는 사회보장이 국제화되는 시대적 배경에서 이루어졌다.[18] 이제 사회보장의 국제화와 더불어 국제적 차원에서 이해되는 사회보장법과 독일의 전통적인 사회법과의 관계를 구명하여야 하였다. 또 사회보장의 개념이 탈미국화하면서 사회보장법이 사회법에 비하여 사회집단주의적 경향을 띠고 있다는 이데올로기적 거부감에서 해방될 수 있었다는 사실도 독일에서 사회보장법을 학문의 대상으로 삼기에 유리한 상황여건이 되었다.[19]

독일에서 사회보장법은 좁은 의미의 사회법과 같은 의미로 사용되고 있다. 사회보장법의 개념은 넓은 의미의 사회법과는 구별된다. 넓은 의미의 사회법이 출발점으로 하는 사회국가의 사회정책의무가 사회보장의무에 한정된 것은 아니기 때문이다. 사회보장법을 굳이 좁은 의미로 이해하려는 경우도 있다. 이때에는 사회보장법이 생활위험으로부터 개인을 보호하는 소극적인 기능을 갖는다. 그런데 좁은 의미의 사회법은 이와 더불어 적극적으로 인격실현을 위한 촉진급여(fördernde Leistung)를 포함하기 때문에 사회보장법과 사회법이 구별된다고 한다.[20]

사회보장법이라는 용어는 독일 학계에서 이제는 꽤 정착했음에도 불구하고, 여전히 실정법적 용어는 아니다. 사회보장에 관한 법전이 사회보장법전이 아니고, 사회법전이라고 명명되는 것이 좋은 예이다. 그러나 독일에서 사회보장법이 학문적 관심의 대상이 되면서 독일 사회정책의 관심사에도 일정한 변화가 왔다. 즉 특정한 사회계층을 보호하는 독일의 사회법적 전통에서, 멀리는 미국에서 유래하여 국제적으로 보편화된, 개인에게 발생하는 전형적인 사회적 위험 자체를 보호하는 방향으로 사회정책적 관

18) 독일에서 사회보장에 관한 논의가 본격화된 것은 바이서(Gerhard Weisser)가 *Handwörterbücher der Sozialwissenschaft*, Bd. 9(1956), 396면 이하에 사회보장(Soziale Sicherheit) 항목을 집필한 이후인 듯하다. 여기서 Weisser는 사회보장에 관한 그의 개념정의가 ILO 1951년 제네바 총회에서 채택된 사회보장의 정의에 기초하고 있다고 밝히고 있다.

19) 이 점에 대해서는 Franz-Xaver Kaufmann, *Sicherheit als soziologisches und sozialpolitisches Problem*(1973), 113면 이하 참조.

20) 이에 대해서는 Hans F. Zacher, 위 각주 4의 “Was ist Sozialrecht?”, 379면 참조.

심이 옮겨가게 되었다. 전후 독일에서 촉진체계가 발전하여 사회보험이나 사회보상에서 한 걸음 더 나아가 목적론적 사회정책으로 관심이 옮겨지는 변화가 대표적인 예이다.

제 5 편 사회법의 구조적 원리의 형성과 발전

제 1 장 사회문제의 기원과 사회보장원리의 발전

제 1 절 빈곤문제와 부조원리

Ⅰ. 근대 이전

빈곤을 단순히 개인의 문제가 아니라 사회적 문제로서, 즉 공동체의 관심으로서 다룬 것은 인류의 역사와 더불어 나타난 현상이다.[1] 이미 성경의 여러 구절(예컨대, 마태복음 5장 43절 이하, 7장 12절, 10장 40절 이하, 22장 37절 이하, 25장 40절 이하; 로마서 13장 9절 이하; 고린도 13장 등)에 나타난 이웃사랑의 교훈은 빈곤문제에 대한 사회적 해결의 출발점으로 해석되었다.

독일에서도 빈곤문제는 중세의 일정한 시기, 즉 약 14-15세기까지는 기독교적 사회윤리의 범주 내에서 다루어졌다. 이 시기 빈곤은 물질적 궁핍 이상의 의미를 갖지는 않았다. 빈곤으로부터 개인을 보호하는 것은 기독교적 교회공동체의 과제로 이해되었다. 이 당시 빈곤은 어떤 의미에서는 교회공동체에 대해 떳떳하게 구걸할 권리를 의미하기도 하였다. 중세

1) 독일에서 빈곤문제 및 빈곤정책에 대한 사적 고찰에 대해서는 Wolfram Fischer, *Armut in der Geschichte*(Vandehoeck und Ruprecht, 1982) 참조.

말기에 와서는 빈민부조사업이 보다 세분화되었다. 경제·정치의 중심지가 된 일부 도시에서는 교회사업 외에, 구빈원·구빈병원 등 빈민부조를 위한 특수목적의 시설이 설립되기 시작하였다. 이에 비해서 세속적인 정치권력은 교회사업에 보조적인 역할을 담당하여, 구걸권을 남용하는, 그리고 그 결과 국가에 危害한 인물을 퇴치하는 역할에 그쳤다. 특히 근로능력이 있는 자의 구걸을 엄단하였다. 오늘날 사회부조의 구조적 원리로서 적용되고 있는 개별적인, 그리고 보충적인 보호의 원칙들은 이미 이 당시에 형성되었다.

Ⅱ. 도시화·산업화와 빈곤문제

산업화·도시화 그리고 국가관의 변화는 빈곤에 대한 인식 및 처방에 근본적인 변화를 가져왔다. 16-18세기에 걸쳐 이루어진 도시화는 대중빈곤현상을 수반하였다. 이전까지 개인의 운명은 부양공동체인 (대)가족제도 내에서의 타고난 위치, 생활공동체인 촌락 혹은 영지에서의 주어진 신분에 의해서 결정되었다.[2] 신분제도를 유지하는 것은 가족 혹은 촌락공동체의 관심사이기도 하였다. 따라서 중세까지 빈민은 이러한 공동체에서 "이탈 혹은 추방(Ausschluß)"되는 결과 나타나는 현상이었다.

도시화와 더불어 전통적인 촌락공동체의 하층계급이 도시로 대량 이주하게 되었다. 이로써 이들은 지금까지 어느 정도 사회보장의 기능을 수행했던 생활공동체를 이탈하는 결과가 된다. 그런데 이들이 새로이 소속

2) 이에 대해서 자세히는 Manfred Partsch, *Prinzipien und Formen sozialer Sicherung in nicht-industrieller Gesellschaft*(1983) 참조. 이러한 생활유형은 부분적으로는 이른바 제3세계 국가에 아직 남아 있다. 따라서 이러한 국가에 현대적 의미의 사회보장제도를 도입하는 것은 신중한 검토를 필요로 한다. 첫째, 이들 국가에는 사회보장이 실현될 사회구조가 갖추어져 있지 않다. 둘째, 무엇보다도 이로써 전통적인 생활공동체의 해체가 가속화될 우려가 있다. 실제 서구에서도 전통적인 생활공동체가 산업화와 더불어 해체되었기 때문에 사회보장이라는 새로운 제도적 대응이 필요했겠지만, 거꾸로 사회보장이 실시되면서 가족과 같은 전통적인 생활공동체가 가속적으로 해체되었고 또 해체되어 가고 있다고 평가할 수 있다. 이에 대해서는 예컨대, Hans F. Zacher, "Traditionelle Solidarität und moderne soziale Sicherheit- ein sozialpolitisches Dilemma der Entwicklungsländer", *Festschrift für Kurt Noell*(1986), 54면 이하 참조.

되는 도시 및 공장이 연대공동체로서 이들을 보호하는 기능을 수행할 수는 없었다. 전통적으로 가족은 多機能共同體였다. 이에 비해서 공장은 생산공동체로서 노동능력이 있는 자를 수용하고, 또 이들에게는 노동력에 대한 반대급부로서 임금이 지급될 뿐 근로자가 처한 상황을 배려하는 것은 아니기 때문이다. 더구나 산업구조가 변화하면서 노동력의 공급은 수요를 항상 초과하고, 그 결과 저임금과 실업이 대량으로 발생하게 되었다. 종속고용사회에서 빈곤이 대량화되면서 이는 사회질서에 대한 혼란요소로서 인식되었다.[3] 이러한 과정에서 빈곤은 사회문제로서의 성격을 띠게 되었다. 이제 빈곤은 사회경제적 가치평가의 대상으로서, 사회적 열등의 소산으로 인식되었다.

빈민이 대량화하고, 빈곤이 사회혼란요소로서, 또 사회적 惡으로 인식되면서 빈민부조사업도 더 이상 교회 등 자선단체가 아니라, 국가가 직접과제로서 수행하게 되었다. 여기에서 국가는 두 가지 처방에 주력하였다.[4] 첫째, 빈곤정책의 대상을 선정함에 있어서 본적지주의(Heimatprinzip)를 적용하여 해당 지방에서 태어난 자만을 보호하고, 다른 지방에서 이주한 빈민은 강제 추방되었다.[5] 이러한 본적지주의는 곧 다음과 같은 문제

---

3) 이에 대해서는 Michael Stolleis, “Die Geschichtlichkeit des Sozialrechts”, *Die Sozialgerichtsbarkeit*(1984), 379면 이하 참조.

4) 당시 빈곤정책에 있어서의 이와 같은 전환은 1794년의 프로이센일반란트법(Allgemeines Landesrecht für die Preußischen Staaten von 1794)의 제2장 제19절에 대표적으로 그 흔적을 남기고 있다. 제1조[국가의 빈곤정책의무] 국가는 자기 생계능력이 없고, 그 밖에 특별법에 의하여 부양의무자로부터 생계보호를 받지 못하는 국민의 생계 및 부양의 의무를 진다. 제3조[강제노역] 태만과 나태, 그 밖에 비정상적인 성향으로 인하여 자기생계를 유지하기 위한 노력을 하지 않는 자에게는 강제와 형벌을 통하여 적절한 감시 하에 유익한 노동을 할 의무가 부과된다. 제4조[빈민추방] 이방 걸인의 입국은 금지되고…, 잠입한 경우 즉시 국경 밖으로 추방된다. 이 법령은 Michael Stolleis, *Quellen zur Geschichte des Sozialrechts*(1976), 64면 이하에 요약 · 수록되어 있다.

5) 19세기 중반 이후 독일에서 거주이전의 자유 및 영업의 자유가 인정되면서 본적지주의는 거주지주의로 바뀌었다. 예컨대 프로이센(Preußen)에서는 구조대상자에게 1842년에는 3년, 1870년에는 2년, 1908년에는 1년의 거주기간을 요구하였다. 그러나 바이어른(Bayern)에서는 본적지주의가 1916년까지 계속 적용되었다. Michael Stolleis, 위 각주 4의 책, 19면 참조.

를 드러냈다. 본적지주의를 적용할 경우 빈곤지역의 정부가 오히려 산업화된 지역으로 이주한 주민을 보호하는 불균형이 나타났다. 또 본적지주의는 산업화에 필요한 노동력의 유동성을 저해하는 효과를 가져왔다. 심지어 지방자치단체는 외부에서 유입되는 노동자가 빈민구조의 대상이 되는 것을 방지하기 위하여 빈민구조의 수급요건을 충족시키는 기간이 경과하기 전 해당 근로자를 해고하도록 권고하는 일이 벌어지기도 하였다.[6] 이러한 문제점을 인식하고 곧 거주지주의(Wohnsitzprinzip)로의 전환이 이루어지기는 하였다. 그러나 그 결과 산업화된 지역의 부담이 증가하였고, 이를 방지하기 위하여 지역정부는 빈민보호의 요건을 엄격히 하는 조치를 취하였다. 둘째, 빈민을 강제노역소(Arbeitshäuser)에 수용하도록 하였다. 빈민에게 강제노역을 부과하는 것은 당시 시대사조인 계몽주의적 교육관에 입각하여 노동을 개량교육의 일환으로 이해하였다는 배경도 작용하였다. 다른 한편 경제적인 측면에서 강제노역소는 산업화의 진전에 따라 필요한 값싼 노동력의 공급원으로서의 역할도 하였다.[7] 독일에서 이러한 빈곤관은 19세기 후반까지 지속되었다. 예컨대 정치영역에서 빈민에게는 선거권 및 피선거권을 인정하지 않았다.[8]

독일에서 빈곤정책은 지속적인 발전을 하지는 못했다. 이는 무엇보다도 새로운 시대상황의 전개라는 외적 요인에 기인하였다. 19세기 후반 독일에 사회보험이 도입되었다. 사회보험은 사회보장의 기능뿐 아니라 당시 독일의 국가형성 및 통일의 기능을 수행하였기 때문에 활발한 정치적 의제로서 논의되었다. 빈곤정책은 사회보험과는 기능이 다르며, 따라서 병행하여 논의되어야 할 필요가 있었다. 그럼에도 불구하고 빈곤정책은 상대적으로 정치적 영향력을 가지지 못했던 빈민을 대상으로 하였기 때문에 사회정책의 迷兒가 되었다. 독일에서 사회국가의 분열현상(Spaltung des

---

6) 이 점에 대해서는, 예컨대 Eberhard Eichenhofer, "Die Sozialversicherung- Hinterlassenschaft Bismarcks", Eberhard Eichenhofer(편), *Bismarck, die Sozialversicherung und deren Zukunft*(Berlin Verlag, 2000), 17면 이하 참조.

7) 이에 대해서는 Michael Stolleis, 위 각주 2의 논문, 379면 참조.

8) 예컨대 1869년 3월 31일자 북독연맹 제국의회선거법 제3조 참조.

Sozialstaates), 즉 빈민에 비해서 상대적으로 노동자에 사회정책적 우선순위를 두는 것은 이러한 독일 특유의 역사를 배경으로 한다.9)

Ⅲ. 전쟁 · 바이마르공화국 · 나치시기

제1차 세계대전에서의 패망과 1919년 복지국가실현을 표방한 바이마르 공화국의 출범은 빈곤정책에 새로운 국면을 마련하였다. 이제 빈곤현상은 산업화 · 도시화, 또 공동체 이탈 및 상실 등으로는 설명할 수 있는 차원을 넘어섰다. 국가는 전후 빈민으로 전락한 전쟁희생자와 전몰군인 가족을 보호하여야 했다. 즉 이 시기에 빈곤정책은 전상자부양조치와 혼합되어 있었다. 이로써 빈곤을 사회적 · 경제적 열등의 소산으로 이해하는 사고방식은 더 이상 정당성을 가질 수 없게 되었다. 정치영역에서는 빈민에게 선거권 및 피선거권이 인정되었다.10)

사회적 강령을 최초로 법제화했던 바이마르 헌법은 제7조 및 제9조에서 공적 부조에 대한 입법적 과제를 명시하였다.11) 이를 근거로 1924년 공적부조법(Verordnung für die Fürsorgepflicht)이 제정되었다. 공적부조법은 1962년 연방사회부조법이 제정되기 전까지 효력을 가졌다. 공적부조법은 생활수요의 범위를 의료보호, 재활보호, 교육보호 등으로 체계화 · 다양화하였다. 처음으로 직권보호제도를 도입하였다. 다만 부조급여가 아직은 청구권적 성격을 갖지 않았고, 반사적 이익으로 이해되는 데 그쳤다.12) 이러한 사정은 나치시대에서도 마찬가지였다. 나치시대에는 주관적 공권이 사회보장법에서뿐 아니라 일반적으로 인정되지 않았다.13)

---

9) 이에 대해서는 Stephan Leibfried/Florian Tennstedt, "Die Spaltung des Sozialstaats und die Politik der Armut", Stephan Leibfried/Florian Tennstedt(편), *Politik der Armut und Die Spaltung des Sozialstaats*(Suhrkamp, 1985), 13면 이하 참조.

10) 이에 대해서는 Michael Stolleis, 위 각주 4의 책, 21면 참조.

11) 제7조: "제국은 … 5. 구빈제도(Armenwesen) 및 부랑자부조(Wandererfürsorge)에 대한 입법권을 갖는다", 제9조: "제국은 법적 통일이 필요한 경우 복지제도(Wohlfahrtspflege)에 대한 입법권을 갖는다."

12) 이러한 견해는 Georg Jellinek, *System des subjektiven-öffentlichen Rechts* (1919), 73면에서도 찾아볼 수 있다.

13) 이에 대한 포괄적인 서술로는 Michael Stolleis, *Gemeinwohlformeln im national-*

Ⅳ. 팽창사회정책과 빈곤문제

부조급여에 대해서 청구권적 성격은 전후 독일 헌법의 영향 하에서 비로소 인정되었다. 즉 1954년 독일의 연방행정법원은 특히 독일 헌법 제1조 인간의 존엄과 가치, 제2조 제1항 인격실현의 자유 및 제20조 제1항, 제28조 제1항의 사회국가원리를 근거로 사회부조급여에 청구권적 성격을 인정하는 판결을 하였다.[14] 이 판결이 직접적인 계기가 되어 연방입법자는 1962년 연방사회부조법에서 사회부조급여의 청구권적 성격을 명시적으로 인정하였다(법 제4조).[15]

50년대 후반 이후 독일 경제가 성장하면서 빈곤이 일반적인 현상이었던 전후 시대는 극복되었다. 이제 사회부조는 다른 사회보장제도가 완비되면서 사회부조는 사회보험이 보호하지 못하는 일부 소수 국민에게 인간다운 최저생활을 보장하는 제도로서 기능하게 되었다. 이러한 사회부조의 기능상의 특성은 경제성장이 지속적으로 이루어졌던 1970년대 말까지 계속되었다. 실제 독일의 사회보험은 1970년대 말을 기준으로 볼 때 질병, 노령, 산재, 노동능력상실, 사망 등 중요한 생활위험을 망라하여 보호하였다. 또 사회보험은 국민 거의 모두를 대상으로 하여 國民皆保險的 성격을 띠게 되었다. 따라서 이 시기에는 사회보험이 국민의 물질적 생활기반을 보호한다는 전제 하에 사회부조의 기능에 대한 논의가 이루어졌다.

이 문제에 대한 대답은 다음과 같았다. 사회부조는 사회의 주변집단에게 주로 비물질적, 특히 서비스급여를 제공하여 인간다운 생활을 보장해야 한다.[16] 이러한 변화는 입법적으로 반영되었다. 즉 1962년 연방사회부조법은 이른바 특별생활보호(Hilfe in besonderen Lebenslagen)를 급여의 종류로 추가하였다. 이로써 사회부조는 수요를 발생시키는 특별한 상황에

---

sozialistischen Recht(Schweitzer, 1974), 241면 이하 참조.

14) *BVerwGE* 1, 159면 이하 참조.

15) 이는 현행 사회법전 제12권 제17조에 계속 유지되고 있다.

16) 이에 대해서는 Bernd Schulte/Peter Trenk-Hinterberger, *Bundessozialhilfegesetz* (C.H.Beck, 1988), 22면 참조.

대해서 수요심사를 완화하여 보호함으로써 보다 높은 수준의 사회보장의 기능을 담당하여야 했다.

Ⅴ. 긴축사회정책, 새로운 상황과 제도화

1. 긴축사회정책과 빈곤문제

사회부조의 기능은 1980년대 경제성장이 한계에 부딪치면서 다시 한번 검토의 대상이 되었다. 다음과 같은 상황들이 원인으로 작용하였다. 첫째, 1970년대 말, 그리고 1980년대에 와서 긴축사회정책으로의 전환이 이루어졌다.[17] 둘째, 실업률이 점차 증가하여 통제가 불가능한 정도에 이르게 되었다.[18] 사회보험은 국가의 일방적인 급여가 아니라 가입자의 기여에 대한 반대급여를 지급하여 사회적 위험을 보호한다. 그런데 실업률이 증가하면서 근로자의 사회보험능력이 제한되고, 이로써 사회보험의 기능은 한계를 보이게 되었다. 이러한 현상은 사회부조에도 파급효과를 갖는다. 사회보험에 의한 보장의 공백은 사회부조에 부담으로 작용하였기 때문이다.[19]

이에 사회부조는 1990년과 1999년 두 번의 중요한 변화를 겪는다.[20]

---

17) 당시의 상황 및 이에 대한 헌법적 평가에 관한 문헌으로는, 예컨대 Josef Isensee, "Der Sozialstaat in der Wirtschaftskrise", *Festschrift für Johannes Broermann*(1982), 365면 이하; Rupert Scholz, *Sozialstaat zwischen Wachstums- und Rezessionsgesellschaft*(C.F.Müller, 1981); Michael Stolleis, "Die Geschichtlichkeit des Sozialrechts", *Die Sozialgerichtsbarkeit*(1984), 381면 이하; Hans F. Zacher, Der gebeutelte Sozialstaat in der wirtschaftlichen Krise", *Sozialer Fortschritt* (1984), 5면 이하 등 참조.

18) 이에 대해서는 Richard Hauser/Ingo Fischer/Thomas Klein, "Verarmung durch Arbeitslosigkeit?", Stephan Leibfried/Florian Tennstedt(편), *Politik der Armut und die Spaltung des Sozialstaats*(Suhrkamp, 1985), 213면 이하; Peter Trenk-Hinterberger, "Sozialhilferecht", Bernd von Maydell/Franz Ruland(편), *Sozialrecfhtshandbuch*(Luchterhand, 1988), 975면 이하 등 참조.

19) 이 점에 대한 지적으로는, 예컨대 Jens Alber, *Vom Armenhaus zum Sozialstaat* (Campus, 1982), 193면 이하 참조.

20) 이 점에 대해서는, 예컨대 Helga Hackenberg, "Die Entwicklung der Sozialhilfe von der Armenfürsorge zur Arbeitsmarktpolitik", Frank Schulz-Nieswandt/Gisela Schewe(편), *Sozialpolitische Trends in Deutschland in den letzten drei Dekaden* (Duncker & Humblot, 2000), 128면 이하 참조.

이는 모두 사회부조가 어느 정도 대상자를 사회변화에 참여하는 방향으로 보호하는 목적을 갖는다. 전통적으로 사회부조는 개인에게 필요한 생활수요를 기준으로 급여의 수준을 결정하였다(이른바 “Warenkorb-Modell”). 1990년 이는 총체적인 생활비용을 산정하고 이를 기준으로 급여수준을 결정하는 내용으로 변화하였다(이른바 “Statistik-Modell”). 1999년에는 1990년의 개정을 좀 더 구체화하여 이제 생활필수품뿐 아니라 임금의 변화, 소비행태, 그리고 생활유지비용을 종합적으로 고려하여 급여의 수준을 결정하도록 하였다. 다만 이러한 변화는 입법자의 의도대로 대상자에게 靜的인 보호를 넘어서서 사회발전에 참여할 수 있도록 구체화되고 있는가는 별개의 문제이며, 아직까지는 회의적인 견해가 지배적이다.

2. 장기요양의 문제

노령화 현상으로 일반화된 장기요양문제 역시 사회부조의 기능에 변화를 가져왔다. 노령에 이르러 신체적 · 정신적 장애로 인하여 혼자의 힘으로 일상 생활을 영위할 수 없는 생활위험, 즉 장기요양문제(Pflegefälle)는 점차로 전형적인 사회적 위험으로서 인식되었다.[21] 그럼에도 불구하고 전통적인 사회보험은 이를 보호하지 못했다. 이 문제 역시 독일 사회보장의 구조적 특징과 밀접한 관련을 갖는다. 장기요양문제는 서비스급여를 필요로 한다. 그런데 독일의 사회법은 현금급여를 중심으로 발달하였기 때문에 장기요양수요에 적절히 대응할 수 없었다. 또 독일과 같이 사회보장 행정조직이 다원화되어 있는 경우 현금급여와 달리 서비스 급여에 있어서는 급여의 통일성을 기하기 어려웠다. 독일의 사회보험은 직역중심으로 발달하였기 때문에 직업적 재활을 위한 급여(berufliche Rehabilitation)에는 일찍이 관심을 쏟았지만, 일반적인 사회적 재활(soziale Rehabilitation)에

21) 이에 관한 논의로는, 예컨대 Gerhard Igl, *Pflegebedürftigkeit und Behinderung im Recht der sozialen Sicherheit*(Nomos, 1987); Bertram Schulin, “Landesbericht: Bundesrepublik Deutschland”, *Soziale Sicherung bei Pflegebedürftigkeit- Bestandsaufnahme und Reformbestrebungen*, Schriftenreihe des Deutschen Sozialrechtsverbandes, Bd. XXIX, 8면 이하 등 참조.

는 소홀하였다는 사실도 장기요양문제가 오랜 동안 방치된 원인이었다.

장기요양의 문제는 주로 사회부조의 과제로 남아 있었다.[22] 그러나 장기요양이 오늘날 전형적인 생활위험이라는 점을 고려하면 위와 같은 현실은 사회부조의 본래의 기능과 조화될 수 없었다. 사회부조는 비전형적인 사회적 위험을 보호하는 목적을 갖기 때문이다. 이러한 현실은 또한 사회부조의 기능에 장애가 되었다. 장기요양에 대한 수요가 사회부조에 재정적 부담이 되었고, 그 결과 사회부조가 본래의 기능을 충실히 수행할 수 없었기 때문이다.[23] 이러한 사회부조의 문제점은 잠정적으로는 1989년 질병보험 개혁조치에 의해서 장기요양문제를 질병보험이 담당하도록 하였다. 이후 1995년 장기요양을 보호하는 독자적인 사회보험이 도입되어 사회법전 제11권에 편입되었다.

3. 사회부조와 실업부조의 통합

오랜 동안 독일의 사회부조는 이원화되어 있었다. 일반적인 빈곤정책은 연방사회부조법의 과제였다. 이에 비해서 실업으로 인한 빈곤, 좀 더 정확히 표현하면 고용보험의 가입자에게 실업이 발생하였지만 실업급여를 청구하기 위하여 필요한 대기기간을 충족시키지 못한 경우 혹은 실업급여 수급기간을 초과한 경우에는 고용촉진법에서 실업부조금(Arbeitslosenhilfe)이 지급되었다. 이는 사회부조급여의 일종으로서 자산 및 수요심사를 거쳐 지급되었다.

이러한 실업부조와 사회부조의 이원적 체계는 2003년 구직자의 기초보장(Grundsicherung für Arbeitsuchende)이 사회법전 제2권에 편찬되면서 근본적으로 변화하였다. 즉 이제는 기존의 실업부조와 사회부조를 통합 · 운영되도록 개편하였다(이른바 Hartz Ⅳ). 이로써 고용촉진법상의 실업부조 제도는 폐지되었다. 이는 통일적인 기준에 따라 구직자에게 노동시장에

---

22) 연방사회부조법 제68조 및 제69조가 이 문제를 규율하고 있었다.

23) 1988년 장기요양을 위한 지출은 전체 사회부조예산의 약 30%, 특별생활보호급여의 지출 중 약 54%를 차지하였다. Der Bundesminister für Arbeit und Sozialordnung, *Übersicht über die soziale Sicherheit*(1991), 457면 이하 참조.

접근할 수 있는 기회를 효과적으로 지원하는 목적을 갖는다. 다만 독일의 특유한 문제상황이 이러한 계획의 시행에 장애요소로 작용하고 있다. 즉 기존에 사회부조는 지방자치단체의 관할이었고, 고용촉진정책은 연방기관인 연방고용청(Bundesagentur für Arbeit)이 관할하였다는 사실에서 발생하는 문제이다. 현재 지방노동사무소가 Job Center를 설치하여 구직을 지원하고, 이 기구가 지방노동사무소와 지방자치단체의 협력을 제고하는 기능을 수행한다.[24]

4. 노인빈곤의 문제

독일 사회의 고령화는 사회부조에 다음과 같은 두 가지 문제를 던져주었다. 첫째, 소득활동기간의 단축과 평균 수명의 연장은 함께 작용하여 노인빈곤의 문제를 발생시켰다. 노인빈곤은 가족구조의 변화에도 원인이 있었다. 가족이 해체되면서 가족 내에서의 부양을 통하여 노후생활을 보장하는 유형이 더 이상 보편적일 수 없었다. 물론 민법상의 부양의무와 권리가 존재하기는 한다. 그러나 실제 생활공동체를 이루지 못하는 현실적인 상황에서 민법상의 부양이 제대로 기능할 수 없었다. 이는 사회부조에 다음과 같은 영향을 미쳤다. 즉 노인이 사회부조 청구권이 있음에도 불구하고 자녀에게 비용보상이 청구될 것을 염려하여 청구권을 행사하지 않는다는 것이다(이른바 “verschämte Altersarmut”).

연방입법자는 노인빈곤을 보호하기 위하여 2001년 노인빈곤보호를 위한 독립 법률을 제정하였다(Gesetz über eine bedarfsorientierte Grundsicherung im Alter und bei Erwerbsminderung). 이 법은 노인빈곤을 보호하는 급여에 전통적인 사회부조의 성격을 탈피시키려는 것이 주된 목적이었다. 2003년 연방사회부조법이 사회법전 제12권에 편찬되면서 이 법은 사회부조법의 일부로 다시 편입되었다.

---

24) 이들 문제에 대해서는, 예컨대 Ralf Möller, “Vereinbarung des Koalitionsvertrages zur Grundsicherung für Arbeitsuchende”, *Die Sozialgerichtsbarkeit*(2006), 269면 이하; Benjamin Schmidt, “Aktuelle Änderung im Arbeitsförerungsrecht”, *Die Sozialgerichtsbarkeit*(2004), 345면 이하 등 참조.

제 2 절 노동자 문제와 보험의 원리

Ⅰ. 비스마르크 사회보험입법의 형성

비스마르크(Bismarck) 사회보험입법으로 부르는 독일 사회정책에서는 노동자문제(Arbeiterfrage)가 사회정책의 중심대상이었다.25) 19세기 후반 이래 노동자들이 저임금 및 실업으로 인하여 생활환경이 악화되고, 장래 생활이 불안하게 되었다. 이에 노동자계급의 현실비판은 당시 노동자 해방이라는 구호를 내걸고 정치세력으로 등장한 사회민주주의의 관심과 맥락을 같이하였다.26) 당시 정치가들에게 이러한 움직임은 군주정에 대한 위협으로 받아들여졌다. 이러한 위협에 직면하여 Bismarck를 중심으로 한 당시의 지배세력은 유화책으로서 사회정책의 시행을 구상하였다. 노동자의 장래, 즉 퇴직 후 노후생활의 보장을 국가가 담당하게 된다면, 노동자들은 사회민주주의로부터 등을 돌리고 군주정적 정치체제, 로렌츠 폰 슈타인(Lorenz von Stein)의 표현에 의하면 사회적 왕정(soziales Königtum)에 충실하게 순화될 것이라는 발상이었다.27)

좀 더 거시적으로 보면 독일의 사회보험은 국가형성과 통일의 중요한

25) 아래에서 자세히 언급하겠지만 독일의 일련의 사회입법은 그 재정 및 조직 등에 관한 내용을 기준으로 볼 때 Bismarck의 본래의 구상과는 거리가 멀었다. 그러나 다른 한편 사회보험입법들이 Bismarck의 개인적 추진력이 없이는 이루어질 수 없었던 것도 사실이다. 이러한 이유에서 "Bismarck 사회보험입법"이라는 명칭이 일반화되어 있다. 사회보험입법의 성립에 있어서 Bismarck라는 인적 요소를 특히 강조하는 입장으로는, 예컨대 Peter A. Köhler, "Entstehung von Sozialversicherung. Eine Zwischenbilanz", Hans F. Zacher(편), *Bedingungen für die Entstehung und Entwicklung von Sozialversicherung*(Duncker & Humblot, 1979), 19면 이하 참조. 이 밖에 Bismarck의 사회보험에 대한 개인적 영향력에 대해서는 Eberhard Eichenhofer, 위 각주 6의 논문 참조.

26) 이 점에 대해서는 Peter Flora/Arnold Heideheimer, *The development of welfare states in Europe and America*(Transaction, 1984); Gerhard A. Ritter, Der Sozialstaat(Oldenbourg, 1989); Florian Tennstedt, *Vom Proleten zum Industriearbeiter* (Bundesverlag, 1983) 등 참조.

27) 이에 대해서는, 예컨대 D. Blasius, "Lorenz von Stein's Lehre vom Königtum der sozialen Reform und ihre verfassungspolitischen Grundlagen", *Der Staat*(1971), 86면 이하 참조.

기제로서 구상되었다.[28] 이러한 정책은 각각 1878년의 사회주의탄압법(Sozialistengesetz)과 1881년 11월 7일의 제1차 황제교서(Kaiserliche Botschaft)에 의해서 구체적으로 추진되기 시작하였다. "현존하는 사회적 해악을 효과적으로 치유하기 위해서는 사회민주주의의 만행을 억압하는 동시에 아직은 물들지 않은 노동자에게 복지를 선물하여야한다"는 것이다.[29]

노동자 질병보험법(Gesetz über die Krankenversicherung der Arbeiter)이 먼저 제정되어, 1883년 6월 15일 효력이 발생하였다. 관리운영방식으로 직역별 · 지역별 조합방식이 채택되었고, 강제보험이 도입되었다. 급여의 종류로는 요양급여(Krankenpflege)와 질병보상금(Krankengeld)을 두었다.[30]

재해보험법의 제정에는 난항이 따랐다. 민법은 노동재해에 대한 적절한 구제방법이 될 수 없었다. 또 민법의 문제점을 인식하고 1871년 제국사용자책임법(Reichshaftpflichtgesetz)이 제정되었지만 이 역시 노동재해를 보호하는 안정적인 수단이 아니었다. 부분적으로 여전히 사용자의 책임, 즉 고의 혹은 적어도 과실을 권리구제의 요건으로 했기 때문이다.[31] 따라서 사용자의 과실을 묻지 않고 노동재해를 보호하는 법이 제정되어야 하는 데에는 이의가 없었다. 그러나 재해보험의 재원조달방식, 관리운영체계, 급여의 종류 및 범위 등을 둘러싸고 당시의 정치적 세력들은 입장을 달리 하였다. 재해보험의 재원을 국고가 부담하고, 전국적인 조직으로 관

28) 특히 국가형성의 기제로서 사회보험을 이해하는 입장으로는, 예컨대 Philip Manow, "Germany. Cooperative federalism and the overgrazing of the fiscal commons", Herbert Obinger/Stephan Leibfried/Francis G. Castles(편), *Federalism and the Welfare State*(Cambridge University Press, 2005), 236면 이하 참조.

29) Eröffnungsrede im Reichtag, 4., Legislaturperiode, Ⅳ. Sess., 1881, Bd. Ⅰ(Michael Stolleis, *Quellen zur Geschichte des Sozialrechts*(1976), 30면에서 재인용).

30) 이에 대해서는 Horst Peters, "Grundlegende Entwicklungen und Tendenzen im Krankenversicherungsrecht im letzten Jahrhundert", *Die Sozialgerichtsbarkeit*(1981), 378면 이하 참조. 오늘날 독일 질병보험의 특징적인 요소들은 이미 이 당시의 입법에 모두 나타나 있다. 관리운영조직의 다원화, 서비스급여인 요양급여와 더불어 단기적인 소득대체급여인 질병보상금을 급여의 내용으로 하는 점 등이 그것이다.

31) 이에 대해서 자세히는 Wolfgang Gitter, "Die Unfallversicherung", *Die Sozialgerichtsbarkeit*(1981), 387면 이하 참조. 이러한 입법상태에서 당시 노동재해의 약 20%만이 보상이 되었다고 한다. 이에 대해서는 Gerhard A. Ritter, *Sozialversicherung in Deutschland und England*(C.H.Beck, 1983), 31면 참조.

리 · 운영하여야 한다는 Bismarck의 본래의 의도는 관철되지 못하였다. 국가사회주의에 대한 우려를 자아냈기 때문이다. 결국 재해보험은 동업조합(Berufsgenossenschaft)이 관리운영의 주체가 되고, 사용자의 보험료를 재원으로 재정을 충당하는 형태로 제정되었다. 관리운영의 주체와 관련해서는 연방과 주의 관할권을 둘러싼 분쟁의 성격도 있었으며, 동업조합을 관리운영의 주체로 함으로써 중간 해결방법을 찾은 것이다. 또 재정문제에 있어서는 국고부담의 경우 필연적으로 연방세를 인상하는 결과가 되기 때문에 연방의 강화를 반대하는 세력에 의하여 보험료를 재원으로 하는 해결방안이 취해졌다.[32] 재해보험법은 1884년 7월 6일 효력을 발생하였다.

1889년 6월 22일 장애 및 노령보험법(Gesetz betreffend die Invaliditäts- und Altersversicherung)이 제정 · 시행되었다. 장애 및 노령보험은 직접적으로는 빈민구조의 재정을 경감하는 효과를 가졌기 때문에 국가는 보험재정에 국고보조를 지급할 수 있었다.[33]

1911년 12월 20일 제정된 사무직근로자보험법(Versicherungsgesetz für Angestellte)은 독일 사회보험의 발전에 획기적인 계기가 되었다. 이로써 독일 사회법에서 노동자(Arbeiter)와 사무직근로자(Angestellte)가 각각 이질적인 사회집단으로 사회정책에서 분리 취급되는 전통이 성립되었다.[34] 이후 사무직근로자보험법은 독일 사회정책의 역사에서 노동자보험의 지향점으로 기능하여 왔다. 마치 사무직근로자보험이 공무원부양제도(Beamtenversorgung)의 급여수준을 목표로 발전한 것과 마찬가지로 노동자보험은

32) 재해보험법의 성립에 있어서 작용한 연방과 주의 갈등에 대해서는 위 각주 28의 문헌 참조.

33) 이에 대해서는 Bernd von Maydell, "Der Wandel des Versicherungsrechts im allgemeinen Rechtssystem in den letzten 100 Jahren", *Die Sozialgerichtsbarkeit*(1981), 412면 이하; Franz Ruland, "Aktuelle Probleme der Rentenversicherung im Wandel der letzten 100 Jahren", *Die Sozialgerichtsbarkeit*(1981), 391면 이하 등 참조.

34) 이 차이는 관리운영의 분리와 실체법적으로는 질병보험법 분야에서 노동자와는 달리 사무직근로자에게는 의무보험가입 소득상한이 규정되어 있었다는 사실에 나타나 있었다. 연금보험에서는 이미 1957년 연금개혁조치로 노동자와 사무직 근로자에 대한 실질적인 차이는 없어졌다. 질병보험법에서도 1989년 노동자에게도 보험가입 소득상한이 도입되어 실체법적인 차이는 거의 사라졌다.

사무직근로자보험을 제도개선의 기준으로 삼아 왔다.[35)]

위에서 언급했듯이 1883년 이래 제정된 사회입법들에서 Bismarck가 구상했던 사회보험의 재정 및 관리방식, 즉 연초사업을 독점하여 이 수입으로 사회보험의 재정을 충당하고, 국가를 직접 관리운영의 주체로 하려는 구상은 관철될 수 없었다.[36)] 또 당시의 지배층이 의도했던 목적, 즉 사회보험정책을 통해서 사회민주주의와 노동조합의 세력을 약화시키려는 의도 역시 실현되지 않았다. 오히려 사회보험의 자치행정기구에서 노동자계급이 지배적인 세력이 되어 역설적으로 노동조합과 사회민주주의의 영향력은 사회보험의 시행을 계기로 강화되었다.[37)]

독일에서 사회보험이 시행된 데에는 여러 가지 상황조건들이 함께 작용하였다.[38)] 첫째, 이미 지역적 단위에서 직역의 구성원을 강제적으로 가입시키는 공제조합(Unterstützungskasse)이 발달해 있었다. 노동조합의 공제조합도 여기에 속한다. 둘째, 비교적 일찍 공적 빈민구조제도가 발전하였다. 이러한 공적 빈민구조제도가 산업화에 수반하는 노동자의 빈곤문제를 해결하는 데 한계에 부딪히자, 다른 대응방안, 즉 사회보험이 대안으로 제시될 수 있었다. 프랑스에서 사회보험제도가 독일에 비해서 일찍 시행되지 못한 이유 중의 하나가 당시 프랑스에는 공적 빈민부조제도가 발달 하

35) 이 점에 대해서는 Gerhard A. Ritter, *Sozialversicherung in Deutschland und England*(C.H.Beck, 1983), 59면 참조.

36) 이 점에 대해서는 Gerhard A. Ritter, 위 각주 35의 책, 38면 이하; Michael Stolleis, "Die Geschichtlichkeit des Sozialrechts", *Die Sozialgerichtsbarkeit*(1984), 380면 이하 등 참조.

37) 사회주의탄압법이 시행되던 기간 사회민주당과 노동조합의 세력이 확장할 수 있었던 데에는 두 조직이 지역질병보험조합을 장악하였다는 사실도 중요한 계기가 되었다. 이 점에 대해서는 Gerhard A. Ritter, 위 각주 35의 책, 51면 이하 참조.

38) 이에 대해서는 Anthony Ogus, "Conditions in the Formation and the Development of Social Insurance", Hans F. Zacher(편), *Bedingungen für die Entstehung und Entwicklung von Sozialversicherung*(Duncker & Humblot, 1979), 337면 이하; Gerhard A. Ritter, 위 각주 35의 책, 77면 이하; Michael Stolleis, "Die Sozialversicherung Bismarcks. Politisch-institutionelle Bedingungen ihrer Entstehung", Hans F. Zacher(편), *Bedingungen für die Entstehung und Entwicklung von Sozialversicherung*(Duncker & Humblot, 1979), 387면 이하 등 참조.

지 못했다는 역사적 사실과 비교될 수 있다.39) 셋째, 사회보험을 시행하기 위한 학문적 논의가 성숙해 있었다. 슈몰러(Gustav Schmoller) 등이 중심이 되었던 사회정책학회(Verein für Sozialpolitik)가 사회보험의 이론적 전개에 기여하였다.40) 또 사회통계학(Sozialstatistik)이 발달하였다는 사실도 사회보험의 시행에 유리한 환경이었다. 넷째, 독일에는 사회보험을 시행하기 위한 조직적 기반, 즉 공적 관료제도와 공무원제도가 유럽의 어느 나라에 비해서 잘 정비되어 있었다. 이는 특히 영국과 비교하여 독일에서 사회보험이 먼저 실시될 수 있었던 상황요인이었다.

Ⅱ. 제국보험법의 편찬 · 전쟁 · 바이마르공화국 · 나치시기의 사회보험

19세기 후반부터 형성된 사회보험입법은 1911년 7월 19일 제국보험법(Reichsversicherungsordnung)에 통합 규율되어 체계를 갖추었다. 이 법은 사회법전 편찬작업이 시작되기 전까지, 그리고 그 후에도 오랜 동안 사회보험의 기본법전으로 적용되어 왔다.

사회보험법은 제1차 세계대전을 계기로 보호대상과 급여수준에 있어 괄목할 만한 성장을 하였다. 여기에는 다음과 같은 두 가지 상황이 작용했다. 첫째, 전쟁 중 억압적인 경향을 띠었던 노동정책에 대한 보상으로 사회급여체계의 개선이 필요했다. 둘째, 전쟁으로 인하여 사회적 보호대상자가 증가하였다. 전쟁관련 희생자가 사회보험의 대상이 되었으며, 연금수급연령도 70세에서 65세로 낮아졌다. 실업문제가 더 이상 개인의 운명이 아니라, 구조적 산물이라는 인식도 이 시대에 자리 잡았다. 다만 실업부조는 노동의 의무를 급여의 조건으로 하였다. 이로써 현대 사회보장의 중요한 특징이 나타나기 시작하였다. 즉 국가가 단순한 경찰법적 질서유지의 차원을 넘어서서 적극적으로 개인생활에 개입하여 촉진급여(fördernde Maßnahmen)를 지급하는 진화의 단초를 보였다. 또 실업이 대량화되어 실

39) 이에 대해서는 Gerhard A. Ritter, 위 각주 35의 책, 15면 이하 참조.

40) 사회정책학회의 구성원들이 사회정책 및 경제정책에 있어서 일치된 의견을 갖고 있지는 않았다. 그러나 그들이 전반적으로 여론과 공무원집단, 그리고 입법과정에 미친 영향은 적지 않았다. Gerhard A. Ritter, 위 각주 35의 책, 28면 이하 참조.

업문제를 더 이상 공적 부조에 맡길 수 없고, 국가가 노동시장에 포괄적으로 개입하여 실업정책을 수행하여야 한다는 인식이 일반화되었다. 이에 1927년 7월 16일 고용알선 및 실업보험법(Gesetz über Arbeitsvermitllung und Arbeitslosenversicherung)이 제정되었다. 이 법은 1969년 6월 25일 고용촉진법(Arbeitsförderungsgesetz)에 의해서 대체될 때까지 적용되었다. 고용알선 및 실업보험법이 시행되면서 최초로 실업급여에 대한 청구권이 인정되었다.

헌법의 화려한 사회적 강령과는 달리 바이마르 공화국 후반은 사회정책에 관한 한 정체기였다. 공화국 후기에 경제적 침체로 인하여 사회보험이 기능하지 못하면서 공적 부조가 代替機能을 수행하였다. 그 후 나치정권이 등장하면서 사회정책은 새로운 轉機를 맞았다. 나치가 구호로 내세운 민족공동체(Volksgemeinschaft)를 형성하는 과제를 심리적으로 부추기고, 이를 실질적으로 조성하기 위하여 필요한 물질적 기초를 제공한다는 취지에서 사회정책은 활성화되었다. 다만 사회법은 국민의 사회보장 자체보다는 정권을 홍보하는 수단으로서의 성격을 보다 강하게 띠었다. 예컨대 국민부양제도, 즉 전국민을 대상으로 하는 연금제도를 실현하기 위한 1940년의 이른바 "Robert-Ley-Plan"이 한 예였다. 그러나 이러한 계획이 실현되지는 않았다. 사실상 이 시기의 사회정책은 모순된 모습으로 나타난다. 예컨대 민족공동체의 일원일 수 없는 소수집단은 사회정책에서 철저한 차별을 받았다. 이 시기가 후대에 미친 가장 부정적인 모습은 1934년 7월 5일자 법, 즉 이른바 조직개편법(Aufbaugesetz)을 통해서 독일의 전통적인 자치운영의 원칙이 거의 완전하게 포기되었다는 사실이다. 전후 독일 사회정책의 최우선 과제 중의 하나는 이때 폐지된 자치운영조직을 재건하는 데 있었다. 이 시기에는 사회보험의 가입대상이 확대되었다. 예컨대 자영인과 수공업자에게 사회보험 가입자격이 주어졌다.

Ⅲ. 사회보험의 복구 · 1957년 연금개혁

제2차 세계대전 후 독일 사회보험은 사실상 폐허에서 출발하였다. 나치시대 재정과 조직이 국가에 집중되었기 때문에 정권의 붕괴와 더불어 사회보험 역시 파탄에 빠졌다. 사회보장의 기본구상은 戰前의 전통을 그대로 따랐다. 국민부양제도를 구상하였던 위에서 언급한 "Robert-Ley-Plan"이 전후 영국의 비버리지 계획과 유사한 내용을 가졌다. 그러나 이 안은 나치시대에 특유한, 개인의 자유를 대체하고 사회보장을 추구한다는 인상을 주었기 때문에 도입될 수 없었다. 사회보험의 과제는 다음과 같았다. 보험공동체의 경제적 재건, 자치운영의 회복, 사회보험급여를 변화된 물가 및 임금구조에 적응시키기 위한 화폐개혁, 전쟁희생자처리에 대한 보험법적 고려 등이었다.

독일 헌법은 사회보험을 연방의 입법권에 포함시켰다(제74조 제12호). 또한 사회보험청구권에 대한 사법적 구제가 강화되었다. 종래에는 행정부에 속하는 사회보험공동체, 즉 제국보험공단(Reichsversicherungsamt)이 사회보험의 분쟁을 관할하였다.41) 이제 특별행정법원의 하나인 사회법원(Sozialgerichte)이 창설되어, 사회보험분쟁을 관할하였다.42)

1957년 연금급여를 전체 가입자의 평균임금의 변화에 따라 조정하는 조치를 내용으로 하는 연금개혁이 이루어졌다. 연금수급자의 연금수입이 근로자의 임금수입과 연계되게 하였으며, 이로써 연금수급자가 전체 사회의 복지성장에 참여할 수 있게 되었다. 이러한 결정에는 다음과 같은 정치적 및 경제적 상황이 작용하였다. 당시 경제적 호황에도 불구하고 기존 연금수급자의 연금수준은 지극히 낮은 상태에 있었다. 이미 국민의 상당 부분을 형성하고 있었던 연금수급자의 이러한 상황은 정치적인 처방을 필요로 하였다. 이에 당시 연방정부는 경제성장이 한계에 부딪힐 경우 재정적 문제를 야기할 것이라는 사실을 인식하였지만 위와 같은 내용의 연금개혁을 단행하였다. 이는 현재 경제성장의 혜택을 연금수급자가 공유하는 의미를 갖는

41) 이에 대해서 자세히는 Walter Bogs, "Sozialrechtspflege vor Entstehung der Sozialgerichtsbarkeit, insbesondere Verfassung und Verfahren des Reichsversicherungsamts", *Festschrift zum 25jährigen Bestehen des Bundessozialgerichts*(1979), 3면 이하 참조.

42) 이에 대해서는 자세히는 Michael Stolleis, "Entstehung und Entwicklung des Bundessozialgerichts", *Festschrift zum 25jährigen Bestehen des Bundessozialgerichts*(1979), 25면 이하 참조.

다. 이러한 개혁은 연금의 재정방식에 있어서 적립방식(Kapitaldeckungsverfahren)에서 부과방식(Umlageverfahren)으로의 변화를 수반하였다.[43] 이로써 연금보험은 세대간 계약(Generationenvertrag)의 성격을 띠게 되었다.

Ⅳ. 팽창사회정책과 사회보험

독일의 사회법은 50년대와 특히 60년대 후반 경제기적의 시기에 질적, 그리고 양적으로 팽창하였다. 사회보험의 대상과 보호되는 위험의 범위가 확대되었다. 예컨대 1967년 사무직근로자에게 적용되던 의무보험 소득상한(Versicherungspflichtgrenze)에 관한 규정이 삭제되면서 사무직근로자 모두가 연금보험에 가입하였다. 사회보험이 고용관계를 전제로 하지 않고, 자영인·예술인 등 임금근로자가 아닌 계층으로 의무가입을 확대하였다. 노동자보험으로 출발한 독일의 사회보험에 국민개보험적 성격을 부여한 결정적인 조치는 1972년 제국보험법 제1233조의 제정이었다. 이 규정에 의해서 16세 이상의 모든 국민은 국내에 주소지를 갖거나 상시 체류의 요건만 갖추면 연금보험에 임의가입 할 수 있게 되었다.

사회보험이 보호하는 사회적 위험은 두 가지 형태로 확대되었다. 첫째, 기존에 사회보험이 주로 보험사고를 사후급여를 통하여 보호한 반면, 이제 사고의 발생 자체를 사전에 예방하려는 데에 보다 관심을 갖게 되었다. 예컨대 질병보험에 질병의 조기 발견을 위한 조치들(Maßnahmen zur Früherkennung von Krankheiten)이 도입되었다. 1975년에는 임신중절수술에 관한 형법개정 보충법률로서 임신중절수술에 관한 보험급여가 인정되면서 질병보험은 임신 및 중절수술에 관한 상담기능도 담당하게 되었다. 둘째, 특히 연금보험에서 사회적 조정의 성격이 상대적으로 강조되었다. 본래 연금보험의 과제라고 할 수 없는 교육기간 또는 실업기간 중의 소득상실

---

43) 연금재정방식의 대표적인 두 가지이다. 부과방식은 매년 지출하는 보험급여비용을 당해 연도의 보험료수입으로 충당하는 재정방식이다. 따라서 부과방식에서는 현재 가입자가 납부하는 보험료는 본인이 아니라 현재 연금수급자가 받는 연금의 재원이 된다. 이에 비해서 적립방식에서는 현재 가입자가 납부하는 보험료는 적립되어 장래 본인이 받는 연금의 재원이 된다.

이 보호받게 되었다.[44] 구체적으로 이 기간이 보험료 납부의무가 부과되지 않고도 보험가입기간으로 산정되는 이른바 중지기간(Ausfallzeit)으로 인정되었다. 이 밖에도 연금을 조기에 수령할 수 있도록 하였다. 선택적 연금수급개시연령(flexible Altersgrenze)과 조기연금수급개시연령(vorgezogene Altersgrenze) 등이 그것이다.[45]

V. 긴축사회정책과 사회보험의 개혁

독일의 사회보험은 1970년대 후반 이후 점차 긴축기조를 띠기 시작하였다. 사회예산의 한계와 인구구조의 변화가 주된 원인이었다.[46] 독일에서 사회보장의 양적 팽창은 주로 60년대와 70년대 중반까지 이루어졌고, 그 틀은 독일 경제의 성장이었다. 이때 일부 구조적 원리를 넘어서서 사회보장이 확대되었다. 사회보험에 사회적 조정의 요소가 상당 부분 도입된 것이 좋은 예이다. 그런데 이러한 발전은 경제성장이 한계를 보이면서 특히 80년대에 들어와서는 큰 부담이 되었다. 원래 사회정책과 경제정책이 상관성을 가지며, 따라서 사회정책의 상황요건으로서 경제정책 및 국가의 재정상태가 중요한 변수인 것은 틀림없다. 그러나 사회정책이 경제정책에 대해서 엄격한 의미에서 종속변수는 아니다. 왜냐하면 사회정책, 그리고 그 중요한 수단인 사회법은 특유한 구조원리를 갖기 때문이다. 80년대 독일 사회법이 갖는 부담은 바로 70년대 중반까지 경제부문의 성장이 팽창 사회정책으로 곧바로 이어졌다는 데에 있다.[47] 이러한 구조에서

44) 이에 대해서는 Peter Krause, "Fremdlasten der Sozialversicherung", *Bitburger Gespräch*(1979/1980), 249면 이하 참조.

45) 독일 연금보험법에서 연금수급개시연령은 원칙적으로 65세이다. 선택적 연금수급개시연령이 도입되면서 가입자는 63세부터 연금을 신청할 수 있게 되었다. 조기연금개시연령은 20년간 연금보험에 의무가입하였던 여성근로자에게 적용되며, 60세이다.

46) 이 문제는 1984년 독일 법률가대회에서 사회법 분야의 의제로 다루어졌다. 발제자는 Meinhard Heinz와 Michael Stolleis였다. 주제는 "Möglichkeiten der Fortentwicklung des Rechts der sozialen Sicherheit zwischen Anpassungszwang und Bestandsschutz" 였다.

47) 이에 대한 비판에 대해서는 위 각주 17의 문헌들 참조.

경제성장의 둔화는 곧 사회정책의 이에 대한 적응, 즉 긴축사회정책을 수반하여야 했다. 1990년 건강제도개혁법(Gesundheits-Reformgesetz)과 1992년 연금개혁(Rentenreform)은 독일의 새로운 시대적 상황에 대한 사회법적 대응이었다.

Ⅵ. 새로운 시대상황과 사회보험

1990년대 이후 독일의 사회법은 경제성장의 한계라는 주변 상황 외에 세계화, 고령화, 인구구조의 불균형, 가족구조의 변화, 여성의 기능 및 의식의 변화와 같은 새로운 상황에서 다양한 구조개혁의 필요성에 직면한다. 이에 한편으로는 질병보험 및 연금보험의 구조개혁을, 다른 한편으로는 새로운 사회적 문제에 대한 혁신적 대응이 필요했다.

1. 질병보험

1989년 이래 구조개혁은 네 단계로 이루어졌다.

1989년 질병보험구조개혁법(Das Gesetz zur Strukturreform im Gesundheitswesen)은 다음과 같은 목적을 추구하였다. 첫째, 사회연대의 원칙과 자기책임의 원칙을 재조정하였다. 보철급여비용에 대해서 가입자가 40% 내지 60%를 부담하도록 하였다. 대신 정기적인 치과치료를 통하여 예방조치를 취하는 가입자에게는 보너스를 지급하도록 하였다. 더불어 개혁법은 의료비용의 절감을 위한 조치를 취하였다. 이를 위하여 의약품가격에 관한 규정이 개정되었다. 질병보험조합은 종류별로 같은 혹은 유사한 효과를 갖는 의약품에 대해서 표준가격(Festbetrag)을 결정하여, 이에 해당하는 범위에서는 가입자의 부담을 면제하였다. 그 가격을 넘는 의약품을 구입하는 경우 차액을 가입자가 부담하도록 하였다. 동시에 일부 진료에 있어서 본인부담제도가 새로이 도입되거나 혹은 기존의 본인부담비율이 상향조정되었다. 질병을 사전에 예방하기 위한 여러 조치들이 충실히 도입되었다. 둘째, 급여의 경제성을 제고하기 위한 조치들이 취해졌다. 급여비용의 인상을 최소화하기 위하여 보험료안정이라는 대원칙을 중시하여 보상의 내용을 결정하도록 하였다.

1993년 질병보험구조조정법(Das Gesetz zur Sicherung und Strukturverbesserung der gesetzlichen Krankenversicherung)에서는 재정건전화를 위하여 가입자 본인부담이 결코 효율적이지 않다는 점이 인식되었다. 이에 보다 구조적인 접근을 하여 의료공급에 대한 비용통제를 강화하였다. 단기적으로는 의료공급을 통제하여 지출을 줄이고, 장기적으로는 구조조정을 통하여 급여 및 보상체계를 재편성하도록 하였다. 위와 같은 인식에 기초하여 구조조정법은 크게 세 가지 내용을 가졌다. 첫째, 의료수가 및 의약품가격과 관련하여 지출을 보험료수입과 엄격히 연계시켰다. 즉 수가의 인상률이 건강보험 재정수입을 크게 초과할 수 없도록 하였다. 둘째, 의료비용에 대한 제도적·개별적인 통제를 강화하였다. 이를 위하여 지출예산개념을 도입하여 지출을 통제하도록 하였다.[48] 특히 保險醫가 통상 예상되는 진료횟수를 초과하여 진료하는 경우에는 초과진료횟수에 대해서 보상수준을 하향조정할 수 있도록 하였다. 보험의의 증가를 억제하기 위하여 객관적인 수요심사에 따라 허가를 제한하도록 하였다.[49] 셋째, 지출비용을 좌우하는 객관적·구조적인 요소로 인하여 조합간 재정 균형이 상실되지 않도록 하는 조치가 취해졌다. 즉 성별, 연령, 가입자의 소득수준, 가입자의 가족규모 등 지출과 수입에 구조적으로 영향을 미치는 요소들을 고려하여 재정조정을 하도록 하였다(Risikostrukturausgleich).[50] 이는 기존에 조합들

48) 이러한 예산을 초과하는 총액계약이 불가능한가 하는 문제가 제기된다. 이에 대해서는 부정적이며, 따라서 예산제도를 일종의 주의규정으로 이해하고 있다. 이 점에 대해서는 예컨대 Josef Isensee, "Das Recht des Kassenarztes auf angemessene Vergütung", *Vierteljahresschrift für Sozialrecht*(1995), 345면 이하 등 참조.

49) 이러한 조치는 1960년에 이미 취해진 바 있으며, 이에 대해서 당시 독일의 연방헌법재판소는 위헌결정을 하였다. *BVerfGE* 11, 30면 이하 참조. 변화된 상황에서 연방헌법재판소가 어떠한 결정을 할지는 두고 볼 일이다. 이 점에 대해서는, 예컨대 Andreas Hänlein, "Zur Vereinbarkeit der Zulassungsbeschränkungen für Vertragsärzte gemäss §101 bis 103 SGB Ⅴ in der Fassung des Gesundheitsstrukturgesetzes mit höherrangigem Recht", *Vierteljahresschrift für Sozialrecht* (1993), 169면 이하 등 참조.

50) 이 점에 대해서 자세히는 Gudrun Eberle, *Bleibt uns die soziale Krankenversicherung erhalten?*(Asgard-Verlag, 1997), 76면; Michael Schaaf, "Die Reform

이 구조적인 요소들의 차이 때문에 自救勞力에도 불구하고 재정건전화를 이룰 수 없다는 인식에 기초한 것이다. 위험구조조정을 통하여 재정수입에 있어서 평등을 실현하고, 이러한 공평한 기초위에서 조합간에 경쟁할 수 있도록 하였다. 넷째, 경쟁을 위한 공평한 환경을 마련한 후 실제 조합간에 경쟁을 통한 재정건전화를 이룰 수 있도록 하였다.[51] 이제 가입자는 자신의 결정에 의하여 조합을 선택할 수 있게 되었다.

개혁논의는 다음과 같은 두 가지 계기에서 다시 이루어졌다. 첫째, 인구구조의 변동과 의료기술의 발달 등과 같은 가변적인 요소를 고려하여 향후 보다 장기적인 관점에서 질병보험개혁이 필요하였다. 둘째, 기존의 개혁조치에도 불구하고 다시 질병보험의 재정적자가 심각해지고, 보험료율은 상승하였다. 이에 1997년 건강보험개혁을 위한 두 개의 법률이 제정되었다(Das Erste, Zweite Gesetz zur Neuordnung von Selbstverwaltung und Eigenverantwortung in der gesetzlichen Krankenversicherung). 첫 번째 법률의 핵심적인 내용은 다음과 같다. 첫째, 보험료율을 인상하는 경우 법률에 의하여 가입자 본인의 자기부담이 증가하도록 하였다. 거꾸로 보험료율이 인하되는 때에는 자기부담분은 줄어든다. 또 소속 조합의 보험료율이 인상되는 경우 가입자는 조합을 탈퇴할 권리가 있다. 이로써 보험료율의 인상이 조합에 불리하게 작용하는 구조가 갖추어졌다. 좀 더 중요한, 그리고 구조적인 변화는 두 번째 개정법에 의하여 이루어졌다. 독일질병보험에 민간의료보험법적 요소를 상당 부분 도입하였다. 가입자는 현물급여 대신 비용보상을 청구할 수 있다. 보철급여는 비용보상과 유사하게 형성된다. 즉 보철급여는 급여보상비용에 대한 보조금의 형태로 정액으로 결정・지급된다. 조합의 급여형성의 범위가 확대되었다. 예컨대 가입자는 급여의 범위를 선택하고, 이에 상응하여 보험료액이 조정될 수 있도록 하였다. 이

---

des Risikostrukturausgleichs in der gesetzlichen Krankenversicherung", *Die Sozialgerichtsbarkeit*(2001), 537면 이하 참조.

51) 이에 대해서는 Eckart Galas/Oliver Schöffski, "Der Wettbewerb innerhalb der gesetzlichen Krankenversicherung unter besonderer Berücksichtigung des Risikoausgleichs", *Vierteljahresschrift für Sozialrecht*(1996), 289면 이하 등 참조.

로써 민간의료보험에 특유한 위험선택과 잔여위험에 대한 자기부담의 가능성, 그리고 이러한 결정이 보험료액의 자율적인 선택과 연계될 수 있게 되었다.

그러나 개혁입법의 내용 중 중요한 부분은 1998년 질병보험법 개정을 통하여 다시 삭제되었다.52) 예컨대 일부 도입된 비용보상의 원칙, 조합의 급여형성권한 등이 삭제되었다.

2002년 보험료율안정법이 통과되어 질병보험법이 부분적으로 개정되었다.53) 의무가입 소득상한이 인상되어 조합의 수입이 증가하였으며, 위험구조가 개선되었다. 약국과 제약회사의 의약품 할인폭이 커졌다.54) 이 조치들은 모두 함께 작용하여 조합의 재정상황을 개선하였다. 질병보험에 대한 보다 구조적인 변화는 2003년의 질병보험현대화법(Das Gesetz zur Modernisierung der gesetzlichen Krankenversicherung)이 가져왔다. 이 법은 다음과 같은 세 가지를 입법목적으로 하였다. 첫째, 의료의 질을 개선하고 진료서비스의 경제성과 투명성을 확보한다. 둘째, 질병보험의 재정건전화이다. 셋째, 보험료안정이 추구되었다.

2003년 법은 질병보험에서 가입자와 保險醫 사이에 정보의 비대칭으로 인하여 보험의가 지배적인 지위를 차지하고 있다는 점을 명백히 인식하고 이에 대한 처방을 하였다. 즉 이른바 가입자 주권을 강화하기 위한 조치들이 취해졌다. 진료 및 진료보상을 투명화하고, 가입자가 진료 및 의

52) 이러한 전환은 1998년 법의 명칭에서도 암시하고 있다. 1997년 법률이 "자기책임의 재조정에 관한 법률"인데 비해 1998년 법률의 명칭은 "연대를 강화하기 위한 법률(Das Gesetz zur Stärkung der Solidarität in der gesetzlichen Krankenversicherung)"이다.

53) "Das Gesetz zur Sicherung der Beitragssätze in der gesetzlichen Krankenversicherung", 이 법에 대해서 자세히는 Frank Niemann, "Versicherungs- und beitragsrechtliche Auswirkungen des Beitragssatzsicherungsgesetzes(BSSichG) in der Krankenversicherung", *Neue Zeitschrift für Sozialrecht*(2003), 134면 이하 참조.

54) 이러한 가격할인제도의 법적 성격과 헌법적 평가에 대해서는 예컨대 Ulrich Becker, "Arzneimittelrabatte und Verfassungsrecht- zur Zulässigkeit der Preisabschläge nach dem Beitragssatzsicherungsgesetz", *Neue Zeitschrift für Sozialrecht* (2003), 561면 이하; Friedrich Schnapp, "Der Apothekenrabatt- eine Sonderabgabe sui generis?", *Vierteljahresschrift für Sozialrecht*(2003), 343면 이하 등 참조.

료시장에 대한 정보를 충분히 보유할 수 있도록 하였다. 이를 위하여 가입자는 의료기관 및 보험자에 정보청구권을 갖는다. 보험의협의회에 부패방지위원회를 설치하여 보험의에 대한 통제를 강화하도록 하였다.

보철급여는 급여대상에서 제외되었다. 그렇다고 보철문제가 개인의 위험으로 성격이 변화된 것은 아니다. 보철은 사법상의 진료 및 보상관계를 통하여 보호된다. 가입자는 추가로 보험료를 부담하여 질병보험에 의하여 보호되거나 혹은 민간보험에 가입하여 보호받을 수 있다. 이로써 독일 질병보험에서 처음으로, 그리고 유일하게 공적건강보험과 민간보험의 경쟁관계가 형성되었다.

질병보험의 전체적인 개혁방안은 다음과 같이 정리된다. 보호위험 및 급여를 축소해 가고 있다. 조합 상호간, 조합과 급여제공자와의 관계, 의료서비스의 수요와 공급에 있어서 시장의 요소를 도입하는 경향이 있다. 기존의 단체계약 대신에 개별계약의 가능성이 마련된 것이 좋은 예이다. 그러나 복잡한 계약관계를 형성하는 것이 어렵고, 또 업무의 효율성을 저해하는 문제가 있어 아직 현실화되지는 못하고 있다. 재정건전화를 위하여 본인부담을 도입하거나, 혹은 부담비율을 인상하는 조치의 효과에 대해서는 아직 논란이 있다. 이미 건강에 대한 인식이 예민하게 되었기 때문에 본인부담제도가 요양기관에의 접근을 저지하지는 않을 것이라는 낙관적인 예측이 있기도 하다. 그러나 다른 한편 본인부담이 주로 저소득층에게 부담이 되고, 또 이들은 건강에 대한 인식도가 낮기 때문에 장기적으로 만성 혹은 중증질병으로 발전하는 원인이 될 수 있다는 점에서 결코 재정건전화에 기여할 수 없다는 반론도 여전히 있다.55)

독일 질병보험법은 최근 보다 근본적인 두 가지 방향에 대한 개혁논의를 겪고 있다. 첫째, 모든 가입자가 민간보험과 공적 보험을 선택할 수 있도록 하고, 또 임금뿐 아니라 모든 소득, 그리고 나아가서는 모든 자산

55) 이러한 주장으로는, 예컨대 Ellen Sunder, "Die Gesundheitsreform und ihre Auswirkungen in der Praxis", *Nachrichtendienst des Deutschen Vereins für öffentliche und private Fürsorge*(2004), 155면 이하 참조.

을 보험료 산정의 기초로 하려는 방안이다. 이는 사회민주당의 개혁방안이다. 둘째, 소득에 관계없이 모든 가입자가 정액의 보험료를 납부하고, 사용자는 임금의 일정률을 부담하는 방법이다. 이는 기독교민주당의 개혁방안이다.56) 그러나 이러한 개혁방안은 기존 질병보험의 체계를 근본적으로 바꾸는 것이기 때문에 오랜 논의를 필요하며, 단기간내에 실현될 것으로 보이지는 않는다.

2. 연금보험

1990년대 이후 독일 연금보험은 네 차례 큰 변화를 겪었다.

1989년 연금보험법이 개정되어, 1992년부터 효력을 발생하였다. 형식적으로는 노동자연금보험법과 더불어 사무직근로자연금보험법, 광산노동자연금보험법, 수공업자연금보험법이 단행법률에 통합·규율되었다. 다만 농업종사자연금보험법은 그것의 특수성 때문에 여전히 독립 법률에 의하여 규율된다. 실질적인 내용에 있어서 특히 연금재정 등을 중심으로 2010년까지 추정되는 연금시행과 관련된 사회환경의 변화에 적응하기 위한 조치들을 취하였다. 조세를 재정기초로 하는 기본연금제도(Grundrente)를 도입하는 방안은 독일 연금보험의 구조를 전면 수정하는 체제전환에 해당하기 때문에 진지하게 논의가 되지는 못했다.57)

56) 이러한 안에 대해서 자세히는 Peggy Letzner/Eckard Lübke, “Reformen im Gesundheitswesen und Auswirkungen auf die Rentenversicherung”, *Deutsche Rentenversicherung*(2005), 512면 이하 참조.

57) 당시 기본연금의 구상에는 여러 가지 정책적 및 법적 문제가 제기되었다. 첫째, 기본연금은 국가재정이 허용하는 수준으로 결정되었을 때 그것만으로 개인의 생활이 보장될 수 없었다. 둘째, 독일 사회보장이 갖는 장점, 즉 특정 사회보장급여에 대한 법적 청구권은 그것이 조세를 재원으로 할 경우 상실될 것이며, 이로써 사회보장은 전체적으로 정책적 결정에 유보되어 개인의 법적 지위는 불안정한 상태에 처하게 될 것이다. 셋째, 기술적으로는 지금까지 보험료를 납부한 가입자의 청구권을 처리하는 문제가 남는다. 기본연금과 동시에 가입자에게 기득 연금을 지급할 경우 재정부담은 보다 증가할 것이다. 그들에게 연금을 포기하게 할 경우 재산권을 침해하는 결과가 될 것이다. 넷째, 기본연금의 구상은 연금수급자의 정치적 영향력을 감안하면 실현될 수 없을 것이다. 기본연금의 구상과 문제점에 대해서는 Franz Ruland, “Brauchen wir eine neue Grundsicherung?”, *Nachrichtendienst des Deutschen Vereins für öffentliche und private Fürsorge*(1988), 61면

1992년 연금개혁은 세 가지 조치를 통하여 연금재정의 안정을 기하려고 하였다.[58] 이러한 조치에는 연금재정의 안정 외에 기존의 불합리를 극복하고 객관적으로 타당한 연금보험을 형성하려는 시도 역시 발견된다. 특히 연금보험에 대폭 도입되어 있던 사회적 조정의 요소를 보험의 원칙으로 대체하는 일련의 조치가 취해졌다. 첫째, 연금산정의 기준을 가입자의 총임금에서 순임금으로 조정하였다(Nettoanpassung)(SGB Ⅵ 제68조 제2, 3항). 둘째, 조기에 노령연금을 청구하는 경우 감액된 연금을 지급하도록 하였다. 기존에도 조기노령연금은 연금산정요소의 하나인 보험가입기간이 짧기 때문에 완전노령연금에 비해서 수준이 낮았다. 그러나 연금수급기간이 길기 때문에 조기노령연금은 실질적으로는 불이익을 받지 않았다. 그런데 이제 조기노령연금의 경우 실질적으로 연금총액이 감소되도록 하였다. 셋째, 보험료를 납부하지 않으면서 보험가입기간으로 인정되는 가능성을 줄였다.

연방보조(Bundeszuschuß)의 수준을 높였다. 연금정책과 관련된 중요한 조치들, 즉 연금조정률, 연방보조의 수준 등이 정치적 고려가 아니라, 객관적 기준에 따라 자동적으로 결정되게 하였다. 이미 언급했듯이 연금조정이 순임금의 인상에 따라 조정되고, 연방보조의 수준이 총임금 및 보험료율의 변화에 따라 자동조정 되도록 하였다. 이로써 연금과 관련된 중요한 조치가 선거전략 등 정치적 고려에 의해서 결정되는 폐해를 방지할 수 있게 되었다.

독일 연금보험법은 2001년 중요한 개혁을 겪었다. 2001년 개정법은 독일 사회의 고령화, 인구구조의 변화, 그리고 그 결과 연금재정의 불안정을 예상하고, 개인의 자율적인 노후보장을 장려하는 내용을 담았다. 노령연금

이하; Franz Ruland, "Sozial- und rechtspolitische Bedenken gegen eine Grundrente", *Zeitschrift für Rechtspolitik*(1987), 354면 이하 참조.

58) Reinhard Hepting, "Die gesetzliche Rentenversicherung nach dem Rentenreformgesetz 1992", *Jura*(1990), 617면 이하; Franz Ruland, "Das neue Rentenversicherungsrecht des SGB Ⅵ", *Neue Juristische Wochenschrift*(1992), 1면 이하; Franz Ruland, "Reform der Alterssicherung", *Zeitschrift für Rechtspolitik*(1989), 377면 이하 등 참조.

의 수준을 하향 조정하고, 그 대신 민간보험에 가입하여 보험료를 납부하는 경우 보험료 지출에 대한 과세를 완화하였다.[59] 장기적으로 이러한 개혁이 공적연금과 기업연금, 그리고 개인연금의 균형 있는 발전을 염두에 두었지만 위 조치가 아직 이러한 방향으로의 전환을 의미하는 것은 아니었다.

2005년 연금개혁은 주로 조직법적 변화를 가져왔다. 이는 두 가지 목적을 가졌다. 첫째, 독일 사회보험은 전통적으로 노동자와 사무직근로자를 분리하여 관리운영하여 왔다. 그런데 이제 이러한 구별이 실질적으로 의미가 없으며, 또 경우에 따라서 이를 구별하는 것도 어렵게 되었다. 이번 개정은 이러한 구별을 폐지하였다. 둘째, 조직개편을 통하여 연금보험의 관리운영비용을 절감하는 목적이다.[60] 그러나 두 번째 목적을 실질적으로 달성하는 데에는 한계가 있다. 이미 관리운영비용은 1.7%로 상당히 절감되어 있고, 연금보험의 관리운영비용은 상당 부분, 즉 약 13%가 질병보험에서의 보험료 수납에 대한 보상비용으로 지출되고 있었다. 다만 노동자연금보험을 관할하는 주보험공단이 향후 통폐합되기 때문에 이로 인한 관리운영비용의 절감이 기대되고 있다.

3. 산재보험

질병보험과 연금보험에 비해서 산재보험은 도입 이후 비교적 동질성을 유지하여 왔다. 그러나 최근 산재보험에 대해서 다음과 같은 두 가지 쟁점을 중심으로 개혁논의가 활발하게 이루어지고 있다.

첫째, 독일 산재보험에서는 전통적으로 신체손상의 정도를 기준으로 장애연금을 산정하였다(추상적 보상의 원칙(abstrakte Schadensbemessung)).[61] 그 결과 가입자의 실제 소득은 소득능력감소의 정도를 결정하는 데 원칙

59) 이에 대해서는 Franz Ruland, "Die Rentenreformdiskussion in der Schlussrunde", *Alterssicherung*(2001), 39면 이하 참조.

60) 이에 대해서 자세히는 Franz Ruland, "Die Organisationsreform in der gesetzlichen Rentenversicherung — Ein Überblick — ", *Neue Zeitschrift für Sozialrecht* (2005), 113면 이하 참조.

61) 이에 대해서는 Wolfgang Gitter, *Schadensausgleich im Arbeitsunfallrecht*(J.C.B. Mohr, 1969), 151면 이하 참조.

적으로 영향을 미치지 않았다. 이러한 불합리를 방지하기 위하여 구체적인 기준에 따라서 보상수준을 결정하여야 한다는 논의이다.62) 이에 따르면 장애연금의 산정은 이중적으로 이루어진다. 한편으로 신체손상에 대한 보상은 구체적인 소득의 상실 여부 혹은 정도를 기준으로 이루어진다. 이는 구체적인 소득상실을 보상하는 기능을 수행하기 때문에 소득활동기간에 한하여 지급된다. 이들의 노후보장을 위하여 장애연금을 지급하는 기간에 산재보험이 연금보험료를 부담하며, 노후에 이르면 장애연금은 지급이 중단되고, 그 대신 노령연금이 지급된다. 다른 한편, 신체의 손상은 소득활동 자체뿐 아니라 일상생활에 영향을 미치기 때문에 통합적으로 장애를 보상하기 위한 연금(이른바 Integritätsausgleich)을 별도로 도입한다.

둘째, 산재보험에서 사용자가 부담하는 보험료를 재조정하는 문제이다. 현행 독일 산재보험법에 의하면 업종별로 구분되어 각 업종의 재해발생률에 비례하여 보험료율이 결정된다. 그런데 광산업 등과 같이 재해발생률이 높은 경우 사용자가 재해를 예방하기 위한 조치를 충실히 취하더라도 구조적으로 이러한 노력의 성과에는 한계가 있다. 그럼에도 불구하고 이들 업종에 대해서 높은 보험료율을 적용하는 것이 불합리하다는 인식에서 출발하는 개혁논의이다.63)

4. 장기요양보험

1980년대 이후 노령으로 인한 장기요양에 대한 사회적 보호의 필요성이 제기되면서 1992년 질병보험법 개정을 통하여 잠정적으로 장기요양을 질병보험의 과제로 하였다. 이후 1995년 장기요양을 독자적으로 보호하는 사회보험을 도입하여 사회법전 제11편에 편성하였다(Pflegeversicherung).64)

62) 이에 대해서는 Joachim Breuer, "Was sich im Leistungsrecht ändern sollte", *Soziale Sicherheit*(2006), 163면 이하; Matthias Triebel, "Neuordnung des Rentenrechts der gesetzlichen Unfallversicherung", *Die Sozialgerichtsbarkeit*(2006), 212면 이하 등 참조.

63) 이러한 논의에 대해서는 Ulrich Becker, *Der Finanzausgleich in der gesetzlichen Unfallversicherung*(Nomos, 2004) 참조.

64) 독일에서 요양보험 도입과정에 대해서는, 예컨대 Heinz Rothgang, "Die Pfle-

현재 장기요양의 합리성을 제고하고, 또 예상되는 재정고갈에 대비하기 위한 개혁논의가 이루어지고 있다. 장기요양의 양적 및 질적 부담, 특히 치매에 대한 보호의 부담이 증가하면서 장기요양보험의 보험료율을 인상하고, 장기요양급여를 상향 조정해야 할 필요성이 나타났다. 다른 한편 장기요양급여의 합리성을 제고하기 위하여 예방과 재활을 활성화하고, 장기요양급여를 하는 경우에도 시설보호에 앞서 통원요양을 받을 수 있도록 하는 방안이 집중적으로 논의되고 있다.[65)]

제 2 장 공무원 및 전쟁희생자부양원리

개인의 권리 혹은 이익이 공동체의 복리를 위해서 희생될 수 있으며, 희생에는 보상(Entschädigung)이 따라야 한다는 사상은 권리관념이 발달하면서 자리 잡았다. 독일에서 이러한 사상은 1794년 프로이센 일반란트법(Allgemeines Landesrecht für die Preußischen Staaten) 제74조 및 제75조에 최초로 제도화되었다. 그러나 이는 당사자의 사회적 상황과는 무관하게 내용이 형성되었다. 국가책임의 사상 및 제도에 당사자의 사회적 상황이 고려될 때 비로소 사회법의 성격이 인정될 수 있다. 이러한 관점에서 사회적 보호의 필요성이 인정되었던 전형적인 집단은 공무원과 전쟁희생 군인 및 전쟁희생자인 민간인 집단이다.

전쟁희생의 대표적인 예인 군인집단에 대한 보상은 일찍부터 발전하였다. 1825년 프로이센 군인연금법(preußisches Militär-Pensions-Regelement),

geversicherung; Kernstück der Altenpflegepolitik der letzten drei Dekaden", *Sozialpolitische Trends in Deutschland in den letzten drei Dekaden*(Duncker & Humblot, 2000), 59면 이하; Stefan Pabst/Heinz Rothgang, "Reformfähigkeit und Reformblokaden; Kontinuität und Wandel bei Einführung der Pflegeversicherung", Stephan Leibfried/Uwe Wagschal(편), *Der deutsche Sozialstaat*(Campus, 2000), 340면 이하 등 참조.

65) 이에 대해서 자세히는 Jonathan Fahlbusch, "Die Diskussion zur Reform des Pflegeversicherungsrechts", *Nachrichtendienst des Deutschen Vereins für öffentliche und private Fürsorge*(2004), 177면 이하 참조.

1871년 군인 및 유가족연금과 부양에 관한 법률(Reichsgesetz betr. die Pensionierung und Versorgung der Militärpersonen des Reichsheeres und der Kaiserlichen Marine sowie die Bewilligungen für die Hinterbliebenen solcher Personen), 1906년 장교연금법(Offizierpensionierungsgesetz), 1906년 군인부양법(Mannschaftsversorgungsgesetz), 1907년의 군인유가족법(Militärhinterbliebenengesetz), 1916년과 1918년 군인보상법(Kapitalabfindungsgesetze für Mannschaften und Offiziere), 1919년 군인보상법(Kapitulanten- und Offizierentschädigungsgesetz), 1921년 군인부양법(Wehrmachtsversorgungsgesetz) 등이 여기에 속한다.

전쟁희생자인 민간인에 대한 국가보상은 특히 프랑스 혁명 이후 독일에서 민족의식이 싹트면서 전쟁이 군인이 소속된 일부 집단을 위한 것이 아니라, 국민전쟁(Volkskrieg)으로 인식되면서 확립되어 갔다. 조국에 대한 애정으로 인한 희생은 군인뿐 아니라 전쟁희생자인 민간인에게도 보상의무를 발생시킨다고 인식되었다. 이러한 사상은 특히 독일이 당사자였던 제1차 및 제2차 세계대전 후 중요성을 더했다. 그 결과 1919년 전쟁희생자 및 유족에 관한 법률(Verordnung über die soziale Kriegsbeschädigten- und Kriegshinterbliebenenfürsorge), 1920년 부양청의 설립에 관한 법률(Gesetz über die Versorgungsbehörden), 1922년 전쟁희생자법(Kriegspersonenschädensgesetz) 등이 제정되었다.

나치 시기와 제2차 세계대전의 패배 후 독일은 전쟁 및 정권희생을 사회법적으로 보상하는 과제를 가졌다. 전후 입법자는 사회보장의 과제를 신속히 해결해 나갔다. 1950년 연방부양법(Bundesversorgungsgesetz), 1952년 부담조정법(Lastenausgleichsgesetz), 1953년 외국연금보호법(Fremdrentengesetz), 1956년 연방보상법(Bundesentschädigungsgesetz) 등이 제정되면서 초기의 입법조치는 완비되었다.

제 3 장 새로운 사회법 영역의 출현

전후 전통적인 사회법에 포함되지 않는 새로운 사회보장영역이 출현한다. 공무원 및 전쟁희생자부양제도의 사상적 기반을 이루는 사회보상이 확대되고, 촉진체계가 발전하였다.

사회보장의 전반적인 팽창기에 공무원 및 전쟁희생자 부양과 이념을 같이하는 새로운 제도들이 나타났다. 이른바 평시 사회보상이 제도화되었다. 군인 및 민간대체역무수행자(Zivildienstleistende)의 피해, 접종피해(Impfschäden), 범죄희생(Verbrechensopfer) 등에 대한 보상이 이에 해당한다. 그 밖에도 재해보험에 이른바 비진정재해보험(unechte Unfallversicherung)이 도입되면서 사회보상의 보호위험과 대상자의 범위가 확대되었다. 이로써 재해보험은 근로자 혹은 유사 근로자의 업무상의 재해를 보상하는 전통적인 과제 이외에 공공의 이익을 위한 특별희생 혹은 특별히 국가적 보호의 필요성이 인정되는 재해를 보상하는 과제를 갖게 되었다. 긴급구조원, 인체장기제공자, 방공구조원, 명예직종사자, 개발봉사원 등의 활동 중에 발생한 재해가 전자에 해당한다. 유치원보호아동, (대)학생 등에 발생한 재해는 후자에 해당하는 예이다. 비진정재해보험은 재해보험의 특수한 형태로 법제화되었지만 체계상으로는 사회보상으로 분류된다.[66] 사회보상체계에서 국가의 귀책사유라는 급부와 반대급부간의 원인성(Kausalität)이 점차 흐려지면서 전후 독일 사회법의 특징인 사회정책적 목적성(Finalität)을 강조하는 경향을 사회보상체계의 발전에서도 확인할 수 있다.[67]

---

66) 사회보상의 성격을 갖는 비진정재해보험이 재해보험에 편입된 점에 대해서는 사회법의 비체계성을 조장한다는 비난이 가해진 바 있다. 이에 대해서는 Franz Ruland, "Sozialrecht", Ingo von Münch(편), *Besonderes Verwaltungsrecht*(Walter de Gruyter, 1988), 384면 이하 참조.

67) 이에 대해서는, 예컨대 Bertram Schulin, *Soziale Entschädigung als Teilsystem kollektiven Schadensausgleichs*(1981); Hans F. Zacher, "Die Frage nach der Entwicklung eines sozialen Entschädigungsrechts", *Die öffentliche Verwaltung* (1972), 461면 이하 참조.

촉진체계(soziale Förderungssysteme)는 사회부조와의 구별이 명백하지는 않다. 아동보조금(Kindergeld), 양육보조금(Erziehungsgeld), 주택보조금(Wohngeld), 고용촉진급여 혹은 교육촉진급여(Arbeits- und Ausbildungsförderung) 등이 여기에 속한다. 촉진체계는 순수한 사회정책적 목적의 급여인 점에서는 사회부조와 공통점을 갖는다. 사회부조는 최저생활을 보장하기 위한 급여이고, 또 보충적 성격을 가지며, 신청인의 구체적인 수요상황이 심사된다. 이에 비해서 촉진체계에서는 수요심사를 거치지 않거나 혹은 완화된다. 또 급여수준은 인격을 실현하기 위한 목적에서 추상적으로 법정화 되어 있다.[68] 촉진체계는 독일에서 사회법이 생활위험이 발생한 비정상적인 상황을 보호하는 법에서 일반 국민의 정상적인 생활유형의 일부를 이루게 되었다는 사실을 보여주는 좋은 예이다.

---

68) 이에 대해서는 Hans F. Zacher, *Einführung in das Sozialrecht*(C.F.Müller, 1985), 20면 이하 참조.

제 6 편 사회법의 체계

제 1 장 전통적인 사회법 체계

독일에서 사회부조, 사회부양 그리고 사회보험체계가 각각 독자적인 영역을 형성하면서 성립 · 발전하여 왔다.[1] 전통적으로 사회법체계는 다음과 같이 분류되어 왔다.

사회보험(Sozialversicherung)은 보험의 원리를 이용하여 개인을 사회적 위험에 동일한 확률로 처해있는 공동체로 결합하고, 이들간에 위험을 분산시켜 사회적 위험으로부터 자기보호(Selbsthilfe)를 조성하는 제도이다. 이러한 특징을 갖는 사회보험을 중심으로 사회정책이 시행되기 때문에 독일의 사회정책은 비교정책적으로 보면 소득재분배보다는 개인의 기존 생활수준의 유지, 그리고 생애에 걸친 위험의 분산에 중점이 있다.[2] 사회보험에는 보험의 원칙이 적용되지만, 민간보험에서 적용되는 보험료와 보험급여간의 등가의 원칙은 사회적 조정의 요소가 가미되면서 부분적으로 수정된다.[3] 보험가입의무, (개인의 위험발생률이 아닌) 소득에 비례한 보험료 산정의 원칙 등이 그것이다.

부양제도(Versorgung)에 대한 정의는 소극적으로 이루어진다. 즉 부양

---

1) 이 분류를 따르는 문헌으로는, 예컨대 Walter Bogs 외, *Soziale Sicherung in der Bundesrepublik Deutschland*(*Sozialenquête*, 1960), 60면 이하 참조.

2) 이에 대해서는 위 제1편 제1장 제3절 참조.

3) 이에 대해서는 Walter Bogs 외, 위 각주 1의 책, 62면 참조.

제도는 사회보험과 다음에 설명하는 사회부조를 제외한 사회급부체계이다.[4] 부양제도는 원칙적으로 수요심사를 거치지 않으며, 최저생계의 보장을 제도적 목적으로 하는 것은 아니라는 점에서 공적 부조와 구별된다. 부양제도에서는 법률에 정한 구성요건을 충족하면 곧 추상적으로 수요상황이 의제되어 급여가 지급된다는 점에서 사회보험과 공통점을 갖는다. 그러나 부양제도는 가입자가 보험료를 납부하여 사회적 위험을 사전에 배려하는 사회보험의 특성을 갖지는 않는다. 부양제도는 일반부양과 특별부양으로 나눌 수 있다. 일반부양은 일정한 생활부담을 경감하기 위한 사회급여로 아동보조금, 주택보조금 등이 여기에 속한다. 특별부양은 공동체를 위한 특별희생에 대한 보상으로 공무원부양, 전쟁희생자부양 등이 그것이다.[5] 실정법적으로는 후자에 한하여 부양이라는 표현을 사용하고 있다.

공적 부조(öffentliche Fürsorge)는 인간다운 최저생활을 보장한다. 여기에는 보충성의 원칙과 개별성의 원칙이 적용된다. 즉 공적 부조는 인간다운 생활을 하는 데 장애가 되는 구체적인 수요가 존재하여야 하고, 이러한 상황이 자신의 능력 또는 부양의무자의 도움 등 어떠한 방법에 의해서도 극복될 수 없는 경우에 최후로 (보충적으로) 주어지는 급여를 규율한다.[6]

제 2 장 전통적인 체계론에 대한 비판

전통적인 사회법 3분류체계는 사회법의 역사적 발전을 설명하는 데에는 유용하다. 그러나 이 분류방법은 오늘날 사회법을 체계화하는 데에 더 이상 적합할 수 없다. 이러한 비판에는 다음과 같은 두 가지 상황이 작용하였다.

---

4) 이에 대해서는 Wolfgang Rüfner, *Einführung in das Sozialrecht*(C.H.Beck, 1991), 17면 참조.

5) 이에 대해서는 Hans J. Wolff, *Verwaltungsrecht Ⅲ*(C.H.Beck, 1973), 179면 이하 참조.

6) 이에 대해서는 Hans J. Wolff, 위 각주 5의 책, 183면 참조.

첫째, 전통적인 분류에서 부양제도에 속하는 법영역이 확대되면서 부양제도가 더 이상 통일적인 원리가 지배하는 독자적인 체계일 수 없게 되었다. 전통적으로 부양제도에 해당하는 전쟁희생자부양은 특별희생에 대한 보상의 성격을 갖는다. 그만큼 급여의 원인관계가 뚜렷하다(kausal). 반면 아동보조금(Kindergeld) 혹은 주택보조금(Wohngeld) 등은 순수한 사회정책적 목적(final)을 위한 보호 혹은 부담에 대한 경감이다. 따라서 두 종류의 급부는 법적 성격이 다르다.[7] 또 공무원부양(Beamtenversorgung)은 특별부담을 경감하기 위한 순수한 사회정책적 목적도, 그리고 특별희생에 대한 보상의 성격도 갖지 않는다. 오히려 공무원부양은 사회적 위험에 대한 국가의 사전배려의무(독일 헌법 제33조 제5항)라는 공무원관계의 내용을 실현하는 급여라는 점에서 사회보험과 기능구조가 같고, 다만 원인관계의 모습이 다를 뿐이다.[8]

독일에서 전통적인 사회법의 3분류체계가 사회법 발전에 비추어 타당할 수 없는 또 하나의 이유는 고용촉진, 교육촉진 등 개인의 인격실현에 중점을 두는 이른바 촉진체계가 전통적인 3분류체계에서는 포섭될 여지가 없기 때문이다.

제 3 장 새로운 체계화

전통적인 사회법 3분류가 위에서 언급한 바와 같은 이유에서 적절하지 않기 때문에 사회법의 현대적 발전에 맞춘 새로운 3분류론이 제시되었다. 사전배려체계, 사회보상체계, 사회부조 및 촉진체계가 그것이다. 전통적인 3분류방법은 사회법의 역사적 발전을 서술한 결과였다. 이에 비해서 새로운 3분류방법은 급여의 원인관계와 급여내용의 결정기준에 착안하며,

7) 이에 대해서는 Hans F. Zacher, “Zur Rechtsdogmatik sozialer Umverteilung”, *Die öffentliche Verwaltung*(1970), 6면 참조.

8) 이에 대해서는 Hans F. Zacher, *Einführung in das Sozialrecht*(C.F.Müller, 1985), 21면 참조.

법학적으로 보다 의미 있는 분류이다.[9] 이를 설명하면 다음과 같다.

사전배려체계(Vorsorgesysteme)는 개인에게 일정한 사회적 위험(노령, 질병, 장애 등)이 발생하면 구체적인 수요의 존재 여부에 관계없이 추상적으로 수요상황을 의제한다. 사회적 위험이 발생하기 전에 미리 기여를 하여 법적 원인관계를 성립시키고, 사회적 위험이 발생하면 개인을 보호하기 위하여 반대급여를 지급한다. 질병보험, 연금보험, 재해보험, 실업보험 및 요양보험 등 사회보험이 여기에 해당한다. 이 밖에 공무수행에 대한 반대급부로서 사회적 위험이 발생하면 법률에 정한 급여가 수요심사를 거치지 않고 주어지는 공무원부양제도(Beamtenversorgung)도 사전배려체계에 속한다.

사회보상체계(Soziale Entschädigungssysteme)는 특별히 공동체 전체에 책임이 귀속되는 인적·물적 손실에 대한 국가적 보상을 내용으로 한다. 사회보상체계는 법적 원인관계를 전제로 한 급여인 점에서(사회보험: 보험료 납부, 사회보상: 공동체책임의 특별희생), 또 사회적 위험이 발생하면 곧 법률에 의해서 추상적으로 수요상황이 의제된다는 점에서는 사전배려체계와 공통점을 갖는다. 다만 사회보험이 사회적 위험공동체를 조직기반으로 하고, 구성원이 납부하는 보험료를 재원으로 하는 데 비해, 사회보상체계는 국가적 연대성을 이념적 기초로 하기 때문에 국가가 운영주체가 되고, 일반예산을 재원으로 하는 점이 다르다. 전쟁희생자부양, 군인 및 민간대체역무수행자 부양, 접종피해자보상, 범죄피해자보상 등이 여기에 해당한다.

사회부조 및 촉진체계(Hilfs- und Förderungssysteme)는 법적 원인관계를 전제로 하지 않고, 순수한 사회정책적 목적에서 급여를 지급한다는 점에서 사전배려체계 및 사회보상체계와는 구별된다. 사회부조 및 촉진체계

9) 이 분류는 특히 사회보장청구권에 대한 헌법적 보호의 여부 및 정도를 판단하는 데 유용하다. 사회보험을 비롯한 사전배려체계에서의 급여와 사회보상급여는 법적 원인관계를 전제로 한 급여이다. 따라서 재산권적 보호의 대상이다. 이에 비해서 사회부조 및 촉진체계의 급여는 국가의 일방적인 급여이기 때문에 재산권적 보호의 대상이 될 수 없다. 다만 이들 급여가 전혀 헌법적 보호의 대상에서 제외되는 것은 아니며, 예컨대 신뢰보호 등 법치국가원리에 의한 보호의 대상은 된다.

는 일반 사회부조 및 촉진체계와 특별 사회부조 및 촉진체계로 나눌 수 있다. 일반 사회부조 및 촉진체계는 실정법적 표현으로는 사회부조(Sozialhilfe)를 말한다. 사회부조는 모든 국민에게 최저생활을 보장한다. 또 일부 정형화된 생활위험을 보호한다. 이 두 경우 모두 정도의 차이는 있지만 구체적인 수요심사가 이루어진다. 사회법전 제12권 사회부조에서 전자는 생계보호(Hilfe zum Lebensunterhalt)로서 보호된다. 후자는 노령 및 소득상실, 장애인재활보호, 요양보호 등으로 분류되어 있다. 특별 사회부조 및 촉진체계는 일정한 생활위험을 보호하거나 또는 인격실현을 위하여 추상적으로 법률에 의해서 수요상황을 의제하고 이를 지원하기 위한 급여를 규율한다. 교육 및 고용촉진, 아동보조금, 양육보조금, 주택보조금 등이 여기에 해당한다. 사회부조 및 촉진체계는 모든 국민을 대상으로 하며, 순수한 사회정책적 목적이 지배하기 때문에 국가의 일반예산을 재원으로 한다.

제 7 편 사회법 관련 헌법질서

제 1 장 독일 헌법의 사회보장질서

독일 헌법이 사회법에 관한 명시적인 지도원칙들을 체계적으로 제시하고 있지는 않다. 연방헌법재판소가 특정 경제체제를 헌법적으로 확정한다는 의미에서 경제헌법(Wirtschaftsverfassung)의 개념을 부인했듯이, 사회보장질서에 대한 통일된 헌법체계를 구성하는 사회헌법(Sozialverfassung)의 개념은 일반적으로 부인되고 있다.[1] 독일에서 헌법의 사회적 과제는 사회국가원리(Sozialstaatsprinzip)라는 개방개념으로 표현되었다.

사회법의 형성은 1차적으로 입법권에 위임되어 있다. 또 사회법에서 분쟁의 대상이 급부의 여부, 혹은 그 수준인 경우 관련 헌법규정의 실현이 국가재정 등 주변여건의 성숙 여부에 어느 정도 종속되어 있다.[2] 사회법은 사회보험에서의 강제보험, 사회부조에서의 수요심사에 있어서 볼 수 있듯이 “강제”와 “보장”이 교환되는 대표적인 영역이다. 따라서 공권력의 불개입을

---

1) 이에 대해서는 Wilhelm Wertenbruch, “Sozialverwaltungsrecht”, Ingo von Münch (편), *Besonderes Verwaltungsrecht*(C.F.Müller, 1982), 389면 이하 참조. 독일 헌법에서 경제헌법에 관한 논의에 대해서는 Hans D. Jarass, *Wirtschaftsverwaltungsrecht und Wirtschaftsverfassungsrecht*(Alfred Metzner, 1984), 76면 이하 참조.

2) 헌법의 사회적 강령의 실현을 전적으로 사실적 상황에 종속시킨 대표적인 헌법이 터키 헌법이다. 즉 터키 헌법 제65조는, “국가는 경제성장과 재정상태가 허용하는 범위 내에서 이 장에 규정된 경제적 · 사회적 목표를 달성할 의무를 갖는다”고 규정하고 있다.

요청하는 자유권적 기본권이 사회법에서도 중요한 심사기준이 된다.

헌법이 사회법에 중요한 영향을 미치는 데에는 다음과 같은 독일 특유의 상황이 작용한다. 첫째, 독일에서 사회법은 국민의 정상적인 생활유형의 일부를 이루게 되었다. 이로써 사회법의 개정은 모든 국민의 권리와 의무에 변화를 가져 온다. 이와 같은 상대적인 권리의 박탈, 혹은 의무의 부과에 대한 보호는 헌법의 주요한 관심사이고, 따라서 사회법을 헌법과 관련하여 논의하는 것은 모든 국민의 법생활의 주요한 일부를 이루고 있다. 둘째, 독일의 사회보장제도가 사회보험을 중심으로 발달해 왔다는 사실에 기인한다. 사회보험급여는 사회적 위험에 대한 사전배려를 위하여 납부하는 보험료에 대한 반대급여이다. 이는 구체적인 권리로서의 성격을 갖는다. 국가의 일방적인 급여인 사회부조, 그리고 국가의 일반과제적 성격을 가지며 일반목적을 위해 징수하는 조세가 재원인 국민부양제도(Staatsbürgerversorgung)에서는 헌법적 논의의 여지가 훨씬 좁다. 셋째, 제도적인 이유이다. 독일에서는 국민의 헌법적 관심을 수용하는 헌법재판이 활성화되어 있다. 넷째, 헌법학이론이 사회법의 구조를 분석하면서 헌법적으로 쟁점화 하는 데 활발히 기여하고 있다.

제 2 장 사회법 관련 헌법논의의 발전

초기에는 전쟁희생자보상 등 사회보상에 대한 국가 의무의 근거로서 헌법적 논의가 활발하였다. 다만 사회보상에 관한 한 쉽게 입법적 합의가 형성되었기 때문에 헌법은 입법권을 통제하기보다는 정당화하는 기능을 수행하였다.[3]

초기 사회보장의 과제가 극복되면서 사회법은 양적 · 질적으로 변화

3) 이에 대해서는 Dietrich Katzenstein, “Konkretisierung des Sozialstaatsprinzips in der Rechtsprechung des Bundesverfassungsgerichts”, *Nachrichtendienst des Deutschen Vereins für öffentliche und private Fürsorge*(1987), 125면 이하 참조.

를 겪는다. 이 시기에는 사회법의 팽창에도 불구하고 여전히 보장의 혜택을 받지 못하는 경우 혹은 급부의 전반적인 향상에서 제외되는 경우에 사회적 평등이 중심적인 헌법적 논거로서 기능하였다. 또 사회보험 가입자의 범위가 확대되면서 보험단체의 인적 동질성이 약화되는데, 사회보험에서 소득재분배가 집단적 연대공동체를 조직기반으로 했을 때 비로소 가능한가의 문제가 쟁점이 되었다. 사회국가원리에서 사회적 보호 및 사회적 조정의 원칙과 그 한계, 평등권의 사회적 평등권으로의 해석과 그 한계, 혼인과 가족 보호의 사회법에서의 실현 등이 이 시기에 집중적으로 논의되었다.

사회보장이 확대되면서 국민과 국가간의 법률관계뿐 아니라 사회보장급여의 공급자(Leistungserbringer)에 대한 법적 규율이 헌법적 평가를 필요로 했다. 보험의허가제(Zulassung der Kassenärzte)와 관련된 직업의 자유에 대한 논의가 대표적인 예이다.

1970년대 후반부터 사회법을 둘러싼 주변상황이 악화되면서 헌법논의의 중점에 변화가 왔다. 이제 경제침체 및 인구구조의 변동으로 인하여 필연적으로 사회보장급여가 하향 조정되는데, 헌법은 이러한 조치로부터 기존의 사회보장청구권을 기득권으로 보호하는 논거로서 기능할 수 있는가의 여부가 문제였다. 이와 관련하여 재산권이 활발하게 논의되었다. 즉 사회보장 청구권이 재산권적 보호의 대상인가, 이 경우 재산권에 내재해 있는 사회적 기속의 내용 및 그 한계에 대한 논의가 필요하였다.

위에서 설명한 사회법과 관련된 헌법논의의 변화는 시간적으로 명확히 구별되는 것도, 또 그 시대별로 절대적으로 적용되는 것도 아니다. 다만 시대에 따른 논의의 흐름을 지적하려 했을 뿐이다. 아래에서는 독일에서 헌법논의의 관심의 변화에 대한 시각, 그리고 비교법적 시각을 전적으로 독자에게 맡기고, 헌법, 그 중에서도 법치국가원리, 사회국가원리 그리고 개별 기본권이 사회법에 미치는 영향을 평면적으로 살펴본다.

제 3 장 법치국가원리와 사회국가원리

제 1 절 법치국가원리

법치국가의 이념인 법적 안정성은 법문의 명확성을 요청한다. 이 요청은 사회법이 국민의 생활설계를 위한 장기적인 법률관계를 규율하는 법이기 때문에 더욱 존중되어야 한다.[4] 실제 독일에서 사회법의 법문이 불명확하고, 또 원용규정이 되풀이되기 때문에 이해가 어렵다고 비판을 받고 있다. 그러나 아직까지 연방헌법재판소는 법적 안정성을 해치는 극단의 경우에는 헌법에 위반된다는 기본입장을 표명했을 뿐 구체적으로 사회법 규정이 불명확하다는 이유로 위헌결정을 하고 있지는 않다.[5]

법치국가원리의 보다 실질적인 내용은 신뢰보호의 원칙으로 나타난다. 이 원칙에 의하여 개인은 법률이 정한 구성요건을 충족하여 부여된 법적 지위를 국가가 함부로 침해할 수 없다는 신뢰를 갖는다. 이 원칙은 경제성장 등 주변상황의 변화에 민감한 사회법에서 장기적인 생활설계를 할 수 있게 한다. 따라서 사회법에서 신뢰보호의 원칙은 기득권에 대한 공권력의 침해를 배제하는 내용의 재산권과 기능이 중복된다.

신뢰보호의 원칙은 특히 사회보험에서 연금조정에 의한 연금수준의 안정성을 확보하기 위한 헌법적 논거로서 제시되었다. 그러나 연방헌법재판소에서 신뢰보호의 원칙이 결코 절대적인 원칙으로서 적용되고 있지는 않다. 즉, 신뢰보호의 원칙이 국민을 모든 실망으로부터 구제하는 것은 아니다.[6] 연금을 임금 혹은 물가에 연동하여 조정하는 입법적 과제가 문제

4) 이에 대해서는 Walter Bogs 외, *Soziale Sicherung in der Bundesrepublik Deutschland(Sozialenquête)*(1966), 53면 참조.

5) 이에 대해서는 Karl-Jürgen Bieback/Günther Stahlmann, “Existenzminimum und Grundgesetz”, *Sozialer Fortschritt*(1987), 1면 이하; Michael Stolleis, “Die Rechtsgrundlagen der Regelsätze unter besonderer Berücksichtigung verfassungsrechtlicher und sozialpolitischer Grundsätze”, *Nachrichtendienst des Deutschen Vereins für öffentliche und private Fürsorge*(1981), 102면 이하 등 참조.

6) 이에 대해서는 Dietrich Katzenstein, “Aspekte einer zukünftigen Rechtsprechung des Bundesverfassungsgerichts zum Eigentumsschutz sozialer Rechtspositiopnen”,

된 사건에서 연방헌법재판소는 국민의 연금조정에 관한 신뢰는 원칙적으로 보호되지만, 그렇다고 기존 법률이 존속한다는 신뢰가 보호되는 것은 아니라고 판단하였다.[7] 사회보험에서 급여는 생산성, 국민소득 그리고 구체적인 연금재정 등의 변수에 종속되어 있다. 따라서 연금보험의 기능유지라는 공공의 이익을 위해서는 주변 상황의 변화에 따라서 연금 수준을 인하하는 것은 입법적 권한에 속한다.[8] 이로써 구체적인 상황에서 개인의 신뢰와 연금보험의 기능유지라는 공공의 이익을 비교형량하는 것이 헌법적 심사의 내용이 되었다.

신뢰보호의 원칙은 구체적으로 소급입법금지의 원칙으로 나타난다. 소급입법은 두 종류로 구분된다. 진정소급입법과 부진정소급입법이 그것이다. 그리고 이 각각에 대한 헌법적 평가 역시 다르다.[9] 사회보험법에서는 진정소급입법은 거의 발생하지 않는다. 사회보험청구권은 정확히는 일종의 기대권으로서 그 내용이 매년 입법적 결정에 의하여 비로소 구체화된다. 따라서 완성된 법률관계는 존재하지 않기 때문이다.[10] 사회보험법에서는 주로 부진정소급입법의 허용 여부가 헌법적 쟁점이다.

부진정소급입법에 의해서 개인의 사회보장 기대권이 제한되는 경우 현재 혹은 미래의 완성되지 않은 사안에 대해서 법적 효과를 변경

Festschrift für Wolfgang Zeidler(1987), 669면 이하; Wolfgang Rüfner, “Das Sozialrecht in der Rechtsprechung des Bundesverfassungsgerichts(Ⅱ)”, *Vierteljahresschrift für Sozialrecht*(1974), 52면 이하; Michael Stolleis, *Möglichkeiten der Fortentwicklung des Rechts der sozialen Sicherheit zwischen Anpassungszwang und Bestandsschutz*(C.H.Beck, 1984), 33면 이하; Walter R. Wand, “Das Sozialrecht in der Rechtsprechung des Bundesverfassungsgerichts(Ⅰ)”, *Vierteljahresschrift für Sozialrecht*(1974), 68면 이하; Hans F. Zacher/Franz Ruland, “Der Bestandsschutz von Sozialversicherungsrenten in der Rechtsprechung des Bundesverfassungsgerichts”, *Die Sozialgerichtsbarkeit*(1974), 443면 이하 등 참조.

7) *BVerfGE* 36, 73(82) 참조. 이 결정에 대해서는 Hans F. Zacher/Franz Ruland, 위 각주 6의 논문 참조.

8) *BVerGE* 58, 81(123ff.); 64, 87(104) 등 참조.

9) 이에 대해서는 전광석, 한국헌법론(법문사, 2007), 217면 이하 참조.

10) 이에 대해서는 Rolf-Ulrich Schlenker, *Soziales Rückschrittsverbot und Grundgesetz*(Duncker & Humblot, 1986), 202면 이하; Hans F. Zacher/Franz Ruland, 위 각주 6의 논문 등 참조.

하는 형태를 띤다. 그러나 개인은 과거의 법적 상태가 지속되리라는 신뢰에 기초하여 장래를 설계하기 때문에 부진정소급입법도 개인의 신뢰를 침해한다.[11] 다만 신뢰가 처음부터 명백히 보호가치가 없는 경우에는 보호의 대상에서 제외된다. 예컨대 노령연금과 실업보험급여의 이중 수령과 같이 결과적으로 과잉보장(Überversorgung)이 되는 경우가 대표적인 예이다.[12]

개인의 신뢰를 보호하기 위해서는 법률 개정에 있어서 이른바 경과적 보호규정이 적용되어야 한다(Übergangsgerechtigkeit).[13] 이에 따르면 입법자는 적용 대상자에게 새로운 법적 상태에 대비할 수 없는 형태로 개정을 해서는 안 된다. 개정 법률의 효력발생시점 혹은 경과기간을 너무 짧게 하는 경우가 여기에 해당한다.[14] 그러나 이 원칙 역시 연방헌법재판소가 엄격하게 적용하고 있지는 않다. 연방헌법재판소에 따르면 법률 개정은 개인에게는 필연적으로 적응의 어려움을 수반한다. 특히 연금보험에서는 수급요건을 엄격히 하여 연금재정을 개선하는 목적에서 경과기간을 단기로 하는 것이 일반적이다. 그런데 경과기간을 장기로 하는 경우 경과기간이 만료되기 전에 기존의 조건에 따른 연금신청이 쇄도할 것이며, 그 결과 입법목적을 달성할 수 없기 때문이다.

제 2 절 사회국가원리

독일은 사회법(Sozialrecht)의 전통이 있을 뿐 사회국가원리(Sozialstaatsprinzip)는 전후 독일 헌법에 처음 법제화되었다. 독일에서 사회국가원리

11) 이에 대해서는 Hans-Jürgen Papier, "Verfassungsschutz sozialrechtlicher Rentenansprüche, -anwartschaften und -erwerbsberechtigungen", *Vierteljahresschrift für Sozialrecht*(1973/74), 49면 이하 참조.
12) *BVerfGE* 25, 142; 31, 185 등 참조.
13) 이에 대해서 자세히는 Michael Kloepfer, "Gesetzgebung im Rechtsstaat", *VVDStRL* 40(1981), 86면 이하; Michael Kloepfer, "Die Übergangsgerechtigkeit bei Gesetzesänderung und Stichtagsregelungen", *Die öffentliche Verwaltung*(1978), 225면 이하 등 참조.
14) *BVerfGE* 58, 81(133ff.) 참조.

라는 학설과 판례를 통해서 구체적인 내용을 형성하여 나갔다.[15] 사회국가원리의 내용을 정리하면 다음과 같다. 첫째, 인간다운 최저생활의 보장이다. 둘째, 넓은 의미에서 "복지의 확대와 복지격차의 해소"이다. 전후 초기에는 국가책임에 귀속되는 일부 국민의 피해를 보상하는 측면이 강조되었다.[16] 이 점은 이후 사회보험에서 소득재분배효과를 정당화하는 기능을 수행하였다. 셋째, 사회적 위험이 발생하기 전 생활수준을 보장하여야 한다.

사회국가원리는 규범력을 실현하는 데에는 한계가 있다. 첫째, 규범적 문제로서 사회국가원리의 다양한 여러 목표 중 우선순위에 대해서 헌법이 명확한 결정을 하고 있지 않기 때문이다.[17] 예컨대 기존의 생활수준을 보장하는 사회국가의 목표는 근로기간 중 개인간의 소득의 차이를 노후에 연장하여 보장하는 내용을 갖는다. 그런데 이는 소득재분배에 의하여 추구되는 평등의 이념과는 충돌을 일으킨다. 둘째, 사회국가의 실현은 급여의 재원확보 등 규범 외적 주변여건에 종속되어 있다.[18] 이와 같이 사회국가원리의 실질적 내용은 개방적이기 때문에 절차적 성격이 강조되면서 사회국가원리는 위에서 언급한 목표들이 논의되는 하나의 과정으로 이해하게 되었다.[19]

1954년 독일의 연방행정법원은 사회국가원리 등을 근거로 공적 부조급여에 법적 청구권성을 인정하는 판결을 내렸다.[20] 그러나 이로써 사회국가원리로부터 개인의 구체적인 청구권이 도출되는 것은 아니다. 연방행

15) 이에 대해서는 Hans F. Zacher, "Das soziale Staatsziel", Josef Isensee/Paul Kirchhof(편), *Handbuch des Staatsrechts* Bd. Ⅱ (C.F.Müller, 2004), 683면 이하 참조.

16) *BVerfGE* 5, 85(198); 27, 253(283); 38, 187(198) 등 참조.

17) 이에 대해서는 Christoph Degenhart, "Rechtsstaat-Sozialstaat", *Festschrift für Hans-Ulrich Scupin*(1983), 537면 이하; *BVerfGE* 5, 85; 27, 253; 38, 187 등 참조.

18) 이에 대해서는 Josef Isensee, "Verfassung ohne soziale Grundrechte", *Der Staat*(1980), 378면 이하; *BVerfGE* 33, 303면 이하 등 참조.

19) 사회국가원리는 이와 같이 그 실질적인 내용이 개방되어 있는 절차적 성격을 갖기 때문에 한 나라가 헌법에서 사회국가원리를 두고 있는지 여부와 하위 실정법을 통해서 국가의 사회적 과제가 제도적으로 실현되고 있는가, 즉 해당 국가가 실제 사회국가인가의 문제는 구별되어야 한다.

20) *BVerwGE* 1, 159면 이하 참조.

정법원은 하위 실정법, 즉 여기서는 사회부조법에 법적 근거가 있는 경우 이로부터 공적 부조에 관한 구체적인 청구권이 도출된다고 이해한 것이며, 사회국가원리(및 인간의 존엄조항)가 구체적인 청구권의 근거라고 한 것은 아니기 때문이다.

사회법, 특히 사회보험법이 확대되면서 사회보험은 노동자 외에 자영인, 고소득 근로자 등을 가입대상으로 하게 되었다. 이 과정에서 이들에게 가입이 의무화되는데, 이때 가입자의 기본권에 대한 제한이 사회국가원리에 의하여 정당화되는가, 아니면 기본권과 함께 사회국가원리에도 반하는가 하는 질문이 제기되었다.

이 문제에 대해서 연방헌법재판소는 독일 사회보험의 특징, 즉 사회보험의 급여목표인 생활수요에 대한 보호(Schutzbedürftigkeit) 및 노동자를 가입자로 하는 전통이 사회국가원리의 내용을 이룬다는 견해를 부정하였다. 초기에 연방헌법재판소는 요보호상황이라는 개념이 가치관련적이고, 또 시대발전에 따라 가변적이라는 논거를 제시하였다. 즉 이 개념에는 해석의 가능성과 필요성이 동시에 있기 때문에 이를 확대해석하여 독일 사회보험의 확대 경향을 정당화하였다.[21] 그러나 이후 연방헌법재판소는 이 개념을 포기하였다. 연방헌법재판소는 개인이 사회보험이라는 공적 제도로부터 경제적 이익을 향유한다는 논거로 강제가입을 정당화하였다.[22] 이러한 논거를 인정한다면 국민개보험에 사회국가원리는 아무런 장애요소가 되지 않을 것이다.[23] 최근 연방헌법재판소는 실질적으로 국민개보험의 성격을 갖는 장기요양보험에 대해서 다시 모든 국민이 장기요양에 대한 보호의 필요성이 있다는 이유로 국민개보험을 시행할 입법

21) 이에 대해서는 Walter Leisner, *Sozialversicherung und Privatversicherung*(Duncker & Humblot, 1974), 60면 이하 참조.

22) *BVerfGE* 29, 221면 이하 참조.

23) 국민개보험의 합헌성을 주장하는 견해로는 Walter Ecker, “Die soziale Versicherung-verkannt?”, *Die Sozialgerichtsbarkeit*(1985), 134면 이하; Wolfgang Gitter, “Zur Weiterentwicklung der Sozialversicherung”, *Festschrift für Horst Peters*(1975), 69면 이하; Michael Kloepfer, “Sozialversicherungsbeiträge und Gruppensolidarität”, *Bitburger Gespräch*(1979/1980), 225면 이하 등 참조.

적 권한을 헌법적으로 승인하였다.[24] 또 연방헌법재판소는 가입자간의 집단적 동질성(Gruppenhomogenität)이 사회보험조직의 본질적인 특성은 아니라고 하면서 사회보험의 대상계층을 개방하였다.[25] 이 밖에 연방헌법재판소는 독일 사회보험법이 직역중심의 복합조직을 기반으로 발전하여 왔다는 역사적 현실을 헌법의 원칙으로 인정하지 않았다. 연방헌법재판소는 예컨대 연방보험공단(Bundesanstalt für Sozialversicherung)과 같은 형태의 통일적 조직이 사회보험을 관할하는 문제는 입법정책적 문제로 보았다.[26]

사회보험은 보험의 원칙을 이용하여 가입자간에 사회적 위험을 분산한다. 이와 관련하여 위험분산의 효과에 사회국가원리는 어떠한 수권과 한계를 부여하는가에 대한 논의가 필요하다.

위에서 살펴본 바와 같이 사회보험조직에서 집단적 동질성은 더 이상 필연적이지 않다. 그러나 여전히 사회보험은 국가와는 구별되는 사회적 공동체를 조직기반으로 한다.[27] 사회보험과 사회부조를 구별하는 기준이 여기에 있다. 사회부조는 생계유지의 능력이 없는 국민을 보호하는 국가의 일반과제영역이다. 따라서 그 재원은 조세이다. 그런데 보험능력이 결여되어 있기 때문에 사회부조의 대상이 되어야 할 국민을 사회보험의 대상으로 한다면, 이는 결과적으로 사회보험 가입자에게 사회부조의 재정을 부담시키게 된다.[28]

사회적 조정(sozialer Ausgleich)의 한계에 관한 문제는 사회보험과 사회부조와의 관계에서만 발생하는 것은 아니다. 사회보험 내에서도 같은 문제가 생긴다. 사회보험급여는 기본적으로는 보험료 납부라는 원인관계에 기초하여 형성되지만, 다른 한편 순수한 사회정책적 성격의 급여들이

24) *BVerfGE* 103, 197면 이하 참조.
25) *BVerfGE* 75, 108면 이하 참조.
26) *BVerfGE* 36, 383면 이하 참조.
27) 이 점에 대해서는 Hans F. Zacher, 위 각주 15의 논문, 678면 이하 참조.
28) 이에 대해서는 Josef Isensee, “Sozialversicherungsfreiheit bei geringfügiger Beschäftigung”, *Zeitschrift für Rechtspolitik*(1982), 140면 이하 참조.

존재한다. 가입자의 교육기간동안 보험료 납부의무를 부과하지 않고 보험가입기간으로 인정하는 것이 좋은 예이다. 순수한 사회적인 이유에서는 피교육자는 일반적으로 소득활동을 할 수 없기 때문에 특별히 사회적 보호의 필요성이 인정된다. 그러나 첫째, 교육이 연금보험의 고유한 과제는 아니다. 둘째, 교육기간 중 소득활동을 할 수 없는 위험은 가입자뿐 아니라 모든 국민에 공통적으로 발생한다. 따라서 이는 국가의 일반적인 교육정책 혹은 넓은 의미에서의 사회정책의 과제이지, 사회보험의 과제는 아니다. 그렇기 때문에 사회국가원리에서 파생하는 사회적 조정의 한계를 일탈한다는 헌법적 비난이 가해질 수 있다.[29)]

독일에서 1970년대 중반 이후 긴축사회정책의 시기에는 사회국가원리의 기능도 변하였다. 사회국가원리는 기존의 개인의 생활수준을 사회적 위험이 발생한 후에도 보장하는 목표를 갖는다. 그러나 이제 사회국가원리가 사회급여청구권을 삭감하는 것을 저지하는 헌법적 논거가 될 수 있는가의 여부가 문제였다. 이 질문은 두 가지 이유에서 부정되었다. 첫째, 여러 차례 강조했듯이 사회국가의 실현은 규범 외적 주변상황에 크게 의존하고 있다. 따라서 사회국가원리에서 청구권의 존속보호(Bestandsschutz)의 요청을 이끌어낼 수는 없다.[30)] 둘째, 사회국가원리는 목표들간의 내적 모순 때문에 실질적 내용이기보다는 동적 · 절차적 측면이 강조된다. 그런데 이 과정에서 급여의 우선순위에 관한 결정은 민주적 정당성을 가진 입법권에 유보될 수밖에 없다.[31)]

사회국가원리가 사회보장제도의 존속을 보장하는 것도 아니다. 연방

---

29) 이러한 관점에서 고용촉진법에 대해서도 헌법적 문제가 제기된 바 있다. 고용촉진제도는 근로자의 기여금을 재원으로 운영되지만 고용촉진급여에 속하는 직업상담, 직업소개, 직업교육 등의 수혜자는 근로자에 국한되지 않고 전체 사회구성원이기 때문이다. 이러한 문제의식에서 출발하여 근로자의 기여금을 재원으로 하는 급여는 고용촉진급여 중 실업보험급여에 한정하고, 그 밖의 급여의 재원은 국가의 일반과제의 수행을 위하여 징수하는 조세로 대체하자는 주장이 이루어진 바 있다. 이에 대해서는 Franz Ruland, “Sozialrecht”, Ingo von Münch(편), *Besonderes Verwaltungsrecht* (Walter Gruyter, 1988), 414면 이하 참조.

30) 이에 대해서는 Josef Isensee, 위 각주 28의 논문 참조.

31) *BVerfGE* 5, 85(198)면 이하 참조.

헌법재판소의 표현에 의하면 사회보장이 적절히 실현 · 유지될 수 있다면 사회국가원리는 모든 형태의 제도에 개방적이다. 기존의 사회보장제도를 대체하는 제도를 마련하지 않고 완전히 폐지할 때에 비로소 입법권은 사회국가적 한계에 부딪친다.32)

제 4 장 기 본 권

제 1 절 인간의 존엄

독일 헌법 제1조 제1항 인간의 존엄은 헌법의 최고 가치이며, 또 기본권의 출발점이다. 그러나 이 조항이 사회법에서 쟁점화될 여지는 많지 않다. 그 이유는 다음과 같다. 첫째, 이 규정은 기본적으로 나치시대 불법정권을 경험하고 독재적 공권력으로부터 개인을 보호하려는 방어권적 성격이 강하였다.33) 그런데 이 점이 사회법에서는 시사적인 문제가 아니다. 둘째, 인간의 존엄이 구체적인 사안에 적용되기에는 추상적이다. 따라서 실제 헌법적 분쟁에서는 헌법 제2조 이하의 구체적인 기본권이 우선 적용된다.34) 다만 이미 초기에 인간의 존엄에 방어권적 성격과 함께 사회적 관련성 및 기속성이 인정되었다.35) 그리고 이러한 이해에 기초하여 인간의 존엄은 개인에게 최저생활을 보장할 국가의 과제를 부과한다.36) 물론

32) *BVerfGE* 36, 383면 이하 참조.

33) *BVerfGE* 1, 97(104)면 이하 참조.

34) 이에 대해서는 Hans F. Zacher/Allexander Peltner, "Der Verfassungssatz von der Menschenwürde und die nicht wirtschaftlichen Freiheitsrechten", *Festschrift zum 25jährigen Bestehen des Bundessozialgerichts*(1979), 704면 이하 참조.

35) *BVerfGE* 1, 97(104)면 이하 참조.

36) 이에 대해서는 *BVerfGE* 20, 31(32); Rüdiger Breuer, "Grundrechte als Anspruchsnorm", *Festgabe aus Anlass des 25jährigen Bestehens des Bundesverwaltungsgerichts*(1978), 95면 이하; Peter Häberle, "Die Menschenwürde als Grundlage der staatlichen Gemeinschaft", Josef Isensee/Paul Kirchhof(편), *Handbuch des Staatsrechts* Bd. I (C.F.Müller, 1987), 822면 이하; Christian Starck, "Staatliche Organisation und Finanzierung als Hilfen zur Grundrechtsverwirklichung", *Bundesverfassungsgericht und Grundgesetz* II(1976), 516면 이하 등 참조.

이로써 앞서 언급했듯이 특정한 수준의 사회보장급여에 대한 구체적 청구권이 보장되는 것은 아니다.[37)]

최저생활을 보장하는 국가의 과제는 기존에 사회부조법을 통해서 실현되었다. 이 법의 내용 중 소득활동능력이 있는 국민의 기초보장은 사회법전 제2권(Grundsicherung für Arbeitsuchende), 그리고 그 밖의 사회부조(Sozialhilfe)는 사회법전 제12권에 편입되었다. 인간의 존엄은 이러한 규정들을 해석하는 데 있어서 지침으로서 기능한다. 이에 따르면 사회부조는 급여의 수준뿐 아니라, 종류나 방법 역시 인간의 존엄에 합치하여야 한다.[38)] 따라서 사회부조가 대상자에게 최소한의 결정 및 선택의 가능성을 박탈하여서는 안 된다.[39)] 예컨대 사회법전 제2권은 급여의 조건으로 노동력을 먼저 투입할 의무를 부과하고 있다(제2조). 그런데 개인에게 노동의 수행이 기대될 수 없는 경우, 사회부조는 자기결정권에 대한 중대한 위협이 되며, 따라서 인간의 존엄에 반할 수 있다.

제 2 절 인격실현의 자유

인격실현의 자유는 일반적인 행동의 자유를 내용으로 하며, 기본권이 심사기준이 되는 거의 모든 헌법적 분쟁에 적용되었다.[40)] 그러나 사회법에서 인간의 존엄과 마찬가지로 인격실현의 자유도 중요한 기능을 수행하지는 않는다. 인격실현의 자유는 내용이 추상적이기 때문에 보다 구체적인 기본권인 직업의 자유 혹은 재산권이 우선적으로 적용되기 때문이다.[41)] 인격실현의 자유는 사생활의 비밀보호에 관한 헌법적 근거로서 집

37) *BVerfGE* 1, 97면 이하 참조.

38) 이 점에 대해서는 Bernd Schulte/Peter Trenk-Hinterberger, *Bundessozialhilfegesetz*(C.H.Beck, 1986), 50면 이하 참조.

39) 이에 대해서는 Christian Starck, 위 각주 36의 논문, 522면 이하; Bernd Schulte, "Sozialhilfe und Arbeit", *Gemeinnützige und zusätzliche Arbeit in der Sozialhilfe* (1983), 42면 이하 등 참조.

40) *BVerfGE* 6, 32면 이하 참조.

41) *BVerfGE* 60, 215(229)면 이하 참조.

중적으로 해석되고 있다.[42)]

인격실현의 자유는 사회보험에서 강제가입의 심사기준으로 적용되었다. 연방헌법재판소는 강제가입 자체는 역사적 현실로서 인정하였다. 그러나 연방헌법재판소는 강제보험으로 인하여 가입자에게 스스로의 책임 하에 생활을 설계하는 기회를 박탈하는 효과가 있어서는 안 된다는 점을 여러 차례 지적하였다.[43)] 이로부터 사회보험에 적용되는 보험료산정상한(Beitragsbemessungsgrenze; SGB Ⅵ 제159조)은 사회보험이 헌법적 정당성을 갖기 위하여 필요한 제도로 평가된 셈이다. 또 이로써 사회보험의 기초보험(Grundversicherung)으로서의 성격이 헌법적으로 확인된 것이다.[44)]

사회법에서는 급여의 조건으로서 사생활에 해당하는 사항에 대한 각종 조사가 이루어진다. 이러한 과정에서 개인의 기본권이 침해될 위험이 있다. 그러나 사회보장이 효율적으로 기능하기 위하여 사회보장 행정주체는 가입자에 대한 정보가 필요하다. 사회법에서는 급여의 조건인 협조의무에 의하여 사생활의 비밀이 자발적으로 포기되는 것과 같은 외관을 띠기 때문에 사생활의 비밀이 예민하게 평가되어야 한다.[45)] 그러나 사회부조급여 수급자와 같이 급여의 지급 여부에 생계유지를 전적으로 의존하고 있는 경우에는 사생활의 비밀이 강제적으로 포기되는 것과 다를 바 없다.[46)] 따라서 사생활에 대한 조사가 사회보장이 기능하기 위해서 필수적인가에 대한 법익형량이 엄격하게 이루어져야 한다.

---

42) *BVerfGE* 54, 148(153f.)면 이하 참조.

43) *BVerfGE* 10, 354(371); 12, 319(323ff.); 29, 221(236ff.) 등 참조.

44) 이때 기초보장은 완전보장(Vollversicherung)과 비교되며, 최저생활과 소득기간 중 성취한 생활수준의 중간에 해당하는 적절한 수준의 생활보장을 말한다. 이에 대해서는 Hans F. Zacher, “Soziale Sicherung in der sozialen Marktwirtschaft”, *Vierteljahresschrift für Sozialrecht*(1973/74), 120면 이하 참조.

45) 연방사회법원이 자주 사용하는 논리이다. 이에 대한 비판으로는 Hans F. Zacher/Allexander Peltner, “Der Verfassungssatz und die nicht wirtschaftlichen Freiheitsrechte”, *Festschrift zum 25jaehrigen Bestehen des Bundessozialgerichts* (1979), 703면 이하 참조.

46) 이 점에 대해서는 Peter Lerche, “Schutz der Persönlichkeitssphäre im Bereich der sozialen Sicherheit”, *Freiheit und Zwang im Recht der sozialen Sicherheit*, Schriftenreihe des Deutschen Sozialgerichtsverbandes, Bd. Ⅸ(1972), 102면 이하 참조.

제 3 절 평등원칙

평등의 원칙을 사회국가원리와 결합하여 실질적, 즉 사회적 평등으로 이해할 수 있는가에 대해서 활발하게 논의되었다. 그러나 실제 평등의 원칙은 사회법의 형성에 제한적인 기능을 수행할 뿐이다. 평등의 원칙을 적용하기 위해서는 비교의 기준을 찾아야 한다. 그런데 이 작업이 특히 사회법에서는 복잡한 가치판단의 문제이다. 사회법에서 순수한 사회정책의 목적론적 관점을 평가의 기준으로 하면 모든 사회급여가 어느 정도 차별의 요소를 포함하고 있다. 반면 인과론적 관점, 즉 급여와 반대급여간의 원인관계를 기준으로 보면 정당화되지 않는 차별이 없을 것이다. 연방헌법재판소는 헌법 제3조 제1항의 일반적 평등에 대해서는 자의의 금지(Willkürverbot)라는 원칙 이외에는 다른 기준을 제시하지 않고 있다. 이에 비해서 제3조 제2항의 남녀차별금지, 그리고 혼인 외의 子에 대한 차별금지에 관한 제6조 제5항은 보다 적극적인 기능을 수행한다.

사회법 규정에 대한 평등권 심사에서 연방헌법재판소는 사회보장 사안의 복잡성, 사회정책적 개념의 지속적인 변화가능성 등을 언급하면서 이에 대한 판단을 1차적으로 입법권에 유보하였다.[47] 결국 일반적 평등은 명백히 객관성이 결여된 법률을 통제하는 기능에 한정되었다.[48] 이로써 일반적 평등을 사회국가원리와 결합하여 사회적 평등으로 이해하는 데에는 한계가 있다. 헌법의 사회적 강령에 내재해 있는 실현의 한계는 사회적 평등의 실현에 있어서도 예외가 아니기 때문이다.[49]

평등의 원칙의 내용인 합리적 차별의 요청도 사회법에서 상대적 효력을 갖는다. 첫째, 법 자체의 속성인 일반화(Verallgemeinerung)의 경향 때문

---

47) *BVerfGE* 18, 288(301ff.); 21, 12(26ff.); Herbert Rische/Franz-Josef Terwey, "Verfassungsrechtliche Vorgaben für die Gestaltung des Rechts der Gesetzlichen Rentenversicherung", *Deutsche Rentenversicherung*(1983), 276면 이하 참조.

48) *BVerfGE* 12, 326(333); 18, 121(124)면 이하 등 참조.

49) 이에 대해서는, 예컨대 Hans F. Zacher, "Soziale Gleichheit", *Archiv des öffentlichen Rechts*(1968), 361면 이하 참조.

이다. 즉, 입법자가 모든 구체적인 사실관계에 대해서 그에 상응하는 차별취급을 할 수는 없다.[50] 둘째, 사회법, 특히 사회보험법에서와 같이 대량행정이 이루어지는 경우 구성요건 및 법적 효과에 대한 정형화(Typisierung)는 불가피하다.[51] 연방헌법재판소는 사회법에서 정형화로 인해서 불이익을 받는 대상자가 비교적 소수이거나, 혹은 불이익을 배제하기 위해서 과다한 비용이 소요되는 경우에는 합리적인 차별의 한계를 일탈하지 않는 것으로 판시하여 왔다.[52]

헌법 제3조 제2항 남녀평등은 사회법에서 여성의 지위를 새로이 평가하는 기준이 되었다. 이는 다음과 같은 두 가지 사실을 새로이 인식하면서 이루어졌다.[53] 첫째, 여성의 가사노동에 독자적인 법적 가치를 부여하게 되었다. 둘째, 오늘날 고용구조의 변화를 염두에 두면 여성은 가사노동을, 그리고 남성은 소득활동을 한다는 남녀의 역할분담에 관한 고정관념이 더 이상 타당할 수 없다. 이 두 가지 사실에 대한 인식은 사회보험법에서 유족연금에 관한 규율과 이혼 배우자의 사회보장청구권에 대한 규율에 변화를 가져왔다.

기존에 연금보험법은 가입자가 사망했을 때, 남은 배우자가 남자인 경우에는 여자인 경우에 비해서 유족연금의 조건을 어렵게 하였다. 즉, 사망한 가입자가 생존하였던 동안 가계의 반 이상을 부담했어야 한다. 이 규정에 대해서 이른바 1차 배우자연금결정에서는 합헌결정이 내려졌다.[54] 그러나 1975년 2차 배우자연금결정에서 연방헌법재판소는 이른바 입법촉

---

50) 이 점에 대해서는 Michael Klopfer, *Gleichheit als Verfassungsfrage*(Duncker & Humblot, 1980), 13면 이하 참조.

51) 이 점에 대해서는 Bertram Schulin, “Zum Problem der Typisierung im Recht der sozialen Sicherheit”, Hans Braun 외, *Selbstverantwortung in der Solidargemeinschaft*(Nomos, 1981), 81면 이하 참조.

52) *BVerfGE* 63, 119(128f.)면 이하 참조.

53) 이에 대해서는 Karl-Jürgen Bieback, “Gleichbehandlung der Geschlechter und Frauenförderung im Sozialversicherungsrecht”, *Sozialer Fortschritt*(1989), 221면 이하; Hans F. Zacher, “Gleiche Sicherung von Mann und Frau”, *Deutsche Rentenversicherung*(1977), 201면 이하 등 참조.

54) *BVerfGE* 17, 1면 이하 참조.

구결정을 하였다.55) 당시 시점에서 배우자연금에 관한 규정은 아직은 합헌이지만 가족구조 및 여성의 취업상황이 변화할 10년 후에는 전통적인 남녀의 역할분담이 더 이상 유지될 수 없다. 따라서 입법자는 1984년까지 남녀평등에 합치하는 방향으로 해당 법률을 개정하여야 한다. 1985년 연방의회는 남녀 차이 없이 유족연금의 조건을 통일하는 개정을 하였다. 다만 유족연금 청구권자가 법률이 정하는 일정액(Freibetrag)을 초과하는 소득이 있는 경우에는 유족연금이 그만큼 감액되는 새로운 규정이 도입되었다(이른바 Anrechnungsmodell; SGB Ⅵ 제97, 98조).56)

이혼배우자의 사회보장청구권은 부양조정제도(Versorgungsausgleich)(독일 민법 제1587조 이하)를 통해서 규율되었다. 부양조정제도는 민법상 이혼부부의 법정재산관계인 부가이익조정(민법 제1363조; Zugewinnausgleich)의 이념을 사회법에 확대 적용한 것이다.57) 부양조정제도의 도입으로 혼인기간 중 증가한 전체 부양기대권은 배우자간의 역할분담의 형태에 관계없이 공동으로 취득한 것으로 보고, 이혼의 경우 배우자에 균분된다.58)

---

55) *BVerfGE* 39, 169면 이하 참조.

56) 이에 대해서는 Franz Ruland, "Die Neuregelung der Hinterbliebenensicherung und die Einführung von Kindererziehungszeiten in der gesetzlichen Rentenversicherung", *Neue Juristische Wochenschrift*(1986), 20면 이하 참조.

57) 우리나라에서도 1990년 민법 개정으로 이혼시 재산분할청구권이 도입되었다(민법 제839조의 2). 다만 우리 민법은 구체적인 재산분할비율에 대해서는 아무런 규정을 두고 있지 않다. 따라서 재산분할비율은 구체적인 사안에 따라 법원에 의하여 결정된다. 연금에 대한 분할청구권은 1998년 국민연금법 개정을 통하여 도입되었다. 민법의 경우와는 달리 국민연금법에서 연금분할비율은 50%이다.

58) 이에 대해서는 Peter Ipsen, "Verfassungsrechtliche Fragen des Versorgungsausgleichs", *Festschrift für Hans-Peter Ipsen*(1977), 77면 이하; Hans F. Zacher (편), *Der Versorgungsausgleich im internationalen Vergleich und in der zwischenstaatlichen Praxis*(Duncker & Humblot, 1984) 등 참조. 부양조정제도는 독일 헌법 제6조 제1항이 보장하는 이혼의 자유를 보충하는 제도이기도 하다. 가입자의 연금청구권은 부부가 공동으로 형성한 재산이다. 그런데 부양조정제도가 존재하지 않는 경우에는 가입자가 이혼 후 새로운 혼인관계를 형성하게 되었을 때 가입자의 연금청구권에서 파생하는 유족급여청구권은 가입자의 두 번째 배우자에게 귀속된다. 결국 연금보험에 가입하지 않았던 배우자는 이혼을 하게 되면 유족연금청구권을 상실하는 결과가 된다. 이러한 상황은 원치 않는 혼인관계를 지속하도록 간접적으로 영향을 미치는 원인이 된다는 것이다.

제 4 절 혼인과 가족의 보호

독일 헌법에서 혼인의 개념은 민법에서의 혼인 개념을 수용하고 있다. 즉, 혼인은 원칙적으로 해체되지 않는, 남녀 결합에 의한 생활공동체이다. 그리고 이러한 혼인의 구조원리는 입법적으로도 변형될 수 없다.[59)]독일에서 同性間의 혼인에 대한 일정한 보호를 행하는 법률이 제정되기는 하였다(Gesetz zur Beendigung der Diskriminierung gleichgeschichtlicher Gemeinschaft).[60)] 하지만 이는 혼인의 개념 자체를 수정하지 않으면서 동성간에 혼인과 유사한 공동체를 이루는 경우 보호하겠다는 발상이다. 반면 가족의 개념은 훨씬 개방적이다.[61)] 따라서 헌법 제6조 제1항 가족의 보호가 사실혼에도 확대되어 왔다.[62)]

사회법에서 혼인과 가족의 보호는 평등의 원칙과 결합하여 중요한 기능을 수행한다. 예컨대 기혼자라는 이유로 미혼자에 비해서 사회보험에서 불이익을 받거나 혹은 거꾸로 미혼자가 자녀를 양육하는 기혼자와 같은 취급을 받는 것은 헌법 제6조 제1항에 위반된다. 이러한 이유로 연방헌법재판소는 유족연금의 일종인 자녀연금(Waisenrente)을 해당 자녀가 결혼하면 지급중단하도록 한 규정에 대해서 위헌결정을 하였다.[63)] 또 혼인공동체가 유사혼인공동체와 같은 혼인 이외의 공동체보다 불리하게 취급되는 것은 금지되며, 동시에 전자와 후자의 공동체가 동등하게 취급될 것을 요구할 수도 없다.[64)]

---

59) *BVerfGE* 53, 224(245)면 이하 참조.

60) 이 법률, 그리고 이 법률에 대한 헌법적 평가에 대해서는 이덕연, "혼인과 동성간의 생활공동체", 헌법판례연구 5(2003), 139면 이하 참조.

61) *BVerfGE* 52, 214(219)면 이하 참조.

62) 이에 대한 적극적인 주장으로는 Axel Frhr. Campenhausen, Verfassungsgarantie und sozialer Wandel-das Beispiel von Ehe und Familie, *VVDStRL* 45(1987), 23면 이하; Ingo von Münch, "Art. 6 Grundgesetz, der Wandel familiärer Lebensmuster und das Familien- und Sozialrecht", Schriftenreihe des Deutschen Sozialrechtsverbandes, Bd. XXVII (1985), 75면 이하 등 참조.

63) *BVerfGE* 28, 324(347ff.).

64) Axel Frhr. Campenhausen, 위 각주 62의 논문, 16면 이하; Ingo von Münch, 위 각주 62의 논문, 78면 이하; *BVerfGE* 99, 216(232ff.) 등 참조. 다만 위와 같은

헌법 제6조 제1항에 의하여 국가는 혼인과 가족을 물질적 · 경제적 급여를 통하여 보호하여야 한다.65) 그러나 물질적 급여를 통해서 가족과 혼인을 보호하는 국가의 과제는 위에서 사회국가원리나 사회적 평등에 대해서 이미 언급했듯이 광범한 입법적 재량이 인정되는 문제이다. 따라서 가족과 혼인에 대한 보호규정으로부터 국가에 대한 개인의 구체적인 청구권이 발생하지는 않는다.66)

제 5 절 직업의 자유

Ⅰ. 직업의 자유의 적용영역

독일 헌법 제12조 제1항 직업의 자유(Berufsfreiheit)는 자영 및 종속노동뿐 아니라 인간의 노동 그 자체를 보호한다. 직업교육 그리고 작업장에서의 직업보호의 요청이 직업의 자유의 내용에 포함된다. 직업의 자유는 개인의 물질적 생활의 기초를 보호하며, 또 개인의 인격을 실현하는 기능을 수행한다.67) 나아가서 직업의 자유는 전체 사회경제질서를 형성하는 객관적 질서요소로서의 성격을 갖는다. 이와 관련하여 직업의 자유는 독과점이나 그 밖의 형태의 자유경쟁을 제한하는 것을 원칙적으로 허용하지 않는다.68)

사회법에서 직업의 자유는 질병보험법에서 보험의(Kassenarzt) 허가제한에 대한 헌법적 심사에서 기준으로 적용되었다. 또 의사 등 요양기관을

요청은 법률해석에 있어서는 다음과 같은 어려움이 있다. 유사혼인공동체의 개념과 범주를 확대하는 경우 실제는 유사혼인관계에 있지 않은 경우에도 동거상대방이 수요 및 자산심사에 포함되어 그만큼 급여청구권을 인정받기 힘들게 된다. 이 점에 대해서는 Ulrich Wenner, “Verfassungsrechtlich problematische Regelungen für eheähnliche Gemeinschaften und Stiefeltern”, *Soziale Sicherheit*(2006), 146면 이하 참조.

65) *BVerfGE* 40, 121(132); 48, 346(366); 55, 114(127); 61, 18(25) 등 참조.

66) *BVerfGE* 40, 121(132); 60, 68(74) 등 참조.

67) *BVerfGE* 59, 302(315) 참조.

68) *BVerfGE* 34, 252(256); 55, 261(269) 등 참조. 이에 대해서는 Otto Depenheuer, “Freiheit des Berufs und Grundfreiheiten der Arbeit”, *Festschrift für 50 Jahre Verfassungsgericht*(Mohr Siebeck, 2001), Bd. 2, 251면 이하 참조.

선택할 자유는 가입자에게는 인격실현의 자유의 문제이지만, 의료공급자에게는 직업의 자유를 제한하는 문제이다. 직업의 자유의 객관적 법질서로서의 성격에서는 다음과 같은 문제가 제기된다. 즉 사회보험 의무가입이 점차 확대되면서 실질적으로 사회보험에 대한 국가독점이 이루어지고 있다. 그런데 이는 같은 분야에서 활동하는 사기업의 경쟁의 자유와 관련된다. 과거 고용촉진법에 의하여 연방고용공단(Bundesanstalt für Arbeit)이 직업소개활동을 독점하고 있었다. 이 규정이 헌법에 합치하는가의 여부에 관한 논의가 대표적인 예이다. 마지막으로 직업의 자유를 사회국가적 참여권으로 이해하여, 직업의 자유가 일자리에 대한, 혹은 일자리의 부족으로 취업의 기회를 갖지 못하는 경우, 국가에 사회급여를 청구할 수 있는 주관적 공권의 근거가 될 수 있는가의 문제가 제기된다. 그러나 앞서 사회국가원리 및 사회적 평등에 대해서 설명한 이유에서 이러한 주관적 공권이 인정되지는 않는다.69)

Ⅱ. 保險醫 허가제

직업의 자유에 대한 제한 및 그 한계는 연방헌법재판소가 이른바 "약국판결(Apotheken-Urteil)"에서 제시한 "단계이론(Stufentheorie)"에서 체계적으로 정리되어 있다.70)

단계이론은 비례의 원칙이 직업의 자유를 제한하는 경우에 구체화된 것이다. 단계이론은 적정한 수요에 상응하는 보험의의 수적 적정분포와 보험의간의 경쟁보호를 위하여 보험의 허가를 제한하는 개정 전 제국보험법(RVO) 제368a조 제1항에 대한 위헌성 심사의 기준이 되었다. 연방헌법재판소는 보험의는 일반의와는 구별되는 독자적인 직업이 아니며, 따라서

69) 그러나 다른 한편 직업의 자유가 기본권으로 존재한다는 사실은 입법자로 하여금 헌법 제109조가 규정하고 있는 경제의 균형발전에 관한 세부요청인 완전고용, 경제성장, 물가안정, 무역수지의 균형 중 완전고용의 요청에 정책적 우선순위를 두도록 하는 헌법적 근거가 될 수 있다는 견해도 있다. 예컨대, Hans-Peter Schneider, "Art. 12 GG-Freiheit des Berufs und Grundrecht der Arbeit", *VVDStRL* 43(1985), 22면 이하 참조.

70) *BVerfGE* 7, 377면 이하 참조.

보험의 허가에 관한 규정은 의사의 직업행사를 규율하는 것으로 보았다. 그러나 그렇다고 하더라도 이 경우 직업선택의 자유를 제한하는 규정과 비교하여 보다 넓은 입법 재량을 인정하지는 않았다. 직업행사의 자유와 직업선택의 자유의 구별은 형식적이고 자기목적적인 것이 아니다. 이러한 구별은 직업의 자유를 제한하는 정도를 재는 하나의 기준일 뿐이다.71) 따라서 중요한 것은 기본권 침해의 실질적 정도와 그것이 개인에게 미치는 효과이다. 이러한 관점에서 보면 보험의 허가에 관한 규정은 객관적 기준을 제시하여 개인의 직업선택의 자유를 제한하는 것과 다를 게 없다. 국민 대부분이 질병보험에 가입되어 있는 상황에서 의사가 보험의로서 직업행사를 할 수 없다면 의사에게는 직업을 행사할 가능성이 박탈되는 것과 같다.72) 즉 직업선택의 자유를 침해하는 것과 같은 경제적 파급효과가 있다.73) 연방헌법재판소는 인구비례와 같은 객관적 기준으로 허가 여부를 결정하는 것이 국민건강보호라는 공동체이익을 위하여 필수불가결하다고 보지는 않았다. 국민건강의 보호는 공적 제도인 질병보험의 궁극적인 목적이다. 그리고 이 목적을 달성하기 위하여, 예컨대 농촌에 의료공급을 확보하는 등 국가가 일정한 조치를 취하여야 한다. 보험의 허가제한의 입법목적도 여기에 있었다. 그러나 보험의 허가제한이 그러한 목적을 달성하기 위하여 불가결한 조치라고 할 수는 없다. 특히 농촌에서 의료공급을 확보하는 목표는 보다 완화된 형태의 조치를 통하여 달성할 수 있다. 예컨대 의료공급이 부족한 지역에 개업하는 보험의에게 특혜를 부여하거나, 혹은 그러한 지역에 국가가 의료인을 직접 고용하는 조치 등을 통해서 의료정책적 목표가 달성될 수 있다는 것이다.74)

---

71) 이후 연방헌법재판소는 같은 입장을 계속 밝히고 있다. *BVerfGE* 16, 147(167); 17, 232(242); 17, 269(276); 30, 336(351); 33, 125(160) 등 참조.

72) 당시 기준으로 독일에서는 전체 인구의 약 80%가 질병보험에 의한 급여대상자였다.

73) *BVerfGE* 11, 30(43) 참조.

74) *BVerfGE* 11, 30(48) 참조. 1993년 독일의 건강보험구조조정법은 보험의(Kassenarzt)의 증가를 억제하기 위하여 객관적인 수요심사에 따라 허가를 제한하도록 하였다. 이 규정에 대한 헌법적 문제상황에 대해서는 위 제5편 각주 49 참조.

보험의의 허가제한과 달리 병원에 고용된 주임의(Chefärzte)가 보험환자를 진료하는 것을 (보험의가 위임하는 경우에만 허용되는 형태로) 제한하는 규정에 대해서 연방헌법재판소는 직업행사에 대한 제한으로 평가하였다. 주임의의 본래의 기능은 고용된 병원에서 고도의 기술을 요하는 특수치료를 행하거나, 보험의의 자문에 응하거나, 또 부서의 행정을 담당하는 데 있다. 따라서 주임의는 보험의료활동에 제한을 받는다 하더라도 이 제한이 주임의의 직업행사의 자유를 무의미하게 하는 정도로 직업의 자유를 침해하는 것은 아니다. 또 주임의의 보험의료활동을 제한하는 데에는 합리적 이유가 있다. 본래 치료에 있어서 의사는 환자와 빈번한 접촉을 통하여 신뢰관계를 형성하여야 한다. 그런데 주임의는 병원 내에서의 포괄적인 기능을 수행하기 때문에 환자와 신뢰관계를 가질 만큼 충분히 접촉할 수 없다. 그렇다면 질병보험이 보험환자에 대한 치료를 원칙적으로 자유직 보험의에 맡기고, 병원 주임의에게는 이를 예외적으로만 허용하는 규정에 합리적 이유가 있다는 것이다.[75)]

Ⅲ. 경쟁보호

사회국가의 요청이 국가의 독점적 활동을 정당화하는 것은 아니다. 오히려 사회보장의 과제를 실현하기 위하여 공적 단체와 민간단체의 협력이 필요하고, 또 정당하다.[76)] 위에서 연금보험이 개인의 모든 소득을 보험료산정의 기초로 하고, 그 결과 독자적인 생활설계의 여지를 남겨두지 않는 것은 헌법적 정당성이 없다는 연방헌법재판소의 결정을 소개하였다.[77)] 그런데 같은 문제를 사회보험주체와 민간보험간의 경쟁보호라는 관

75) *BVerfGE* 16, 286면 이하 참조.

76) 이에 대해서는 *BVerfGE* 29, 221(236) 참조. 이 문제에 대한 일반적인 논의로는 Hans F. Zacher, 위 각주 15의 논문, 678면 이하 참조. 질병보험에서 현물급여공급을 둘러싸고 일어나는 공적 급부주체와 민간기업간의 경쟁관계에 대해서는 Hans F. Zacher, *Krankenkassen oder nationaler Gesundheitsdienst?*(C. F. Müller, 1980) 참조. 사회부조 및 청소년보호에 있어서 공적 사회사업과 민간 사회사업과의 관계에 대해서는 *BVerfGE* 22, 180(204); Hans F. Zacher, *Freiheit und Gleichheit in der Wohlfahrtspflege*(1964) 등 참조.

77) 위 각주 43, 44 참조.

점에서 보면 직업의 자유가 헌법적 심사기준으로 적용된다.[78]

자유경쟁의 대상에서 국가 혹은 공행정의 경제활동이 배제되는 것은 아니다.[79] 그러나 공행정과의 관계에서 민간경제의 활동이 우선적으로 보호된다는 요청 또한 헌법의 경제질서로부터 도출되지 않는다.[80] 즉 공행정과 민간경제간에 보충의 원칙이 적용되는 것은 아니다. 다만 공행정주체가 경제활동을 하기 위해서는 예컨대 사회국가원리에 기초한 수권과 그 실행을 위한 권한규정과 같은 법적 근거가 필요하다. 이와 같은 자유경쟁의 요청에서 국가가 경제활동에 개입하여 결과적으로 독점적 지위를 가질 때 직업의 자유는 침해된다.[81]

독일에서 사회보험이 확대됨에 따라 사회보험이 사실적 독점(faktisches Monopol), 혹은 점차적 독점(sukzessives Monopol)의 위치를 차지하게 되었다. 그런데 이는 실제 효과에 있어서는 법적 독점과 다르지 않기 때문에 직업의 자유를 침해하는가의 문제가 제기된다. 사회보험이 임의가입의 경우에도 각종 보조 및 특혜가 주어지고, 이것이 유인작용을 하기 때문에 사실상 독점적 지위를 차지하고 있다. 그런데 이러한 보조 및 특혜가 직업의 자유를 침해하는 원인은 아니다. 왜냐하면 이러한 각종 보조는 대부분 사회국가원리를 실현하기 위한 사회적 조정의 요청에 의해 정당화되기 때문이다. 따라서 헌법적 판단을 위해서는 구체적인 경우에 사회적 조정의 요청과 직업의 자유가 비교·형량 되어야 한다.

공행정주체에게 법적 독점(rechtliches Monopol)이 인정될 때에는 문제가 다르다. 공행정의 독점을 통해서 직업의 자유가 제한되는 대표적인 예가 과거 연방고용공단(Bundesanstalt für Arbeit)이 행하는 독점적인 직업소개활동이었다. 이 규정은 직업소개활동을 수행하려는 개인에게는 직업

78) 이에 대해서는 Walter Leisner, *Sozialversicherung und Privatversicherung*(Duncker & Humblot, 1974), 35면 이하; Rupert Scholz, “Öffentliche und Privatversicherung unter der grundgesetzlichen Wirtschafts- und Sozialverfassung”, *Festschrift für Karl Sieg*(1976), 515면 이하 등 참조.

79) *BVerfGE* 21, 245(249); 38, 281(302ff.); 41, 205(218) 등 참조.

80) *BVerfGE* 50, 290(337ff.) 참조.

81) *BVerwGE* 17, 306(309) 참조.

에의 접근 자체를, 그리고 그 결과 직업선택의 자유를 제한한다. 따라서 명백한, 혹은 고도의 개연성 있는 위험으로부터 중요한 공동체의 이익을 보호하기 위하여 필수불가결한 경우에 한하여 법적 독점은 정당성을 갖는다. 연방헌법재판소에 따르면 오늘날 산업사회에서 실업의 극복 및 노동력의 적정 수급은 중요한 공동체의 관심사이며, 이 사업은 노동시장에서 실업상태 및 노동력 수급상황을 정확하게 파악할 때 비로소 효율적으로 수행될 수 있다. 그리고 그러한 복잡한 작업을 국가 이외에 일반 개인에게 기대할 수 없다는 이유로 직업소개에 관한 국가독점을 정당화하였다.[82)]

제 6 절 재 산 권

Ⅰ. 기능적 이해

1970년대 후반 이후 사회정책이 긴축되면서 재산권에 대한 논의가 활발하게 이루어졌다. 사회보장청구권이 재산권보장의 대상인가, 이 경우에 모든 사회보장청구권이 재산권의 보호범위에 포섭되는가, 또 재산권적 보호의 정도에 있어 차이가 있는가 등이 논의의 핵심이다. 이 논의는 청구권의 내용이 현물 혹은 서비스급여가 아닌 현금급여, 즉 연금급여에 집중되어 있다.

연금청구권의 재산권적 보호의 논의를 위해서는 재산권에 대한 기능적 이해가 필요하다. 재산권은 개인이 자기책임에 입각하여 생활을 형성하기 위하여 필요한 경제적 기초를 보장한다.[83)] 오늘날 근로기간 중에는 사법적인 임금청구권이, 퇴직 후에는 공법상의 연금청구권이 생활의 기초를 형성하는 상황에서 재산권의 보호범위는 필연적으로 연금청구권으로 확대된다.[84)]

---

82) *BVerfGE* 21, 245(257ff.) 참조. 이후 해당 규정은 유럽연합법의 경쟁법 규정에 합치하지 않는다는 이유로 개정되었으며, 현재에는 연방고용공단의 승인 하에 민간직업알선을 허용하고 있다. 사회법전 제3권 제291조 이하 참조.

83) 이에 대해서는, 예컨대 Konrad Hesse, *Grundzüge des Verfassungsrechts in der Bundesrepublik Deutschland*(C.F.Müller, 1991), 181면 이하 참조. 이밖에 *BVerfGE* 51, 193(218); 89, 366(377)면 등 참조.

84) 재산권 개념의 역사적 발전에 대해서는 Hans-Jürgen Papier, *Eigentumsgarantie*

Ⅱ. 자기기여, 사적 유용성 및 처분성

위와 같은 기능적 관점이 재산권 보호의 범위를 획정하는 유일한 기준이 될 수는 없다. 예컨대 보험료 납부에 대한 반대급여의 성격을 갖는 연금청구권과 순수한 사회정책적인 목적에서 지급되는 사회부조급여는 급여의 원인관계를 전혀 달리한다. 그런데 순수한 기능적인 관점에서는 두 급여에 대해서 동등한 헌법적 평가를 하여야 하는 불합리가 발생한다. 이러한 불합리를 극복하기 위하여 재산권의 보호대상을 확정하는 데 두 가지의 기준이 제시되었다. 첫째, 급여청구권이 성립하는 원인관계에 착안하여 일정한 기여에 대한 반대급여(erdiente Leistungen)의 성격을 갖는 청구권만이 재산권적 보호의 대상이 된다. 둘째, 사회보장청구권에 사법상의 소유권에 특유한 최소한의 특성이 있어야 한다. 사적 유용성(Privatnützigkeit) 혹은 처분권(Verfügungsbefugnis)이다.

위와 같은 기준에 따르면 순수한 사회정책적 목적에서, 즉 특별한 원인관계를 전제로 하지 않는 사회보장청구권은 재산권적 보호의 대상에서 제외된다. 따라서 사회보험급여는 원칙적으로 재산권적 보호의 대상인 반면, 사회부조 및 촉진급여는 재산권에 의한 보호의 대상이 아니다.

사회보험급여에 원칙적으로 재산권적 보호가 인정되지만 보호의 정도에 있어서는 차이가 있다. 사회보험급여는 기본적으로 보험의 원칙을 적용하여 보험료납부에 대한 반대급여로서 지급된다. 그러나 사회보험에서는 보험의 원칙과 더불어 사회적 조정의 원칙이 함께 적용된다. 이러한 사회적 조정의 원칙에 의하여 형성되는 급여는 가입자가 스스로 성취한 급여는 아니다. 따라서 이러한 급여는 재산권 보호의 대상이 될 수 없

---

des Grundgesetzes im Wandel(C.F.Müller, 1984), 9면 이하; Michael Stolleis, "Der Schutz der Vermögensrechte des Bürgers gegenüber dem Staat -aus verfassungsrechtlicher Sicht", *Verfassungsrechtlicher Eigentumsschutz sozialer Rechtspositionen*, Schriftenreihe des Deutschen Sozialrechtsverbandes, Bd. XXIII(1982), 104면 이하; Michael Stolleis, "Sozialversicherung und Interventionsstaat", *100 Jahre Sozialversicherung*, Schriftenreihe des Deutschen Sozialrechtsverbandes, Bd. XXII(1982), 60면 이하 등 참조.

다.[85] 사회보험급여에 대한 재산권적 보호의 범위를 획정하기 위해서는 사회보험급여 중 가입자의 기여에 의하여 형성된 부분과 순수히 사회정책적 고려에서 지급되는 급여를 구분하여야 한다. 그리고 후자는 재산권적 보호의 대상이 될 수 없다. 그 결과 급여의 형성에 있어서 개인의 기여부분이 많으면 많을수록 그에 비례하여 재산권적 보호의 정도는 증가한다.[86)]

예컨대 보험료를 납부하지 않고 보험가입기간으로 산입되는 기간을 기초로 형성되는 급여는 원칙적으로 재산권적 보호의 대상이 아니다. 이러한 이유에서 연방헌법재판소는 연금보험법에서 보험가입기간으로 인정되는 교육기간에 대해서 재산권적 보호를 부인한 바 있다.[87] 외국연금법(Fremdrentengesetz)에 의한 청구권도 개인의 기여에 대한 반대급부의 요건을 충족시키지 못한다.[88] 같은 이유에서 한번 개시된 보험관계가 지속될 것을 요구하는 권리는 재산권에 의하여 보호되지 않는다.[89] 이에 비해서 보험사고가 발생하면, 필연적으로 이에 수반하는 이른바 "2차적 위험(sekundäres Risiko)"을 보호하기 위한 급여에 대해서는 평가가 다르다. 질병 혹은 실업은 1차적으로는 치료수요 혹은 소득의 상실을 가져 온다. 그리고 2차적으로는 가입자가 연금보험에 보험료를 납부할 수 없는 위험에 처하게 된다. 이러한 2차적 위험은 보험관계에 내재해 있는 위험이다. 따라서 2차적 위험이 발생하는 기간을 어떠한 형태로든 보호하는 것은 사회보험의 과제이다. 그렇다면 이 기간에 대해서 보험료 납부의무를 부과하지 않고 보험가입기간으로 인정하여 형성되는 급여는 보험의 원칙에 충실한 급여로서 재산권적 보호의 대상이 된다.[90]

---

85) 이에 대해서는 Hans Schneider, *Der verfassungsrechtliche Schutz der Sozialversicherung*(C.F.Müller, 1980), 16면 이하 참조.

86) *BVerfGE* 53, 257(292) 참조.

87) *BVerfGE* 58, 81(112ff.) 참조.

88) *BVerfGE* 29, 22(33) 참조.

89) *BVerfGE* 14, 288; 14, 306 등 참조.

90) 이에 대해서는 Wolfgang Rüfner, "Die Differenziertheit sozialrechtlicher Positionen und der Anspruch der Eigentumsgarantie", *Verfassungsrechtlicher Eigentumsschutz sozialer Rechtspositionen*, Schriftenreihe des Deutschen Sozialrechtsverbandes, Bd. XXIII(1982), 184면 이하; Franz Ruland, "Der Sozialversicherungsbei-

재산권에 의하여 보호되기 위해서는 본인이 직접 기여를 하여야 하는 것은 아니다. 즉 해당 청구권이 제3자의 기여에 의하여 형성된 경우에도 재산권적으로 보호된다.91) 따라서 사용자가 보험료를 부담하는 재해보험, 그리고 사망한 가입자가 보험료를 부담하는 유족급여 역시 재산권적으로 보호된다.92)

위와 같은 기준에서 보면 사회보상급여도 재산권적 보호의 대상이다. 사회보상급여는 순수한 사회정책적 목적에서 국가가 일방적으로 지급하는 급여가 아니다. 사회보상급여는 생명 혹은 신체의 손상이라는 국가공동체를 위한 특별희생에 대한 반대급부이다. 따라서 자본 및 노동과 개인의 희생을 재산권적으로 동등한 가치로 인정하는 일반적인 견해에 따라 사회보상급여에도 재산권적 보호가 인정되어야 한다.93) 또 결과론적으로 보더라도 사회보상급여에 재산권적 보호를 인정하지 않는다면 이는 개인의 생명 및 건강에 비해서 현금형태의 기여에 보다 높은 가치를 부여하기 때문에 수긍할 수 없다.94)

사회보장청구권이 재산권으로서 보호되기 위해서는 청구권에 대한 사

---

trag zwischen Versicherungsprinzip und sozialem Ausgleich", *Die Sozialgerichtsbarkeit*(1987), 137면 이하 등 참조.

91) 이에 대해서는 Peter Badura, "Eigentumsordnung", *Festschrift zum 25jährigen Bestehen des Bundessozialgerichts*(1979), 686면 이하 참조.

92) 이에 대해서는 Rolf Schuler, "Verfassungsrechtlicher Eigentumsschutz sozialer Rechtspositionen", *Verfassungsrechtlicher Eigentumsschutz sozialer Rechtspositionen*, Schriftenreihe des Deutschen Sozialrechtsverbandes, Bd. XXIII(1982), 34면 이하; *BVerfGE* 51, 1(29) 등 참조. 그런데 이후 연방헌법재판소는 연금보험법상의 유족급여는 본인급여와는 달리 재산권적 보호의 대상이 되지 않는다는 결정을 한 바 있다. *BVerfGE* 97, 271면 이하 참조. 이로써 사회보장청구권에 대한 재산권적 보호의 논의에 새로운 계기가 마련되었다. 이에 대해서는, 예컨대 Friedhelm Hase, "Hinterbliebenenrente als Eigentum im verfassungsrechtlichen Sinne", *Juristen Zeitung*(1999), 591면 이하 참조.

93) 이에 대해서는 Hans F. Zacher, *Sozialpolitik und Verfassung im ersten Jahrzehnte der Bundesrepublik Deutschland*(Schweitzer, 1980), 939면 이하; *BVerfGE* 87, 1(42) 등 참조.

94) 이에 대해서는 Michael Stolleis, *Möglichkeiten der Fortentwicklung des Rechts der sozialen Sicherheit zwischen Anpassungszwang und Bestandsschutz*(C.H.Beck, 1984), 39면 이하 참조.

적 유용성(Privatnützigkeit)과 처분권(Verfügbarkeit)이 인정되어야 한다. 사적 유용성이란 청구권이 청구권자 자신에 귀속되어 생활의 기반을 이루고, 또 자기 자신을 위하여 이용할 수 있어야 한다는 것을 말한다.[95] 처분권의 개념은 사적 유용성과 구별이 힘들다. 청구권이 사적 유용성을 갖기 위해서는 청구권자가 청구권에 대해 구체적인 처분권을 가져야 하기 때문에 처분권은 사적 유용성의 필수적인 요소라고 할 수 있다.[96] 따라서 예컨대 독일 연금보험법 제31조의 재활보호조치와 같은 재량급여는 재산권적 보호의 대상이 아니다.

Ⅲ. 재산권에 대한 입법형성권

사회보장급여의 조정이 곧 재산권을 침해하는 것은 아니다. 재산권의 내용과 한계는 입법적으로 형성되기 때문이다. 입법자에게 연금보험의 기능유지라는 공익을 위해서 연금의 절대액, 연금산정방식 그리고 연금산정요소 등을 불이익하게 변경하는 것이 금지되는 것은 아니다. 즉 재산권 보장은 상대화되었다.[97] 이러한 관점에서 보면 사회보장청구권을 재산권의 보호범위에 포함시킬 경우 공법적 급여에 대한 현상유지를 결과하기 때문에 사회국가원리가 내포하고 있는 역동적 사회정의의 요청에 반한다는 주장은 설득력이 없다.

독일에서 연금보험이 재정방식으로서 부과방식을 채택함에 따라 연금보험은 이제 세대간 계약의 성격을 띠게 되었다.[98] 이로써 연금보험법은 장기적인 계획법으로 형성되며, 그만큼 입법형성권이 넓어졌다.[99] 연금보

95) *BVerfGE* 53, 257(290) 참조.

96) 이와 같은 견해로는 Fritz Ossenbühl, "Der Eigentumsschutz sozialrechtlicher Positionen in der Rechtsprechung des Bundesverfassungsgerichts", *Festschrift für Wolfgang Zeidler*(1987), 630면 이하 참조.

97) 이에 대해서는 Herbert Rische/Franz-Josef Terwey, 위 각주 47의 논문, 289면 이하 참조.

98) 이로부터 재산권 보장의 요건인 자기기여가 연금보험에서 더 이상 충족될 수 없다는 주장도 있다.

99) 연금보험법의 계획법적 성격에 대해서는 Peter Badura, 위 각주 91의 논문, 693면 이하; Peter Badura, "Die eigentumsrechtliche Bindung des Gesetzgebers bei der

험을 둘러싼 주변 환경을 지속적으로 검토하고, 필요한 경우 연금조정조치를 취하는 것은 입법자의 의무이다. 따라서 예컨대 물가 혹은 임금상승에 비례하여 연금액이 인상되어야 한다는 등 특정한 내용을 갖는 연금조정에 대한 가입자의 신뢰가 보호되는 것은 아니다.[100] 연금청구권이 재산권적으로 보장되는 중요한 의미는 재산권을 일종의 참여권으로서 이론구성하면서 나타난다. 즉 연금의 절대액이 아니라 동일 시점을 기준으로 개별 가입자간에 보험료를 납부하여 기여한 비율이 반대급여의 형성에 반영되어야 한다.[101]

Anpassung der Rente in der Sozialversicherung", *Die Sozialgerichtsbarkeit*(1984), 401면 이하 등 참조.

100) *BVerfGE* 53, 257(294) 참조.

101) 이에 대해서는 Peter Badura, 위 각주 99의 논문, 401면 이하; Josef Isensee, "Der Sozialstaat in der Wirtschaftskrise", *Festschrift für Johannes Broemann* (1982), 378면 이하; Herbert Rische/Franz-Josef Terwey, 위 각주 47의 논문, 289면 이하 참조.

제 8 편 독일의 국제사회보장법

제 1 장 국내법 규정

제 1 절 준 거 법

국제사회보장법(Internationales Sozialrecht)은 외국과 관련된 사회보장 사안에 있어서 준거법을 정하거나 혹은 외국과 관련된 사회보장 사안을 실체법적으로 규정하는 규범의 총체이다.1)

독일 사회법 총칙은 외국과의 사회보장 사안이 문제될 때 원칙적으로 거주지 혹은 통상 체류지를 연결점으로 하는 속지주의를 적용하고 있다(SGB Ⅰ 제30조 제1항). 다만 국제법 혹은 초국가법에 이와 다른 규정이 있는 경우 후자의 규정이 우선적으로 적용된다(SGB Ⅰ 제30조 제2항). 또 거주지 혹은 통상 체류지 중심의 속지주의는 사회법 개별분야에 적용되는 특별조항이 있는 경우 이에 대해서도 보충적으로 적용된다(SGB Ⅰ 제37조). 즉 속지주의를 유지하되 개별법 분야에 따라서는 연결점이 거주지 혹은 통상 체류지가 아닌 경우가 있다. 예컨대 고용지를 연결점으로 하는 경우가 대표적인 예이다.

사회보험은 가입자의 소득활동을 중심으로 법률관계가 형성되기 때문에 고용지가 연결점이 된다. 독일 국제사회보장법을 체계적으로 살펴보기 위해서 우선 보험료를 재원으로 하여 운영되는 사회보험과 조세를 통해서

1) 이에 대해서는 전광석, 국제사회보장법론(법문사, 2002), 123면 이하 참조.

재원이 조달되는 사회법분야를 나누어 접근할 필요가 있다.

조세를 재원으로 운영되는 사회보장에서 연결점은 대상자의 거주지 혹은 통상 체류지이다. 거주지 혹은 통상 체류지는 민법에서와는 달리 객관적인 사실이 중요한 판단기준이다.2) 급여의 조건인 거주 혹은 체류 사실을 조작하여 사회보장 청구권이 남용되는 것을 방지하려는 의도이다.

대상자의 국적은 중요한 기준이 아니다. 다만 개별법에서 속인주의를 적용하는 경우가 있다. 연방부양법(법 제7조)이 대표적인 예이다. 범죄피해자보상법(법 제1조 제4항), 연방교육촉진법(법 제8조) 등도 기본적으로는 속인주의를 적용한다. 연방교육촉진법은 일정한 조건하에 외국에서 교육을 받는 독일인에게 적용된다. 범죄피해자보상법에서는 변화가 있었다. 이 법은 1993년 개정 전까지 상호주의를 적용하여 해당 외국에서 독일인의 범죄피해에 보상을 행하는 경우에 한하여 해당 국가의 국민이 독일에서 범죄피해를 입을 때에 보상하였다. 그러나 이후 법률개정을 통하여 독일에 거주하는 외국인에게 상호주의를 적용하지 않도록 하였다. 거주의 요건을 충족하지 못하는 경우에도, 즉 예컨대 여행 중인 외국인에게도 재량에 의해서 보상할 수 있다.3)

사회부조에는 원칙적으로는 속지주의가 적용된다. 다만 필수적인 생계보호는 독일인이 외국에 체류하는 경우에도 해당 국가에서 사회부조급여를 받지 않는다면 지급된다(SGB Ⅻ 제24조). 거꾸로 국내에 체류하는 외국인에게는 생계에 필요한 최소한의 범위 내에서 사회부조급여가 지급된다(SGB Ⅻ 제23조).

사회보험에서는 연결점이 고용지(Beschäftigungsort)이다(SGB Ⅳ 제3조

2) 독일에서 국제사회보장법의 연결점인 거주지는 주관적인 거주의 의사를 중시하는 민법상 거주지와 달리 이해된다. 국제사회보장법의 연결점인 거주지는 세법상의 거주지 개념과 일치한다. 독일 세법(Abgabenordnung) 제8조 참조. 이에 대해서는 *BSGE* 53, 49(52) 등 참조.

3) 이는 프랑스가 채택했던 상호주의가 국적에 따른 차별이라는 유럽재판소의 판결에 직접 영향을 받은 것이다. 이 판결에 대해서는 Sabine Hackspiel, “Opferentschädigung und Europäisches Gemeinschaftsrecht”, *Neue Juristische Wochenschrift* (1989), 2166면 이하 참조.

제1호). 고용지는 실제 근로가 수행되며, 종속고용의 결과 창출된 가치가 귀속되는 장소를 말한다.4) 자영인의 경우 경제활동지가 연결점이다. 고용관계에 있지 않은 연금수급자나 비진정재해보험 대상자의 경우에는 거주지 혹은 통상 체류지가 연결점이다(SGB Ⅳ 제3조 제2호).

제 2 절 확대규정과 축소규정

속지주의는 속인주의에 의해서 다음과 같이 부분적으로 보충·수정된다. 속지주의를 적용할 때 보험관계가 중단되거나 혹은 보험관계가 이중으로 성립되는 불합리를 방지할 필요가 있기 때문이다. 속인주의를 보충적으로 적용할 경우 다음과 같이 가입자 혹은 급여청구권자의 범위를 확대 혹은 축소시키는 효과가 있다.

첫째, 확대규정(Ausstrahlung)이다.5) 독일 국내법에 의하여 고용관계가 성립되었지만 일정 기간 외국에 파견되어 있는 근로자의 경우 속지주의를 적용하게 되면 자국의 사회보험에서 제외되는 불합리가 나타난다. 확대규정은 이 경우 속인주의를 적용하여 독일 국내법상의 보험의무, 보험급여청구권 등을 계속 유지하도록 한다(SGB Ⅳ 제4조 제1항). 확대규정이 적용되는 파견기간에 관한 명시적인 규정을 두고 있지는 않다. 독일의 사회법원은 파견기간이 2년 이상인 경우에 확대규정의 적용을 긍정한 바 있다. 법원은 이론적으로 보면 파견기간에 제한을 둘 필연성은 없다는 입장이다.6)

둘째, 축소규정(Einstrahlung)이다. 이는 확대규정과는 반대로 외국 사회보험에 가입되어 있던 외국인 근로자가 국내에 파견근무하는 경우 해당 외국법을 계속 적용하게 하는 규율이다. 사회법전 제4권 제5조는 이 점을 명시적으로 규율하고 있다. 이에 따르면 "보험가입의무 및 권리가 고용관

4) 이에 대해서는 Eberhard Eichenhofer, *Internationales Sozialrecht*(C.H.Beck, 1994), 70면 등 참조.

5) 이에 대해서 자세히는 전광석, 위 각주 1의 책, 263면 이하 참조.

6) *BSGE* 17, 173; 39, 241; 40, 57(62) 등 참조.

계에 기초하여 형성되는 경우 이 규정은 외국에서 고용되어 국내에 파견되는 근로자에게는 적용되지 않는다. 이때 파견은 고용의 특성상 혹은 계약관계를 기초로 한시적이어야 한다."

제 2 장 유럽연합 사회보장법

제 1 절 유럽연합 사회보장법의 법원

유럽연합 사회보장법이란 유럽연합법 중 사회정책적 관련성을 갖는 법규의 총체 혹은 회원국의 사회보장법에 영향을 미치는 유럽연합에서 제정되는 법규의 총체를 말한다.[7)]

Ⅰ. 조약법과 초국가법

법제정주체를 기준으로 유럽연합법의 法源을 보면 기본법과 파생법으로 나눌 수 있다. 유럽연합의 기본법은 회원국간에 체결된 조약을 말한다. 여기에는 유럽공동체 설립을 위한 세 개의 조약, 1965년의 단일기관 설립을 위한 통합조약, 1986년의 단일유럽협정, 그리고 1992년 체결되고 1993년 효력을 발생한 유럽연합 설립조약 등이 포함된다. 특히 1992년 조약에 의정서로 채택된 '사회보장에 관한 협정'은 유럽연합에서 사회정책의 발전에 중요한 지침을 제시하고 있다. 유럽공동체 설립조약 중 제42조 사회보장기간의 합산 및 외국으로의 급여지급에 관한 규정, 제136조에서 제145조까지에 규정되어 있는 사회보장에 관한 조항 등이 중요한 法源을 형성하고 있다. 또 제141조의 남녀평등조항은 사회보장에 특유한 규정은 아니지만 유럽재판소의 법형성을 통해서 사회보장통합을 지도하는 중요한 사회적 기본권으로 기능하고 있다.

내외국민 차별금지에 관한 조약 제12조도 사회정책적으로 중요한 기준이다. 다만 노동력의 이동을 실질적으로 보장하기 위해서는 이 규정만으

7) 이에 대해서 자세히는 전광석, 위 각주 1의 책, 225면 이하 참조.

로는 불충분하다. 이와 동시에 외국에서 실현된 청구권의 구성요건이 국내에서 인정되어야 하기 때문이다. 위에서 언급한 조약 제42조가 필요한 이유가 여기에 있다.

유럽연합법 중 파생법이란 설립조약을 기초로 유럽연합기관이 제정하는 규범을 말한다. 명령, 지침, 결정, 권고, 견해 등이 여기에 해당한다. 근로자와 그 가족의 사회보장에 대한 규율인 이사회명령 1408/71과 이를 집행하기 위하여 제정된 명령 574/72가 대표적인 사회보장법의 法源이다. 이 밖에 명령 1408/71의 인적 적용범위를 자영인에게 확대하는 명령 1390/81, 남녀평등에 관한 각종 지침 역시 중요한 사회보장법의 법원이다.[8)]

Ⅱ. 사회보장법의 국제적 보장을 위한 法源 및 내용

1. 법　　원

유럽연합은 사회보장법을 회원국간 노동력의 자유로운 이동을 보장하기 위한 수단으로 발전시켰다.[9)] 위에서 언급했듯이 유럽공동체 설립조약 제42조, 그리고 이를 구체화하는 이사회명령 1408/71과 이에 관한 절차법적인 규율인 이사회명령 574/72가 이러한 정책에 기여하는 규범들이다.

명령 1408/71은 모두 7편으로 구성되어 있다. 명령 574/72는 명령 1408/71의 편제에 상응하여 구성되어 있다. 그 내용을 보면 다음과 같다. 제1편; 총칙(제1조-제12조), 제2편; 적용 법률(제13조-제17a조), 제3편; 각론 규정으로 급여의 대상인 각종의 사회적 위험과 급여의 종류를 규정하고 있다(제18조-제79a조). 이 목록은 1952년의 사회보장 최저기준에 관한 국제노동기구협약 제102호의 예에 따라 편제되어 있다.[10)] 질병과 분만, 장애, 노령과 사망, 산업재해와 직업병, 사망보상금, 실업, 아동수당을 포

8) 지침 75/117, 76/207, 79/7, 86/378, 86/613 등이 여기에 해당한다.

9) 사회통합의 수단으로서의 국제조약과 초국가법에 대한 비교에 대해서는, 예컨대 Rolf Schuler, “Zwischenstaatliche und gemeinschaftsrechtliche Sozialintegration im Vergleich”, *Europarecht*(1985), 113면 이하 참조.

10) 협약 제102호에 대해서는 전광석, 위 각주 1의 책, 150면 이하 참조.

함한 가족보호 등이 그것이다. 제4편; 이동근로자의 사회보장을 담당하는 행정위원회의 활동(제80, 81조), 제5편; 이동근로자의 사회보장문제에 대한 자문위원회의 조직과 과제 및 활동(제82, 83조), 제6편; 각 회원국에서 사회보장을 관할하는 행정기구간의 협력(제84조-제93조), 제7편; 경과규정(제94조-제100조) 등이 그것이다.

2. 내 용

(1) 인적 적용범위

유럽연합 사회보장법은 근로자와 자영인을 보호대상으로 한다. 회원국 국적을 소지한 자 이외에 회원국에 거주하는 무국적자 및 난민 역시 보호된다(명령 1408/71 제2조 제1항). 근로자의 개념은 회원국 국내법과 독립하여 유럽연합법에 의해서 독자적으로 정의된다(명령 1408/71 제1조 a). 예컨대 독일 사회법에서 사회보험에 의무가입되는 근로자의 범위에 시간제 근로자 혹은 저임금 근로자가 제외된다.[11] 반면 유럽연합 사회보장법에서는 이들이 모두 근로자의 범주에 속한다. 유럽연합법은 근로자의 개념을 완화하여 해석하고 있다. 실제 근로목적으로 회원국간을 이동하는 근로자뿐 아니라, 근로목적의 이동이기는 하지만 중간단계에서 한 회원국을 통과하는 경우, 또 여행 및 휴가목적으로 이동하는 근로자 역시 유럽연합 사회보장법에 의하여 보호된다.[12]

자영인은 1982년 이사회명령 1390/81에 의해서 보호의 대상이 되었다. 공무원은 회원국 국내법에 의해서 일반 근로자를 대상으로 하는 사회보장제도에 포섭되어 있는 경우에 한하여 유럽연합법에 의한 보호를 받았으나, 최근 명령을 개정하여 공무원을 보호의 대상에 포함시켰다.[13]

---

11) 구체적으로 월 소득이 400유로 미만이거나, 연 고용기간이 2개월 미만인 근로자는 사회보험 의무가입 대상에서 제외되며, 따라서 사회보장법상의 근로자가 아니다(독일 사회법전 제4권 제8조 제1항).

12) 이에 대해서는 Philippa Watson-Olivier, "Europäische Gemeinschaft und soziale Sicherheit", *Zeitschrift für ausländisches und internationales Arbeits- und Sozialrecht*(1991), 49면 이하 참조.

13) 이에 대해서는 유럽연합 이사회명령 1408/71 제2조 제3항 참조.

이동근로자의 가족 역시 보호의 대상이다. 가족구성원이 회원국 국민이거나 무국적자로서 회원국에 거주하는 경우에는 청구권자가 유럽연합 사회보장법의 적용대상이 아니더라도 보호된다.

(2) 사항적 적용범위

유럽연합 사회보장법은 다음과 같은 사회적 위험을 보호 한다; 질병과 분만, 장애, 노령 및 부양상실, (통근 상의 재해를 포함한) 산업재해 및 직업병, 사망, 실업 등에 대한 급여 및 가족보호를 위한 급여가 그것이다(명령 1408/71 제4 조). 각 회원국은 위와 같은 사회적 위험을 보호하는 급여에 관한 규정 혹은 제도를 공표하여야 한다(명령 1408/71 제 5 조). 이러한 공표에 관한 규정은 행정상의 편의를 목적으로 하고 있다. 유럽재판소의 판례에 의하면 해당 회원국이 이를 공표하지 않았다고 해서 보호의무로부터 면제되는 것은 아니다.14) 이러한 사회적 위험이 각국의 국내 사회보장체계에서 동일한 제도에 의하여 보호되는 것은 아니다. 따라서 중요한 것은 해당 사회적 위험을 보호하는 제도가 존재하는가의 문제이며, 제도의 종류가 일치하여야 하는 것은 아니다.15)

공공부조 및 전쟁희생자 보상은 보호의 대상이 아니다(명령 1408/71 제4조 제5항). 공공부조를 제외시키는 것은 사회보장(Soziale Sicherheit)과 공공부조(öffentliche Fürsorge)를 구별하는 전통적인 태도에 원인이 있다. 그러나 이러한 구분은 각국에서 점점 상대화되고 있다. 공공부조를 보호의 범위에서 제외시키는 실질적인 이유는 공공부조가 사회보장제도와는 달리 개인의 권리에 기초한 급여가 아니고, 국가의 일방적인 급여로서 급여의 여부 및 수준에 대한 결정이 국가의 재량이라고 이해되었기 때문이다. 그런데 오늘날 대부분의 회원국에서 공공부조급여에 대한 법적 청구권이 인정된다.16) 따라서 유럽연합법의 명시적인 규정에도 불구하고 회원국 국내

14) 유럽재판소판례집 1977. 2249면 참조.

15) 이 점에 대해서는, 예컨대 Bernd Schulte, “Europäisches und Nationales Sozialrecht”, *Europarecht*(1990), 47면 참조.

16) 독일의 예에 대해서는 *BVerwGE* 1, 159면 이하 참조.

법상의 공공부조급여가 유럽연합 사회보장법의 적용대상이 될 수 있다.17)

유럽연합법상의 공공부조에 해당하는 영역에는 이사회명령 1612/68이 적용된다. 명령 1612/68 제7조 제2항에 의하면 어떠한 사회적 및 세제상의 이익에 대해서도 국적을 이유로 한 차별은 금지된다. 이때 사회적 및 세제상의 이익은 좁은 의미의 사회보장급여(social security)에 국한되지 않으며, 또 그 이익이 고용관계를 전제하는 것도 아니다.18) 따라서 공공부조급여는 이러한 이익의 개념에 포섭될 수 있다.19) 다만 이 명령은 인적 적용범위를 근로자에게 한정하고 있고, 또 고용지에 거주하는 경우에 한하여 지급되는 한계가 있다.20)

(3) 준 거 법

1) 준거법의 내용

명령 1408/71은 이동근로자의 사회보장에 있어서의 불이익을 방지하는 목적을 갖는다. 예컨대 2개국 이상의 법률이 적용되어, 이중으로 사회

17) 실제 유럽재판소는 1982년 이른바 "Piscitello-Case"에서 일정한 소득수준에 미달하는 65세 이상의 노인에게 수급권이 인정되어 있는 이탈리아의 사회연금(pension sociale)은 최저소득보장의 기능을 수행하는 제도로서, 공공부조에 해당하여 유럽공동체법의 적용범위에 속하지 않는다는 이탈리아의 주장을 인정하지 않았다. 유럽재판소에 따르면 사회연금에 대해서 개인이 법적 청구권을 갖기 때문에 연금에 대한 공동체법상의 보호가 인정되어야 한다. Bernd Schulte, "Das Sozialrecht in der Rechtsprechung des Europäischen Gerichtshofs", Georg Wannagat(편), *Jahrbuch des Sozialrechts* Bd. 4(1984), 447면 이하 참조.

18) 이 점에 대해서는, 예컨대 Rolf Schuler, *Das Internationale Sozialrecht der Bundesrepublik Deutschland*(Nomos, 1988), 771면 이하 참조.

19) 실제 유럽재판소 판례의 태도이다. 유럽재판소는 명령 1612/68에서 말하는 이익에는 이 밖에도 다산가정에 대한 교통요금할인, 아동양육을 위한 무이자 대부, 노인에 대한 최저소득보장, 장학급여 등을 들고 있다. 이에 대해서는, Bernd Schulte, "Auf dem Weg zu einem Europäischen Sozialrecht", *Europarecht*(1992), 370면 이하 참조.

20) 실질적으로 보면 유럽연합 회원국이 모두 가입해 있는 유럽평의회의 유럽공공부조협약(The European Convention on Social and Medical Assistance)이 적용되어 공공부조청구권을 보호할 수 있다. 이 협약은 근로자뿐 아니라 회원국의 모든 국민을 보호대상으로 한다. 다만 이 협약은 유럽재판소와 같은 초국가법적 기관을 통하여 사법적으로 실현될 수 없다는 한계가 있다.

보험에 가입되고, 그 결과 이중으로 보험료를 납부하는 것을 방지한다. 이동근로자에게는 원칙적으로 한 회원국의 법률이 적용되어야 한다.

근로자에게는 거주지를 불문하고 고용지의 법률이 적용된다. 자영인에게는 경제활동을 하는 회원국의 법률이 적용된다. 선원에게는 선박이 게양하는 국기의 국가법이 적용된다(기국주의). 공무원에게는 근무하는 관청이 소속된 국가의 법률이 적용된다(명령 1408/71 제13조 제2항).

유럽연합법도 확대규정을 두고 있다. 즉 근로자가 기존에 고용관계를 유지하면서 외국으로 파견되는 경우 고용지법이 계속 적용된다. 이와 같은 고용지법이 확대 적용되는 파견기간은 12개월로 한정되어 있다. 예상할 수 없었던 이유로 파견기간이 연장되는 경우 업무가 수행되는 국가의 승인하에 예외적으로 고용지법의 확대적용기간이 연장될 수 있다. 그러나 이 기간이 12개월 이상 연장될 수는 없다(명령 1408/71 제14조 제1항). 위와 같은 확대적용에 관한 규정은 한편으로는 근로자의 회원국간 이동성을 높이는 효과가 있다.[21] 그러나 다른 한편 이는 사회보장수준이 낮은 국가의 근로자를 단기적으로 채용하려는 유인이 될 수도 있다.[22] 또 확대규정은 기업간의 공정경쟁을 저해할 수 있다. 외국인 근로자를 단기적으로 고용하는 기업이 해당 국가의 일반적인 사회보장에 포섭되는 근로자를 고용하는 기업에 비해서 유리할 것이기 때문이다.

한 회원국에서 근로자로서, 그리고 다른 회원국에서는 자영인으로 활동하는 경우 원칙적으로 고용지법이 적용된다(명령 1408/71 제14c조). 회원국간의 합의에 의하여 특정한 인적 집단에 대해서 위에서 설명한 것과 다른 준거법을 선택할 수 있다(명령 1408/71 제17조).

2) 준거법의 경합

유럽연합법이 다른 국제협약상의 준거법과 경합하는 경우 회원국간에

---

21) 이러한 입장을 취하는 문헌으로는, 예컨대 Eberhard Eichenhofer, *Sozialrecht der Europäischen Union*(Erich Schmidt Verlag, 2001), 96면 이하 참조.

22) 이에 대해서는 Bernd Schulte, "Allgemeine Regeln des internationalen Sozialrechtssupranationales Recht", Bernd von Maydell/Franz Ruland(편), *Sozialrechtshandbuch*(Nomos, 2003), 1639면 참조.

기존의 국제협약은 원칙적으로 적용되지 않는다(명령 1408/71 제6조). 다만 다음과 같은 국제협약들은 계속 적용된다(명령 1408/71 제7조). 회원국들이 비준한 국제노동기구의 협약, 유럽평의회의 1953년 사회보장에 관한 잠정협약, 라인강 운항선박에 적용되는 1950년 및 1979년의 사회보장에 관한 협약, 국제교통에 종사하는 근로자의 사회보장에 관한 1956년의 유럽협약 등이 그것이다. 이 밖에 이사회명령 1408/71 부록 Ⅲ에 열거된 회원국 양자간의 사회보장에 관한 협약 역시 계속 적용된다. 위와 같은 원칙에는 이른바 최혜국대우의 원칙에 따른 유보가 있다. 즉 기존의 국제협약이 당사자에게 보다 유리한 법적 지위를 보장하는 경우 유럽연합법의 적용으로 인하여 이러한 이익이 박탈되어서는 안 된다.[23] 또 회원국간에 사회보장에 관한 새로운 협약을 체결하는 것은 가능하다(명령 1408/71 제8조).

(4) 보호되는 위험과 보호의 내용

1) 질병과 분만

질병 및 분만에 대한 보호는 현물급여와 현금급여를 나누어서 살펴보아야 한다. 다른 회원국에 거주하는 근로자 및 자영인, 그리고 그 가족들에게 지급되는 현물급여의 종류 및 범위는 거주지법에 따라 결정 · 지급된다. 따라서 본래 관할국가와 거주지국가의 의료보장의 수준에 차이가 있는 경우 개인에게 유리하게 혹은 불리하게 작용할 수 있다. 비용부담자는 고용지법에 따라 결정된다. 질병수당과 같은 현금급여는 고용지법에 따라 산정된다(명령 1408/71 제19조).

회원국 국민이 다른 회원국에 휴가 등의 목적으로 일시 체류하는 경우에도 체류국가에서 의료보장을 받을 수 있다(명령 1408/71 제22조 제1항). 다만 이러한 급여를 받기 위해서는 긴급히 보호할 필요가 있기 때문에 관할국가로 이동할 수 없다고 판단되어야 한다. 급여기간은 본래 관할지법의 규정에 따라 결정된다. 이미 질병이 발생한 후 거주지로 귀환하거나 또는 거주지를 옮기는 경우 본래 관할기관의 승인 하에 거주지법에 따

23) 이에 대해서는, 예컨대 유럽재판소판례집 1991. Ⅰ. 323면 참조.

른 급여를 받을 수 있다. 다만 이러한 이동으로 인하여 위험이 발생하거나 계속 치료가 의문시되는 경우에는 승인이 거부될 수 있다. 보다 효과적으로 치료될 수 있다고 판단되는 경우 다른 회원국에서 치료급여를 받을 수 있다. 이 경우 본래 관할기관의 사전승인이 필요하다. 이는 법적 권리로서 보호되고 있다.[24] 따라서 승인의 거부는 제한적으로만 가능하다(명령 1408/71 제22조 제2항).

2) 장　　애

유럽연합법은 장애로 인한 소득상실을 보호한다. 회원국 국내법이 장애에 대해서 치료급여 등 현물급여를 제공하는 경우 이는 질병급여에 해당한다. 질병에 관한 위에서 설명한 규정이 적용된다. 재활급여는 보호의 대상에서 제외되어 있다. 질병의 경우와 마찬가지로 장애에 대한 개념 역시 회원국 국내법에 관계없이 유럽연합법에 의하여 독자적으로 정의된다. 장애 여부는 소득능력의 감소와 그러한 상태의 지속성을 기준으로 판단한다.

장애에 대한 이해방법으로 다음과 같은 두 가지가 있다. 첫째, 장애를 질병의 연장으로 이해하는 방법이다. 이 경우에는 장애급여의 수급조건으로 보험가입기간이 요구되지 않는다. 프랑스가 여기에 해당하는 대표적인 나라이다(Type A).[25] 둘째, 장애를 질병과는 별도의 사회적 위험으로 이해하여, 노령·사망과 같은 장기적인 사회적 위험으로 보호하는 방법이다. 여기에서는 연금보험에 특유한 급여조건인 보험가입기간이 요구된다. 독일이 여기에 속하는 대표적인 나라이다(Type B).[26]

장애에 대한 이해가 위와 같이 다르기 때문에 장애를 확정하는 회원국의 결정이 다른 회원국을 기속하지는 않는다. 다만 장애에 대한 이해와

24) 이에 대해서는 Bernd Schulte, “Auf dem Weg zu einem Europäischen Sozialrecht”, *Europarecht*(1992), 369면 참조.

25) 이 밖에도 벨기에, 스페인, 그리스, 아일랜드, 네덜란드, 영국 등이 여기에 속한다. F. Pennings, “Europe”, *International Encyclopaedia of Laws. Social Security Law*(Kluwer, 1994), Randnummer 484 참조.

26) 장애에 대한 다양한 이해방법에 대해서는, 예컨대 Hans-Joachim Reinhard/Jürgen Kruse/Bernd von Maydell(편), *Invaliditätssicherung im Rechtsvergleich*(Nomos, 1998) 참조.

장애 정도의 측정방법이 유사한 나라들 간에는 한 나라에서의 장애를 인정하는 결정은 다른 나라를 기속한다(명령 1408/71 제40조 제4항).[27] 이에 비해서 장애를 부인하는 결정은 기속력을 갖지 않는다.

장애에 대한 보호는 다음과 같은 두 가지 형태로 이루어진다. 첫째, 장애급여의 산정에 있어서 이동근로자가 불이익을 받지 않아야 한다. 둘째, 수급권자는 거주지에 관계없이 급여를 받을 수 있어야 한다.

장애에 대한 이해방법이 회원국간에 다르기 때문에 급여의 산정은 이원화되어 있다. 장애를 질병의 연장으로 이해하는 나라에서 모든 법률관계를 형성한 경우(Type A)에는 장애가 발생한 국가가 해당 근로자에게 급여를 지급하고, 또 비용을 부담한다(명령 1407/71 제37-39조). 보험가입기간을 충족하여야 하는 나라(Type B)들에 걸쳐서 법률관계가 형성되었거나, 혹은 이들 나라와 보험가입기간이 요구되지 않는 제도를 운영하는 나라에 걸쳐서 법률관계가 형성되어 있는 경우에는(Type A+B) 장애급여산정에 반영되는 전체 기간이 각 회원국에서 진행된 비율에 따라 각 회원국이 각각 급여비용을 분담한다(pro rata temporis; 명령 1407/71 제40조 제1항). 급여는 노령 및 사망의 경우와 마찬가지로 산정되기 때문에 이에 관한 제44조에서 제51조까지의 규정이 적용된다. 이 책에서도 이에 대해서 자세히는 아래 노령 및 사망과 관련하여 설명한다.

3) 노령과 부양상실

노령 및 부양상실의 경우 급여의 산정은 두 가지로 나누어 규율되어 있다. 첫째, 이동근로자가 한 회원국에서 이미 해당 회원국의 국내법에 따른 급여청구권을 획득한 경우이다. 둘째, 한 회원국에서의 사회보장 가입기간만으로는 불충분하고, 여러 회원국에서의 사회보장기간이 합산되었을 때 비로소 고용지법에 의한 연금청구권이 성립될 수 있는 경우이다.

첫 번째 경우에는 고용지의 사회보장관할기관은 먼저 국내법에 따른

27) 상호간에 기속력이 인정되는 국가들은 명령 1408/71 부록 V에 정리되어 있다. 예컨대 벨기에, 프랑스, 이탈리아, 룩셈부르크 상호간에 한 국가에서의 장애에 대한 결정은 다른 국가에 기속력을 갖는다.

연금액을 산정한다(a). 이와는 독자적으로 이른바 가정적 연금액(theoretischer Beitrag)을 산정한다. 가정적 연금액이란 근로자가 회원국 각국에서 획득한 사회보장 관련기간 전체를 고용지에서 충족하였다는 가정을 하고, 이 가정에 기초해서 고용지법에 따라 산정된 연금액을 말한다. 또 이동근로자의 각 회원국에서의 사회보장 관련기간이 전체 사회보장 관련기간에서 차지하는 비율에 따라 각 회원국이 부담하는 연금액 역시 산정된다(b). 이와 같이 산정된 (a)와 (b)의 연금액 중 높은 것이 이동근로자에게 지급된다(명령 1408/71 제46조 제1항). 두 번째의 경우, 즉 합산규정에 의해서 비로소 사회보장청구권이 성립되는 경우에는 위 (b)의 절차, 즉 pro rata temporis 원칙에 의하여 각 회원국이 부담하는 연금액이 결정된다(명령 1408/71 제46조 제2항).

이동근로자는 위 첫 번째 경우 혹은 두 번째 경우에 각각 산정된 연금의 합계에 대한 청구권을 갖는다. 다만 연금의 합계에는 상한이 있다. 즉 연금의 합계가 위에서 설명한 가정적 연금액을 초과할 수는 없다(명령 1408/71 제46조 제3항). 만약 각 회원국의 법에 따라 산정된 연금의 합계가 가정적 연금액을 초과하는 경우에는 각 회원국은 근로자의 전체 사회보장 관련기간에서 해당 회원국에서의 근로자의 사회보장 관련기간이 차지하는 비율에 따라 자신의 연금채무액이 감액된다.

위와 같이 산정된 급여는 국적과 거주지에 관계없이 지급된다. 즉 급여가 외국으로 지급될 수 있다(EGV 제42조 명령 1408/71 제10조).

4) 산업재해와 직업병

산업재해 및 직업병은 질병의 경우와 유사하게 보호된다(명령 1408-71 제52조-63a조). 산업재해를 보호하는 특별한 제도가 없는 나라에서 산업재해는 의료보장제도를 통해서 보호된다. 네덜란드가 대표적인 예이다. 산업재해에는 출퇴근상의 재해가 포함된다(명령 1408/71 제56조).

산업재해에 대한 현물급여는 관할기관, 즉 근로자의 경우에는 고용지의 급여주체, 그리고 자영인의 경우에는 경제활동지의 급여주체가 비용을 부담하며, 거주지의 관할기관이 거주지법의 규정에 따라 지급한다. 반면 현금급여는 본래의 관할기관이 지급한다. 다만 회원국간에 합의가 있는 경우 수급권자는 관할국가의 법에 따라서 급여를 받을 수 있다(명령 1408/71 제52조). 수급권자가 산업재해가 발생한 후 거주지를 옮기거나 거주지로 귀환하는 경우에도 급여는 체류지 혹은 거주지의 해당 관할기관으로부터 지급받을 수 있다. 또 적절한 치료급여를 받기 위해서 필요한 경우 다른 회원국에서 치료를 받을 수 있다. 이 경우 본래 관할기관의 승인이 필요하다(명령 1408/71 제55조 제1항 c).

직업병은 최후의 고용지를 관할하는 기관이 보호한다. 직업병이 악화된 경우에도 보호된다. 다만 악화의 원인이 다른 회원국에서 발생한 것이 명백한 경우에는 악화된 상태에 대한 보호비용은 해당 회원국이 부담한다(명령 1408/71 제60조).

5) 사 망

사망보상금을 받기 위하여 일정한 기간이 필요한 경우 다른 회원국에서 형성된 이와 관련된 기간은 합산된다. 또 관할국가가 아닌 회원국에서 사망한 경우 관할국가에서 사망한 것으로 의제하여 보호한다. 사망보상금은 관할국가가 지급한다(명령 1408/71 제64조 이하).

6) 실 업

실업급여를 받기 위해서는 고용지에서 실업이 발생하였어야 한다. 실업급여의 산정에 반영되는 기간은 합산되며, 급여는 외국으로 지급될 수 있다. 다만 실업급여에 있어서 다음과 같은 특수성이 있다. 실업급여 수급권을 갖기 위해서는 대상자가 주관적으로, 그리고 객관적으로 실업보험기관이 알선하는 직업에 취업할 의사와 능력이 있어야 한다.[28] 그런데 대상자가 고용지 외에 다른 회원국에 거주하는 경우에는 이러한 요건이 충족될 수 없다. 그렇다고 이 경우 실업급여를 부인한다면 대상자가 거주지에서 고용기회를 가질 가능성이 높은 경우에도 실업급여로서 보호하지 못하

---

28) 예컨대 사회법전 제3권 제119조 제1항 참조. 우리 고용보험법 역시 이러한 요건을 요구하고 있다. 고용보험법 제34조 제4항, 제46조 참조. 이에 대해서 자세히는 전광석, 한국사회보장법론(법문사, 2007), 412면 이하 참조.

는 불합리가 생길 수 있다.[29)]

특히 유럽연합이 시장통합을 도모하면서 이러한 상황에 대한 입법적 배려가 필요하게 되었다. 이에 대상자는 일정한 조건하에 다른 회원국에 체류하는 경우에도 실업급여를 받을 수 있도록 하였다(명령 1408/71 제69조). 대상자는 최소한 4주간 관할국가의 실업보험관할기관에 실업자로 신고하여야 한다. 또 체류 국가의 실업보험관할기관에게도 실업자로 신고하고 노동의 의사와 능력을 표명하여야 한다. 이러한 조건을 충족하는 경우 관할국가 실업보험의 부담으로 체류국가의 관할기관으로부터 실업급여를 받는다. 실질적으로 급여가 외국으로 지급되는 셈이다. 다만 이러한 급여의 지급은 3개월로 한정되어 있다(명령 1408/71 제70조).

7) 가족보호

가족급여에는 원칙적으로 해당 급여청구권을 관할하는 국가의 법률이 적용된다. 이동근로자가 불이익을 받지 않도록 보험가입기간 및 고용기간 등 급여산정에 반영되는 기간이 합산된다(명령 1408/71 제72조). 급여의무를 부담하는 국가 이외의 국가에 거주하는 가족구성원 역시 급여산정에 있어서 반영된다(명령 1408/71 제73조).

부모의 고용지가 다른 경우, 같은 종류의 급여가 이중으로 지급되는 경우가 발생할 수 있다. 이를 방지하기 위해서 가족구성원의 거주지법에 따른 가족급여가 거주지에서 지급되는 경우 고용지법에 따른 가족급여는 지급이 정지되도록 하였다(명령 1408/71 제76조). 다만 이 때 거주지법에 따른 가족급여의 액이 고용지법에 따라 지급될 수 있었던 액에 비해서 낮은 경우 그 차액에 대한 청구권은 보장된다. 예컨대 아동수당에 대한 청구권을 고용지(독일)에서 취득한 자의 가족이 본국(이탈리아)에서 같은 종류의 급여(이탈리아의 아동수당)에 대한 청구권을 갖는 경우에 대상자의 가족이 본국에서 가족급여(이탈리아의 아동수당)를 실제로 청구한 때에 고

29) 이에 대해서 자세히는, Eberhard Eichenhofer, "Freizügigkeit und europäisches Arbeitsförderungsrecht", *Zeitschrift für ausländisches und internationales Arbeits- und Sozialrecht*(1990), 161면 이하 참조.

용지법에 따른 청구권이 소멸하는 것은 아니며, 차액에 대한 청구권은 여전히 존재 한다(이른바 “Prioritätsregel”). 이로써 사실상 가족급여를 통해서 사회보장수준이 발달한 나라의 부담으로 어느 정도 국가간 소득재분배가 이루어지는 셈이다.

제 9 편 사회보장실체법

제 1 장 사전배려체계

제 1 절 사회보험

Ⅰ. 질병보험

독일의 질병보험은 치료수요 및 소득상실을 요양급여와 질병보상금을 지급하여 보호하며, 또 질병을 사전에 예방하기 위한 다양한 급여를 제공하고 있다. 치료수요만을 보호하는 우리의 건강보험이 의료보험(medical insurance)의 유형에 해당하는 것과 구별된다.

독일의 질병보험은 현재 90% 이상의 국민을 보호하고 있다. 다른 나라와 마찬가지로 독일 역시 질병보험의 재정적자와 재정건전화를 위한 개혁조치를 여러 차례에 걸쳐 시행한 바 있다. 이 점에 대해서는 이미 위에서 설명하였다.[1] 최근 독일 질병보험은 좀 더 근본적인 개혁논의를 행하고 있다. 국민보험(Bürgerversicherung)과 정액보험료제도(Gesundheitsprämie)를 둘러싼 논의가 그것이다. 이들 모델은 독일에서 질병보험이 근로자의 임금과 연계하여 가입대상을 결정하고, 보험료를 산정하여 왔던 체계를 근본적으로 전환하는 내용을 갖는다.[2] 이러한 이유에서 실현가능성은 낮다고 평가되고 있다.

---

1) 위 52면 이하 참조.

2) 이러한 논의에 대해서는, 예컨대 Michael Opielka, "Sozialpolitische Entscheidungen in der Gesundheitspolitik-Reflektionen zu Bürgerversicherung und Gesundheitsprämie", *WSI Mitteilungen*(1/2004), 3면 이하 참조.

1. 보호되는 위험

질병보험이 보호하는 사회적 위험은 질병과 분만이다. 1980년대 이후 장기요양문제가 사회적 위험으로 인식되면서 1989년 질병보험구조개혁법에 의하여 장기요양문제가 과도기적으로 질병보험의 보호대상으로 추가되었다. 그러나 1995년 장기요양문제를 독자적으로 보호하는 사회보험이 제정되어 사회법전 제11권에 편성되면서 장기요양문제는 더 이상 질병보험의 과제는 아니게 되었다. 개정 전 질병보험법은 가입자의 사망에 대해서 사망일시금을 지급하였으나 이 급여는 폐지되었다. 다만 1989년 1월 1일 현재 가입자이었던 자에 한하여 사망일시금(Sterbegeld)이 지급되고 있다.

(1) 질 병

질병(Krankheit)의 개념이 입법적으로 정의되어 있지는 않다. 연방사회법원은 질병의 개념요소를 다음과 같이 발전시켜 왔다. 즉 질병이란 의학적 치료를 필요로 하는 비정상적인 건강상태이다.[3)]

질병은 비정상적인 신체 · 정신 및 심리상태를 말한다. 이때 비정상성(Regelwidrigkeit)을 판단하는 기준은 표준적인 건강상태이다. 표준적인 건강상태를 판단하는 기준은 신체 각 부분 혹은 심리 · 정신상태가 각각에 부여된 정상적인 "기능"을 수행하는가의 여부이다. 비정상성의 정도는 업무 및 일상생활을 수행하기에 지장을 줄 정도를 말하며, 이러한 정도에 이르렀을 때 질병으로 확인된다. 이러한 기준에 따라 연방사회법원은 자기통제능력의 범위를 벗어난 알코올중독, 약물중독, 그리고 노이로제 증

3) 질병의 개념에 대해서 자세히는 *BSGE* 26, 240(242); 35, 10(12); 59, 119(121) 등 참조. 이 밖에 Otto-Ernst Krasney, "Zum Krankheitsbegriff in der gesetzlichen Krankenversicherung", *Zeitschrift für Sozialreform*(1976), 411면 이하; Michael Faude, "Der Krankheitsbegriff der gesetzlichen Krankenversicherung und die nach §§182, 184 RVO versicherten Risiken", *Die Sozialgerichtsbarkeit*(1978), 374면 이하; Ingwer Ibsen/Franz Knieps, "Krankenversicherung", Bernd von Maydell/Franz Ruland(편), *Sozialrechtshandbuch*(Nomos, 2003), 859면 이하; Rainer Sticken, *Die Entwicklung des Krankheitsbegriffs der gesetzlichen Krankenversicherung*(Peter Lang, 1985) 등 참조.

상, 부정교합치, 불임증, 비정상적인 해산 등을 질병으로 판단하였다.[4] 그러나 신체의 자연적인 발전상태라고 할 수 있는 노쇠, 임신 및 분만 등은 질병이 아니다.[5]

위와 같은 상태가 질병으로 인정되기 위해서는 치료의 필요성(Behandlungsbedürftigkeit)이 있어야 한다.[6] 치료는 완치만을 의미하는 것은 아니다. 의료조치가 취해지지 않으면 비정상적인 신체·정신적 상태가 제거 또는 개선될 수 없거나, 혹은 상태의 악화를 방지할 수 없는 경우에도 치료의 필요성이 인정된다. 또 적어도 의료조치를 취하여 질병으로 인한 고통을 멈추거나 줄일 수 있다면 역시 치료의 필요성이 인정된다.[7]

치료의 필요성은 치료의 가능성을 전제로 한다. 신체·심리 및 정신적 비정상상태가 존재하고, 그러한 상태에 대한 치료의 필요성이 인정된다고 해도 치료의 가능성이 없으면 이는 질병보험법상 질병은 아니다. 치료를 계속하여도 치료의 효과를 기대할 수 없거나 그 증상이 고정된 상태는 질병보험이 아니라 장기적인 사회급여를 지급하는 연금보험의 과제이다.

질병의 존재 여부에 대한 판단에 있어서 질병의 발생원인은 영향을 미치지 않는다. 선천적 질병에도 요양급여가 지급된다.[8] 우리 건강보험법이 가입자에게 중대한 귀책사유가 있는 질병에 대해서는 급여를 제한하는 것과 비교된다. 다만 다음과 같은 예외가 있다. 첫째, 산업재해에 대해서

4) *BSGE* 28, 114; 35, 10; 46, 41; 59, 112(알코올중독); 54, 54(약물중독); 21, 189(노이로제); 35, 10(부정교합치); 39, 167; 26, 240(불임증); 26, 285(비정상적인 해산) 등 참조.

5) *BSGE* 39, 167; 85, 36 등 참조.

6) 이에 대해서는 Eberhard Eichenhofer, "Krankheit und Behandlungsbedürftigkeit im Recht der gesetzlichen Krankenversicherung", *Die Sozialgerichtsbarkeit*(1994), 501면 이하 참조.

7) 치료의 필요성이란 개념을 확대해석하는 경향이 있다. 이에 따르면 건강이 악화될 가능성이 명백한 경우 뿐 아니라 그러한 개연성이 보이면 치료의 필요성이 인정된다. 이러한 경향은 질병보험이 예방급여를 확대하는 데 중요한 계기가 되었다. 예방적 조치에 가까운 의료조치도 그것에 치료목적이 전혀 부인될 수 없다면 이러한 상태에 질병의 개념을 확대하여 적용할 수 있기 때문이다. 이에 대해서는 Rainer Stcken, 위 각주 3의 책, 149면 이하 참조.

8) *BSGE* 28, 199; 30, 151 등 참조.

는 재해보험법이 적용된다(SGB Ⅴ 제11조 제4항). 둘째, 가입자가 질병을 고의로 야기 시킨 경우에는 질병보험조합은 정관의 규정에 의하여 질병보상금(Krankengeld) 청구권을 배제할 수 있다. 이 경우 가입자에게 요양비용의 일부를 부담시킬 수도 있다(SGB Ⅴ 제52조).

질병보험은 비정상적인 신체 및 정신·심리 상태를 원인으로 한 노동불능상태(Arbeitsunfähigkeit)를 보호한다. 위에서 지적한 질병의 개념 요소를 갖추지 않더라도, 일정한 신체·정신 및 심리상태 때문에 가입자가 기존의 직무를 계속 수행할 수 없거나 혹은 수행할 경우 건강이 심각하게 악화된다고 판단될 때 노동불능상태로 인정된다.[9] 이때 급여는 본질적으로 소득상실을 단기적으로 대체한다. 따라서 가입자가 기존의 직무와 종류가 다르기는 하지만 현재의 건강상태에서 직무를 수행할 수 있다는 이유로 질병보상금(Krankengeld)을 제한해서는 안 된다.[10] 질병보상금은 기본적으로는 소득상실대체급여이지만 직업보호의 기능도 갖기 때문이다.[11] 이 점에서 질병보험은 장기적으로 소득상실을 보호하는 제도로서, 가입자에게 기존의 직업이 아니라 사고발생 후 새로운 신체상태에 적합한 것으로 기대할 수 있는 직업을 기준으로 장애의 정도를 판정하는 연금보험과 구별된다.[12]

(2) 임신 및 분만

여성의 임신 및 분만(Schwangerschaft)은 비정상적인 건강상태는 아니다. 따라서 질병보험법적 의미에서의 질병은 아니다. 그러나 임신 및 분만은 해산을 前後한 일정 기간 질병과 마찬가지로 의료조치를 필요로 하고, 또 소득활동에 장애가 되기 때문에 질병보험법이 보호하고 있다. 질병보

9) *BSGE* 26, 288 ; 46, 190 ; 54, 62 ; 57, 227 ; 61. 66 ; 69, 180 등 참조.

10) *BSGE* 26, 288 참조.

11) *BSGE* 69, 180 참조. 따라서 기존의 고용관계에 변화를 가하지 않는 범위내에서 업무를 재배치하는 것은 가능하다.

12) 이에 대해서는 Helmar Bley, “Die (Un)Zumutbarkeit als Sozialrechtsbegriff”, *Festschrift für Georg Wannagat*(1981), 19면 이하; *BSGE* 58, 239 ; 59, 201 등 참조.

험법이 보호하는 위험은 임신 및 분만의 전체 기간이 아니라, 임신에서 해산 그리고 산후 요양에 이르는 과정 중 특별히 보호가 필요하다고 인정되는 기간이다. 産前 6주에서 産後 8주 또는 12주의 기간에 법률에 정해진 분만보상금(Mutterschaftsgeld)이 지급된다(RVO 제200조 제3항).

2. 가 입 자

(1) 공적보험과 민간보험

독일의 질병보험은 공적질병보험이 중심이다. 현재 독일에서 공적질병보험이 적용되는 인구는 약 90%에 해당한다. 나머지 인구에 대해서는 민간의료보험이 운영되고 있다. 자영인, 소득이 의무가입상한을 초과하는 근로자, 그리고 공무원이 민간의료보험에 가입된다. 독일에서 공적보험과 민간보험은 이와 같이 가입대상 자체를 달리한다. 다만 의무가입대상에서 제외되는 자가 공적보험에 임의적으로 가입할 수는 있다.[13] 공적보험 가입자에게 급여를 보충하는 추가적인 의료급여를 목적으로 하는 민간보험은 존재하지 않는다.[14] 공무원에게는 부분적으로 질병보장이 이루어지기 때문에 공무원은 민간보험에 가입하여 추가로 건강보장을 받는 것이 일반

13) 이 점이 예컨대, 공적보험 가입대상이 아닌 자는 민간보험에 가입할 수밖에 없는 네덜란드와 차이가 있다. 따라서 네덜란드에서는 민간보험 가입자가 약 30%에 달하고 있다. 이러한 이유에서 독일의 민간보험기업은 네덜란드와 같은 모형을 선호하고 있으며, 그 명분으로 사회보험은 사회적 보호가 필요한 계층에 집중하여야 한다는 논리를 들고 있다. 이 점에 대해서는 Peter Greisler, *Reden zur Reformperiode der privaten Krankenversicherung*(2002), 170면 및 182면 등 참조. 이밖에 사회보험과 민간보험의 일반적인 관계에 대해서는, 예컨대 Eberhard Eichenhofer, “Grund- und Zusatzsicherung in der gesetzlichen Krankenversicherung”, *Die Sozialgerichtsbarkeit*(2001), 600면 이하; Maximilian Fuchs, “Privatversicherung und Sozialversicherung”, *Vierteljahresschrift für Sozialrecht*(1991), 281면 이하; Andreas Hänlein, “Soziale und private Krankenversicherung-Konkurrenz und Konvergenz. Eine rechtsvergleichende Skizze”, *Zeitschrift für Sozialversicherung und berufliche Vorsorge*(2000), 214면 이하 등 참조.

14) 이러한 모형으로, 예컨대 스위스가 있다. 스위스에서는 질병으로 인한 치료수요와 소득상실을 구분하여 후자에 대해서는 민간보험을 통하여 보호받도록 하고 있다. Erwin Murer, “Sicherung bei Krankheit; das Beispiel Schweiz”, *Zeitschrift für ausländisches und internationales Arbeits- und Sozialrecht*(1998), 321면 이하; Andreas Hähnlein, 위 각주 13의 논문 참조.

적이다.[15] 민간의료보험의 특성상 가입여부 및 계약의 내용에 대해서는 당사자간에 자율적인 합의에 의하여 결정된다. 다만 보험수가 등 기본적인 사항에 대한 규제는 존재한다.

1990년대 이후 독일 질병보험의 발전에서 민간의료보험과의 관계에 대해서는 다음과 같은 점들이 관찰된다. 첫째, 공적질병보험이 민간의료보험의 요소를 도입하는 경향이 있다. 전통적인 현물급여의 원칙을 비용보상의 원칙으로 대체하려는 시도, 질병보험급여를 가입자와 보험자간의 합의에 의하여 신축성 있게 형성하려는 시도 등이 대표적인 예이다. 둘째, 공적질병보험이 고소득자 등을 가입자범위에 포함시키려는 경향이다. 위에서 언급한 국민보험의 제안이 대표적인 예이다.[16] 재정건전화에 기여할 수 있다고 기대되기 때문이다. 다만 이로써 민간보험의 활동영역이 축소되는 효과가 있을 것이며, 따라서 민간보험은 가입의무가 면제되는 소득상한을 고수하려는 노력을 기울이고 있다.[17]

(2) 의무가입자

1) 근 로 자

의무가입대상인 근로자의 개념은 입법적으로 정해져 있다. 즉 보수를 대가로 고용되어 사용자와 종속관계에 있는 자 혹은 직업교육을 받고 있는 자가 근로자이다(SGB Ⅳ 제2조 제2항 제1호; SGB Ⅴ 제5조 제1항 제1호). 근로자 여부의 판정에 있어서 종속고용관계(abhängiges Beschäftigungsverhältnis)가 중요한 기준이다. 종속고용이란 비자영노동을 말하며(SGB Ⅳ 제7조 제1항), 사용자에 대한 인적 종속이 이를 징표하는 대표적인 기준이다.[18] 인적 종속은 사업장에의 편입을 내용으로 하며, 이는 일반적으로

15) 공무원 건강보장에 대해서는 Hans F. Zacher, *Die Versorgung der Beamten, Richter und Soldaten*(C.F.Müller, 1984), 87면 이하 참조.

16) 위 각주 2 참조.

17) 가입의무가 면제되는 소득상한을 민간보험에서는 이른바 '평화선(Friedensgrenze)'이라고 지칭하는 데에서도 이러한 노력을 볼 수 있다. 이 점에 대해서는 Peter Greisler, 위 각주 13의 책, 167면 이하 등 참조.

18) 연방사회법원은 한 때 경제적 종속성을 기준으로 제시했지만 현재는 이 입장을

사용자의 지시권에 종속하는 형태로 나타난다. 고위직 근로자에게는 경영참여기능이 여기에 해당한다.[19] 고용관계가 인정되기 위해서 고용계약이 법적으로 유효하여야 하는 것은 아니다. 사실상 노무를 수행하였으면 충분하다.[20]

독일에서는 근로자를 전통적으로 (육체)노동자(Arbeiter)와 사무직근로자(Angestellte)로 구분하여 왔다. 이 구분은 사회법 분야에서도 최근까지는 질병보험법에 남아 있었다. 즉 구 질병보험법에 따르면 노동자는 소득에 관계없이 의무가입되는 반면, 사무직근로자는 연간소득이 노동자연금보험에 적용되는 보험료산정의 대상인 소득상한(Beitragsbemessungsgrenze)의 75%를 초과하지 않는 경우에 질병보험에 의무가입 되었다.[21] 그러나 1989년 질병보험법이 개정되면서 노동자 역시 사무직근로자와 마찬가지로 의무보험에서 제외되는 소득상한이 적용되게 되었다(SGB Ⅴ 제6조 제1항 제1호). 이로써 독일에서 전통적인 노동자와 사무직근로자의 구분은 사회법 분야에서는 더 이상 실질적인 의미가 없다.

2) 그 밖의 의무가입자

농민, 그리고 고용관계에 있지 않은 예술인 및 출판업자는 각각 독자적인 법률, 즉 농민질병보험법(KVLG)과 예술인 및 출판업자 사회보험법(KSVG)에 의하여 질병보험에 의무적으로 가입된다(SGB Ⅴ 제5조 제1항 제3, 4호). 보호기관에 고용되어 직업훈련에 참여하는 장애인은 질병보험법에 의무적으로 가입된다(SGB Ⅴ 제5조 제1항 제7, 8호).

이 밖에 보호의 필요성이 있다고 인정되어 질병보험에 의무적으로 가입되는 집단으로 직업교육을 위하여 고용된 연수생, 대학생과 실습생(Praktikanten)(SGB Ⅴ 제5조 제1항 제1, 9, 10호), 직업재활조치를 받는 자(제6호), 실업급여Ⅰ(실업보험급여) 및 실업급여Ⅱ(실업부조급여)의 수급자

취하고 있지 않다. *BSGE* 3, 20; 36, 262 등 참조.

19) *BSGE* 16, 289; 36, 262 등 참조.

20) *BSGE* 15, 89 참조.

21) 연금보험에서는 이미 1967년 노동자 및 사무직근로자 모두에게 의무가입소득상한에 관한 규정이 폐지되었다.

(제2호), 연금수급자(제11호) 등이 있다. 다만 대학생과 연금수급자의 질병보험 가입자격은 1989년 질병보험법 개정으로 부분적으로 제한되었다. 대학생은 30세를 연령 상한으로 하여 최장 14학기 동안 질병보험에 가입된다. 연금수급자는 전체 소득기간 중 후반기 2분의 1 기간의 10분의 9에 해당하는 기간 이상 질병보험에 가입되어 있었을 때 질병보험에 의무적으로 가입한다.[22] 모든 연금수급자가 아니라 소득활동기간 중 질병보험에 기여금을 납부하여 연대성을 가진 자만을 가입대상으로 하려는 취지였다.

(3) 의무가입면제자

질병보험 가입의무는 법률에 의하여, 혹은 신청에 의하여 면제될 수 있다. 의무가입면제는 의무가입을 전제로 하여 이에 대한 예외를 인정하는 제도이다.

사회적 보호의 필요가 중대하지 않은 경우 법률에 의해서 보험가입의무가 면제된다(Versicherungsfreiheit). 해당 고용이 생계의 기초가 되지 않거나, 혹은 이미 다른 방법으로 질병으로부터 보호되고 있는 경우도 마찬가지이다. 불완전취업(geringfügige Beschäftigung)이 전자의 예에 속한다. 불완전취업을 판별하는 기준은 근로시간과 임금이다. 임금이 월 400유로 미만이거나 근로의 성질상 혹은 계약에 의하여 근로기간이 연 2개월 혹은 50일 이내인 경우에는(예컨대 계절적 근로) 불완전취업으로 의제되어 가입의무가 면제된다(제2항)(SGB Ⅳ 제8조 제1항). 다른 법정제도에 의해서 질병으로부터 보호받기 때문에 가입이 면제되는 대표적인 예는 현직 공무원과 기타 공무담당 근로자(Beschäftigte im öffentlichen Dienst)이다(SGB Ⅴ

22) 연방헌법재판소는 이 규정에 대해서 헌법불합치결정을 하였다. *BVerfGE* 102, 68면 이하 참조. 연방헌법재판소는 이 규정을 2002년 3월 31일까지 헌법에 합치하도록 개정하고, 이때까지 이 규정을 계속 적용하도록 하였다. 현재 과도기적으로 의무보험의 요건을 충족하지 못하는 연금수급자는 임의로 질병보험에 가입할 수 있도록 하고 있다(SGB Ⅴ 제9조 제1항 제6호, 제188조 제2항). 이 결정에 대해서는 Ulrich Becker, "Verfassungsrechtliche Vorgaben für die Krankenversicherung der Rentner -zur Bedeutung des Gleichheitssatzes bei der Bemessung von Sozialversicherungsbeiträgen", *Neue Zeitschrift für Sozialrecht*(2001), 281면 이하 참조.

제6조 제1항 제2호). 이 규정은 이들이 부업을 가질 경우, 여기에는 적용되지 않는다. 이 밖에 근로학생, 보험료 산정소득상한의 75% 이상의 임금을 받는 노동자 및 사무직 근로자도 가입의무가 면제된다(SGB V 제6조 제1항 제1, 3호).

사회적 보호의 필요성이 있더라도 당사자의 의사를 존중하여 일정한 집단은 신청에 의하여 가입의무가 면제된다(Versicherungsbefreiung). 취업 초기에는 임금이 의무보험 소득상한을 초과하여 의무가입이 면제되었지만 이후 의무보험 소득상한액이 인상되어 의무가입대상이 되는 노동자 및 근로자가 대표적인 예이다. 이는 기존의 보험관계를 지속하려는 개인의 의사를 존중하기 위한 제도이다. 그리고 연금수급자, 장애인, 대학생 등도 신청에 의하여 의무가입이 면제될 수 있다(SGB V 제8조 제1항).

(4) 임의가입자

최초 취업에서 고임금으로 인하여 의무가입에서 면제된 자는 임의로 질병보험에 가입할 수 있다(Versicherungsberechtigte)(SGB V 제9조 제1항 제3호). 이들은 처음부터 민간보험에 가입할 수도 있다. 다만 일단 민간보험에 가입한 후에는 민간보험을 해약하고 공적 보험에 다시 가입할 수는 없다. 민간보험에 가입해 있다가 질병위험이 중대하고 공적 보험이 보다 유리하다고 판단하여 공적 보험에 부담을 전가하는 목적으로 가입하는 가능성을 차단하기 위한 조치이다.

의무가입대상인 고용관계가 종료된 자는 일정한 조건하에 질병보험에 가입할 수 있다(SGB V 제9조 제1항 제3호). 즉 가입자격을 상실하기 이전 5년간 최소한 24개월, 혹은 직전까지 계속해서 최소한 12개월 질병보험에 가입되어 있었으면 당사자의 의사에 따라 보험관계가 계속될 수 있다(동 1호). 이 밖에 중장애인 및 그 부모, 그리고 배우자도 지난 5년간 3년 이상 질병보험에 가입하였던 경우에는 질병보험에 임의가입 할 수 있다(동 4호).

3. 보험급여

질병보험급여의 종류와 내용은 크게 네 가지이다. 첫째, 사전예방적 조치로서 각종 건강증진 및 질병을 조기에 발견하기 위한 조치가 취해진다. 둘째, 질병이 발생한 경우 요양급여(Krankenhilfe)로서 외래진료, 의약품 및 각종 치료제재, 가택치료, 입원치료 등이 지급된다. 요양급여는 현물급여의 원칙에 따라 지급된다. 따라서 요양기관을 중심으로 한 법률관계가 중요한 규율대상이다. 가입자의 본인부담은 원칙적으로 없다. 다만 최근 본인부담이 점차 도입되고 있는 추세에 있다. 현물급여 대신 비용보상을 도입하려는 입법적 시도들도 있었다. 또 일부 급여는 질병보험의 지급대상에서 제외되거나 혹은 급여수준이 하향조정되었다. 예컨대 장제비 급여와 보철구급여 등이 제외되었으며, 질병보상금의 수준은 하향조정되었다. 셋째, 질병으로 인하여 발생하는 소득상실을 보상한다. 질병보상금(Krankengeld)으로 기준임금의 70%에 해당하는 액이 지급된다. 질병보상금에 관한 한 사용자부담을 면제하고, 가입자인 근로자가 추가보험료를 부담하는 변화가 있었다(SGB Ⅴ 제241a조). 질병 발생 초기 6주간은 상실된 임금 전액을 사용자가 부담한다(Lohnfortzahlung). 넷째, 장애인의 의료적 재활을 위한 목적의 급여가 지급된다.23)

법정급여 외에도 보험조합은 정관에 따라 재량급여를 부여할 수 있다. 예컨대 요양소에서의 예방조치, 부모에 대한 예방적 요양조치 등이 그것이다. 질병보상금과 분만보상금을 제외하고 다른 급여는 피부양 배우자 및 18세 미만의 자녀에게 지급된다. 가족구성원은 가입자의 청구권에서 파생되는 급여를 받는 것이 아니고, 스스로 가입자(Versicherte)로서 급여를 받는다(SGB Ⅴ 제10조).

---

23) 재활급여에 대해서는 Gerhard Plute, “Der Begriff der (medizinischen) Rehabilitation im Recht der gesetzlichen Krankenversicherung”, *Vierteljahresschrift für Sozialrecht*(2003), 97면 이하 참조.

(1) 건강증진과 질병예방을 위한 조치 · 재활조치

건강의 증진 혹은 건강악화를 방지하기 위해서 일반적인 상담을 행하며, 또 직무와 관련된 건강의 악화를 방지하기 위한 적극적인 조치를 취하여야 한다. 이러한 과제를 수행함에 있어서 질병보험은 재해보험과 밀접하게 협력하여야 한다(SGB Ⅴ 제20조).

질병예방을 위한 조치는 치과적 조치와 일반 의료적 조치로 나눌 수 있다. 치과적 조치로서 집단적 치과예방조치와 개별적 조치가 취해진다. 전자는 주로 12세 미만의 아동에게 치과적 질병을 예방하기 위한 조치로서 유치원 · 학교 등에서 이루어진다. 후자는 6세 이상 18세 미만의 자에게 부여된다. 이들은 매년 치과진료를 받을 수 있다(SGB Ⅴ 제21, 22조). 본인 및 자녀의 건강악화를 방지하거나, 혹은 요양수요를 사전에 예방하기 위해서 필요한 경우 의료적 조치를 받을 수 있다(SGB Ⅴ 제23조). 예방의 필요성이 인정되면 요양소에서 요양급여가 보험조합의 재량에 따라 제공된다(SGB Ⅴ 제24조).

질병보험은 장애인에 대한 재활조치를 취하여야 한다. 이는 장기요양의 수요를 미리 방지하는 목적을 가지며, 이로써 요양보험의 부담을 덜어주는 효과가 있다(SGB Ⅴ 제11조 제2항).[24] 이때 재활조치는 만성질병에 대한 재활조치를 말하는 것은 아니다.

(2) 질병조기발견을 위한 조치

이는 흔히 발생하는 질병이 중병으로 발전하는 것을 방지하기 위한 예방조치이다. 35세 이상의 가입자는 2년에 한 번 특히 심장질환, 순환기질환, 신장병 및 당뇨병을 조기에 발견하기 위한 건강진단을 받을 수 있다. 20세 이상의 여성과 45세 이상의 남성은 매년 1회 암을 조기에 발견

24) 재활조치에 관한 질병보험과 장기요양보험의 상호 협력관계에 대해서는 Heinz Rothgang, "Die Pflegeversicherung; Kernstück der Altenpflegepolitik der letzten drei Dekaden", Frank Schulz-Nieswandt/Gisela Schewe(편), *Sozialpolitische Trends in Deutschland in den letzten drei Dekaden*(Duncker & Humblot, 2000), 68면 이하 참조.

하기 위한 진단을 받을 수 있다(SGB V 제25조). 이 밖에 자녀의 신체적·정신적 정상발육을 저해하는 질병을 조기에 발견하기 위한 조치가 취해진다. 생후 6세까지 아동에 대한 건강진단이 실시되며, 10세 이후에는 질병을 조기에 발견하기 위한 검사가 이루어진다(SGB V 제26조).

(3) 요양급여

요양급여(Krankenbehandlung)는 질병을 진단·치료하고, 질병으로 인한 고통을 경감시키기 위하여 필요한 조치이다.[25] 요양급여는 필요한 범위에서, 합목적적인 기준에 따라서, 그리고 경제적으로 이루어져야 한다.[26] 요양급여의 종류로는 심리치료조치를 포함하여 의료조치, 약제를 비롯한 치료제, 가택치료, 입원치료 등이 있다(SGB V 제27조). 입원치료는 필요한 경우에 한하여 제공된다. 입원치료가 현실적으로 불가능할 경우에는 의사 등 치료요원이 방문하여 치료할 수도 있다(SGB V 제39조). 입원하여 혹은 요양소에서 치료받는 동안 가사를 계속 수행할 수 없으면 가사지원급여(Haushaltshilfe)가 지급된다(SGB V 제38조).

요양급여는 원칙적으로 현물급여이다.[27] 위에서 언급했듯이 1999년 개정법률에 의하여 도입되었던 비용보상을 선택하는 가능성은 시행도 하기 전에 폐지되었다. 현물급여의 원칙에 대한 예외로서 비용보상 혹은 보조금의 형태로 급여가 지급되는 경우가 있다. 예컨대 방문치료요원 혹은 가사대체인력을 보험조합을 통하지 않고 직접 조달한 경우 그 비용을 적절한 수준에서 보상받는다(SGB V 제37조 제4항). 정형외과적 치료기구비용에 대해서는 80%의 비용보상이 이루어진다(SGB V 제29, 30조).

---

25) 예컨대 약물중독을 치료하기 위한 조치는 요양급여에 해당한다. 그러나 약물중독을 치료하는 과정에서 약물을 대체하는 물질을 제공하는 것은 이것이 치료의 수단은 아니기 때문에 요양급여에 포함되지 않는다는 것이 연방사회법원의 입장이다. 이에 대해서는 Igl/Welti, *Sozialrecht*(Werner Verlag, 2007), 98면 참조.

26) 재해보험에서는 필요성과 합목적성이 급여의 기준으로 제시되어 있을 뿐 경제성의 기준은 존재하지 않는다.

27) 현물급여의 원칙에 대해서는 Hans F. Zacher/Marion Friedrich-Marczyk, "Zum Wesen des Sachleistungsprinzips im gesetzlichen Krankenversicherungsrecht", *Zentralblatt für Sozialversicherung, Sozialhilfe und Versorgung*(1985), 97면 이하 참조.

보철급여에 대해서 50% 내외의 비용보상이 이루어진다(SGB Ⅴ 제55조). 치아의 건강을 위하여 자기노력을 한 경우 비용의 20%에 해당하는 액이 추가로 지급된다.

요양급여는 질병이 발생한 후 지급되기 시작하고, 급여기간에 제한은 없다. 요양급여를 받고 있는 중에는 보험관계가 종료한 경우에도 종료 후 1개월까지 계속 요양급여를 받을 수 있다(SGB Ⅴ 제19조).

질병을 치료하기 위하여 필요한 약제에 대해서 보험조합은 약제비 전액을 지불하는 것은 아니다. 약제에 표준가액(Festbetrag)을 결정하여, 그 가액을 넘는 약제를 구입하는 경우 초과 부분은 가입자가 부담한다(SGB Ⅴ 제31조). 이는 가입자에게 같은 효능을 갖는 약제를 저렴한 가격으로 구입하도록 유도하는 목적을 갖는다. 표준가액이 정해져 있지 않은 약제를 구입하는 경우에 가입자는 약가의 10%를 부담한다. 약가는 최소 5유로이며, 10유로를 초과할 수 없다. 약가에 대한 부담은 총소득의 2%를 초과할 수 없다. 만성질환자의 경우 소득의 1%를 초과할 수 없다. 약가의 일부 부담을 기대할 수 없는 저소득자에게는 조합이 본인부담의 일부 혹은 전액을 지불하여야 한다(SGB Ⅴ 제61, 62조).

(4) 질병보상금

질병보상금(Krankengeld)은 질병으로 인하여 노동을 할 수 없는 근로자의 소득상실을 보상하기 위한 임금대체급여이다. 임금계속지불법(Lohnfortzahlungsgesetz)에 의하여 최초 6주간은 사용자가 근로자에게 임금 전액을 지불하여야 한다. 따라서 질병보상금은 질병이 발생하고 6주가 경과한 후에 지급된다(SGB Ⅴ 제44조 제1항; 임금계속지불법 제3조 제1항). 질병보상금의 재원은 가입자인 근로자가 추가로 납부하는 보험료이다.

질병보상금으로 보험료산정의 기초가 되는 가입자의 기본임금(Regelentgelt)의 70%가 지급된다. 이는 가입자의 순임금의 90%를 초과할 수 없다(SGB Ⅴ 제47조). 질병보상금은 원칙적으로 기간에 제한 없이 지급된다. 다만 동일 질병에 대해서는 3년에 78주간 지급된다. 또 3년이 지난 후 새로이 질병보상금을 청구하기 위해서는 엄격한 조건을 충족하여야 한다. 예컨대 최소한 6개월간 질병으로 인하여 소득불능상태에 있지 않았고, 또 소득활동을 하였거나 취업알선에 응할 수 있는 상태에 있어야 한다(SGB V 제48조). 이는 질병보상금이 장기적인 소득상실을 보상하는 연금보험의 기능을 수행하는 결과가 되는 것을 방지하는 목적을 갖는다.28)

(5) 분만급여

분만급여의 종류는 요양급여와 거의 동일하다. 의사와 조산원의 분만관련 조치, 약제 등 치료제 지급, 입원 및 거택간호 등이 그것이다(RVO 제195조 이하).

분만급여로서 분만보상금(Mutterschaftsgeld)이 지급된다. 이는 질병보상금과 마찬가지로 임금대체급여이다. 분만보상금은 원칙적으로 분만 전 6주간, 분만 후 8주간 지급된다(RVO 제200조 제3항). 분만보상금으로는 1일 13유로를 넘지 않는 범위 내에서 순임금에 해당하는 액이 지급된다(RVO 제200조 제2항). 분만보상금과 순임금과의 차액은 사용자가 부담하고, 사용자는 연방의 보조를 받는다(RVO 제200조 제3항; MuschG 제14조). 8주간의 산후 보호기간이 지나면 이어서 연방양육보조금법에 의한 양육휴가(Erziehungsurlaub)가 시작된다(BErzG 제15조).

(6) 그 밖의 급여

그 밖의 급여로서 수태조정을 위한 의사의 상담과 진료, 수태조정용 약제가 지급된다. 합법적인 피임수술과 임신중절수술의 경우에도 요양급여가 제공된다(RVO 제200조 e; StGB 제226조 a, 제218조 a). 인공임신을 위한 조치는 의사의 소견서가 있는 경우에 한하여 급여가 이루어진다(SGB V 제27a조). 피임수술이나 임신중절수술로 인하여 노동을 할 수 없는 가입자는 질병보상금 청구권을 갖는다(RVO 제200f조).

---

28) 이 규정에 대해서 연방헌법재판소는 합헌결정을 한 바 있다. *BVerfGE* 97, 378면 이하 참조.

4. 가입자와 질병보험조합, 그리고 요양기관과의 법률관계

(1) 진료관계

가입자는 보험자에게 진료청구권을 갖는다. 시장에서 가입자가 구입한 진료서비스에 대한 비용을 보상하거나 또는 보험자가 직접 진료를 제공하는 방법을 채택하고 있지는 않다.29) 따라서 비용보상은 예외적이며, 또 보험자가 직접 급여를 지급하는 가능성은 제한되어 있다. 보험자는 요양기관과 공법상의 계약을 체결하여 진료 및 보상관계에 합의한다. 이에 따라 保險醫團體에게 가입자에 대한 건강보장이 위임된다(Sicherstellungs-auftrag).

보험의와 가입자의 법률관계는 이중적이다. 한편으로 "보험의와 가입자"의 관계로서 질병보험법이 적용되는 공법상의 관계이다. 이러한 관계에서 가입자는 보험의에 대한 자유로운 접근권이 보장되며, 또 진료비용이 보험자에게 부담되고, 가입자의 부담의무는 면제된다. 다른 한편 "의사와 환자"와의 관계로서 여기에서는 민법상의 법률관계가 형성된다. 예컨대 의사의 주의의무, 의료과실 등이 여기에 해당한다.30) 보험의는 충분하고 합목적적이며, 경제적인 진료를 제공하여야 한다.

(2) 보상관계

보험자는 보험의연합회에 진료에 대한 적절한 보상을 하여야 한다. 진료비용에 대한 보상은 총액으로 보험자가 보험의연합회에 지급한다(총액계약제). 보험의는 보험의연합회에 진료에 대한 보상을 청구한다. 즉 보

---

29) 보험자가 직접 요양기관을 운영하고 이를 통하여 급여를 제공할 수 있는가에 대해서는 논란이 있다. 이 점에 대해서는 예컨대 Hans F. Zacher, *Krankenkassen oder nationaler Gesundheitsdienst?*(C.F.Müller, 1980) 등 참조.

30) 의사와 환자의 관계가 공법상의 관계일 뿐 사법상 계약당사자의 관계는 아니라는 견해도 존재한다. 이 점에 대해서는 전광석, "국민건강보험의 법률관계-헌법적 접근의 가능성", 「의료법학」 제2권 제1호(2001), 313면, 각주 110 참조. 이 밖에 Eberhard Eichenhofer, *Sozialrecht*(J.C.B.Mohr, 1995), 187면 이하; Laufs/Uhlenbruck, *Handbuch des Arztrechts*(C.H.Beck, 2002), 402면 이하 등 참조.

험의가 직접 보험자에게 진료비용을 청구하지는 않는다. 이로써 개별 보험의에 대한 통제는 주로 보험의연합회에 의하여 이루어진다.

진료의 내용과 방법, 보상기준 등은 보험의연합회와 보험자단체 사이의 단체계약에 의하여 결정된다. 이 계약에서는 특히 급여의 상대가치에 대한 통일적인 평가기준이 확정된다. 이러한 계약은 주단위의 보험의연합회와 보험조합연합회간에 체결되며(Gesamtvertrag), 계약의 대강의 내용은 연방단위로 구성되어 있는 양 기구간의 계약에 의하여 결정 된다(Bundesmantelvertrag). 계약의 내용에 대해서 합의되지 않는 경우에는 중재기구(Schiedsamt)가 개입하여 확정한다.[31)]

(3) 연방위원회

보험제도의 운영에 있어서 보험의와 보험조합의 대표, 그리고 중립적인 공익대표로 구성된 연방위원회(Bundesausschuss der Ärzte und Krankenkassen)가 중요한 역할을 수행한다.[32)] 위원회는 진료의 구체적인 내용에 대한 지침을 제정한다. 특히 보상의 대상이 되는 검사 및 진료방법이 규정된다. 이 지침은 규범으로서의 성격을 가지며, 따라서 질병보험법상의 급부법 및 급부전달체계법에 구속력을 갖는다.[33)]

---

31) 중재기구는 보험의대표와 질병보험조합대표가 동수로, 그리고 중립적인 공익대표가 3인 참여한다. 위원장은 공익대표가 맡는다. 이에 비해서 우리 국민건강보험법은 독일에서와 같은 중재기구를 두고 있지는 않다. 공단과 의약계 대표간에 계약이 체결되지 못하는 경우 건강보험심의조정위원회의 심의를 거쳐 보건복지부장관이 정한다(법 제42조 제3항).

32) 이 위원회의 기능 및 기능의 근거에 대해서는, 예컨대 Helge Sodan, "Die institutionelle und funktionelle Legitimation des Bundesausssschusses der Ärzte und Krankenkassen", *Neue Zeitschrift für Sozialrecht*(2000), 581면 이하 참조. 이러한 자율적인 기구가 구속력을 갖는 지침을 제정할 권한을 갖는 것이 타당한가, 이러한 기능은 국회에 유보되어야 하지 않을까 하는 의문이 제기되기도 한다. 이 점에 대해서는, 예컨대 Eberhard Schmidt-Assmann, "Verfassungsfragen der Gesundheitsreform", *Neue Juristische Wochenschrift*(2004), 1692면 이하 참조.

33) *BSGE* 78, 70; 81, 54; 81, 73; 82, 41 등 참조.

(4) 의료공급관계의 성립과 형성

보험의로서 활동하기 위해서는 신청에 의한 허가가 필요하다.[34] 현재 保險醫 허가에 있어서 수요심사를 거친다.[35] 허가신청에 있어서 나이 제한이 있다. 즉 55세가 넘으면 허가신청을 할 수 없다. 보험의는 68세까지 활동할 수 있다. 보험의의 진료행위는 보험의연합회의 감독을 받는다. 또 보험의와 보험조합의 대표자 동수로 구성된 심사위원회는 보험의의 진료남용을 심사한다. 이 밖에 보험의연합회에 이른바 부패방지위원회를 구성하여 보험의에 대한 심사와 제재를 가하도록 하고 있다.

독일 질병보험에서는 보험의 외에 약국 및 제약업자, 그 밖에 치료사들이 필요한 서비스를 가입자에게 제공하고 있다. 질병보험조합은 이들과 단체계약을 체결하여 급여관계를 규율하고 있다. 보험의연합회와는 달리 이들 단체는 민법상의 법인이다. 따라서 이들 단체와의 계약은 사법상의 계약이다. 계약에의 참여 여부는 당사자의 개별적인 결정에 의한다. 약재급여에 있어서 질병보험법이 약가 할인, 그리고 이에 상응하여 제약회사에 대한 비용보상의무를 직접 규율하고 있다.[36]

5. 재 정

질병보험의 재정은 원칙적으로 사용자와 가입자가 납부하는 보험료에 의해서 충당된다. 연금보험에서는 연방보조(Bundeszuschuß)와 재정조정(Finanzausgleich)이 보험재정에서 차지하는 비율이 증가하여 보험료에 의한 재정부담 원칙이 어느 정도 약화되고 있다. 이에 비하면 이 두 요소가 질

34) 이 점이 의료법상의 의료기관은 당연히 요양기관으로 지정되는 우리 건강보험법과 다르다. 우리 건강보험법상의 당연지정에 대한 헌법적 평가로는 전광석, 위 각주 30의 논문, 299면 이하; 헌재결 2002. 10. 31, 99헌바76등(병합), 판례집 14-2, 410면 이하 등 참조.

35) 이에 대해서는 위 제7편 각주 74 참조.

36) 이러한 가격할인제도의 법적 성격과 헌법적 평가에 대해서는, 예컨대 Ulrich Becker, "Arzneimittelrabatte und Verfassungsrecht -zur Zulässigkeit der Preisabschläge nach dem Beitragssatzsicherungsgesetz", *Neue Zeitschrift für Sozialrecht* (2003), 561면 이하; Friedrich Schnapp, "Der Apothekenrabatt -eine Sonderabgabe sui generis?", *Vierteljahresschrift für Sozialrecht*(2003), 343면 이하 등 참조.

병보험재정에서 차지하는 비율은 미미하다. 질병보험에서는 보험료에 의한 재정 충당의 원칙이 아직 충실히 지켜지고 있다.

(1) 보 험 료

질병보험에 의무가입한 근로자의 보험료는 원칙적으로 근로자와 사용자가 각각 50%를 부담한다. 이른바 불완전취업자인 근로자에 대해서는 사용자가 질병보험과 연금보험에 각각 임금의 11%와 12%에 해당하는 보험료를 납부한다(SGB Ⅴ 제249b조; SGB VI 제172조 제3항). 이에 비해서 임의가입자는 보험료 전액을 자신이 부담한다. 구체적인 보험료는 정관에 의하여 정해진다. 이때 가입자의 경제적 부담능력을 고려하여야 한다(SGB Ⅴ 제250조 제2항, 제240조 제1항). 연금수급자의 경우 본인과 연금보험공단이 각각 보험료의 50%를 부담한다(SGB Ⅴ 제249a조). 실업보험급여 및 실업부조급여를 수급하는 자의 보험료는 연방고용공단(Bundesagentur für Arbeit)이 부담한다(SGB Ⅱ 제26조; SGB Ⅲ 제207조). 이때 보험료율은 조합전체의 평균보험료율을 적용한다.

보험료액은 총임금에 조합이 정관을 통해서 자율적으로 정하는 보험료율을 곱하여 산정된다(SGB Ⅴ 제241조).[37] 일정액을 초과하는 임금부분은 보험료 산정의 대상에서 제외된다. 보험료 산정 상한은 질병보험에 적용되는 의무보험 상한액과 같다. 이 액은 연금보험 보험료 산정 상한의 4분의 3에 해당한다(SGB Ⅴ 제223조 제3항, 제6조 제1항 제1호). 대학생에게는 전체 조합 평균보험료율의 10분의 7에 해당하는 보험료율이 적용된다(SGB Ⅴ 제245조).

(2) 재정조정 및 위험구조조정

조합간의 재정조정은 조합이 납부하는 부담금(Umlage)을 재원으로 이루어진다. 과다비용을 요하는 일정한 보험사고에 대해서 주단위로 보험조합간의 재정조정을 위하여 질병보험조합은 정관의 규정을 통하여 부담

37) 2004년 현재 독일 전체 건강조합의 평균보험료율은 약 14%이다.

금을 징수하여 적립할 수 있다(SGB Ⅴ 제265조). 재정이 취약한 보험조합에 대해서는 대부의 형태로 지원이 이루어질 수도 있다.

보다 근본적인 재정조정은 1993년 질병보험구조조정법에서 이른바 위험구조조정(Risikostrukturausgleich)의 형태로 이루어졌다. 이에 따르면 성별·연령·가입자의 소득수준 및 가입자의 가족규모 등 지출과 수입에 구조적으로 영향을 미치는 요소들을 고려하여 재정조정을 할 수 있다.[38] 이는 조합들이 위와 같은 구조적인 요소들의 차이 때문에 자구노력에도 불구하고 재정건전화를 이룰 수 없었다는 인식에 기초한 것이다. 각 조합은 수입의 12.7% 내지 12.8%를 구조조정기금으로 납부하고, 이 기금은 각 조합의 위험구조에 따라서 배분된다(SGB Ⅴ 제266조).[39]

6. 조 직

(1) 질병보험조합

질병보험의 관리운영주체는 질병보험조합(Krankenkassen)이다. 질병보험조합은 공법상의 권리능력 있는 사단이다. 질병보험조합은 지역별로, 또 직종별로 조합의 종류가 다원적이며, 또 각 종류별로 다수의 조합이 구성되어 있다. 독일 건강보험조합의 종류는 5가지이다. 2006년 현재 지역질병보험조합(AOK)이 16개, 직장질병보험조합(BKK)이 208개, 수공업자질병보험조합(IKK)이 18개, 대체질병보험조합(Ersatzkasse)이 10개, 농민질병보험조합(LKK)이 8개, 선원질병보험조합(SeeKK)이 1개, 그리고 광산노동자조합(BKn)이 1개로 구성되어 있다.

가입자는 법적으로 특정 조합에의 가입이 강제되지 않고, 조합을 선택할 수 있다(SGB Ⅴ 제173조 이하). 이는 조합간의 경쟁을 유도하고 보

38) 이 점에 대해서 자세히는 Gudrun Eberle, *Bleibt uns die soziale Krankenversicherung erhalten?*(Asgard-Verlag, 1997), 76면; Michael Schaaf, "Die Reform des Risikostrukturausgleichs in der gesetzlichen Krankenversicherung", *Die Sozialgerichtsbarkeit*(2001), 537면 이하 참조.

39) 이때 서비스공급의 지역적 차이, 그리고 조합경영의 효율성 등이 반영되지 않은 점을 문제로 제기하는 견해도 있다. 이에 대해서는 Igl/Welti, *Sozialrecht*(Werner Verlag, 2007), 82면 이하 참조.

험재정의 건전화를 도모하기 위하여 1996년 도입되었다. 이를 위해서 조합간에 공평한 조건 하에서 경쟁할 수 있는 기반이 필요했으며, 위에서 설명한 위험구조조정은 보험재정의 평등을 실현하기 위한 조치였다. 특히 기존에 유리한 위험구조를 가지고 있던 대체질병보험조합(Ersatzkassen)이 일반 국민에게 개방되어 다른 조합들이 대체조합과 같은 조건 하에서 경쟁할 수 있게 되었다. 위와 같이 공정한 경쟁의 조건을 마련한 후 실제 조합간에 경쟁을 통한 재정건전화를 이룰 수 있도록 하였다.[40] 가입자는 기존 조합의 보험료율이 인상되는 경우 조합을 탈퇴할 수 있다. 이미 1993년 구조조정법에 의하여 조합선택권이 부여되었지만 이제 가입자는 통상적인 탈퇴예고기간인 3개월을 기다리지 않고 1개월의 예고기간을 거친 후 탈퇴할 수 있다. 이로써 보험료율의 인상은 조합에게 불리하게 작용하는 구조가 갖추어 졌다.

(2) 자치운영의 원칙

질병보험조합은 가입자와 사용자에 의하여 자치적으로 운영 된다(Selbstverwaltungsprinzip). 부분적으로 국가의 감독을 받는다. 자치운영의 원칙은 본래는 급여, 보험료, 가입자 범위 및 조합의 과제설정에 관한 자율적인 결정권과 자치조직권이 조합에 인정된다는 의미로 이해되었다.[41] 그러나 오늘날 질병보험에 관한 세부 사항을 법률이 직접 규율하고 있기 때문에 사회보험에서 자치운영의 원칙은 많이 약화되었다. 현재는 자치운영의 원칙은 조합이 보험료율을 정관을 통하여 자율적으로 결정하는 형태 정도로 남아있다.

---

40) 이에 대해서는 Eckart Galas/Oliver Schöffski, “Der Wettbewerb innerhalb der gesetzlichen Krankenversicherung unter besonderer Berücksichtigung des Risikoausgleichs”, *Vierteljahresschrift für Sozialrecht*(1996), 289면 이하 등 참조.

41) 이에 대해서는 Herald Bogs, *Strukturprobleme der Selbstverwaltung einer modernen Sozialversicherung*(1979); Peter A. Köhler/Hans F. Zacher, “Die Selbstverwaltung der Sozialversicherung in der Bundesrepublik Deutschland”, *Schweitzerische Zeitschrift für Sozialversicherung*(1981), 72면 이하; Werner Thieme 외, *Sozialversicherung-Organisatorische Gliederung und funktionale Einheit der Sozialversicherung*, Schriftenreihe des Deutschen Sozialrechtsverbandes, Bd. XXXI(1988) 등 참조.

질병보험조합의 자치운영기관으로는 대의원회(Verwaltungsrat)와 이사회(Vorstand)가 있다(SGB Ⅳ 제31조). 대의원회는 조합의 의사결정기구로서 정관과 자치규정을 의결한다. 또 이사회를 감독한다(SGB Ⅴ 제197조 제1항). 이사회는 조합의 중요 업무를 관장하고, 소송에서 조합을 대표한다(SGB Ⅳ 제35조 제1항).

자치운영기관의 구성에는 원칙적으로 동수대표의 원칙이 적용된다. 즉 같은 수의 가입자대표와 사용자대표가 자치운영기관을 구성한다. 다만 대체질병보험조합의 자치운영기관은 가입자대표만으로 구성된다(SGB Ⅳ 제44조 제1항).

조합은 업무집행과 회계에 관하여 국가의 감독을 받는다. 국가의 감독은 합법성 기준에 따라 이루어지며, 합목적성 심사는 배제된다(SGB Ⅳ 제87조 제1항). 연방단위의 보험단체에 대해서는 연방보험청(Bundesversicherungsamt)이, 주단위의 보험단체에 대해서는 사회보험을 관할하는 주의 최고 행정청 혹은 이 업무가 위임된 행정청이 각각 감독을 관할한다(SGB Ⅳ 제90조 제1, 2항).

Ⅱ. 장기요양보험

1. 1995년 장기요양보험의 도입 계기와 기본원칙, 그리고 개혁논의

(1) 장기요양보험의 도입

독일에서는 이미 1980년대 초반 노령사회에서 노인 그리고 장애인이 스스로의 능력으로 정상적인 일상생활을 영위할 수 없다는 사실이 사회적 문제로서 인식되었다. 장기요양의 수요를 독자적인 제도를 도입하여 보호하여야 한다는 지적은 사회보장 전체 체계에서 보면 다음과 같은 이유도 있었다. 기존에 장기요양의 문제는 전적으로 사회부조의 과제로 되어 있었다(기존의 연방사회부조법 제69조). 이에 사회부조를 관할하는 지방자치단체는 사회부조예산의 약 3분의 1을 장기요양의 보호를 위하여 투입하였다. 다음과 같은 두 가지 문제가 지적되었다. 첫째, 대부분 장기요양의 수요를 갖는 연금수급자는 사회부조급여에 의존하기 전에는 연금의 상당 부분을 장기요양문제를 해결하기 위하여 지출하여야 한다. 이로써 연금의 기능이 제대로 수행되지 못하는 결과가 되었다. 둘째, 지방자치단체가 사회부조예산의 상당 부분을 장기요양보호에 투입하게 됨에 따라 비전형적인 원인에 의하여 발생하는 빈곤을 극복하는 데에 1차적 과제가 있는 사회부조의 기능이 저해될 수밖에 없었다.

위와 같은 문제가 인식되면서 장기요양문제는 1차적으로는 1989년 질병보험구조개혁법에 의하여 질병보험법의 과제로 포섭되었다. 즉 사회법전 제5권은 중증요양수요자에 대한 가택보호를 질병보험의 급여목록에 추가하였다(제53조 이하). 그러나 이는 과도적인 조치였다. 다만 독일에서 중증요양수요자에 대한 보호를 질병보험이 담당하는 수순을 밟았다는 사실은 아래에서 설명하는 다양한 방법론 중 사회보험방식을 따를 것이라는 점을 예고하였다.

장기요양문제를 보호하는 방법론에 있어서 사회보험의 방식과 민간보험의 방식, 그리고 조세를 재원으로 하여 보호하는 방식이 대안으로 논의되었다.[42] 조세를 재원으로 장기요양수요를 보호하는 경우 다음과 같은 위험이 있었다. 모든 사회보장제도는 어느 정도 장기요양수요를 보호하는 것을 과제로 한다. 특히 재해보험과 사회보상이 이 점에 있어서 모범적인 규율을 하고 있었다. 그런데 조세를 재원으로 하는 제도를 도입할 경우 각각의 제도에서 발전된 장기요양보호를 위한 급여를 새로운 제도에 전가할 가능성이 있었다. 민간보험의 경우에도 다음과 같은 문제가 인식되었다. 민간보험의 경우 필연적으로 적립방식에 의하여 재정이 운영될 수밖

42) 이에 대해서는 Eberhard Eichenhofer, *Sozialrecht*(J.C.B.Mohr, 1995), 196면 이하; Gerhard Igl, “Pflegeversicherung”, Bernd von Maydell/Franz Ruland(편), *Sozialrechtshandbuch*(Nomos, 2003), 1065면 이하; Heinz Rothgang, “Die Pflegeversicherung; Kernstück der Altenpflegepolitik der letzten drei Dekaden”, *Sozialpolitische Trends in Deutschland in den letzten drei Dekaden*(Duncker & Humblot, 2000), 59면 이하 등 참조.

에 없고, 이 경우 재원이 적립될 때까지 일정한 기간이 경과하여야 한다. 그렇다면 이미 보호가 필요한 사회적 문제에 즉시 대응할 수 없다는 것이다.

위와 같이 여러 방식에 따르는 문제가 인식되고, 또 이미 질병보험에 의하여 장기요양문제가 부분적으로 규율되면서 장기요양문제에 대한 보호방법은 자연스럽게 사회보험방식으로 결정되었다. 이로써 전통적인 4대 사회보험 이외에 다섯째 사회보험으로서 장기요양보험(Pflegeversicherung)이 도입되었다.

(2) 기본원칙

장기요양보험은 다음과 같은 기본원칙에 의하여 형성되었다.

첫째, 기존의 사회보험은 근로자를 중심으로 성립·발전해 왔다. 그런데 장기요양문제는 모든 국민에게 닥치는 위험이기 때문에 모든 국민을 가입자로 하여야 한다. 이러한 이념은 다음과 같이 실현되었다. 먼저 기존의 질병보험조합에 요양금고(Pflegekasse)를 설치하여 모든 질병보험가입자는 동시에 장기요양보험에 가입한다. 민간보험가입자는 민간요양보험에 가입하여야 한다(SGB XI 제1조 제2항, 제23조). 법정질병보험에 임의가입한 자도 장기요양보험에는 의무적으로 가입한다(SGB XI 제21조).[43]

둘째, 장기요양보험은 요양수요라는 독자적인 위험을 보호하지만 조직법적으로 기존의 질병보험조합에 요양금고를 설치하여 운영한다(SGB XI 제46조 제1항). 즉 장기요양보험을 도입하면서 이를 관리·운영하는 별도의 조직을 창설하지는 않았다.

셋째, 장기요양보험은 요양수요를 부분적으로 보호하는 것으로 설계하였다. 재가보호를 우선적으로 실시하도록 하였다. 입법자는 오늘날 가족구조의 현실에서 볼 때 가족구성원에 의하여 충분한 장기요양이 이루어질 수 없다는 점을 인식하였다. 따라서 재가보호를 지원하며, 또 재가보호 및 부분입원요양의 경우 장기요양보험급여는 이를 보충한다(SGB XI 제3조

43) 이 점이 헌법적 쟁점이 된 바 있다. 연방헌법재판소는 이 규정에 대해서 합헌결정을 하였다. *BVerfGE* 103, 242면 이하 참조.

제1항, 제4조 제2항). 장기요양보험의 이러한 부분보호의 성격은 재정방식에도 나타나 있다. 기존의 질병보험은 재정수입을 정하고 이에 기초하여 급여를 제공하는 재정방식을 채택하였다. 이에 따라 지출이 수입을 초과하고, 그 결과 재정이 악화되는 문제가 상시화 되었다. 그런데 장기요양보험에서는 질병보험과는 달리 급여수준을 법률에 정하고 이에 기초하여 재정수입을 결정하는 방식을 취하였다(SGB XI 제84조 제2항). 장기요양보험에서 급여목록은 열거적·폐쇄적으로 규정되어 있다. 비교적 개방적인 목록을 갖는 질병보험과 다른 점이다. 그 결과 장기요양보험의 급여를 확대하기 위해서는 입법적 결정이 필요하다.

넷째, 장기요양보험은 요양급여에 앞서 예방 및 의료적 재활우선의 원칙을 명확히 하였다. 다만 이러한 과제는 다른 사회보험의 과제와 중복된다. 예컨대 질병예방과 중증요양보호대상자의 재활은 여전히 질병보험의 과제이며, 이 점을 장기요양보험법은 확인하고 있다(SGB XI 제5조 제2항). 장기요양보험은 이에 관한 질병보험의 과제를 강조하고, 그 결과 기존에 의료적 재활의 기준을 직접 규정하였으나(SGB XI 제4b조), 법률 개정을 통하여 이 문제에 대한 규율을 질병보험에 위임하였다. 이는 연금보험에서도 마찬가지이다. 즉 연금보험은 소득능력의 상실을 방지하는 과제를 가지며(SGB VI 제9조 제1항), 이러한 과제가 실패한 경우 그 부담은 연금보험이 진다. 따라서 거꾸로 보면 예방 및 재활의 성공 여부는 연금보험의 재정에 결정적인 영향을 미친다. 이러한 원칙에서 보면 장기요양보험에서의 예방 및 재활은 장기요양을 필요로 하는 자의 적극적인 예방활동을 지원하는 목적을 갖는다(SGB XI 제11조 제2항).

다섯째, 장기요양보험의 재정을 이원화하였다. 이는 기존에 사회부조를 관할했던 지방자치단체의 재정부담이 감소하면서 지방자치단체가 어떠한 형태로든 장기요양보험의 운영에 재정적으로 기여하여야 한다는 인식에서 출발하였다. 요양급여를 지급하며, 재정을 부담하는 과제는 요양금고에 부과된다(Leistungsverantwortung, Sicherstellungsauftrag; SGB XI 제12조). 여기에는 요양금고의 관리운영비용이 포함된다. 장기요양급여는 현물로 지급되기 때문에 병원, 양노원 등 기반시설을 필요로 한다. 양적·질적으로 충분한, 그리고 경제적인 요양급여를 제공하기 위하여 필요한 시설을 투자·구축하는 과제는 주에게 부과된다(Bereitstellungsverantwortung; SGB XI 제9조).

여섯째, 요양급여의 제공에 있어서 공익시설 및 민간기관이 우선적으로 참여한다. 이는 공급자간에 경쟁을 조성하는 효과를 의도한 것이다(SGB XI 제11조 제2항).

(3) 개혁논의

1995년 이후 장기요양보험의 개선을 위한 여러 제안이 있었다. 이 중 일부는 실현되었고, 일부에 대해서는 여전히 논의되고 있다. 처음부터 의도되었지만 동시에 문제로 지적되었던 것은 장기요양보험이 장기요양의 수요를 부분적으로 보호하면서 치매환자와 같이 상시 보호를 필요로 하는 문제를 해결하는 데에는 한계가 있다는 사실이다. 이 문제는 2002년 장기요양보험법이 개정되면서 부분적으로 해결되었다.[44] 이 문제를 근본적으로 해결하기 위하여 장기요양수요의 개념을 확장하려는 제안은 채택되지 않았다. 장기요양수요는 부분적으로 질병보험의 과제와 중복된다. 초기에 의료적 재활을 장기요양보험의 과제로 하였으나 법률 개정을 통하여 현재는 질병보험의 과제로 옮겨졌다. 위에서 부분적으로 설명했듯이 재활우선의 원칙은 입법적으로는 명확히 선언되었다. 그러나 실제 장기요양보험의 운영에 있어서 이 원칙이 충실히 실현되지는 못하고 있다. 이는 특히 재활에 있어서 적극적인 역할을 하여야 할 질병보험조합이 충실히 기능하지 못하는 데에 원인이 있다고 한다. 2002년 개정 장기요양보험법은 이 문제에 대한 질병보험의 과제를 강조하였다(SGB XI 제32조).

장기요양보험법은 처음부터 요양급여에 대한 만족도에 정책적 비중을 두었다(SGB XI 제80조). 그러나 이 조문은 의도된 기능을 수행하지 못했

44) Gesetz zur Ergänzung der Leistungen bei häuslicher Pflege von Pflegebedürftigen mit erheblichem allgemeinem Betreuungsbedarf(Pflegeleistungs-Ergänzungsgesetz).

으며, 이에 요양급여평가법을 제정하여, 다양하고 세분화된 기준에 따라서 장기요양급여의 질을 개선하는 노력을 하고 있다.45)

2. 보호되는 위험 — 장기요양수요

(1) 장기요양수요의 개념 및 등급

장기요양이 필요한 상태는 다음과 같은 개념요소로 구성된다.46) 첫째, 통상적으로 일상생활을 수행하는 데 필요한 능력이 제한 혹은 결여된 상태가 존재하여야 한다. 법률은 이를 다음과 같이 보다 구체화하였다. 즉 신체적·정신적 및 심리적 질병 혹은 장애로 인하여 통상 반복하여 행하는 일상생활을 지속적으로 혹은 잠정적으로 6개월 이상 상당한 정도로 수행할 수 없기 때문에 도움을 필요로 하는 상태가 존재하여야 한다(SGB XI 제14조 제1항). 둘째, 위와 같은 상태를 이유로 타인의 도움을 필요로 하여야 한다. 셋째, 위와 같은 상태가 질병, 장애 혹은 산업재해를 원인으로 한 것이어야 한다.

위와 같이 장기요양수요의 개념을 정의할 경우 질병 및 장애와의 구분이 필요하다. 이때 비로소 사회보험간의 기능분담이 이루어질 수 있기 때문이다. 이러한 필요에서 장기요양보험법은 질병 및 장애에 대한 개념을 정의하였다. 즉 질병 및 장애는 "사지 혹은 운동축의 상실·마비 혹은 그 밖의 기능장애, 내부장기 및 지각기관의 기능장애, 중앙신경체계의 장애, 기억 및 조향기능의 장애, 정신착란·노이로제 및 그 밖의 정신적 기능장애를 말한다(SGB XI 제14조 제2항)."

장기요양수요와 질병 및 장애를 구분하여 후자에 장기요양급여가 지급되는 것을 방지하기 위하여 일상생활의 수행에 장애를 받는 상태를 다음과 같이 구분하였다. 즉 일상생활을 신체활동, 음식물섭취, 이동성 및

---

45) Gesetz zur Qualitätssicherung und zur Stärkung des Verbraucherschutzes in der Pflege.

46) 이에 대해서 자세히는 Gerhard Igl, "Pflegeversicherung als Gegenstand sozialrechtlicher Regulierung", Karl Sieveking(편), *Soziale Sicherung bei Pflegebedürftigkeit in der Europäischen Union*(Nomos, 1998), 19면 이하 참조.

가사활동으로 구분하였다. 가사활동을 제외한 나머지 범주를 기본요양(Grundpflege)이라고 한다(SGB XI 제14조 제4항).

장기요양수요의 정도는 3등급으로 나누어진다. 1등급은 통상요양수요이다(Pflegestufe Ⅰ). 2등급은 중증요양수요이다(Pflegestufe Ⅱ). 3등급은 최중증요양수요이다(Pflegestufe Ⅲ). 등급을 구분하기 위하여 적용되는 기준은 입법적으로 결정되었다(SGB XI 제15조 제1항). 도움을 필요로 하는 특정한 생활활동의 숫자와 이에 대해서 이루어지는 보호의 빈도를 함께 고려하여 등급이 결정된다. 이때 보호에 소요되는 시간은 고려되지 않는다. 가족이 보호를 하는 경우에는 각 등급에 최소요양시간이 정해져 있다(SGB XI 제15조 제3항). 기본요양과 가사요양에 있어서 각각 주 45분 및 90분이 소요될 때 1등급으로 분류된다. 이 밖에 극히 고액의 비용이 지출되어야 할 경우에 대한 특례가 있다(SGB XI 제36조 제4항, 제43조 제3항).

(2) 등급의 결정절차

장기요양수요의 존재 여부 및 정도에 대한 결정에 대해서 의견서를 작성하는 과제는 질병보험심사위원회(Der Medizinische Dienst der Krankenversicherung)에 위임되어 있다(SGB XI 제18조 제1항). 위원회의 이러한 기능은 장기요양보험을 운영하는 데 중요한 비중을 차지하고 있다. 그러나 위원회의 의견서가 가입자와의 관계에서 외부적 효력을 갖는 것은 아니다. 요양금고의 결정이 외부적 효력을 갖는다.

3. 가입자 및 급여청구권자

가입자의 범위는 기본적으로 질병보험법의 규정에 의하여 결정된다(SGB XI 제20조). 민간질병보험에 가입한 자는 민간요양보험계약을 체결하여야 한다(SGB XI 제1조 제2항). 이미 언급했듯이 질병보험 임의가입자, 그리고 사회보상급여의 수급자는 장기요양보험에 의무적으로 가입된다(SGB XI 제20조 제3항, 제21조). 공무원부양제도에 의하여 요양급여청구권이 있는 자 역시 장기요양과 관련하여 민간보험에 가입하여야 한다

(SGB XI 제23조). 장기요양보험이 전국민보험으로서 설계되었음을 알 수 있다.47) 질병보험에서와 마찬가지로 가입자의 가족구성원은 독자적으로 장기요양보험에 가입한다(SGB XI 제25조).

위와 같이 의무가입대상이 확대되어 있기 때문에 임의보험의 가능성은 제한적이다. 의무보험에서 탈퇴한 자 및 외국으로 거주지를 옮긴 자 등이 장기요양보험에 임의적으로 가입한다(SGB XI 제25조).

장기요양보험은 민간보험이 활성화되도록 하는 조치들을 두고 있다. 첫째, 민간보험에서 급여의 종류 및 수준이 공적요양보험의 그것과 일치하도록 하였다(SGB XI 제23조 제1, 6항). 둘째, 이미 언급했듯이 민간보험이 공적보험과 공정한 경쟁을 할 수 있도록 하였다(SGB XI 제110조 제1항 제1호, 제3항 제1호). 셋째, 공적보험과 민간보험이 실질적으로 공정경쟁을 할 수 있도록 가입자가 기존의 보험을 탈퇴하고 다른 보험에 가입할 수 있도록 하였다(SGB XI 제27조).

일반적으로 사회보험에서는 가입자의 범위와 급여청구권자의 범위가 일치한다. 그런데 장기요양보험에서는 가입자 외에 요양활동을 하는 자 역시 필요한 경우 급여청구권을 갖는다(SGB XI 제19, 44, 45조).

4. 보험급여

(1) 기초보장, 폐쇄적 급여 목록 및 관할의 분산

장기요양보험은 급여의 종류로서 11개를 열거하고 있다(SGB XI 제28조). 이미 언급했듯이 장기요양보험은 수요를 포괄적으로 보호하고 있지는 않다. 법률 자체에서 기초보장(Grundsicherung)을 명시하고 있으며, 장기요양보험에 의하여 보호되지 못하는 수요는 가입자 스스로의 능력으로 극복하여야 한다. 이것이 불가능한 경우 사회부조에 의존하여야 한다. 예컨대 주거에 대한 수요, 입원요양의 경우 음식물공급 등은 보호되지 않는다. 이 점에 대해서는 특히 최중증요양수요의 경우 장기요양보험이 도

47) 이에 대해서는 비판적인 견해도 있다. Josef Isensee, "Sozialversicherung über Privatversicherer", *Festschrift für Wolfgang Gitter*(1995), 401면 이하 참조.

입되었음에도 불구하고 사회부조에 의존하여야 하는데, 이는 장기요양보험을 도입한 취지에 반한다는 비판을 받고 있다.[48)]

이미 위에서 언급했듯이 장기요양보험에 있어서는 급여의 조건과 내용을 엄격히 법률에 정하여 요양급여 및 이에 상응하여 장기요양보험의 지출이 팽창하지 않도록 하였다. 이는 요양수요의 개념, 그리고 급여의 종류 및 지급장소를 법률에 명확히 규정하는 형태로 나타나 있다. 이뿐 아니라 질병보험에 있어서는 전체급여체계에서 의사, 병원 등 요양기관이 중추적인 역할을 하는 데 비해서 장기요양보험에 있어서는 결정권한이 각각 분산되어 있는 특징을 보이고 있다. 즉 장기요양보험에서 보호 여부 및 정도의 결정에 대한 의견은 질병보험심사위원회가, 급여 지급 여부에 대한 결정은 요양금고가, 급여의 집행은 질병보험심사위원회와 요양금고가 공동으로 형성하는 기준에 따라 요양기관이, 그리고 요양급여에 대한 통제는 법률이 정한 별도의 절차에 따라서 이루어진다(SGB XI 제80조).

(2) 급여의 조건 및 내용, 급여의 정지

1) 급여의 조건 및 내용

a) 급여의 조건

급여는 다음과 같은 조건 하에서 지급된다. 첫째, 당사자의 신청이 있어야 한다. 둘째, 보험가입기간이 충족되어야 한다(SGB XI 제33조). 신청하기 전 10년간 최소한 5년 이상 보험에 가입하였어야 한다.

b) 급여의 내용

급여는 보호 장소에 따라 재가보호와 부분시설보호 및 전체시설보호로 분류된다. 이미 언급했듯이 장기요양보험법은 기본적으로 장기요양이 가택에서 가족구성원에 의하여 이루어지는 것을 원칙으로 하고 있다. 예컨대 2003년 전체 급여 중 49%가 장기요양보상금의 형태로 지급되었으며, 10%는 현물급여와 현금급여가 혼합하여 지급되었고, 9%는 현물급여로서 지급되었다. 27%는 전적으로 장기요양시설에서 보호되었으며, 전적

48) 이 점에 대해서는, 예컨대 Heinz Rothgang, 위 각주 42의 논문, 72면 이하 참조.

으로 장애인시설에서 보호되는 경우가 3%에 해당하였다.49)

aa) 재가요양급여 재가요양급여(häusliche Pflege)는 현물급여의 형태로 이루어진다. 보충적으로 장기요양보상금이 지급될 수 있으며, 경우에 따라서 현물급여와 현금급여가 함께 이루어질 수도 있다. 이 밖에 요양보조기구가 지급될 수 있다.

가택 혹은 타인의 가정에서 보호를 받을 경우 현물급여가 지급된다. 기본요양 및 가사활동을 위하여 필요한 보호가 이루어진다(SGB XI 제36조 제1, 2항). 현물급여의 현금가치는 요양등급에 따라 1, 2, 3등급에 대해서 각각 월 384유로, 921유로, 1432유로로 정해져 있다(SGB XI 제36조 제3항). 3등급의 통상 소요되는 비용을 초과하는 중대한 보호의 필요성이 인정되는 경우에는 장기요양금고는 1918유로의 범위내에서 추가로 비용을 지급할 수 있다. 그러나 이러한 예외가 과도하게 인정되지 않도록 하기 위하여 이러한 경우가 전체 3등급 요양에 있어 3%를 넘지 않도록 한다(SGB XI 제36조 제4항).

장기요양급여는 현금급여로도 지급될 수 있다(Pflegegeld). 장기요양보상금의 형태로 보호를 받기 위해서는 수급권자가 이를 신청하여야 한다. 그리고 수급권자가 원하는 요양요원을 고용하여 보호목적이 달성될 수 있어야 한다. 장기요양보상금으로는 요양등급에 따라 각각 205유로, 419유로, 665유로가 지급된다(SGB XI 제37조 제1항). 장기요양보상금을 지급받는 자는 요양등급 1, 2등급의 경우에는 6개월에 1회, 3등급의 경우에는 매분기마다 장기요양기관에서 상담을 받아야 한다(SGB XI 제37조 제3항).

현물급여와 현금급여를 혼합하여 지급받는 경우 수급권자가 현물급여를 지급받는 정도에 비례해서 현금급여는 삭감된다(SGB XI 제38조).

요양요원이 휴가·질병 및 그 밖의 이유로 일시적으로 장기요양활동을 할 수 없는 경우 이를 대체하기 위하여 필요한 급여가 지급 된다(Verhinderungspflege). 대체급여가 지급되기 위해서는 급여를 신청하기 전 최소한 12개월 이상 장기요양활동을 하였어야 한다. 급여는 1년에 최장 4주간

49) 이에 대해서는 Igl/Welti, *Sozialrecht*(Werner Verlag, 2007), 130면 참조.

지급된다. 대체급여를 위한 비용으로 최고 연 1432유로가 지급 된다(SGB XI 제39조).

장기요양급여 수급자는 질병보험에는 치료에 필요한 보조기구를, 그리고 장기요양금고에는 장기요양에 필요한 보조기구를 청구할 수 있다. 장기요양보조기구의 급여는 월 31유로로 제한되어 있다. 이 밖에 장기요양금고는 수급자의 주거환경을 개선하여 가택보호에 유리한 기반을 조성하거나 수급자의 자립능력이 개선될 수 있는 경우에는 시설설치를 위한 보조금을 지급할 수 있다. 보조금은 2557유로의 범위 내에서 지급될 수 있다(SGB XI 제40조).

bb) 부분시설보호 및 단기요양급여　　수급자는 가택에서 보호가 충분히 이루어질 수 없고, 또 보충이 필요한 경우에는 부분적으로 시설에서 보호를 받을 수 있다(teilstationäre Pflege). 장기요양금고는 이에 소요되는 비용으로 요양등급 1, 2, 3등급에 대해서 각각 384유로, 921유로, 1432유로의 범위 내에서 지급한다. 이러한 금액으로 비용이 충당될 수 없는 경우에는 추가로 장기요양보상금 혹은 현물급여를 받을 수 있다(SGB XI 제41조).

단기적으로 재가보호가 전적으로 혹은 부분적으로 이루어질 수 없거나 충분한 정도로 이루어질 수 없는 경우, 또 부분시설보호도 이루어질 수 없는 경우에는 시설에서 단기보호가 이루어진다(SGB XI 제42조 제1항). 단기시설보호는 연 4주로 제한되어 있다. 이에 소용되는 비용은 연 1432유로를 초과할 수 없다.

cc) 완전시설요양　　완전시설요양은 재가보호 혹은 부분시설보호가 불가능하거나 특별한 사정으로 인하여 적용될 수 없는 경우에 이루어진다(SGB XI 제42조 제1항). 시설보호에 있어서는 장기요양급여가 제공될 뿐 시설에서의 수용 및 식사 등에 필요한 생활비용이 지급되는 것은 아니다. 후자의 비용은 수급자가 직접 부담하거나 사회부조에 의존하여야 한다. 시설보호비용은 요양등급 1, 2, 3등급에 대해서 각각 1023유로, 1279유로, 1432유로가 상한으로 정해져 있다. 예외적으로는 1688유로까지 지급될 수 있다. 장기요양금고는 이러한 예외적인 경우가 3등급 요양등급의 5%를 넘지 않도록 하여야 한다. 또 비용 통제를 위하여 수급자 1인당 평균보호비용이 연 15339유로를 초과할 수 없도록 하였다(SGB XI 제43조). 장애인시설에서 장애인이 시설보호를 받는 경우 장기요양금고와 사회부조를 관할하는 지방자치단체 간에 비용분담의 문제가 발생한다. 이 문제는 장기요양금고가 월 256유로를 상한으로 하여 보호비용의 10%를 부담하는 방법으로 해결되었다(SGB XI 제43a조).

dd) 요양요원에 대한 급여

aaa) 요양요원에 대한 사회보장 요양요원(Pflegeperson)은 경제적 보상이 없이 가택에서 보호활동을 하는 자를 말한다. 요양요원이 주 14시간 이상 활동을 하는 경우 사회보장법적 보호를 받는다(SGB XI 제44조). 이는 가족 혹은 자원봉사자 등이 장기요양활동을 하는 결과 다른 소득활동을 할 수 없다는 사실에 대한 보상이다. 이로써 장기요양활동에 대한 적극적인 인식을 조성하는 효과가 있을 것으로 기대되었다.

요양요원은 재해보험법상 이른바 비진정재해보험에 의하여 보호된다. 이들은 보험료를 부담하지 않고 지방자치단체가 운영하는 재해보험에 의한 보호를 받는다(SGB Ⅶ 제2조 제1항 제17호, 제129조 제1항 제7호, 제185조 제2항). 요양요원은 연금보험에 의무가입 된다.50) 장기요양금고가 납부하는 보험료액은 보호활동의 범위, 장기요양수요의 정도에 따라 차등화되며. 이는 전전년도 연금보험가입자의 평균소득을 기준으로 산정된다. 요양요원은 고용보험법에 임의로 가입할 수 있다(SGB Ⅲ 제28a조 제1항).

bbb) 요양요원에 대한 교육급여 장기요양금고는 요양요원에게 무료로 보호활동과 관련된 교육조치를 취하여야 한다(SGB XI 제45조). 이는 주로 적정한 수준의 재가요양급여가 제공되도록 하는 목적을 갖는다.

2) 급여의 정지

1년에 6주 이상 외국에 체류하는 경우, 다른 법률에 의하여 장기요양

50) 이는 자녀양육기간이 보험료 납부의무 없이 보험가입기간으로 인정되는 것과 같은 취지이다. 다만 자녀양육기간에 대해서는 연방이 보험료를 납부하는 반면, 요양요원에 대해서는 장기요양금고가 보험료를 납부하는 차이가 있다(SGB Ⅵ 제177조 제1항, SGB XI 제44조 제1항, SGB Ⅵ 제170조 제1항 제6a호).

급여를 받는 경우 또 재가보호와 관련하여 질병보험에 의한 재가보호를 받는 경우에는 장기요양급여는 정지된다(SGB XI 제34조).

5. 장기요양금고와 장기요양기관과의 관계

(1) 장기요양기관, 장기요양기관 허가

장기요양급여는 장기요양금고가 직접 제공하지 않고 장기요양기관을 매개로 이루어진다. 장기요양기관은 급여를 제공하는 독자적인 경제주체로서, 전문성을 갖춘 요양요원에 의하여 보호할 책임이 있다(SGB XI 제71조).

장기요양금고는 장기요양수요를 충실히 보호하여야 한다(Sicherstellungsauftrag; SGB XI 제12조). 이러한 과제는 장기요양기관이 공법적 규율의 범위 내에서 급여를 제공하여 실현된다.[51] 장기요양금고와 장기요양기관과의 관계는 급여제공계약과 보상에 관한 합의를 통하여 규율된다(SGB XI 제69조).

장기요양기관의 법적 지위는 공법상의 계약에 의하여 부여된다. 장기요양기관은 법률에 규정된 조건을 충족한 경우 허가를 청구할 권리를 갖는다(SGB XI 제72조 제3항 제1문). 이로써 장기요양기관들간의 경쟁의 원칙이 도입된 것이다. 자격을 갖춘 장기요양기관이 다수 존재하는 경우 공법상의 단체에 비해서 공익기구 혹은 사법상의 주체가 우선적으로 선택되어야 한다(SGB XI 제72조 제3항 제2문). 장기요양기관은 장기요양금고 주연합회에 의하여 경제성 및 효율성 심사를 받는다(SGB XI 제79조).

급여제공계약은 그 내용이 부분적으로 법에 규정되어 있으며, 주 차원에서 체결되는 계약에 의하여 구체화된다. 후자의 계약의 내용은 연방의 권고에 의하여 결정된다(SGB XI 제75조). 장기요양금고와 장기요양기관의 계약체결에 있어서 보험료율을 안정적으로 유지할 수 있어야 한다. 이러한 원칙이 존중되지 않은 경우 계약은 효력을 상실한다(SGB XI 제70조).

---

51) 따라서 장기요양금고와 장기요양기관과의 법적 분쟁은 공법상의 분쟁으로 사회법원이 관할한다. SGG 제51조 제2항 제2문 참조.

(2) 장기요양기관 평가제도

장기요양기관이 책임 있게 급여를 제공하는가의 여부에 대한 평가를 위하여 독자적인 법률, 즉 장기요양기관평가에 관한 법률(Pflege-Qualitätssicherungsgesetz)이 제정되었다(SGB XI 제112조). 이를 기초로 장기요양금고와 질병보험심사위원회는 광범한 심사권을 갖게 되었다. 장기요양기관은 장기요양보험법의 규정에 충실하게 급여를 제공하는가의 여부에 대해서 독립적인 전문가의 심사를 받고, 그 결과는 주 및 연방장기요양금고연합회의 승인을 받아야 한다(SGB XI 제113조 제2, 3항). 장기요양기관에 대한 일종의 외부평가라고 할 수 있다. 지난 2년간 평가를 받은 경우에 한하여 장기요양기관은 비용보상계약의 체결을 요구할 권리가 있다(SGB XI 제113조 제5항).

장기요양기관에 대한 외부평가로서 이 밖에 현지조사가 이루어진다(SGB XI 제114조). 야간의 요양상태, 시설수용자의 출입문제 등을 조사하기 위한 상세한 규정이 마련되어 있다(SGB XI 제114조 제2항). 이에 대해서 상세한 규정을 둔 이유는 이러한 조사가 관련 당사자의 기본권을 침해하는 결과가 될 수 있기 때문이다.

(3) 장기요양기관의 재정

1) 일 반 론

장기요양비용의 보상은 질병보험에서와는 차이가 있다. 질병보험에서는 요양기관이 지출한 비용을 사후적으로 보험의연합회가 지불한다. 이에 비해서 장기요양보험에서는 지출비용의 범위가 먼저 결정되고, 이에 따라 지출이 이루어진다. 지출이 초과된 경우 이는 장기요양기관이 부담한다(SGB XI 제85조 제3항). 따라서 장기요양기관은 비용절감을 위한 노력을 하여야 한다. 장기요양기관의 업무기반이 근본적으로 변화한 경우에는 비용보상에 관한 새로운 협상이 이루어진다(SGB XI 제85조 제7항).

이미 언급했듯이 장기요양보험의 재정은 이원화되어 있다. 장기요양기관은 제공한 급여에 적합한 보상을 받는다(SGB XI 제82조 제1항). 숙박 및 식사에 대해서도 이에 적합한 보상을 받는다. 이는 장기요양기관의 통상 운영비용을 보상하는 의미를 갖는다. 이중 숙박 및 식사비용은 보험급여의 대상이 아니기 때문에 수급자가 직접 부담한다. 장기요양기관 간의 경쟁을 저해하지 않기 위하여 비용보상체계는 엄격히 적용된다. 예컨대 운영비용에 대한 공적 지원이 이루어지는 경우 그만큼 보상액에서 삭감된다(SGB XI 제82조 제5항). 장기요양기관의 시설투자비용은 주가 부담한다(SGB XI 제9조). 실제 이 비용을 주가 부담하지 않을 경우 장기요양기관은 수급자에게 이를 부담시킬 수 있다(SGB XI 제82조 제3항, 제85조 제4항).

2) 시설요양의 경우

시설에서의 장기요양급여, 그리고 숙박 및 식사에 대한 보상은 장기요양비용절차(Pflegesatzverfahren)에 확정되어 있다(SGB XI 제85, 87조). 장기요양비용을 산정하는 원칙이 법제화되어 있으며, 이 원칙에 의하여 보상비용이 계약에 결정된다. 장기요양비용은 장기요양기관이 실제로 지출한 비용이 아니라 제공된 급여의 가치를 기준으로 산정된다. 연방사회법원은 이 점을 명확히 하였다. 즉 장기요양비용을 산정함에 있어서 동일한 급여에 대해서 인근 장기요양기관에 적용되는 장기요양비용이 비교의 기준이 된다.[52] 원칙적으로 해당 장기요양기관의 비용구조는 중요한 기준이 아니다. 따라서 통일적인 기준이 적용되며, 장기요양기관에 따라 비용이 달리 산정될 수 없다(SGB XI 제84조 제3항). 장기요양비용은 장기요양수요의 종류와 정도에 따라 소요되는 비용을 기준으로 3등급으로 나누어져 있다(SGB XI 제84조 제2항). 이미 언급했듯이 숙박 및 식사비용은 장기요양보험에 의한 보상의 대상이 아니다. 그러나 이 비용에 대한 보상도 장기요양기관과의 합의의 대상에는 포함되어 있다(SGB XI 제87조 제1항).

3) 통원요양의 경우

통원요양 및 가사활동보호에 대한 보상에는 이에 관한 보상 및 가격규정이 적용된다(SGB XI 제89, 90조). 그러나 가격규정은 아직 제정되지 않았다. 가격규정이 제정될 경우 이는 아래에서 보는 보상규정에 우선하

52) *BSGE* 87, 199(204) 참조.

여 적용된다.

보상은 계약에 의하여 결정된다. 계약은 장기요양기관과 장기요양금고 사이에 체결된다. 비용보상에 대한 합의는 통일적인 기준에 따라 이루어진다. 시설보호에 있어서와 마찬가지로 지출비용이 아니라 급여의 가치를 기준으로 보상이 결정된다(SGB XI 제89조 제1항). 보상의 기준은 급여의 종류와 범위, 이에 필요한 시간 혹은 시간에 관계없이 급여의 내용, 그리고 예외적인 경우에는 개별급여행위가 기준이 된다. 가사활동보호나 행정기관에의 출입, 운송비용 등은 포괄적으로 보상될 수도 있다. 이러한 보상은 시설보호에 있어서와 마찬가지로 사전에 합의된다(SGB XI 제89조 제1항).

6. 장기요양보험의 관리운영

장기요양보험의 관리운영의 주체는 장기요양금고(Pflegekasse)이다. 장기요양금고는 질병보험조합에 설치된다. 이는 공법상의 법인으로서, 자치운영의 원칙에 의하여 운영된다. 질병보험조합의 기관은 동시에 장기요양금고의 기관으로 기능한다(SGB XI 제46조 제2항).

7. 장기요양보험의 재정

장기요양보험은 사회보험으로서 보험료를 재원으로 운영된다. 의무가입자의 보험료는 사용자와 근로자가 각각 반씩 부담한다(SGB XI 제58조 제1항). 새로운 사회보험으로 인하여 사용자의 부담이 가중되는 것을 방지하기 위하여 사용자의 근로자에 대한 노동법상의 일부 부담이 감면되었다(Buss- und Bettage)(SGB XI 제58조 제2항). 보험료는 질병보험에 적용되는 보험료산정한도를 기준으로 산정·징수된다(SGB XI 제55조 제2항). 보험료율은 법률에 정해져 있다. 현재 보험료율은 1.7%이다(SGB XI 제55조 제1항). 연방헌법재판소는 자녀양육을 하는 가입자와 자녀를 양육하지 않는 가입자에 대해서 보험료 부담을 같이 하는 것은 헌법에 위반된다는 결정을 한 바 있다.[53] 이에 따라 23세 이후 자녀가 없는 가입자는 0.25%

53) *BVerfGE* 103, 242면 이하 참조.

를 추가로 보험료를 부담한다(SGB XI 제55조 제3항).

임의가입자와 민간보험가입자의 보험료는 가입자 본인이 모두 부담한다. 다만 이 경우 사용자로부터 보험료에 대한 보조를 받는다(SGB XI 제61조).

장기요양보험에서 기존의 사회보험에서와 같은 재정팽창 및 재정적자가 발생하지 않도록 하기 위한 조치들이 취해졌다. 다음과 같은 세 가지를 들 수 있다. 첫째, 수입측면에서 보험료율을 법률에 정하였다. 지출증가로 인하여 장기요양금고 자체가 보험료율을 인상하는 것은 불가능하다. 둘째, 지출측면에서 급여수준을 개선하는 경우 보험료율이 인상될 수밖에 없다. 이를 방지하기 위하여 급여에 대한 변경은 기존 보험료율이 적용되는 한계 내에서, 그리고 그에 따른 보험료 수입의 범위 내에서 이루어지도록 하였다(SGB XI 제30조). 보험료율 안정에 관한 원칙에 위반하는 내용의 보상을 장기요양기관과 합의하는 경우 이는 효력이 없다(SGB XI 제70조 제2항). 셋째, 장기요양금고간에 재정조정이 이루어진다. 급여비용과 행정비용은 장기요양금고의 수입에 비례하여 장기요양금고들이 공동으로 부담한다. 이를 위하여 재정조정이 이루어지며, 이러한 목적으로 연방보험청에 조정기금이 설치되어 있다(SGB XI 제66조 제1항, 제65조).

Ⅲ. 연금보험

1. 최근 개혁조치와 개혁논의

인구구조의 불균형, 고령화, 세계화의 문제들은 연금보험에 직간접적으로 개혁논의의 계기로서 작용하고 있다. 가장 근본적인 개혁논의 중의 하나는 연금보험의 재정방식과 관련된 문제이다. 여기에는 두 가지 방향이 있다. 첫째, 기존의 사회보험방식의 노령보장을 조세를 재원으로 운영하는 기초보장으로 개편하자는 제안이다. 둘째, 사회보험체계를 그대로 유지하되 재정방식을 부과방식에서 적립방식으로 완전히 전환하지는 않더라도 부분적으로 적립방식을 도입하자는 논의이다. 전자의 주장은 현실적으로 실현되기는 불가능한 것으로 보인다. 후자의 제안은 공적연금보험의 재정방식 자체를 변경하지는 않으면서 연금보험의 부담을 일부 경감하고 그 대신 민간보험에의 가입을 유인하는 요소를 도입하는 방법을 통하여 부분적으로 실현되었다. 이 밖에 연금수급연령을 현재 65세에서 67세로 올리는 문제, 자영인과 공무원 등을 연금보험에 의무가입대상으로 하는 문제, 보험료산정한도를 인상하는 문제들이 독일 연금보험의 지속적인 발전을 위하여 제안되고 있다.

1992년 연금개혁 이후 2001년 독일은 위와 같은 문제를 포괄적으로 극복하기 위한 연금개혁을 단행하였다. 이 조치들은 연금보험 개혁 및 노후 재산적립을 촉진하기 위한 법률, 그리고 이 법률의 개정법률에 의하여 이루어졌다.[54] 개혁의 중점은 다음과 같이 정리할 수 있다. 첫째, 보험료율을 안정화시킬 필요가 있었다. 기존의 법률에 따를 경우 2030년쯤에는 보험료율이 23.6%까지 상승하리라 예상되는데 이를 20% 미만으로 유지하는 목표를 세웠다. 둘째, 위에서 언급했듯이 공적 연금보험의 재정방식으로 부과방식을 그대로 유지하고, 민간보험에 의한 노후보장을 장려하는 조치를 취했다. 우선 공적연금의 보장수준을 하향조정하였다. 이러한 조치에는 다음과 같은 민간보험을 장려하는 조치가 따랐다. 즉 2008년부터 보험료산정한도의 4%에 해당하는 금액을 민간보험에 의한 노후보장을 위하여 지출하는 것으로 예정하고 이 금액을 소득세 부과의 대상에서 공제하였다(소득세법 제10a조). 셋째, 민간보험을 촉진하는 조치가 취해지면서 기업연금보험을 안정화하는 조치가 뒤따랐다. 즉 모든 근로자는 보험료산정한도의 4%에 해당하는 금액을 기업연금에 적립하도록 요구할 권리를 갖는다. 사용자가 직접 기업연금을 운영하지 않는 경우 근로자는 사용자에게 민간보험과 계약을 체결하여 해당 금액을 적립하도록 요구할 수 있다. 사용자를 대신하여 기업연금급여를 지급하는 업무를 담당하게 하기 위하

54) Gesetz zur Reform der gesetzlichen Rentenversicherung und zur Förderung eines kapatalgedeckten Altersvorsorgevermögens: Gesetz zur Ergänzung des Gesetzes zur Reform der gesetzlichen Rentenversicherung und zur Förderung eines kapatalgedeckten Altersvorsorgevermögens.

여 연금기금(Pensionsfonds)이 설치된다. 연금기금은 연방보험청의 감독을 받는다. 넷째, 연금조정공식을 개정하였다. 위에서 언급했듯이 민간보험을 장려하기 위하여 예상되는 지출은 연금조정의 기초인 임금에서 공제된다. 그만큼 연금조정의 폭이 줄어들고, 그 결과 연금의 인상폭이 줄어든다. 다섯째, 자녀양육을 연금보험에서 적극적으로 보호하도록 하였다. 취업 중 자녀양육을 하는 경우 연금점수가 50%까지 추가 상승할 수 있으며, 최고 1점을 더 받을 수 있다. 자녀가 10살이 될 때까지 양육을 하는 부모가 파트타임으로 일을 하거나 전일고용에도 불구하고 평균에 미달하는 임금을 받는 경우, 또 2 이상의 자녀를 양육함에 따라 소득활동을 할 수 없는 경우에는 부모의 연금액이 상향 조정된다. 여섯째, 지속해서 100% 소득활동능력이 없는 노령연금수급자 등에게 최소한의 수요를 보장하는 법률이 제정되었다.[55] 이 연금급여는 연방사회부조법상의 생계보호기준에 따라 급여수준이 결정되며, 생계보호기준의 115%에 해당하는 액에 해당한다. 이 밖에 숙박과 난방을 위한 비용, 그리고 질병보험료 및 장기요양보험료를 부담한다. 이 연금은 지방자치단체가 관할한다. 연방이 주의 주택보조금에 대한 지출비용을 부담하는 반대급부로서 주가 새로운 연금의 재정을 부담한다.

2. 보호되는 위험

(1) 소득능력의 감소

독일의 연금보험법이 보호하는 위험인 소득능력의 감소(verminderte Erwerbsfähigkeit)는 그 원인이 되는 장애의 정도에 따라 2등급으로 구분되어 있다: 완전소득능력상실(volle Erwerbsminderung)과 부분소득능력상실(teilweise Erwerbsminderung)이 그것이다.

완전소득능력상실은 장애 후 남은 능력으로 노동시장에서 3시간 이상 업무를 수행할 수 없을 때 인정된다(SGB Ⅵ 제43조 제2항). 부분소득능력상실은 3시간 이상 6시간 노동을 수행할 수 있는 경우에 인정된다.

55) Gesetz über eine bedarfsorientierte Grundsicherung im Alter und bei Erwerbsminderung.

장애가 발생한 후에도 6시간 이상 노동을 수행할 수 있을 때에는 소득능력감소로 인한 연금은 지급되지 않는다(SGB Ⅵ 제43조 제3항).

기존의 독일 연금보험법은 소득상실의 계기를 구체적으로 평가하여 부분적으로 장애가 발생하였더라도 노동시장에서의 노동력에 대한 수요가 없기 때문에 실제 소득활동을 할 수 없는 가입자에게는 완전연금을 지급하였다.56) 애초에 독일 정부는 장애만을 기준으로 연금 지급 여부 및 정도를 결정하는 개혁을 단행하려고 하였다. 이에 따르면 장애로 인하여 6시간미만의 노동만을 할 수 있는 경우에 이에 해당하는 일자리를 노동시장에서 구할 수 없더라도 완전연금이 아닌 부분연금이 지급된다. 2001년 연금개혁법은 이를 실제 실현하지는 못했다. 즉 부분연금을 지급받는 장애를 가진 가입자가 일자리를 구하지 못할 때에는 엄격한 요건하에 완전연금을 지급받는다.57)

가입자가 일부 장애로 인하여 소득활동을 할 수 없고 완전연금을 받는 경우 연금보험과 고용촉진 사이에 부담을 분배하는 문제가 발생한다. 이 경우 실업급여는 지급되지 않는다(SGB Ⅲ 제142조 제2항 제2호). 이로써 연방고용공단의 부담이 줄어들기 때문에 연금보험의 부담을 보상하기 위하여 연방고용공단은 가입자가 고용보험급여의 청구권을 동시에 충족시키는 경우에는 지급되는 연금액의 50%를 연금보험에 지급한다.

(2) 노　령

노령은 소득능력의 상실을 연령을 기준으로 하여 정형화시킨 것이다. 즉, 연금보험법은 가입자가 일정한 연령에 도달하면 더 이상 소득활동을 기대할 수 없다는 가정을 한다. 따라서 통상의 연금수급 개시연령보다 낮은 연령에 연금수급권을 인정하는 경우에는 연령상의 조건 이외에 소득활

---

56) 이러한 이유로 완전연금을 수급하는 비율은 전체 소득능력감소로 인한 연금 중 3분의 1에 달하였다고 한다. Franz Ruland, “Rentenversicherung”, Bernd von Maydell/Franz Ruland(편), *Sozialrechtshandbuch*(Nomos, 2003), 1005면 참조.

57) 이 점을 법률이 명시하고 있지는 않다. SGB Ⅵ 제43조 제3항의 반대해석을 통하여 위와 같은 결론을 도출할 수 있다.

동을 기대할 수 없는 특별한 사정이 존재하여야 한다.

연금보험법에서 노령연금수급 개시연령은 원칙적으로 65세이다(SGB Ⅵ 제35조). 기존에 가입자가 선택적으로 조기에 연금을 수령하는 다양한 가능성이 있었으나 법률 개정에 의하여 이러한 규정들은 상당 부분 사라지고 있다. 35년의 대기기간(Wartezeit)을 충족시킨 가입자는 62세에 연금을 신청할 수 있다. 다만 이들이 62세에 연금을 신청하는 경우 아래에서 설명하는 바와 같이 연금의 감액을 감수하여야 한다. 중장애인은 원칙적으로 63세에, 그리고 예외적으로 60세에 연금을 신청할 수 있다(SGB Ⅵ 제37조).

이미 언급했듯이 가입자가 조기에 연금을 신청할 수는 있다. 다만 이 경우 연금산정요소 중 이른바 연금개시점수(Zugangsfaktor)가 가입자에게 불리하게 산정되며, 그 결과 연금이 감액된다(SGB Ⅵ 제77조). 이에 비해서 65세 이후에 연금을 신청하는 경우에는 그에 비례해서 연금액이 증가한다. 65세 이전에 신청하는 경우 1개월에 0.3%가 감액되며, 65세 이후에 신청하는 경우 1개월에 0.5%가 증가한다(SGB Ⅵ 제63조 제5항). 가입자는 연금수급연령을 신축성 있게 조절할 수 있을 뿐 아니라 연금액을 조정할 수 있다. 즉 가입자는 연금 전체를 신청할 수도 있지만 연금의 일부를 신청할 수도 있다. 이에 대해서는 후술한다.

(3) 사 망

가입자의 사망은 유족에게는 가족단위의 소득능력을 상실시킨다. 연금보험법은 부양의무자의 상실을 남은 배우자가 재혼을 하지 않은 경우 유족급여를 통해서 보상하고 있다. 혼인관계는 원칙적으로 1년 이상 지속되었어야 한다(SGB Ⅵ 제46조 제2a항). 사망의 원인관계는 유족급여 지급 결정에 영향을 미치지 않는다. 가입자가 자살한 경우, 심지어는 유족이 고의로 가입자를 살해한 경우에도 유족급여청구권이 인정된다.[58] 다만 가입

58) 이에 대해서는 Franz Ruland, “Rentenversicherung”, Bernd von Maydell/Franz Ruland(편), *Sozialrechtshandbuch*(Nomos, 2003), 1012면 이하 참조.

자를 고의로 살해한 자에게는 유족급여가 배제된다(SGB Ⅵ 제105조). 가입자의 실종은 사망과 동일한 법적 효과를 갖는다(SGB Ⅵ 제49조).

3. 가 입 자

(1) 의무가입자

1) 근 로 자

질병보험에서와 마찬가지로 임금을 대가로 고용되어 사용자와 종속관계에 있는 근로자 및 직업연수생은 연금보험에 의무적으로 가입한다(SGB Ⅵ 제1조 제1문). 질병보험과는 달리 의무가입에서 제외되는 소득상한에 관한 규정은 없다. 사무직근로자와 노동자의 구분 없이, 모두 소득수준에 관계없이 연금보험에 의무가입 한다. "근로자"의 개념에 관해서 상세한 설명은 질병보험법 부분에서 서술한 바와 같다.[59)]

2) 그 밖의 의무가입자

농민은 농민의 노령보장에 관한 법률(Gesetz über eine Alterssicherung der Landwirte)에 의하여 연금보험에 의무적으로 가입된다. 농민연금보험법상의 급여 및 급여조건 등에 관한 규정은 사회법전의 연금보험법과는 현격한 차이가 있다. 급여조건상의 특징은 다음과 같다. 즉 연금을 신청하기 위해서는 일정한 연령에 도달하고, 또 농기업을 젊은 세대에 양도하여야 한다. 급여의 내용은 사회법전의 연금보험에 비하면 부분적인 보장을 하는데 머물고 있다.[60)]

일부 자영인도 연금보험에 의무적으로 가입된다. 연금보험에 의무적으로 가입하는 자영인은 가내수공업자, 의무가입대상인 근로자에 포함되지 않는 교원, 보육원, 조산부, 요양요원 등이다(SGB Ⅵ 제2조). 이들의 경제적 상황은 근로자와 유사하기 때문이다. 수공기술자(Handwerker)의 의무가입기간은 216개월로 제한되어 있다. 이후 수공기술자는 의무보험에서

59) 이 책 위 119면 이하 참조.

60) 농민연금보험에 대해서 자세히는 Harald Deisler, "Die agrarsoziale Sicherung", Bernd von Maydell/Franz Ruland(편), *Sozialrechtshandbuch*(Nomos, 2003), 1142면 이하 참조.

면제된다(SGB Ⅵ 제2조 제8호, 제6조 제1항 제4호). 예술인과 출판인은 예술인 및 출판인 사회보험법에 의하여 연금보험에 의무적으로 가입된다(KSVG 제1조). 이 밖에 법률의 규정에 의한 의무가입 대상자가 아닌 자영인은 신청에 의하여 연금보험에 가입할 수 있다(SGB Ⅵ 제7조).

질병보험법에서와 같이 보호기관, 청소년보호기관 및 직업교육기관에 고용되어 있는 장애인은 연금보험에 의무적으로 가입된다(SGB Ⅵ 제1조 제2, 3호).

이 밖에 병역 혹은 민간역무의무자, 질병보상금 · 장애연금 및 실업보험급여를 지급받는 자, 혹은 실업부조 수급자 등 임금대체급여 수급자 역시 연금보험에 의무적으로 가입된다(SGB Ⅵ 제3조). 무급으로 장기요양활동을 하며, 주 근무시간이 14시간 이상인 장기요양요원도 연금보험에 의무적으로 가입한다(SGB Ⅵ 제3조 제1항 제1a호).

3) 자녀양육기간

자녀양육기간이 주어지는 자는 연금보험에 의무적으로 가입된다(SGB Ⅵ 제3조 제1호). 1992년 이전 출생한 자녀에 대해서는 1년, 이후 출생한 자녀에 대해서는 그 이후 기간의 3년이 추가로 인정된다(SGB Ⅵ 제56조, 제249조 제1항). 이 기간에 대한 보험료는 연방이 부담한다(SGB Ⅵ 제177조).

(2) 의무가입면제자

불완전 취업이기 때문에 당해 노무수행을 통해서 생계유지가 이루어진다고 볼 수 없는 자, 혹은 공무원 등 다른 법정 제도에 의해 노령 및 질병으로부터 보호를 받고 있는 자는 법률의 규정에 의하여 연금보험 가입의무가 면제된다(SGB Ⅵ 제5조). 불완전취업이기 때문에 보험료를 면제받는 경우 사용자는 총액으로 임금의 12%를 보험료로 지급하여야 한다. 불완전취업자는 가입면제를 포기하고 연금보험에 가입할 수 있다. 이 경우 사용자는 총액으로 지급하는 12%와 보험료율의 차액을 지급하여야 한다. 법정제도 이외의 방법에 의하여 노령 및 장애의 위험으로부터 보호를 받는 의사, 치과의사, 변호사 등이 신청에 의하여 연금보험 가입의무가 면제되는 것도 질병보험법에 있어서와 같다(SGB Ⅵ 제6조).

(3) 임의가입자

1972년 연금보험법 개혁 이후 의무가입자가 아닌 16세 이상의 모든 국민은 국내에 주소지를 갖거나 상시 체류하는 경우 연금보험에 임의로 가입할 수 있다(SGB Ⅵ 제7조). 임의보험의 확대는 독일에서 연금보험을 국민개보험으로 발전시키는데 기여하였다.

4. 보험급여

(1) 급여 일반

연금보험에서는 다양하게 제공되는 각종 연금이 급여의 중심을 이룬다. 최근에는 의학적 및 직업재활조치도 예방급여로서 그 중요성이 강조되고 있다. 연금의 종류는 본인연금으로 소득감소연금 및 노령연금이 있고, 유족에게는 배우자연금, 자녀연금과 육아연금이 지급된다. 이 밖에 연금수급자에게는 연금보험으로부터 질병보험료에 대한 보조금이 지급된다. 보조금액은 연금을 기초로 산정되는 보험료의 50%이다(SGB Ⅵ 제106조).

(2) 급여와 관련된 기간에 관한 규정

가입자가 보험급여를 청구하기 위해서는 이른바 대기기간(Waretzeit)을 충족하여야 한다. 사회적 위험공동체를 조직기반으로 하는 사회보험의 본질상 가입자는 급여청구 전 일정 기간 보험공동체에 기여하여야 한다는 이념에 기초한 제도이다.

대기기간에는 실제 보험료를 납부한 기간(Beitragszeit)이 산입된다. 의무가입이건 임의가입이건 불문한다. 여기에는 법률에 의해서 보험료가 납입된 것으로 의제되는 기간 역시 포함된다(SGB Ⅵ 제55조 제2문). 또 육아기간이 1992년 이후 출생한 자녀에 대해서는 3년, 이전 출생한 자녀에 대해서는 1년이 인정된다. 이에 대한 보험료는 연방이 부담한다(SGB Ⅵ 제56조).

연금의 종류에 따라 달리 규정되어 있는 각각의 대기기간에 보험료 납부의무가 없는 기간이 산입되기도 한다(beitragsfreie Zeiten; SGB Ⅵ 제51조). 대체기간과 중지기간, 그리고 가산기간이 여기에 해당한다.

대체기간(Ersatzzeit)은 실제로는 보험료를 납부하지 않았지만, 보험료를 납부할 수 없었던 원인이 개인적인 사정이 아니라, 공적 의무를 수행하기 때문에 혹은 궁극적으로 공동체 전체에 귀책사유가 있는 상황 때문이라고 법률이 인정하는 기간이다. 예컨대 병역의무기간 또는 전쟁포로로서 수용되었던 기간 등이 여기에 해당한다. 다만 대체기간은 1992년 1월 1일 이전의 것에 한하여 산입된다(SGB Ⅵ 제51조 제4항, 제250조).

35년의 대기기간이 요구되는 경우, 이 대기기간에는 모든 연금보험법상의 기간이 산입된다. 이에는 이른바 중지기간(Anrechnungszeiten)과 그 밖의 보험가입인정기간(Berücksichtigungszeiten), 그리고 가산기간(Zurechnungszeiten)이 산입된다(SGB Ⅵ 제51조 제3항).

연금보험법이 중지기간을 보험가입기간으로 인정하는 것은 예컨대 질병, 임신, 실업 혹은 교육기간 등과 같이 비록 공동체 전체의 책임은 아니지만, 그렇다고 가입자에게 귀책사유가 있지 않은 상황 때문에 보험료를 납부하지 못하여 발생하는 불이익을 사회적 고려에서 조정하는 목적을 갖는다(SGB Ⅵ 제58조).[61] 그러나 질병 혹은 실업을 원인으로 소득활동을 할 수 없기 때문에 임금대체급여가 지급될 때에는 이 기간은 의무가입기간이기 때문에 중지기간으로 인정되지 않는다.

가산기간은 보험사고가 발생한 시점과 가입자가 60세가 되는 시점 사이의 기간이다. 이는 젊어서 보험사고를 당하는 가입자는 보험가입기간이 짧아 연금액 산정의 기초가 낮고, 그 결과 연금수준이 낮아지는 것을 보충하는 취지를 갖는다(SGB Ⅵ 제59조).

보험가입인정기간으로 육아인정기간(Kinderberücksichtigungszeiten)이 있다. 이는 위에서 설명한 보험료 납입기간으로 인정되는 육아기간을 초과

61) 이에 관한 다양한 사례에 대해서는 *BSGE* 21, 21; 29, 120; 34, 39; 34, 93; 37, 10; 41, 168; 46, 48; 52, 108; 53, 54 등 참조.

하는 기간을 대상으로 한다. 육아인정기간은 출생 후 10세까지 자녀를 양육하는 기간에 대해서 인정된다(SGB Ⅵ 제57조). 보험가입인정기간은 그 자체만으로 보험청구권을 성립시킬 수도 없고, 또 연금액에 영향을 주는 것도 아니다. 다만 그 밖의 불이익을 보호하는 기능을 수행한다. 예컨대 아래에서 보듯이 장애연금을 수급하기 위해서는 지난 5년기간 중 적어도 36개월간 보험료를 납부하여야 한다. 이때 5년의 기준기간에 관한 판단에 있어 보험가입인정기간이 가입자에게 도움을 줄 수 있다.

(3) 재활조치 및 재활보조금

재활은 연금보험의 중요한 과제이다. 재활조치를 통하여 장애를 당한 가입자가 직업 및 사회생활에 재편입될 수 있다. 좀 더 실리적으로 보면 장애로 인한 조기연금수급을 방지하고, 이로써 연금재정의 안정에 기여할 수 있다. 재활조치로는 의료적 재활과 고용에 참여하기 위한 조치, 질병 및 장애가 가입자의 소득생활에 미치는 영향을 최소화하기 위한 조치 등이 있다(SGB Ⅵ 제9조). 재활조치는 연금급여에 비해서 연금보험의 우선적 과제이다.

재활조치는 대기기간이 15년 이상인 가입자 혹은 소득능력감소를 이유로 연금을 수급하는 자가 신청할 수 있다(SGB Ⅵ 제11조 제1항). 재활급여는 기본적으로 신청에 의하지만 직권으로 지급될 수도 있다(SGB Ⅵ 제19조, 제115조 제4항). 재활조치는 재량급여이다(SGB Ⅵ 제9조 제2항). 따라서 이러한 급여들은 가입자의 소득능력이 질병 혹은 신체적·정신적 장애로 인하여 상실 혹은 감소될 위험이 있는 경우 보험자의 재량에 의해 개선 혹은 재활가능성이 있다고 인정되는 경우에 지급된다(SGB Ⅵ 제9조). 그러나 실제로는 거의 재량이 행사되지 않으며, 다만 급여의 종류, 기간, 범위 등 및 집행 장소에 있어서 재량이 행사되는 정도라고 한다.[62]

재활조치가 취해지는 기간에는 재활보조금(Übergangsgeld)이 지급된다

62) 이에 대해서는 Franz Ruland, “Rentenversicherung”, Bernd von Maydell/Franz Ruland(편), *Sozialrechtshandbuch*(Nomos, 2003), 1021면 이하 참조.

(SGB Ⅵ 제20조). 재활보조금의 산정기초는 가입자의 직전 임금의 80%이다. 재활보조금의 수준은 가입자의 자녀 양육 여부, 장기요양의 필요 여부 등 가입자의 상황에 따라 차등화 되어 있다(SGB Ⅵ 제21조 제2항).

(4) 본인연금 – 소득능력감소연금, 노령연금

장애연금은 기본적으로 한시적 조치로서 예정되어 있다. 다만 장애가 처음부터 치유될 수 없는 경우에는 계속연금으로 지급된다. 장애가 발생한 후 9년이 지나면 계속연금으로 확정된다(SGB Ⅵ 제102조 제2항). 한시적 장애연금은 장애 발생 6개월 후 지급이 개시된다. 질병보험조합이 6개월간 질병보상금을 지급한다. 소득능력감소를 원인으로 지급되는 연금에 적용되는 대기기간은 60개월간 보험에 가입하였을 때 충족된다(SGB Ⅵ 제43조 제1, 2항). 소득능력감소를 원인으로 연금을 신청하기 위해서는 보험사고가 발생하기 전 5년 기간 중 최소한 3년 이상 의무보험에 기초한 보험료를 납부하였어야 한다.63)

완전노령연금을 수급하기 위해서 필요한 대기기간 역시 60개월이다(SGB Ⅵ 제35조 제2호). 조기에 연금을 신청하는 장기 가입자(SGB Ⅵ 제36조 제1호) 및 60세를 연금수급연령으로 선택하는 중장애인에 대해서는 35년의 대기기간이 필요하다(SGB Ⅵ 제36조 제2호, 제37조 제3호).

월연금액(Monatsrente; MR)은 가입자가 납부한 보험료, 보험가입기간 및 임금수준의 변동이라는 변수에 의해 결정된다.

가입자 개인의 능력을 나타내는 연금액 결정요소는 개인별 연금점수(persönliche Entgeltpunkte; pEp)이다. 개인별 연금점수는 연금점수(Entgeltpunkte; Ep)와 연금개시점수(Zugangsfaktor)를 곱하여 산정된다. 실제 보험료를 납부한 기간의 연금점수는 가입자 개인의 소득을 가입자 전체의 평균소득과 대비하여 산출된다. 예컨대 가입자가 보험가입기간 동안 가입자 전체 평균소득과 같은 소득수준을 유지했으면 1년 연금점수는 1이 된다

63) 이 규정에 대해서 연방헌법재판소는 합헌결정을 한 바 있다. *BVerfGE* 75, 78면 이하 참조.

(SGB Ⅵ 제63조 제2항). 가입자가 가입자 전체의 평균소득과 같은 소득수준을 유지하면서 45년간 가입하였으면 총연금점수는 45(1 × 45)가 된다. 가입자의 소득이 전체 가입자의 평균소득보다 높으면 1년 합계 연금점수는 1보다 크고, 반대로 개인의 소득이 가입자 전체의 평균임금보다 낮으면 연금점수는 1보다 낮다.

이 밖에 위에서 언급한 사회적 관점에서 인정되는 보험료를 납부하지 않은 기간이 연금점수산정에 산입된다. 중지기간의 산정방법에는 변화가 있었다. 즉 기존에 중지기간은 가입 시점에서 보험사고가 발생한 시점까지의 기간 중 반 이상(최소한 60개월) 동안 보험에 의무가입하여 보험료를 납부한 자에 한하여 보험가입기간으로 인정되었다(이른바 “Halbbelegung”; 구 RVO 제1259조 제3항). 이 요건을 충족시키지 못하면 중지기간은 인정되지 않았다. 이 규정은 특히 근로기간이 짧을 수밖에 없는 여성에게 불리하게 작용하였다. 개정 연금보험법은 보험료를 납부한 기간을 징표하는 연금점수의 총합이 중지기간을 공제한 가입자의 근로가능기간에서 차지하는 비율에 따라(이른바 “Beitragsdichtemodell”) 중지기간이 연금액 산정, 즉 구체적으로는 연금점수산정에 반영되도록 하였다(SGB Ⅵ 제72조 제2, 3항). 이에 따르면 보험료 납부기간이 길수록 중지기간이 연금점수산정에 반영되는 비율이 높고, 반대로 보험료 납부기간이 짧으면 그 만큼 중지기간이 연금점수산정에 반영되는 비율이 낮게 된다.[64)]

10세까지의 아동을 양육하는 기간에 대해서는 월 0.0833의 연금점수, 즉 연 연금점수 1이 인정된다(SGB Ⅵ 제70조 제2항).[65)]

---

64) 예컨대 16세에서 30세까지 연금보험에 가입하였던 가입자가 보험가입기간 중 총 22.5의 연금점수를 취득하였으며 65세에 연금을 수령하기 시작하였다고 하자. 그 동안 2년의 중지기간이 존재할 때 중지기간의 평가 및 가입자의 총연금점수는 다음과 같이 산정된다. 먼저 중지기간에 대한 월연금점수는 보험가입기간 중 얻은 총연금점수 22.5를 중지기간 2년을 공제한 근로가능기간, 즉 49 × 12개월 − 2 × 12개월 = 564개월로 나눈 0.0399(Ep)이다. 따라서 2년의 중지기간에 대한 평가는 0.0399Ep × 24개월 = 0.9576Ep이다. 결국 가입자 개인의 총연금정수는 22.5Ep + 0.9576Ep = 23.4576Ep이다.

65) 위 각주 64에서 가입자가 3년간 아동을 양육한 경우에는 가입자의 연금점수는 다음과 같다. 이 경우 우선 가입자의 중지기간에 대한 평가산정 전 연금점수 자체

원칙적인 연금수급연령, 즉 65세 이전에 연금수령을 개시했을 경우 연금액은 감액된다. 연금산정요소로 이른바 연금개시점수(Zugangsfaktor; Zf)가 이를 반영한다. 원칙적인 노령연금수급연령인 65세에 연금을 받기 시작했을 때에는 연금개시점수는 1이다. 이 보다 일찍 연금수령을 시작했을 때에는 1개월에 0.003씩 점수가 줄어든다. 따라서 법률에 예정된 신청시점에 비해서 3년 일찍 연금을 신청한 경우에는 연금개시점수는 10.8%(0.3% × 12개월 × 3년)가 줄어든다. 이로써 조기에 연금을 수급하는 자는 1차적으로는 보험가입기간이 짧기 때문에, 그리고 2차적으로 연금개시점수가 낮기 때문에 불이익을 받게 된다. 이에 비해서 65세 이후에 연금을 받기 시작할 때에는 1개월에 0.005점이 증가한다(SGB Ⅵ 제77조).

연금액 산정요소로 이 밖에 연금의 종류에 따라 각각 달리 규정되어 있는 가산율(Rentenartfaktor; Raf)이 있다. 가산율은 노령연금과 완전소득능력감소연금, 육아연금 및 가입자의 사망 후 3개월간 지급되는 배우자연금에는 1.0으로 결정되어 있다. 부분소득능력감소연금은 0.5의 가산율이 적용된다. 유족연금에는 0.25 혹은 0.55의 가산율이, 자녀연금에는 0.1 혹은 0.2의 가산율이 적용된다(SGB Ⅵ 제67조).

연금산정에서 임금수준의 변화는 평균연금가(aktueller Rentenwert; aRw)를 통해서 반영된다. 평균연금가는 모든 가입자의 연평균임금을 기초로 보험료를 납부했을 경우 산정되는 월연금가를 말한다.[66] 평균연금가는 가입자 전체의 평균 총임금에서 연금보험료와 노후보장을 위하여 민간보험에 납부하는 보험료를 제외한 금액의 상승률에 비례하여 인상된다(SGB Ⅵ 제68조). 이로써 1992년 연금개혁이 기존의 총임금에서 순임금을 기준으로 연금조정을 하는 방안을 도입한 후 2001년 연금개혁에서는 부분적으로 수

가 증가한다. 즉 본래 보험료를 납부한 기간에 대한 연금점수 22.5에 자녀양육기간에 대한 월연금점수인 0.0833 × 36개월 = 2.9988의 연금점수가 가산된다. 중지기간에 대한 평가점수는 총연금점수인 22.5Ep + 2.9988Ep = 25.4988Ep를 중지기간 2년을 공제한 근로가능기간, 즉 49 × 12개월 − 2 × 12개월 = 564개월로 나눈 0.0452106(Ep)이다. 2년의 중지기간에 대한 평가는 0.0452106Ep × 24개월 = 1.0850544Ep이다. 결국 가입자 개인의 총연금점수는 22.5Ep + 1.0850544Ep = 23.585054Ep이다.

66) 2005년 7월 1일 현재 평균연금가는 26.13유로이다.

정되기는 하였지만 다시 총임금 기준으로 회귀한 셈이다. 현행 연금보험법에서는 매년 연금가가 조정되는 방식으로 연금조정이 이루어진다.

월연금액은 위에서 설명한 연금산정요소를 곱해서 산출된다. 이를 공식화하면 다음과 같다.

$$MR = pEp\ (Ep \times Zf) \times Raf \times aRw$$

이 밖에 어느 정도 최저연금을 보장하기 위한 다음과 같은 두 가지 제도가 마련되어 있다. 첫째, 가산기간과 육아기간, 그리고 대체기간을 포함하여 35년의 보험가입기간을 충족시킨 가입자는 연금산정의 기초가 되는 총임금이 낮을 경우 그의 총임금의 1.5배가 산정기초가 될 수 있다. 다만 이러한 인상된 임금은 전체 가입자의 평균임금의 75%를 넘을 수는 없다. 또 이러한 최저연금보장을 위한 장치는 한시적인 것이어서, 1991년 12월 31일까지 의무적으로 보험에 가입되었던 기간에 대해서만 인정된다(SGB Ⅵ 제262조 제1항). 이 제도는 특히 여성근로자를 염두에 두고 저임금 가입자의 노후를 보장하는 목적을 가졌다. 둘째, 직업활동을 개시한 초기에 임금이 낮기 때문에 이것이 연금산정에 불리하게 영향을 미치는 것을 방지하는 규정을 두었다. 즉 25세를 상한으로 가입자가 직업활동 초기에 직업교육을 받고 있기 때문에 낮은 임금을 수령하는 기간은 최장 36개월 동안 직업교육기간으로 인정하고, 이 기간은 개인의 평균연금점수를 기초로 연금을 산정할 수 있도록 하였다(SGB Ⅵ 제71조).

연금청구권자는 연금을 부분적으로 신청할 수 있다(Teilrente). 이에 따르면 가입자는 연금수급개시연령에 이르렀을 때 그가 받을 연금의 일부, 즉 3분의 1, 2분의 1, 혹은 3분의 2를 신청할 수 있다(SGB Ⅵ 제42조). 가입자가 부분연금을 신청했을 때에는 연금개시점수에 영향을 미치며, 그 결과 이후의 연금산정에 正 혹은 負의 효과를 미친다(SGB Ⅵ 제74조 제2항, 제77조 제3항). 조기에 부분연금을 신청하고 나머지 연금을 연금수급개시연령보다 후의 시점에 신청하게 되면 조기에 수령한 연금은 후에 지급되는 연금의 수준에 아무런 영향을 미치지 않게 될 수도 있다.

(5) 유족연금

연금청구권이 있거나, 적어도 대기기간을 충족한 가입자가 사망한 경우에 배우자, 이혼배우자 및 자녀에게 유족연금이 지급된다(SGB Ⅵ 제46조 이하).

1985년 이전까지 적용되던 RVO 제1264조와 제1266조에 의하면 가입자인 배우자가 사망하고 남은 배우자가 여성인 경우에는 특별한 조건 없이 연금청구권이 인정되었다. 이에 비해서 남은 배우자가 남성인 경우에는 사망한 부인이 가족의 생계를 주로 담당한 경우에 한하여 연금청구권이 인정되었다. 이 규정이 독일 헌법 제3조 제2항과 제3항의 남녀평등에 위반되는가의 여부가 문제되었다. 연방헌법재판소는 1967년 이른바 제1차 배우자연금결정에서 해당 규정을 합헌으로 판단하였다.[67] 그러나 1976년 헌법재판소는 제2차 배우자연금결정에서 남자인 배우자에게 적용되는 연금청구의 조건이 아직 위헌은 아니지만, 앞으로 이루어질 여성취업의 증가, 이에 따른 남녀기능분담의 변화 및 배우자의 사망이 가계에 가져오는 경제적 파급효과 등을 고려하면 입법자는 헌법의 남녀평등의 원칙과 조화될 수 있도록 해당 규정을 개정할 의무가 있다는 내용의 입법촉구결정을 하였다.[68] 이에 1985년 "유족연금개정 및 연금보험에서의 양육기간산정에 관한 법률"이 제정되었다.[69]

연금수급권자는 가입자가 사망한 당시 배우자이다. 배우자의 연금산정에 있어서 가입자의 사망 후 3개월까지는 1의 가산율이 적용된다. 이는 남은 배우자에게 변화된 경제적 환경에 적응하는 데 도움을 주기 위한 취지이다.[70] 이

67) *BVerfGE* 21, 329면 이하 참조.

68) *BVerfGE* 39, 169면 이하 참조.

69) 이 법에 대해서 자세히는 Franz Ruland, "Die Neuregelung der Hinterbliebenensicherung und die Einführung von Kindererziehungszeiten in der gesetzlichen Rentenversicherung", *Neue Juristische Wochenschrift*(1986), 20면 이하 참조.

70) *BVerfGE* 39, 98면 이하 참조.

후 배우자연금으로 사망한 가입자가 보유하였던 가산율의 25%(일반배우자연금: kleine Witwen(r)rente) 혹은 55%(우대배우자연금: grosse Witwen(r)rente)에 해당하는 액이 지급된다. 배우자연금을 신청하기 위하여 필요한 대기기간 5년을 충족한 경우 일반배우자연금이 지급된다. 우대배우자연금은 남은 배우자가 45세 이상인 경우, 소득능력이 감소한 경우 혹은 18세 미만의 자녀를 양육하고 있는 경우 지급된다(SGB Ⅵ 제67조 제5, 6호).

1985년 개정법률에 의해서 본인소득산정방식(Anrechnungsmodell)이 도입되었다. 이에 따르면 배우자연금 수급권자가 소득 혹은 소득대체급여가 있는 경우 소득의 일부가 배우자연금의 산정에 산입된다. 자산으로부터의 수익도 산입된다. 다만 사회부조 등 보충적인 급여는 고려되지 않는다. 구체적으로는 남은 배우자의 월소득 중 법률이 정한 산입면제액(Freibetrag)을 초과하는 부분의 40%에 해당하는 액이 연금 산정에 산입되어, 결과적으로 연금이 그만큼 감소한다.[71]

2001년 개정 법률에 의하여 남은 배우자는 배우자연금을 지급받는 대신 혼인기간 중 획득한 연금기대권을 분할하는 방법을 채택할 수 있다(Rentensplitting). 이에 따르면 부부가 완전노령연금청구권을 갖게 된 경우 생존기간에 이미 분할된 연금청구권을 갖는다. 이 경우 배우자연금은 지급되지 않는다(SGB Ⅵ 제46b조 제2항, 제52조 제1a항, 제76c조 제1항, 제120a조 이하). 그러나 실제 이러한 연금분할은 거의 선택하지 않는다고 한다. 왜냐 하면 연금분할은 혼인기간 중 형성된 기대권을 분할하는 반면, 배우자연금은 사망한 가입자의 전체 보험청구권의 55%에 해당하며, 후자가 전자에 비하여 유리하기 때문이다.

남은 배우자가 재혼하면 유족연금청구권은 소멸한다(SGB Ⅵ 제46조 제2항). 남은 배우자는 새로운 부양공동체의 일원이 되었기 때문이다.[72] 재혼 배우자에게는 일시금으로 월평균 연금액의 24배에 해당하는 액이 지

71) 2003년 현재 산입면제액은 689.83유로이며, 자녀연금수급자가 있는 경우 146.33유로가 추가된다. 이 산입면제액은 구동독지역에는 낮게 적용된다. 이 규정에 대해서 연방헌법재판소는 합헌결정을 한 바 있다. *BVerfGE* 97, 271면 이하 참조.

72) *BVerfGE* 39, 316(326) 참조.

급된다(SGB Ⅵ 제107조 제1항). 연금청구권을 완전히 박탈하는 것은 재혼을 간접적으로 저지하는 효과가 있기 때문이다. 두 번째 혼인이 소멸한 때에는 첫 번째 혼인관계에서 발생했던 배우자연금청구권은 다시 부활한다. 이때 두 번째 혼인관계에서 발생한 연금청구권은 부활하는 첫 번째 혼인관계에서 발생한 연금청구권의 산정에 산입된다(SGB Ⅵ 제90조 제1항).

자녀연금은 원칙적으로 18세까지 지급된다. 아직 학교교육 및 직업교육과정에 있거나 혹은 장애상태에 있는 경우에는 27세까지 연금이 지급된다. 수급자가 병역의무를 이행하여야 하기 때문에 학교 및 직업교육이 중단되는 경우에는 그에 해당하는 기간 다시 연장될 수 있다(SGB Ⅵ 제48조 제4항). 자녀연금으로 부모 중 한 쪽이 없는 자녀에게는 사망한 가입자의 연금점수를 산정기초로 하여 0.1의 연금점수에 해당하는 액이, 그리고 부모 모두 사망한 경우에는 부모 모두의 연금점수를 합한 연금점수를 산정기초로 하여 0.2의 연금점수에 해당하는 액이 지급된다. 이 밖에 부 또는 모가 없는 자녀에게는 월 0.0083의 연금점수의 10%에 해당하는 액이, 부모 모두 없는 자녀에게는 월 0.075의 연금점수의 20%에 해당하는 액이 아동보조금(Kinderzuschlag)으로 추가로 지급된다(SGB Ⅵ 제78조).

(6) 소득 및 다른 사회보장급여와의 조정

소득능력상실로 인하여 연금을 받는 자가 연금수급 이전의 소득활동을 계속하고 소득이 일정한 정도를 넘으면 연금산정에 부정적 영향을 미친다. 완전소득능력상실연금의 경우 소득한도액은 연금보험 가입자 평균소득의 7분의 1에 해당하는 액이다. 부분연금을 받는 경우 4분의 3 연금, 2분의 1 연금, 그리고 4분의 1 연금에 대해서 소득상한으로 각각 평균연금가의 15.6배, 20.7배, 그리고 25.8배이다. 소득능력감소연금의 경우 전액연금, 2분의 1 연금에 대해서 소득한도액은 각각 평균연금가의 20.7배와 25.8배이다(SGB Ⅵ 제96a조 제2항 제2호).

노령연금의 경우 다음과 같은 소득한도에 관한 규정이 적용된다. 원칙적인 연금수급연령인 65세 이전에 연금을 신청하는 경우 위에서 언급한 바와 같이 연금액이 감액될 뿐 아니라 소득상한에 관한 규정이 적용된다. 조기에 전체 연금을 신청하는 경우 소득상한은 연금보험가입자 전체 평균 소득의 7분의 1이다(SGB Ⅵ 제34조 제3항 제1호). 이에 비해서 연금 일부를 조기에 신청하는 경우 소득상한은 신청하는 연금의 정도 및 신청 전 소득의 정도에 따라서 차등화되어 있다. 연금의 3분의 1, 2분의 1, 그리고 3분의 2를 신청하는 경우에 소득한도액은 각각 평균연금가의 23.3배, 17.5배, 그리고 11.7배이다.

연금보험급여와 재해보험급여의 요건을 동시에 충족한 경우에는 급여의 합계가 일정한 한도를 초과하면 연금보험급여가 감액된다. 이 한도액은 재해보험에서 연금산정의 기초가 되는 연소득의 70%에 해당하는 액이다. 다만 연금보험급여와 재해보험급여에 각각 산입면제액이 있다(SGB Ⅵ 제93조 제2, 3항). 소득능력감소연금과 실업급여의 요건이 함께 충족될 때에는 실업보험급여에 해당하는 액만큼 연금보험급여는 감액된다. 다만 완전소득능력감소로 인하여 실업급여가 정지될 때에는 그러하지 않는다(SGB Ⅲ 제198조, SGB Ⅵ 제142조 제1항 제1문 제1호). 연금보험법상의 여러 급여청구권이 함께 충족될 때에는 그 중 가장 높은 수준의 급여가 지급된다.

5. 재 정

가입자와 사용자의 보험료에 의해서 재정이 운영된다는 원칙은 질병보험과 재해보험에 비해서 연금보험에서는 의미가 약화되고 있다. 그 이유는 다음과 같은 두 가지이다. 첫째, 본래는 연금보험의 과제에 속하지 않는 사업(versicherungsfremde Lasten)을 수행할 것이 연금보험에 부과됨에 따라 이 비용을 충당하기 위하여 연방보조가 필수적인 요소가 되었다. 둘째, 연금재정의 파탄을 방지하기 위하여 노동자 연금보험과 사무직근로자 연금보험과 같은 이종단체간, 혹은 노동자 연금공단 내의 동종단체간에 재정조정이 이루어진다. 다만 후자의 요소는 연금보험 조직개편이 이루어지면서 더 이상 의미를 갖지 못하게 되었다.

독일의 연금보험은 부과방식으로 재정이 운영된다. 부과방식이란 매년 지출되는 보험급여비용을 당해 연도의 보험료 수입원으로 재정충당하는 방식이다. 따라서 현재 가입자가 납부하는 보험료는 현재 연금수급자가 받는 연금의 재원이 된다. 독일에서 1957년까지 연금보험은 적립방식에 의해서 운영되었다. 적립방식에서는 현재 가입자가 납부하는 보험료가 적립되어 장래 본인이 받는 연금의 재원이 된다. 적립방식은 특히 인플레이션의 경우 연금의 실질가치를 유지하지 못하는 문제가 있고, 또 오늘날 대규모의 연금재정을 관리하는 것은 국민경제적으로 큰 부담이 되기 때문에 부과방식으로 대체되었다.

1990년대 이후 인구구조의 불균형과 고령사회의 출현으로 인하여 부과방식으로는 현세대의 연금급여를 후세대가 감당하기 힘들며, 이로써 세대간 균형 및 정의가 파괴될 수 있다는 우려에서 적립방식으로 전환하는 방안이 지속적으로 논의되었다. 독일에서는 재정방식의 전환을 유보한 채 공적 보험의 부담을 덜기 위하여 국민들로 하여금 민간보험에 일정 부분 기여를 하는 내용으로 적립방식을 부분적으로 도입하는 개혁을 한 바 있다.[73]

독일의 연금보험에서 가입자가 (근로자의 경우 사용자와 함께) 납부하는 보험료가 가장 중요한 재원이다. 연방은 연금보험에 이질적인 과제에 대한 재정을 부담하기 위하여 보조금을 지급한다. 이 밖에 연방은 연금보험의 최종적인 재정 보장자의 지위에 있다.

(1) 보 험 료

연금보험에 의무가입하는 근로자의 보험료는 원칙적으로 가입자와 사용자가 반씩 부담한다. 불완전취업의 경우 사용자가 임금의 12%를 부담한다(SGB Ⅵ 제168조 제1항 제1호). 연금보험에 의무가입하는 자영인과 임의가입자는 보험료 전액을 스스로 부담한다(SGB Ⅵ 제169조 제1호, 제171조). 연금수급자로서 보험가입의무가 면제되어 있는 근로자에 대해서도 사용자는 근로자가 연금보험에 가입했더라면 부담할 보험료를 납부하여야 한다

73) 이에 대해서는, 이 책 위 157면 이하 참조.

(SGB Ⅵ 제172조). 연금수급자를 고용하여 사회보험의 추가비용을 줄이려는 유인을 방지하려는 의도이다. 이 밖에 연금보험에 의무 가입하는 병역의무자 및 민간역무수행자에 대한 보험료, 실업부조수급자 및 아동양육기간에 대한 보험료는 연방이 부담한다(SGB Ⅵ 제170조 제1항 제1호).

연금보험에서 보험료를 결정하는 요소는 가입자의 총임금과 보험료율이다(SGB Ⅵ 제157조). 보험료 산정의 기준이 되는 임금에는 상한이 있다. 독일에서 연금보험이 생활수준에 대한 기초보장(Grundsicherung)을 위한 제도임을 알 수 있다. 이 상한액은 법규명령의 형식을 통해서 매년 조정된다(SGB Ⅵ 제159, 275a조).[74] 의무가입자에 대한 보험료율은 법규명령에 정해진다.[75]

보험료율을 결정하는 요소는 연금보험의 수입과 지출, 그리고 적립금의 수준이다. 연말 기준으로 현재 보험료율을 유지하는 경우 적립금(Nachhaltigkeitsrücklage)이 지출의 0.2배를 미달하거나 1.5배를 초과하는 때에는 보험료율을 인상 혹은 인하한다(SGB Ⅵ 제158조 제1항). 보험료율은 연금조정과도 연계되어 있다. 즉 보험료를 상향조정하는 경우 연금조정률은 낮아진다. 이는 연금보험에서 지출이 증가하는 경우 이를 현재 가입자 뿐 아니라 연금수급자가 공동으로 부담하여야 한다는 의미이다.

(2) 연방보조

연금보험의 과제 이외의 사업에 소요되는 비용을 충당하기 위하여 연방은 매년 보조금(Bundeszuschuß)을 지급한다. 2004년 연방보조는 총수입의 26.4%였다. 연방보조금은 매년 총임금과 보험료율의 상승에 비례하여 증가한다(SGB Ⅵ 제213조). 이 밖에 연방정부는 연금보험이 적립금을 유지할 수 있도록 재정보조를 한다는 의미에서 최후의 재정책임자(Bundesgarantie)이다. 연방의 재정책임은 무이자 대부의 형태로 이루어진다(SGB Ⅵ 제214조).

---

74) 2006년 보험료산정한도액은 63,000유로이다.

75) 2003년 보험료율은 19.5%이다.

(3) 재정조정

기존에 연금보험조직개편 이전에는 노동자연금보험간에, 그리고 노동자연금보험과 사무직근로자연금보험간에 재정조정이 이루어졌다. 그러나 아래에서 설명하는 조직개편 이후 모든 연금보험공단은 단일의 재정단위를 이루었고, 그 결과 지출과 수입을 공동으로 관리하게 되었다. 적립금도 공동으로 계상되며, 이는 독일연금보험연합이 관리한다.

6. 조　　직

독일의 연금보험의 조직은 2005년 1월 1일 효력을 발생한 "연금보험조직개혁법(Gesetz zur Organisationsreform der gesetzlichen Rentenversicherung)"에 의하여 근본적으로 변화하였다. 이전까지 노동자연금보험은 지역단위로 조직된 22개의 주보험공단(Landesversicherungsanstalten)이 관할하였다. 나머지 보험단체는 연방 단위로 조직되어 있었다. 사무직근로자 연금보험은 연방보험공단(Bundesversicherungsanstalt für Angestellte)이 관리·운영하였다. 특수직역별 보험단체로는 연방철도보험공단(Bundesbahn-Versicherungsanstalt), 선원조합(See-Kasse), 연방광산조합(Bundesknappschaft) 등이 있었다. 자영인은 사무직근로자연금보험공단에 가입되었다.

2005년 연금보험조직개혁은 다음과 같은 목표를 가졌다. 첫째, 노동자와 사무직근로자의 구분이 더 이상 의미가 없으며, 따라서 이를 기준으로 한 관리·운영의 분리를 계속 유지할 필요가 없다. 사무직근로자와 노동자의 구별이 어려운 경우도 있고, 또 사무직근로자와 노동자간의 이동이 빈번하기 때문에 이를 유지하는 것이 의미가 없다고 판단하였다. 개혁조치 이후 이제 모든 가입자는 노동자와 사무직근로자의 구분이 없이 보험번호가 부여된다. 둘째, 개혁조치는 행정비용을 절감하는 목표를 추구하였다. 입법적으로는 행정비용을 2010년까지 10%로 동결하는 목표를 이미 명시하였다(SGB Ⅵ 제220조 제3항).[76]

개혁조치 이후 독일의 연금보험조직은 세 개의 단위로 구성된다. 첫

76) 이러한 목표의 실현 가능성에 대해서는 위 59면 참조.

째, 기존의 노동자연금보험공단이 통합하여 연방보험연합을 구성한다. 기존에 독립법인의 성격을 가졌던 주보험공단은 이제 연방보험연합의 지역사무소가 된다. 둘째, 독일연금보험연합(Deutsche Rentenversicherung Bund)이다. 여기에 기존의 사무직근로자 연금보험공단과 기존에 모든 연금보험자의 연합체였던 독일연금보험공단연합회(Verband der Deutschen Rentenversicherungsträger)가 통합되었다. 셋째, 광산-철도-선원연금보험공단(Deutsche Rentenversicherung Knappschaft-Bahn-See)이다.

가입자의 분배는 다음과 같이 3단계로 이루어진다. 첫째, 해당 근로자들이 광산-철도-선원연금보험공단에 가입자로 분류된다. 둘째, 나머지 가입자들이 주보험사무소에 가입된다. 이때 전체 가입자의 55%가 여기에 가입하도록 조정된다. 지역적 분배에 있어서는 거주지원칙이 적용된다. 셋째, 연방차원에서는 독일연금보험연합에 40%의 가입자가, 그리고 광산-철도-선원연금보험공단에 5%의 가입자가 분배되도록 조정된다. 이미 첫 번째 단계에서 광산-철도-선원연금보험에 전체 가입자 중 5%가 가입되었다면 세 번째 단계에서는 광산-철도-선원연금보험에로의 가입자 조정은 이루어지지 않는다.

독일연금보험연합은 한편으로는 가입자를 관리하며, 다른 한편으로는 전체 연금보험에 관련된 사안을 관할한다. 여기에는 연금보험 전체에 관련된 중요한 문제, 보험단위간 조정이 필요한 문제 등이 포함된다. 이에 상응하여 독일연금보험연합의 조직은 이원화되어 있다. 전체 연금보험에 관한 사안은 자치운영위원회가 관할한다. 이에 비해서 자체 가입자에 관한 업무는 대의원회 및 이사회로 구성된 특별위원회가 관할한다.

대의원회(Vertreterversammlung)는 가입자와 사용자에 의해서 선출된 대의원과 지역사무소 및 광산-철도-선원연금보험공단의 대표들로 구성된다. 이사회(Vorstand)는 대의원회에서 선출되는 22명의 이사로 구성된다. 이미 언급했듯이 자체 가입자에 대한 관리는 자체 대의원회에서 선출되는 8명의 이사로 구성된 이사회가 관할한다. 연금보험 전체 혹은 보험자 간의 조정에 관한 문제는 대의원회와 이사회에서 3분의 2의 다수결로 의결된다. 이로써 연금보험에 관한 중요한 문제를 연방 차원의 보험자나 지역 단위의 보험자가 단독으로 결정할 수 없도록 하였다. 연금보험의 집행에 있어서는 자체 업무와 공동업무의 구별이 없다. 연금보험 전체의 집행은 단일의 집행부(Direktorium)에 의하여 이루어진다.

Ⅳ. 재해보험

1. 보호되는 위험

(1) 산업재해

산업재해는 가입자가 업무수행 중 입은 재해이다. 재해보험은 재해를 원인으로 하여 발생한 신체의 손상을 보상하는 기능을 수행한다(SGB Ⅶ 제8조 제1항). 산업재해로 인정되기 위해서는 세 개의 구성요건, 즉 업무행위, 사고, 그리고 신체의 손상이라는 구성요건이 확인되어야 한다. 또 이러한 구성요건 간의 이중의 인과관계가 존재하여야 한다. 즉 첫째, 업무수행과 사고와의 사이에, 둘째, 사고와 신체의 손상간에 인과관계가 존재하여야 한다.

해당 재해는 업무수행 중에 발생한 것이어야 한다. 업무는 기본적으로는 기업의 이윤추구를 위한 제반활동을 말한다. 이 판단에 있어서 결정적으로 중요한 기준은 근로자의 의도이다.[77] 근로자의 행위가 사용자의 지시에 의한 것일 필요는 없지만 사용자의 암묵적인 의도를 벗어난 것이어서는 안 된다.[78] 실제 행위가 객관적으로 기업의 이윤의 증대에 기여하는가는 중요한 기준이 아니다. 출장이 업무에 포함되는 것은 당연하다.[79] 이 밖에 연방사회법원은 기업행사, 사원야유회, 사원체육대회 등을 업무행위에 포함시키고 있다.[80] 작업설비를 정비하는 행위 등은 법률에 의하여

77) *BSGE* 30, 282(283) 참조.
78) *BSGE* 5, 168: 14, 295: 16, 236; 40, 113: 58, 76: 63, 273 등 참조.
79) *BSGE* 15, 193면 이하 참조.
80) *BSGE* 7, 249: 16, 1 등 참조. 이에 대해서 자세히는 Wolfgang Gitter, "Unfallversicherung", *Festschrift zum 25jahrigen Bestehen des Bundessozialgerichts*(1979),

명시적으로 업무행위로 인정되어 있다(SGB Ⅶ 제8조 제2항 제5호). 또 개인적 용무이더라도 업무와 완전히 분리될 수 없는 행위 중 발생한 재해는 보호된다.[81] 그러나 음식을 가져오는 행위, 담배를 사오는 행위 등은 업무와 관계없는 사적인 행위로 재해보험에 의하여 보호되지 못한다.[82]

재해는 업무수행을 본질적인 조건(wesentliche Bedingung)으로 하여 발생한 것이어야 한다(책임설정적 인과관계: haftungsbegründende Kausalität). 해당 업무수행이 재해발생의 유일한 원인이어야 하는 것은 아니다. 업무수행이 재해가 발생하는 데에 공동원인을 제공한 경우에도 양자간에 인과관계가 존재하는 것으로 인정된다. 따라서 인과관계의 정도에 따라 보상이 차등화되는 것은 아니다.[83] 그 결과 재해보험에서는 본인 과실이 재해발생에 기여한 경우 과실상계가 이루어지지 않는다.[84] 또 재해가 사용자나 동료근로자와 같은 제3자의 귀책사유로 인하여 발생한 경우에도 인과관계의 성립에 영향을 주지 않는다(SGB Ⅶ 제104, 105조). 다만 이들 제3자가 고의 혹은 과실로 재해를 유발한 경우에는 이들은 재해보험단체의 구상권 행사에 응하여야 한다(SGB Ⅶ 제110조). 산재 근로자의 공동과실도 보상청구권 성립에 영향을 주지 않는다. 예컨대 가입자가 스스로 초래한 보험사고에 있어서도, 가입자의 행태가 상당한 정도로 비이성적이고 위험한 것이어서 업무수행과 사고의 발생 사이에 본질적인 법적 원인관계를 명백히 인정할 수 없는 경우에 한하여 보호가 배제된다.[85] 예컨대 음주상태에서 업무 수행 중 발생한 재해에 대해서는 인과관계는 인정되지 않는다.[86] 업무와 무관하게 자살을 기도한 경우에도 보험사고로 인정되지 않는다.[87]

258면 이하 참조.

81) 예컨대 화장실 출입이 한 예이다. *BSGE* 16, 73(76) 참조.

82) *BSGE* 11, 267; 12, 254; 12, 247; 16, 236 등 참조.

83) 이에 대해서는 *BSGE* 12, 242(245) 참조.

84) 이에 대해서 자세히는 Hans F. Zacher, “Verschulden im Sozialrecht”, *Zentralblatt für Sozialversicherung, Sozialhilfe und Versorgung*(1983), 171면 이하 참조.

85) 보험급여를 긍정한 경우로는 *BSGE* 53, 173 참조. 이를 부정한 경우로는 *BSGE* 64, 159 참조.

86) *BSGE* 59, 193면 이하 참조.

87) *BSGE* 30, 278면 이하 참조.

첫 단계의 인과관계가 긍정되면 다음 단계에서는 사고를 본질적인 원인으로 하여 신체의 손상이 발생하였는가에 대해서 심사한다(책임충족적 인과관계: haftungsausfüllende Kausalität). 책임설정적 인과관계의 심사에 있어서와 마찬가지로 책임충족적 인과관계는 사고와 신체의 손상 사이에 부분적으로 인과관계가 있은 경우에도 긍정된다. 따라서 예컨대 사고가 발생하기 전에 이미 존재하였던 비정상적인 신체상태가 업무상의 사고로 인하여 악화되었거나 혹은 잠복해 있던 비정상적인 상태가 다시 나타난 경우 역시 재해와 피해와의 인과관계는 인정된다. 전자의 경우 기존의 비정상적인 상태와 사고로 인하여 악화된 상태를 명확히 구분할 수 있다면 악화된 상태가 보상의 대상이다.[88] 그러나 그러한 구분이 뚜렷하지 않은 경우에는 악화된 상태 전체가 보상의 대상이다.[89] 사고의 발생으로 인하여 전체적으로 건강상태가 악화되었다고 평가되는 셈이다(이른바 "richtungs-gebender Arbeitsunfall").

산재에 대한 의사의 진료행위 중 의료과오에 의하여 건강상태가 악화된 경우에도 산업재해가 된다. 재해보험법은 이 점을 입법적으로 명확히 하였다(SGB Ⅶ 제11조). 같은 맥락에서 재해보험급여의 하나인 재활조치 중 발생한 재해 혹은 신체적 상태를 검사하던 중 발생한 피해 역시 보호된다(SGB Ⅶ 제11조 제1항 제1호). 이미 사망의 가능성이 높은 상태에 있는 자에게 재해가 발생하여 그것을 원인으로 사망 시점이 일정 기간 앞당겨진 경우에도 사고와 피해와의 책임충족적 인과관계는 긍정된다. 연방사회법원은 최소한 1년 사망 시점이 앞당겨진 경우 재해로서 인정한 바 있다.[90] 사고를 직접 원인으로 하지는 않았지만 사고의 결과인 신체의 손상이 원인이 되어 간접적으로 다시 다른 신체의 손상을 유발하였을 때에 이 손상 역시 보상의 대상이 된다.

---

88) *BSGE* 7, 53면 이하 참조.

89) 이에 대해서는 Jochem Schmitt, "Unfallversicherung", Bend von Maydell/Franz Ruland(편), *Sozialrechtshandbuch*(Nomos, 2003), 931면 이하 참조.

90) *BSGE* 12, 247; 13, 175; 22, 200; 25, 49; 40, 273; 62, 220 등 참조.

(2) 통근 중의 재해

통근 중의 재해(Wegeunfall)는 산업재해와 마찬가지로 보호된다(SGB Ⅶ 제8조 제2항). 통근 중의 재해란 업무수행지로의 출근과 업무수행지부터 주거까지의 퇴근길에서 입은 재해이다. 주거는 주거의 外門을 말한다.[91] 보호되는 출퇴근길은 원칙적으로 가입자의 거주지와 업무수행지 간의 정상적인 교통로이다.[92] 가입자의 거주지에 대한 해석은 엄격하지 않다. 예컨대 친척집에 방문하여 그 곳에서 숙박하고 출근길에 재해를 당한 경우에도 보호된다.[93]

다음과 같은 두 가지 경우에 우회로 역시 출근길로 인정된다. 첫째, 가입자 혹은 배우자가 직업활동을 하기 때문에 근무시간 중 자녀를 보호위탁하기 위한 목적으로 우회로를 선택하는 경우이다. 둘째, 가입자가 직장 동료 혹은 다른 직장인과 교통수단을 함께 활용하기 위하여 불가피하게 우회로를 선택하는 경우이다(SGB Ⅶ 제8조 제2항 제2a, 2b호). 그러나 정상적인 출퇴근길에 있더라도 私的인 목적으로 인하여 지체한 경우에는 원칙적으로 보호는 중단된다.[94] 이후 정상경로에서 다시 출퇴근행위를 하는 경우 이는 보호의 대상이 된다. 그러나 2시간 이상 출퇴근길에서 지체한 경우에는 이미 출퇴근길의 범위를 벗어난 것으로 판단하여 더 이상 보호의 대상이 되지 않는다.[95]

(3) 직 업 병

직업병의 종류는 연방정부가 연방참사원(Bundesrat)의 동의를 얻어 법규명령의 형식으로 열거하고 있다(열거주의).[96] 이 밖에 연방정부는 업무에 기인하여 발생할 위험이 있다고 의학적으로 판단되는 질병을 직업병으

91) *BSGE* 45, 254; 53, 173 등 참조.
92) *BSGE* 4, 219면 이하 참조.
93) *BSGE* 22, 60면 이하 참조.
94) *BSGE* 20, 219; 22, 7; 43, 113 등 참조.
95) *BSGE* 49, 16; 50, 100; 55, 141; 62, 100 등 참조.
96) 2007년 현재 직업병에 관한 법규명령(Berufskrankheits-Verordnung)은 부록에서 68개의 직업병을 인정하고 있다.

로 인정하여 명령의 형식으로 직업병 목록을 보충할 수 있다(SGB Ⅶ 제9조 제1항). 열거주의에 대한 보충으로서 재해보험단체는 특정한 질병이 새로운 노동상황 및 의학적 지식의 발전에 따라 일반적으로 업무수행에 기인하는 것으로 인정될 때, 즉 일반인에 비해서 해당 직종의 근로자에게 발병할 가능성이 큰 것으로 판명된 때에는 해당 질병이 목록에 없더라도 보호하여야 한다(SGB Ⅶ 제9조 제2항).[97]

직업병을 산업재해와 구분하여 보호하는 이유는 직업병이 장기에 걸쳐서 발병하여 피해와의 인과관계를 확인하기 어렵기 때문이다. 직업병이 발생하면 그 자체로서 인과관계가 징표된다. 그 결과 직업병과 직무행위 사이에 어느 정도의 개연성이 인정되면 인과관계는 긍정된다. 그러나 업무수행과의 인과관계가 단순히 존재할 수 있다는 가능성만으로 인과관계가 긍정되지는 않는다. 특별히 인과관계를 확정하기 어려운 진폐증 계통의 질병에 대해서는 재해보험법은 인과관계의 추정을 명시하였다. 즉 진폐증으로 소득능력이 50% 이상 감소된 자가 사망한 경우에는 명백한 反證이 없는 한 인과관계는 긍정된다(SGB Ⅶ 제63조 제2항).

2. 가 입 자

재해보험 가입자는 의무가입자와 임의가입자로 구분된다. 의무가입자는 다시 법정의무가입자와 정관에 의한 의무가입자로 분류된다.

(1) 법정의무가입자

1) 근 로 자

근로자는 재해보험에 의무적으로 가입된다(SGB Ⅶ 제2조 제1항 제1호). 질병보험과 달리 재해보험에서는 의무가입 소득상한에 관한 규정이 없다. 또 근로가 임금을 대가로 이루어져야 하는 것은 아니다. 노동법적 의미에서 근로자가 아닌 경우, 예컨대 고용관계에 있지 않은 상태에서 수

97) 다만 이에 대해서는 제한적인 해석이 이루어지고 있다. *BSGE* 53, 29; *BVerfGE* 58, 369 등 참조.

행되는 근로 중의 재해도 보호된다(SGB Ⅶ 제2조 제2항).

2) 그 밖의 의무가입자

근로자 외에 일부 사용자도 재해보험에 의무적으로 가입한다(SGB Ⅶ 제2조 제1항 제5a호 이하). 이 밖에 농민, 자영인 중 가내공업자, 중간장인(Zwischemeister) 등이 재해보험에 의무적으로 가입한다.

(2) 정관에 의한 의무가입자

재해보험단체는 법정의무가입자가 아닌 사용자 및 배우자, 그리고 일시적으로 작업장에 머무는 자를 정관에 의하여 의무가입자로 할 수 있다(SGB Ⅶ 제3조 제1항).

(3) 임의가입자

사용자 또는 그 배우자는 법률 또는 정관에 의하여 의무가입자가 아닌 경우 신청에 의하여 재해보험에 임의로 가입할 수 있다(SGB Ⅶ 제6조 제1항).

(4) 비진정재해보험 대상자

비진정재해보험(unechte Unfallversicherung)은 근로자 혹은 유사 근로자의 업무 중의 재해를 보험의 원칙에 기초하여 보상하는 재해보험과 체계를 전혀 달리한다. 비진정재해보험은 공공복리를 위한 특별희생자, 특별히 공동체 책임 하에 놓여 있는 인적 집단에게 발생한 피해를 보상하는 기능을 수행한다. 보건제도의 (명예직)요원(SGB Ⅶ 제2조 제1항 제9호), 교회 등 공법상의 기관에서 활동하는 명예직 종사자 및 증인으로 소환된 자(제10호), 긴급구조원, 수혈 및 장기제공자(제12, 13호), 장기요양요원(제17호) 등이 공공복리를 위한 특별희생자로서 활동 중의 재해가 보호된다. 공동체의 특별책임에 입각하여 보호를 받는 집단으로는 유치원보호아동, (대)학생 등이 대표적이다(제8호). 비진정재해보험은 비록 재해보험의 특수한 형태로 법제화되었지만 체계상으로는 사회보상(soziale Entschädigung)

에 해당한다. 다만 비진정재해보험 중에는 사회보상체계로 분류하기가 어려운 경우도 있다. 예컨대 자가건축자(Selbsthilfe beim Wohungsbau)에 대한 보호는 오히려 주택건설 장려를 위한 촉진체계에 해당한다(SGB Ⅶ 제2조 제1항 제16호). 이 밖에 수형자 역시 재해보험법에 의한 보호를 받는다(SGB Ⅶ 제2조 제1항 제2문). 결국 오늘날 독일에서 재해보험은 복합체계를 형성하고 있다.

3. 보험급여

재해보험급여는 1차적으로는 재해로 인한 신체의 손상과 기능의 불완전성을 의학적으로 치료 · 개선하여 궁극적으로는 가입자를 직업에 재편입시키는 목적을 갖는다. 재해로 인하여 장기적인 소득상실 혹은 사망에 이르렀을 때에는 연금이 지급된다. 예방조치로서 응급처치와 재해예방사업이 실시된다. 사업장을 직접 관리하는 사용자들의 조직인 동업조합이 재해보험의 주체가 됨에 따라 응급조치 및 재해예방사업이 효율적으로 이루어질 수 있다는 점이 독일 재해보험의 장점으로 평가되고 있다.

(1) 재해예방조치, 응급처치

재해보험단체는 재해를 예방하고, 응급조치를 위하여 필요한 적절한 시설을 설치하며, 응급조치를 취할 의무가 있다(SGB Ⅶ 제17조). 이를 위하여 재해보험단체는 산업재해를 예방하기 위한 규정을 제정 · 시행하여야 한다. 사용자는 사업장에서 이를 집행하고 재해가 발생한 경우 효과적인 응급조치가 이루어 질 수 있도록 시설을 확보하여야 한다(SGB Ⅶ 제15조). 이러한 의무를 위반한 경우 질서법적 제재가 따른다. 현재 위반행위에 대해서는 1,000유로의 과태료가 부과된다(SGB Ⅶ 제209조 제1항 제1호, 제3항).

(2) 치료급여, 재해보상금, 장기요양급여

산업재해를 입은 가입자는 치료급여(Heilbehandlung)를 받는다. 치료급여의 종류와 범위는 질병보험법의 그것과 본질적으로 동일하며, 현물급여로서 지급된다(SGB Ⅶ 제27조 이하). 치료급여는 필요한 범위 내에서, 그리고 합목적적인 기준에 따라 이루어져야 한다(SGB Ⅶ 제28조). 이는 경제성을 급여의 기준으로 제시하고 있는 질병보험과 다른 점이다. 치료급여에 대해서 자세히는 보험단체와 요양기관간에 계약을 체결하여 결정한다. 피해가 경미한 경우에는 일반적인 치료절차를 따른다. 이에 비해서 재해로 인하여 노동불능상태가 나타나거나 1주일 이상의 치료를 필요로 하는 경우 일반의사는 전문의에 의한 진단과 치료를 받도록 진료의뢰절차를 밟아야 한다. 치료급여의 기간에는 제한이 없다.

치료급여를 받는 동안 임금대체급여로서 재해보상금(Verletztengeld)이 지급된다. 재해보상금은 의사가 재해로 인한 노동불능상태를 확인하는 날로부터 혹은 치료조치를 받게 됨으로써 전일 소득활동을 할 수 없게 되는 날로부터 지급된다. 위와 같은 사유가 제거되면 재해보상금의 지급은 중지된다(SGB Ⅶ 제46조 제1항). 가입자가 아래에서 설명하는 재활보조금(Übergangsgeld)이나 임금계속지불(Lohnfortzahlung) 등의 형식으로 임금을 계속 받고 있을 때에는 재해보상금은 지급되지 않는다(SGB Ⅶ 제45조 제1항). 재해보상금의 산정은 질병보험법의 질병보상금(Krankengeld)의 예에 의한다(SGB Ⅶ 제47조 제1항). 다만 재해보상금은 질병보상금에 비해서 높은 80%에 해당하는 액이 지급된다.

필요한 경우 장기요양급여(Pflege)가 지급된다(SGB Ⅶ 제44조). 장기요양급여는 장기요양보험법상의 급여에 우선하여 지급된다(SGB Ⅺ 제13조 제1항 제2호). 장기요양에 필요한 비용은 장기요양보상금(Pflegegeld)의 형태로 지급된다. 장기요양보상금을 지급하는 대신 재가보호를 지급할 수 있다(SGB Ⅶ 제44조 제4항).

(3) 각종 재활조치, 재활보조금

치료급여에 이어 재해를 당한 가입자가 직업 및 사회생활에 재진입하기 위한 준비, 적응훈련, 교육 등 가입자의 재활을 위한 다양한 조치가 실시된다.

직업재활조치는 산재근로자의 적성과 능력에 적합한 직업을 보장하기 위한 급여이다. 산재가 발생하기 전 가입자가 가졌던 직업으로의 복귀만을 말하는 것은 아니다(SGB Ⅶ 제35조). 직업재활조치가 실시되는 기간에 재활보조금(Übergangsgeld)이 지급된다(SGB Ⅶ 제49조). 재활보조금은 사회법전 제9권의 장애인에 대한 재활보조금 산정방법에 따라 지급되며, 이는 연임금의 68-75%, 80% 등 차등화 되어 있다(SGB Ⅶ 제50조, SGB Ⅸ 제46-51조).

직업재활 외에 재해근로자가 정상적인 사회생활에 참여할 수 있도록 각종 보조가 이루어진다. 원활한 이동을 위하여 차량보조, 주거에서 정상적인 생활을 할 수 있도록 각종 배려를 할 수 있다. 또 주거 밖에서 직업재활조치가 이루어지기 때문에 가사를 돌보지 못하거나 자녀를 양육하는데 문제가 있는 경우 이를 보호하기 위한 조치들이 취해진다(SGB Ⅶ 제40조 이하).

(4) 장애연금

재해가 발생하여 가입자의 소득능력이 상실 혹은 감소되고, 이 상태가 일정 기간 지속되면 장애연금(Verletztengeld)이 지급된다. 장애연금은 재해보상금 청구권이 소멸한 때 혹은 재해보상금에 대한 청구권이 존재하지 않는 경우에는 재해가 발생한 시점에 지급이 시작된다(SGB Ⅶ 제72조).

장애연금청구권이 성립되기 위해서는 소득능력이 상실 혹은 감소되는 기간이 26주 이상이어야 한다. 또 소득능력 감소의 정도가 20% 이상이어야 한다(SGB Ⅶ 제56조 제1항). 소득능력 감소의 정도는 산업재해가 발생하기 전과 그 후의 가입자의 노동능력을 비교하여 측정된다.[98] 소득능력의 측정은 가입자 개인의 구체적인 사정이 아니라, 노동시장에서의 소득능력에 대한 일반적인 평가를 기준으로 해서 이루어진다(이른바 추상적 손해산정: abstrakte Schadensbemessung).[99] 재해가 발생하기 전 가입자의 실제

98) *BSGE* 63, 207 참조.

99) 이에 대해서 자세히는 Wolfgang Gitter, *Schadensausgleich im Arbeitsunfallrecht*

소득 여부 및 정도는 소득능력감소의 정도를 측정하는데 영향을 미치지 않는다.[100] 따라서 실제 소득이 감소하지 않았음에도 장애연금을 수급하는 경우가 있는 반면, 장애연금의 액이 실제 소득의 감소정도를 훨씬 밑도는 경우도 있을 수 있다. 재해보험법은 추상적 손해산정의 결과 나타날 수 있는 불합리를 시정하기 위하여 직업에 관한 특별한 전문지식과 경험을 산업재해로 인하여 더 이상 완전히 활용할 수 없게 됨으로써 입은 손해에 대해서는 특별한 고려를 할 여지를 두고 있다(SGB Ⅶ 제56조 제2항).[101] 실무에서는 소득감소정도는 거의 일정한 공식에 따라 산정된다. 즉 특정 신체부위의 손상에 대해서 일정한 소득능력 감소율을 인정하는 방식을 취하고 있다.

가입자의 소득능력이 완전히 상실된 경우에는 장애연금으로 완전연금(Vollrente)이 지급된다. 완전연금으로 가입자의 연소득의 3분의 2에 해당하는 액이 지급된다(SGB Ⅶ 제56조 제3항). 연소득은 가입자의 재해발생 전 12개월간의 소득을 기준으로 산정된다(SGB Ⅶ 제82조). 이는 연금보험에서 가입자의 전체 가입기간 중 소득수준을 기준으로 연금을 산정하는 것과는 차이가 있다. 그 결과 산재보험급여는 연금보험급여에 비해서 가입자에게 일반적으로 유리하다. 소득능력이 감소하는데 그친 경우에는 감소한 정도에 따라 부분연금(Teilrente)이 지급된다(SGB Ⅶ 제56조 제3항). 연금액은 최초 3년간은 소득능력 감소 정도의 변화에 따라 변동할 수 있고("vorläufige Rente"), 늦어도 3년 경과 후 계속연금액이 확정 된다("Dauerrente")(SGB Ⅶ 제62조 제2항).

연금액 산정의 기초인 연소득에는 상한과 하한이 있다. 연소득의 하한은 18세 이상의 자에게는 연금보험 가입자 전체 평균소득(Bezugsgröße)

(J.C.B.Mohr, 1969), 151면 이하 참조.

100) *BSGE* 30, 64 참조.

101) 예컨대 피아노 연주자의 손가락 절단이 바텐더의 손가락 절단과 손해산정에 있어서 동일하게 취급되는 불합리가 나타날 수 있다. 연방사회법원은 이러한 예외를 인정하는 데 엄격하다. 이에 관한 판례로는 *BSGE* 23, 253; 28, 227; 38, 118 등 참조. 마지막 판례에서 연방사회법원은 직업축구선수의 특성을 고려하여 연금산정에 반영한 바 있다.

의 60%, 18세 미만의 자에게는 40%에 해당하는 액이다. 연소득의 상한은 200%이다. 재해보험단체는 정관을 통하여 연소득의 상한을 상향 조정할 수 있다(SGB Ⅶ 제85조).

(5) 장제비, 유족연금

산업재해로 인하여 가입자가 사망한 경우에는 유족에게 장제비와 연금이 지급된다. 실종은 사망과 마찬가지로 취급된다(SGB Ⅶ 제63조 제4항).

장제비(Sterbegeld)로 연금보험 가입자 전체 평균소득의 7분의 1이 지급된다. 장제비는 실제 장제비용을 부담한 자에게 지급된다(SGB Ⅶ 제64조).

유족연금 수급권자인 유족은 남은 배우자와 자녀이다. 배우자연금 수급권자는 사망 당시 가입자와 혼인관계에 있던 자이다. 이전 혼인관계에 있던 배우자에게도 사망한 가입자가 해당 배우자를 부양하였던 경우에는 연금청구권을 인정한다(SGB Ⅶ 제66조). 이 경우 유족연금은 배우자간의 혼인지속기간에 비례하여 배분된다. 이른바 부양목적혼인(Versorgungsehe)의 경우에는 유족연금청구권이 인정되지 않는다(SGB Ⅶ 제65조 제6항). 혼인이 산업재해 발생 이후 성립되었거나 또는 혼인성립 1년 이내에 가입자가 사망한 경우 反證할 만한 특별한 사정이 존재하지 않는 한 부양급여를 취득하기 위한 목적으로 혼인한 것으로 의제하여 연금청구권은 인정되지 않는다. 자녀연금 수급권자는 원칙적으로 18세 미만의 자녀이다. 자녀연금은 경우에 따라서 27세까지도 지급될 수 있다. 자녀가 18세 이후에도 교육과정에 있는 경우가 대표적인 예이다(SGB Ⅶ 제67조 제3항).

배우자연금으로 최초 3개월간은 가입자의 연임금의 3분의 2에 해당하는 액이 지급된다. 이는 남은 배우자로 하여금 새로운 경제적 환경에 적응하는 것을 보조하는 의미가 있다. 이후 가입자의 연소득의 10분의 3에 해당하는 액이 지급된다. 다음과 같은 경우에는 연소득의 10분의 4에 해당하는 액이 지급된다. 남은 배우자가 45세 이상인 경우, 직업수행불능 혹은 소득활동불능상태에 있는 경우, 자녀연금 수급권이 있는 자녀 한 명 이상을 양육하고 있는 경우이다(SGB Ⅶ 제65조 제1, 2항). 연금보험에서와 마찬가지로 배우자에게 법에 정해진 일정액(Freibetrag)을 초과하는 소득이 있는 경우, 초과액의 40%가 연금산정에 산입되어 그만큼 연금액은 줄어든다(SGB Ⅶ 제65조 제3항).

남은 배우자가 재혼한 경우에는 우선 재혼배우자에게 일시금으로 가입자의 월임금의 24배에 해당하는 액이 지급된다. 두 번째 혼인이 소멸한 경우에는 이미 지급된 일시금은 두 번째 혼인관계에서 성립된 연금청구권의 산정에 반영되며, 그 결과 연금이 감소하는 효과가 있다(SGB Ⅶ 제80조).

자녀연금으로 부모 모두 없는 자녀에게는 가입자 연임금의 10분의 3이, 부 또는 모 중 한 쪽이 없는 자녀에게는 가입자 연임금의 10분의 2가 지급된다(SGB Ⅶ 제65조 제3항). 연금보험과는 달리 재해보험에서는 남은 배우자 및 자녀 외에 가입자가 부양하던 부모에게도 유족연금청구권이 인정된다. 부모 중 한 쪽만이 연금청구권을 갖는 경우에는 가입자 연임금의 10분의 2가, 부모 모두에게 연금청구권이 인정될 때에는 가입자 연임금의 10분의 3이 지급된다(SGB Ⅶ 제69조).

유족이 받는 연금의 총합계는 가입자 연임금의 80%를 초과할 수 없다(SGB Ⅶ 제70조 제1항).

가입자가 산업재해로 인하여 중장애에 이르렀으나 이후 산업재해를 직접 원인으로 하지 않고 사망한 경우에도 일시금 형태의 보조금을 지급한다. 보조금(Beihilfe)은 가입자의 연임금의 40%에 해당하는 금액이다. 가입자가 80% 이상 소득능력이 감소된 사실에 기초하여 10년 이상 연금을 지급받고 있다가 사망한 경우에는 계속급여로서 보조금을 받을 수 있다. 이 급여는 재량급여이다. 따라서 계속급여로서 보조금의 지급 여부는 최종적으로 재해보험단체가 결정한다(SGB Ⅶ 제71조).

4. 사용자책임과의 관계

재해보험은 민법상의 사용자책임을 대체하는 방법을 통하여 근로자의 재해를 보호하는 제도로서 구상되었다. 따라서 재해가 발생하여 보상이 이루어지는 경우 사용자의 민법상의 책임은 면제된다(SGB Ⅶ 제104조 제

1, 2항). 직장 동료에 귀책사유 있는 재해가 발생한 경우에도 재해보험법상의 보상이 이루어지면 직장 근로자의 책임은 면제된다(SGB Ⅶ 제105조). 근로자에게 책임이 인정되면 이는 결국 사용자책임으로 귀속되고, 따라서 이를 면제하기 위해서는 동료 근로자의 행위에 기인한 재해에 대해서도 책임을 면제하여야 하기 때문이다.

면제되는 책임의 범위에는 정신적인 피해와 관련된 위자료, 그리고 경미한 재해에 대한 책임이 포함된다.[102] 여기에는 다음과 같은 예외가 있다. 즉 사용자가 해당 산업재해를 고의적으로 유발한 경우 혹은 재해가 사용자가 제공하는 운송수단을 이용하던 중 발생한 경우이다. 이 경우에도 우선 근로자의 신속한 보호를 위하여 재해보험에 의한 보상은 이루어진다. 사용자는 실제 발생한 피해와 재해보험에 의한 보상과의 차이에 대해서 책임을 진다(SGB Ⅶ 제104조 제3항).

산업재해가 사용자의 고의 혹은 중과실에 의하여 발생한 경우에는 재해보험단체가 피해자에 대한 보상을 한 후 사용자에 대해서 구상권을 행사할 수 있다(SGB Ⅶ 제110조 이하).[103] 실제 구상권의 행사 여부에 대해서는 재해보험단체가 사용자의 경제적 상황을 고려하여 재량으로 결정한다(SGB Ⅶ 제110조 제2항). 산업재해가 업무와 관계없는 제3자의 행위에 의하여 발생한 경우에는 피해자의 가해자에 대한 민법상의 불법행위로 인한 손해배상책임은 보험단체에 이전된다(SGB Ⅹ 제116조). 이때 이전되는 청구권의 대상은 재해보험급여 범위 내의 것에 한정된다. 따라서 재해보험에 의해서 보호되지 않는 위자료청구권 등은 이전되지 않는다.

5. 재 정

재해보험의 재정방식은 진정재해보험과 비진정재해보험에 있어서 차

102) 재해보험이 위자료를 보상의 대상에 포함시키지 않는 것을 연방헌법재판소는 합헌으로 결정한 바 있다. *BVerfGE* 34, 118 참조.

103) 이 점이 산재에 대해서 기본적으로 사용자가 병행해서 민법상의 배상책임을 부담하도록 하고 있는 우리 산재보험과 차이가 있다. 이에 대해서는 전광석, "산재보험의 법적 성격과 역할", 「연세법학연구」 제11집 제1권(2005), 161면 이하 참조.

이가 있다. 비진정재해보험은 실질적으로는 사회보상체계에 속한다. 따라서 재정 역시 사회보험과 다른 방식에 의한다. 질병보험과 연금보험과는 달리 재해보험에서는 연방보조가 지급되지 않는다.

(1) 보 험 료

가입자의 보험료는 전액 사용자가 부담한다(SGB Ⅶ 제150조). 보험료액은 가입자의 임금 총액과 해당 사업장에서의 재해발생률(Gefahrenklasse)에 의하여 결정된다(SGB Ⅶ 제153조). 재해발생률은 재해보험단체가 정관으로 정한다. 재해발생률은 총임금 대비 급여지출비용을 말한다(SGB Ⅶ 제157조 제1, 3항). 재해보험단체는 개별 사업장에서의 실제 보험사고의 발생빈도를 참작하여 보험료를 상향 혹은 하향 조정할 수 있다(SGB Ⅶ 제162조). 이로써 재해보험이 한편으로는 사용자간의 연대책임에 기초하여 위험을 분산하는 목적을 갖지만, 다른 한편 사용자의 사업장내에서의 재해예방을 유인하고 있다는 것을 알 수 있다. 다만 이와 같은 보험료율의 조정이 재해보험의 사회보험으로서의 성격, 그리고 여기에서 파생하는 연대책임의 원칙과 조화될 수 있는가의 여부에 대해서는 논란이 있다.[104]

(2) 재정조정

독일에서 재해보험이 다른 사회보험에 비해서 비교적 동질성을 유지하면서 발전하여 왔지만 최근 재정조정에 대해서는 포괄적인 개혁논의가 이루어지고 있다. 재해의 발생이 직역별로 구조적인 성격을 띠고 있으며, 따라서 동업조합의 자구노력에 의하여 재해발생률을 감소시키는 데에는 한계가 있다는 점이 인식되었다. 이에 재정조정이 비교적 광범하게 이루어지도록 개정되었다.

동업조합은 다음과 같은 경우에 재정조정을 할 수 있다. 첫째, 특정

---

104) 이에 대해서는, 예컨대 Ulrich Becker, *Der Finanzausgleich in der gesetzlichen Unfallversicherung*(Nomos, 2004), 35면 이하; Hans-Jürgen Papier/Johannes Möller, “Verfassungsrechtliche Fragen der Festsetzung der Beiträge in der Unfallversicherung”, *Die Sozialgerichtsbarkeit*(1998), 337면 이하 참조.

동업조합에서 연금부담비율이 전체 동업조합의 평균연금부담비율의 4.5배 이상인 경우이다. 이때 연금부담비율이란 보험료 부과대상인 총임금 및 그 밖의 보험급여총액에 대한 연금, 장제비와 일시금의 합계의 비율을 말한다. 둘째, 지출의 20% 혹은 30%를 연금, 장제비 및 일시금을 지급하기 위하여 사용하는 동업조합의 연금부담비율이 전체 동업조합의 평균연금부담비율의 3배 이상인 경우, 혹은 특정 동업조합의 보상부담비율이 전체 동업조합의 평균보상부담비율의 5배 이상인 경우이다. 이때 보상부담비율이란 보험료 부과대상인 총임금 및 그 밖의 보험급여총액에 대한 치료급여, 재활급여, 연금, 장제비와 일시금을 합한 금액의 비율을 말한다. 위와 같은 경우 이러한 요건에 해당하지 않는 동업조합은 위의 조건을 초과하여 재정부담을 갖는 동업조합에 대해서 그 초과분을 보상하기 위한 재정조정에 참여하여야 한다. 이 외에 특정 동업조합에서 지난 5년간 연금부담비율의 상승률이 1.25배 이상에 이르는 경우에도 재정조정의 대상이 된다(SGB Ⅶ 제176조 제1-3항).

동업조합에 대한 재정조정금액에는 상한이 있다. 즉 재정조정금액은 전체 동업조합에서 지출되는 보상급여의 총합계의 9%를 초과할 수 없다(SGB Ⅶ 제176조 제4항). 재정조정에 참여할 의무가 있는 동업조합 및 그들의 기여분은 다음과 같이 결정된다. 연금부담비율이 평균의 2.5배, 그리고 보상부담비율이 평균의 3배를 초과하지 않는 동업조합은 재정조정에 참여하여야 한다. 재정조정부담은 재정조정에 참여하는 전체 동업조합의 총임금에서 해당 동업조합의 총임금이 차지하는 비율을 기준으로 결정된다. 재정조정부담에는 상한이 있다. 즉 해당 동업조합의 연금 및 보상부담비용 및 재정조정부담금액의 합계가 위에서 설명한 재정조정의 수혜자가 되기 위한 조건에 해당하는 기준에 이르러서는 안 된다(SGB Ⅶ 제178조).

재해보험 관리운영의 주체는 동업조합이다. 각각의 동업조합은 재해예방의 과제를 갖기 때문에 재정조정에 있어서 다음과 같은 원칙이 존중되어야 한다. 첫째, 재해보험은 독자적인 재정책임에 기초하여 운영되기 때문에 다른 동업조합에게 행정비용을 전가하는 것은 허용되지 않는다. 둘째, 재정조정으로 인하여 동업조합이 재해예방의 유인을 상실하게 되어서는 안 된다. 셋째, 재정조정에도 불구하고 각각의 동업조합은 비용절감의 노력을 하도록 유인요소가 있어야 한다. 넷째, 재정조정은 동업조합이 평균적인 부담을 초과하여 재정이 악화되었다는 사실 자체가 이유가 될 수는 없다. 재정악화가 해당 동업조합이 보유하고 있는 개별적인 위험이나 단기적인 경기상황을 원인으로 하는 것이 아니라, 동업조합 간에 지속적인 영향을 미치는 구조적인 문제 상황의 차이 때문에 발생하였다는 사실이 재정조정을 정당화한다. 다섯째, 결국 재정조정의 수혜자인 동업조합을 기준으로 보면 해당 동업조합이 구조적 변화로 인하여 발생하는 부담을 단독으로 지는 것이 불합리하다고 평가되는 경우에 재정조정이 이루어진다.

(3) 비진정재해보험의 재정

비진정재해보험은 사회보상의 성격을 갖는다. 따라서 일반 조세에 의하여 재정을 부담한다(SGB Ⅶ 제185조 이하).

6. 조 직

재해보험의 운영주체는 직역별로 조직된 동업조합(Berufsgenossenschaft)이다. 이는 공법상의 법인이다(SGB Ⅳ 제29조). 재해보험을 공법상의 법인인 동업조합이 운영하는 것은 다음과 같은 의미가 있다. 첫째, 이로써 재해에 대한 민간보험방식의 보호는 부정된다. 민간보험의 경우 가입을 강제할 수 없고, 또 산업재해에 대한 보호를 이윤을 창출하는 사업으로 형성할 수 없기 때문이다. 둘째, 그렇다고 국가를 관리운영의 주체로 한 것도 아니다.[105] 동업조합을 관리운영의 주체로 한 것은 재해보험에

---

105) 이는 독일의 국가형성에 있어서 연방과 주 사이에 타협의 의미를 갖기도 한다. 연방이 관할하는 경우 필연적으로 과세권이 연방에 집중될 것인데, 각 주들은 이를 견제하려고 하였다. 그 결과 제3의 독립기관인 동업조합을 관리운영의 주체로 한 것이다. 이에 대해서는 Philip Manow, "Germany; Co-operative federalism and the overgrazing of the fiscal commons", Herbert Obinger/Stephan Leibfried/Francis G. Castles(편), *Federalism and the Welfare State*(Cambridge University Press, 2005), 222면 이하 참조.

재해예방의 과제를 부여하는 계기가 되었다. 이와 같이 다원적인 조직에 의하여 운영되고, 재해보상과 재해예방을 유기적으로 운영하는 것은 독일 재해보험의 장점으로 평가되고 있다.106)

농민재해보험(Landwirtschaftliche Berufsgenossenschaft) 혹은 선원재해보험(See-Berufsgenossenschaft) 등에 가입되지 않는 가입자는 모두 일반재해보험(gewerbliche Genossenschaft)에 가입된다(SGB Ⅶ 제121조 이하). 2007년 현재 35개 일반재해보험이 운영되고 있다. 연방, 각주, 지방자치단체 및 지방자치단체연합회는 자체적으로 재해보험을 운영한다(SGB Ⅶ 제114조).

재해보험에서도 질병보험법과 연금보험법에서 설명한 바와 같은 자치운영의 원칙이 적용된다. 재해보험단체는 기본적으로는 합법성 기준에 따른 국가의 감독을 받는다. 다만 재해예방과 응급조치에 관한 한 합목적성을 기준으로 국가의 감독이 이루어진다(SGB Ⅳ 제78조).

제 2 절 공무원 부양제도

독일에서 공무원은 전통적으로 본인의 재정 부담이 없이 운영되는 공무원부양제도를 통하여 질병, 장애 · 노령 및 사망으로부터 보호되어 왔다. 특히 1980년대 이후, 그리고 최근에도 공무원부양제도를 연금보험에 편입시키거나, 혹은 공무원에게도 보험료를 부담시키는 방향으로 공무원 부양제도를 개정 · 조정하려는 논의가 있어 왔다.107) 그러나 이러한 개혁논의에 대해서는 특히 공무원부양에 대한 제도보장으로 이해되고 있는 독일 헌법 제33조 제5항을 근거로 강력한 저항이 있어 왔다.108) 최근에는 질병보험 및 연금보험개혁에 있어서 공무원을 일반 사회보험에 가입시키는 문

106) 이에 대해서는, 예컨대 Maximilian Fuchs, “Prävention in der Unfallversicherung”, *Festschrift für Ernst Otto Krasney*(1997), 131면 이하 참조.

107) 이에 대해서는 예컨대 Franz Ruland, *Möglichkeiten und Grenze einer Annäherung der Beamtenversorgung an die Rentenversicherung*(1983), 28면 이하 참조.

108) 독일 헌법 제33조 제5항: “공무원법은 전래의 직업공무원제도의 제 원칙을 존중하여 규율되어야 한다.”

제가 논의되고 있으나 실현가능성이 있어 보이지는 않는다.

Ⅰ. 보호되는 위험

1. 질병, 분만

공무원부양을 규율하는 공무원부양법(Beamtenversorgungsgesetz) 자체는 공무원의 질병 및 분만을 보호하기 위한 아무런 규정을 두지 않고 있다. 다만 연방 차원에서 국가공무원에 대한 일반적인 보호의무(Bundesbeamtengesetz 제79조)를 행정규칙의 형식으로 공무원 보호규정(Beihilfevorschriften)에 구체화하였다. 일부 주에서는 이러한 공무원 보호규정을 직접 적용하기도 하고, 또 일부 주에서는 보호규정을 따로 제정하여 적용하기도 한다.[109] 연방공무원 보호규정상의 급여대상인 질병과 분만의 개념은 질병보험법에서의 질병 및 분만의 개념과 같다.

2. 노 령

공무원부양에서 보호되는 노령은 법정 퇴직연령으로 구체화되어 있다. 공무원과 판사의 법정퇴직연령은 원칙적으로 65세이다(BBG 제41조). 직업군인은 원칙적으로 61세에 퇴직한다(SG 제45조 제1항).[110] 공무원은 신청에 의하여 조기에 퇴직할 수도 있다(BBG 제41조 제2항). 연방공무원은 63세에, 중장애를 입은 공무원은 60세에 퇴직할 수 있다(BBG 제42조 제4항).

3. 직무수행불능, 직무상의 재해

공무원 및 판사는 퇴직연령 전에 직무수행불능상태에 빠진 경우에 퇴

109) 이에 대해서 자세히는 Hans F. Zacher, *Die Versorgung der Beamtem, Richter und Soldaten*(C.F.Müller, 1984), 87면 이하; Peter Krause, "Landesbericht Bundesrepublik Deutschland", Hans F. Zacher/Martin Bullinger/Gerhard Igl(편), *Soziale Sicherung im öffentlichen Dienst*(Duncker & Humblot, 1981), 68면 이하 등 참조.

110) 여기에는 직급과 직역에 따라서 41세에서 60세까지 다양하게 특별퇴직연령이 규정되어 있다(SG 제45조 제2항).

직한다. 직무수행불능(dienstunfähig)이란 부상 혹은 육체적 · 정신적 쇠약으로 인하여 업무를 지속적으로 수행할 수 없는 경우를 말한다. 이 밖에도 질병으로 인하여 6개월 기간 중 3개월 이상 실제 직무를 수행하지 않았거나, 6개월 이내에 회복가능성이 없을 때에 직무수행불능으로 판정된다(BBG 제42조 제1항). 직업군인의 경우에는 직무수행불능이 발생한 후 1년 이내에 회복이 기대될 수 없는 때에 직무수행불능으로 최종 판정된다(SG 제44조 제3항). 공무원부양에서 직무상의 재해(Dienstunfall)는 위에서 설명한 직무수행불능의 특수한 형태로서 재해보험법의 산업재해에 해당한다(BeamtVG 제31조 제1항).

공무원부양에서는 연금보험과 달리 장애단계가 분류되어 있지 않다. 또 재해보험과 달리 급여요건으로서 일정한 정도 이상의 장애가 존재해야 하는 것도 아니다. 이는 공무원부양이 연금보험 및 재해보험과는 달리 엄밀한 의미에서 사회법의 한 분야가 아니라는 것을 보여 준다.[111] 연금보험이나 재해보험은 사회법의 한 분과로서 가입자의 소득능력이 감소된 후 일반 노동시장에서 수행할 수 있는 업무능력이 보호의 여부 및 정도를 결정하는 기준이다. 이에 비해서 공무원부양은 공무원법의 한 분과로, 공무원에게 재해가 발생했을 때(일반 노동시장에서 다른 직무를 수행할 수 있는가를 묻지 않고) 남은 능력으로 기존의 공무원관계를 지속할 수 있는가의 여부가 중요한 관점이다. 즉 해당 공무원에 대한 일반 노동시장에서의 평가는 공무원법의 관심이 아니다.

Ⅱ. 부양대상자

공법상 근무관계에 있는 공무원 · 판사 및 직업군인이 보호된다. 반면 사법상의 계약에 근거하여 근무하는 공무담당자(Arbeiter und Angestellte im öffentlichen Dienst)는 일반 근로자와 마찬가지로 일반 사회보험에 의하여 보호된다. 이들의 연금급여는 일반적으로 공무원의 그것보다 낮기 때문에

111) 사회보험과 공무원부양에 있어서 급여조건의 차이에 대해서는 Hans F. Zacher, "Zur Anatomie des Sozialrechts", *Die Sozialgerichtsbarkeit*(1982), 333면 이하 참조.

임금협상을 통해서 노동법 차원에서 추가로 기업연금과 비교할 수 있는 추가부양(Zusatzversorgung) 혹은 추가보험제도(Zusatzversicherung)가 마련되어 있다.

Ⅲ. 부양급여

1. 요양급여, 급여계속지불

요양급여(Krankenbeihilfe)의 종류는 질병보험법상의 요양급여와 동일하다. 공무원이 부양하는 배우자와 자녀에게도 요양급여가 제공된다(BhV 제2호).

요양급여의 범위는 치료에 필요한 적정 수준의 비용이다. 치료의 필요성과 적정성이 인정된 경우에도 요양급여에 의하여 비용 전액이 보상되지는 않으며, 가족상황에 따라 50%에서 70%까지의 부분 보상이 이루어진다. 따라서 공무원은 민간보험에 가입하여 질병에 관한 배려를 어느 정도 스스로 하여야 한다.112)

질병보험법상의 임금계속지불(Lohnfortzahlung)과 마찬가지로 요양급여를 받는 동안 공무원에게 급여 전액이 계속 지급된다(Gehaltsfortzahlung). 질병보험법에서는 질병이 발생한 후 6주까지 사용자가 임금을 계속 지불하고, 이후 보험조합이 임금의 일부에 해당하는 액을 질병보상금(Krankengeld)으로 지급한다. 이에 비해서 공무원부양에서는 당해 공무원관계가 종료될 때까지 급여 전액이 계속 지급된다.

2. 퇴직연금

5년 이상 근무한 공무원은 퇴직하면 퇴직연금(Ruhegehalt)청구권을 갖는다. 공무원이 중대한 책임 없이 직무 중, 혹은 직무로 인하여 입은 질병 또는 부상으로 인하여 직무를 더 이상 수행할 수 없게 되어 퇴직한 경우에는 5년의 대기기간은 필요하지 않다(BeamtVG 제4조 제1항). 직무수행불

112) 이에 대해서는 Peter Krause, 위 각주 109의 책, 105면 참조.

능을 이유로, 혹은 퇴직연령에 달하여 퇴직하는 공무원이 5년의 대기기간을 충족하지 못하는 경우에는 퇴직보조금(Unterhaltsbeitrag)이 지급된다(BeamtVG 제15조 제1항).

퇴직연금으로는 근무연수 1년에 최종급여액(ruhegehaltsfähige Dienstbezüge)의 1.79375%에 해당하는 액을 지급한다. 이에 의하면 40년을 공무원으로 근무하고 퇴직하는 자는 퇴직연금으로 최종급여액의 71.75%에 해당하는 액을 지급받는다. 이는 퇴직연금의 상한이기도 하다(BeamtVG 제14조 제1항). 퇴직연금의 하한은 최종급여액의 35%이다(BeamtVG 제14조 제4항). 연금보험에 있어서와 마찬가지로 정상적인 퇴직연령보다 조기에 퇴직하는 공무원에게는 1년에 3.60%씩 연금이 감액된다(BeamtVG 제14조 제3항). 퇴직연금의 산정에는 연금보험에서와 같이 이른바 가산기간에 관한 규정이 적용된다. 즉 직무수행불능을 이유로 조기에 퇴직하는 공무원이 연금액이 낮아 생활을 유지할 수 없는 경우를 방지하기 위해서 퇴직 후 60세까지의 기간 중 3분의 2 기간이 가산기간으로 평가되며, 이 기간은 근무연수에 산입된다(BeamtVG 제13조 제1항).

3. 재해급여

업무상 재해로 인하여 업무를 수행할 수 없는 공무원은 치료급여(Heilverfahren)를 받는다. 필요한 경우에는 장기요양비용(Pflegekosten)이 지급된다(BeamtVG 제30조 제2항, 제34조). 소득능력이 현저히 감소한 상태가 6개월 이상 지속되면 급여 혹은 퇴직연금 외에 재해보상급여(Unfallausgleich)가 지급된다(BeamtVG 제35조 제1항). 업무상의 재해를 원인으로 공무원이 퇴직하는 경우에는 퇴직연금에 비해서 20% 증액된 부양퇴직연금(Unterhaltsruhegehalt)이 지급된다(BeamtVG 제36조 제3항).

4. 유족급여

유족급여로서 사망한 공무원의 남은 배우자와 자녀에게 장제비와 연금이 지급된다.

장제비(Sterbegeld)로서 사망한 공무원의 급여의 2배 혹은 연금수급자가 사망한 경우에는 연금의 2배가 지급된다(BeamtVG 제18조 제1항).

사망한 공무원 혹은 퇴직연금 수급자의 남은 배우자는 퇴직연금의 55%에 해당하는 배우자연금을 받는다(BeamtVG 제19조 제1항, 제20조 제1항). 공무원부양에서는 사회보험에 비해서 일찍이 배우자연금의 수급조건에 관하여 남녀평등이 실현되었다.[113] 즉 배우자에게 성별의 차이 없이 동일한 연금수급조건이 적용된다(BeamtVG 제28조).[114] 부양급여를 수령할 목적으로 혼인한 것으로 판단되는 경우 남은 배우자에게 연금청구권이 배제된다. 사망한 공무원과의 혼인관계가 1년 미만인 경우에 反證이 없는 한 부양목적혼인(Versorgungsehe)으로 의제된다. 또 공무원이 퇴직 후, 혹은 65세 이상의 퇴직연금수급자가 혼인을 한 경우에도 배우자는 유족연금 수급권자가 될 수 없다(BeamtVG 제19조 제1항). 사망한 공무원과 이혼한 배우자는 연금보험법에서 설명한 바와 같은 부양조정제도(Versorgungsausgleich)의 적용을 받는다(BGB 제1587조 이하). 남은 배우자가 재혼하는 경우에는 월연금의 24배에 해당하는 일시금이 지급된다(BeamtVG 제21조).

유족인 자녀는 원칙적으로 18세까지 자녀연금을 받는다. 자녀가 아직 교육과정에 있는 경우에는 예외적으로 27세까지 연금이 지급된다(BeamtVG 제23조, 제61조 제1, 2항). 자녀연금으로 부 혹은 모를 잃은 자녀에게는 퇴직연금의 12%가, 부모 모두 잃은 자녀에게는 퇴직연금의 20%가 지급된다(BeamtVG 제24조 제1항).

5. 소급보험, 퇴직금, 조정금

공무원관계가 종료하였지만 해당 공무원이 공무원부양에 의하여 충실한 부양을 받지 못하는 경우가 있다. 소급보험(Nachversicherung)은 이러한 보장의 공백을 보충하기 위한 급여이다. 이에 따르면 재직 중 사회보험 가

---

113) 연금보험에서의 배우자연금청구권의 조건과 관련된 헌법적 논의에 대해서는 위 171면 이하 참조.

114) *BVerfGE* 21, 329 참조.

입대상이 아니었던 기간을 소급하여 보험기간으로 인정하여 사회보험에 의한 보호를 받을 수 있다. 소급하여 인정되는 보험기간에 대한 보험료는 국가 또는 공공단체가 전액 부담한다(SGB Ⅵ 제8조, 제181조 이하).

신청에 의하지 않고 공무원이 퇴직하는 경우에 퇴직금(Übergangsgeld)이 지급된다. 퇴직금은 근무연수에 따라 차등 산정된다. 근무연수 1년에 최종 월급여의 1배가, 1년을 초과하는 매 1년에 최종급료의 50%가 가산·산정된다. 퇴직금은 최종 월급여의 6배를 초과할 수 없다(BeamtVG 제47조 제1항).

퇴직연금액은 근무연수에 비례하여 산정된다. 따라서 법정퇴직연령이 낮은 공무원에게는 그만큼 낮은 연금이 지급된다. 이러한 불이익을 시정하기 위하여 이들에게는 4,091유로를 초과하지 않는 범위 내에서 급여의 5배에 해당하는 조정금(Ausgleich)이 보충적으로 지급된다(BeamtVG 제48조 제1항).

Ⅳ. 재정과 조직

공무원부양은 국가 또는 공공단체가 관할한다. 연방, 각 주, 지방자치단체, 지방자치단체연합회, 그 밖의 공법상의 법인들이 그것이다. 재원은 각 단체의 예산이다. 국가, 그리고 일부 공공단체는 공무원부양의 재정조달을 위하여 이른바 "부양기금(Versorgungskasse)"을 별도로 운영하고 있다. 가입자(와 사용자)의 보험료가 주요 재원인 사회보험과 다른 점이다.

제 2 장 고용촉진 및 실업부조

제 1 절 최근 개혁조치 - 이른바 하르츠(Hartz) 개혁

Ⅰ. 하르츠위원회의 권고와 입법적 실현

경제구조의 변화와 세계화 등 외부적 요소로 인하여 독일에서 실업은 높은 수준을 계속 유지하였다. 정권의 일자리 창출과 실업률 감소의 공약에도 불구하고 고용시장은 여전히 불안하였다. 이는 실업이 단순히 경기문제가 아니라 구조적인 상황의 변화에 기인한 것이기 때문이다. 이에 연방 정부는 2002년 고용시장과 고용촉진을 위하여 보다 적극적인 발상의 전환을 꾀하는 작업에 착수하였고, 이러한 과제는 이른바 하르츠위원회에 위임되었다.115)

오랜 논의 끝에 하르츠위원회는 모두 4가지의 개혁조치를 제안하였으며, 연방 의회는 이에 관한 입법조치를 취하였다. 제1차 및 제2차 개혁조치는 주로 자영인의 경제활동을 촉진하기 위한 조치들을 고용촉진법에 도입하였다. 제3차 개혁조치는 기존의 연방고용공단의 명칭을 Bundesanstalt für Arbeit에서 Bundesagentur für Arbeit로 개칭하였다.

Ⅱ. 제4차 개혁조치에 관하여

1. 기존의 실업보장제도

하르츠개혁의 핵심은 제4차 개혁조치에 담겨 있다. 1927년 독일에서 고용알선 및 실업보험법이 제정되면서 실업은 새로운 전형적인 사회적 위험으로 인식되었다. 이 법은 1967년 고용촉진법으로 개편되었다. 고용촉진법은 실업으로 인한 소득상실에 대한 보상 혹은 보호를 위하여 세 가지 제도를 두었다. 첫째, 고용촉진법상의 실업보험급여이다. 이는 전형적인 사회보험으로, 가입자가 일정한 조건을 충족한 경우 기존 소득의 일부를 실업급여(Arbeitslosengeld)로 지급한다. 둘째, 고용촉진법상의 실업부조(Arbeitslosenhilfe)이다. 이는 실업보험 가입자에게 실업이 발생했음에도 불구하고 실업보험급여를 청구하기 위하여 필요한 다른 조건을 충족하지 못하였거나 혹은 실업보험지급기간을 초과하여 실업상태에 있는 자에게 지급된다. 셋째, 연방사회부조법상의 생계보호급여이다. 이는 실업에 관한 전형적인 보호는 아니지만 고용촉진법에 의한 보호를 받을 수 없는 실업

115) Kommission “Modernen Dienstleistungen am Arbeitsmarkt.”

자에 대한 최후의 안전망으로 기능하였다.

제4차 개혁조치는 고용촉진법상의 실업부조와 연방사회부조법상의 실업자에 대한 생계보호가 모두 사회부조의 성격이 있는 점을 고려하여 이를 제도적으로 통일하였다. 따라서 제4차 개혁조치는 엄격히 보면 사회법전 제3권이 아니라, 제2권을 대상으로 한 것이었다. 이러한 제도적 통일은 체계적 정비뿐 아니라 지금까지의 이원적인 운영이 갖는 비효율과 모순을 개선하는 목적을 가졌다.

2. 문 제 점

독일에서 역사적으로 사회부조는 지방자치단체의 과제로 발달하여 왔다. 이에 비해서 실업부조는 연방의 과제로 수행되어 왔다. 그런데 이 두 영역은 실업의 극복과 보호를 정책과제로 한다는 점에서 부분적으로 기능이 중복되었다. 이와 같이 유사한 기능을 수행하는 제도를 이원적으로 관리운영하는 것이 타당한가에 대한 의문이 제기되었다. 이에 다음과 같은 점들이 개선을 필요로 했다.116)

첫째, 사회부조는 비전형적인 사회적 위험을 보호하여, 개인에게 인간다운 최저생활을 보장하는 과제를 갖는다. 그런데 오늘날 전형적인 사회적 위험인 실업이 발생한 경우 사회부조에 의존하는 비중이 커지고 이로써 사회부조에 부담이 가중되고 있다. 실업자이지만 실업부조급여를 청구할 수 없는 경우, 또는 실업부조를 받지만 이를 통해서 최저생활을 유지할 수 없기 때문에 사회부조에 의존하는 경우가 여기에 해당한다.117)

---

116) 이에 대해서는, 예컨대 Harmut Bauer, "Sozialrecht in der Reform; Hartz Ⅳ", *Die öffentliche Verwaltung*(2004), 1018면 이하 참조.

117) 한 연구에 따르면 2000년 기준으로 270만 명의 사회부조수급자 중 160만 명이 소득활동이 가능한 연령에 있으며, 이 중 65만 명이 실업자로 신고되어 있다고 한다. 이에 대해서는 Winfried Boecken, "Zusammenfassung von Sozialhilfe und Arbeitslosenhilfe; insbesondere zur verfassungsrechtlichen Zulässigkeit einer Abschaffung des Anspruchs auf Arbeitslosenhilfe und einer Beteiligung des Bundes an den Sozialhilfeaufwendungen", *Die Sozialgerichtsbarkeit*(2002), 357면 이하; Gerhard Pfohl, "Zusammenführung von Arbeitslosen- und Sozialhilfe für Erwerbsfähige", *Zentralblatt für Sozialhilfe/Sozialgesetzbuch*

둘째, 같은 과제를 연방과 지방자치단체가 병행하여 수행함에 따라 행정의 효율성이 낮아지는 문제가 발생한다. 사회부조를 관할하는 지방자치단체는 부조수급자에게 직업을 알선하는 데 있어서 실업부조를 관할하는 연방에 비해서 지역적 범위가 협소하다. 또 부조의 성격을 갖는 두 제도를 연방과 지방자치단체가 관할하면서 경우에 따라서 이중적인 심사가 이루어지며, 그 결과 비효율적이었다. 예컨대 위에서 언급했듯이 실업부조 수급자가 다시 사회부조의 대상자가 되는 경우 심사는 이중적으로 이루어진다.

셋째, 부조적 성격을 갖는 제도를 분리하여 이중적으로 운영하면서 운영주체들이 서로 자신의 과제를 다른 운영주체에게 전가하려는 경향이 있어 왔다. 예컨대 연방고용공단의 입장에서 보면 실업부조를 삭감하더라도 해당 당사자가 사회부조의 급여대상자가 될 수 있었으며, 지방자치단체의 입장에서 보면 사회부조대상자가 실업보험급여 청구권을 가질 수 있도록, 그리고 그 결과 더 이상 사회부조의 대상자가 되지 않도록 하는 조치를 취하여 각자의 재정적 부담을 덜려는 노력을 하였다.

넷째, 실업부조의 대상자와 사회부조의 대상자는 특히 후자가 소득활동능력이 있는 경우에는 기본적으로 동일한 상황에 처해 있다고 볼 수 있다. 그럼에도 불구하고 두 제도에 있어서 급여의 조건 및 수준, 내용 등에 있어서 차이가 있었으며, 이를 그대로 유지하는 것이 바람직하지 않다고 판단되었다. 전체적으로 보면 실업부조가 사회부조에 비해서 급여조건이 완화되어 있었고, 또 급여수준이 조금 높았다.[118)]

(2004), 167면 이하 등 참조.

118) 이 점에 대해서는, 예컨대 Stefan Sell, "Zur Schnittstellenproblematik zwischen Arbeitslosenversicherung und Sozialhilfe-Bestandsaufnahme der Risikoverlagerungen und Plädoyer für die funktionsgerechte institutionelle und instrumentelle Modernisierung", *Sozialer Fortschritt*(1999), 24면 이하 참조. 이 점과 관련하여 실업문제에 대한 국가책임 및 기득권 보장 등을 기준으로 하여 헌법적 쟁점들이 논의되기도 하였다. 이에 대해서는 Winfried Boecken, "Verfassungsrechtliche Fragen im Zusammenhang mit Vorschlägen der Arbeitsgruppe "Arbeit und Soziales" der CDU/CSU-Bundestagsfraktion zur Reform von Sozialhilfe und Arbeitslosenhilfe", *Die Sozialgerichtsbarkeit*(2001), 525면 이하 참조.

3. 새로운 정비

위와 같은 인식에 기초하여 하르츠개혁을 통하여 이제 실업급여는 세 종류로 정비되었다. 첫째, 실업보험급여이다. 이는 기존에 사회법전 제3권에 규율되었던 급여로서, 사회보험의 성격을 그대로 유지한다(Arbeitslosengeld Ⅰ). 둘째, 실업부조급여이다. 이는 기존의 고용촉진법상의 실업부조급여와 연방사회부조법상의 소득활동능력이 있는 수급자에 대한 사회부조급여를 통합한 것이다(Arbeitslosengeld Ⅱ). 이는 새로이 사회법전 제2권 구직자에 대한 기초보장(Grundsicherung für Arbeitsuchende)에 규율된다. 셋째, 사회급여(Sozialgeld)이다. 이는 소득활동능력이 없는 자가 소득활동능력이 있는 가족구성원과 생계를 같이 하고, 사회법전 제12권 사회부조에 의한 급여대상자가 아닌 자에게 지급된다(SGB Ⅱ 제28조).

제 2 절 고용촉진

Ⅰ. 고용촉진의 과제

사회법전 제3권 고용촉진의 입법목적은 직업교육 및 직업을 구하는 자에게 노동시장의 상황에 대한 상담을 행하고 직장을 신속히 알선하고 노동시장에서 불이익을 받는 구직자에게 소득활동의 기회를 개선하며, 이로써 실업을 예방하거나 실업기간 및 실업급여 수급기간을 단축시키는 데 있다(SGB Ⅲ 제1조). 이와 같이 독일의 고용촉진은 실업자에 대한 소득보장보다는 새로운 노동시장의 상황에 적응하여야 하는 근로자에게 그 기간 동안 상실되는 소득을 보상함으로써 노동력을 개선하고, 이로써 장기실업을 사전에 예방하려는 데에 보다 큰 의의가 있다.[119]

위와 같은 목적을 위하여 고용촉진법은 다음과 같은 기본원칙들을 제시하여 구체화하고 있다. 첫째, 직업훈련, 직업알선 등 이른바 적극적 노동시장정책을 시행하기 위한 수단들을 도입·시행하고 있다. 고용촉진은

119) *BVerfGE* 53, 313면 이하 참조.

직접적인 당사자인 근로자와 사용자가 고용촉진의 관리운영주체인 연방고용공단과의 긴밀한 협력이 이루어질 때 비로소 목적을 달성할 수 있다(SGB Ⅲ 제2조). 둘째, 적극적 노동시장정책을 위하여 근로자와 사용자를 수혜자로 하는데 그치지 않고, 국가적인 차원에서 고용정책과 사회정책, 그리고 경제정책 및 재정정책적 목적을 추구하고 있다. 셋째, 적극적 노동시장정책에 중점이 놓여져 있기 때문에 이러한 조치들은 실업보험급여에 우선하여 시행된다(SGB Ⅲ 제4, 5조). 이를 통하여 특히 장기실업이 방지되어야 한다(SGB Ⅲ 제6조).

위와 같은 목적과 원칙을 구체화하기 위하여 사회법전 제3권 고용촉진법(Arbeitsförderung)에 여러 이질적인 제도들이 통합 규율되어 있다. 이들 제도들은 연방고용공단에서 통일적으로 운영된다. 사회법 전체 체계에서 보면 고용촉진은 사회법의 여러 체계를 고용촉진이라는 목적을 효율적으로 달성하기 위하여 묶어 놓은 혼합체계를 이루고 있다. 예컨대 실업보험은 사전배려체계의 일부이고, 고용알선 등 노동시장 관련조치들은 촉진체계에 포섭된다. 이 점은 사회법전의 편제에도 반영되어 있다. 즉 사회법전 제4권이 사회보험법 총칙에 해당하는데, 고용촉진은 이에 앞서 제3권에 위치하고 있다.

Ⅱ. 대 상 자

사회보험에서는 대상자를 "가입자(Versicherte)"를 중심으로 하여 분류하고, 가입자와 보험급여 수급권자가 일반적으로 일치한다. 반면 고용촉진에서는 가입자를 중심으로 한 대상자 분류가 될 수 없다. 가입자의 개념이 사용될 수 있는 실업보험은 고용촉진체계의 한 부분에 불과하다. 이에 비해서 고용촉진의 다른 부문, 특히 고용 및 노동시장 관련조치는 거의 모든 근로자를 대상으로 하기 때문이다. 따라서 고용촉진의 대상자는 운영비용을 충당하기 위한 부담금(Beitrag) 납부의무가 부과되어 있는가를 기준으로 분류된다.

1. 기여금 납부의무자

임금을 대가로 고용된 자, 혹은 직업훈련을 위해서 고용된 근로자는 기여금 납부의무가 있다(SGB Ⅲ 제25조). 사용자 역시 다른 사회보험에서와 마찬가지로 의무적으로 기여금을 납부한다. 다만 고용촉진에서 사용자는 근로자의 사회적 위험을 보호하기 위해서 재정기여를 하는 것이 아니라, 근로자와 독립하여 자기 자신을 위한 기여금을 납부한다. 고용촉진법상의 조치들이 많은 경우 사용자에게 제공되기 때문이다.

2. 기여금 납부의무 면제자

고용촉진법에서 기여금 납부의무가 면제되는 자의 범위는 대체로 질병보험법에서와 유사하다(SGB Ⅲ 제27조). 이 밖에 65세 이상의 근로자, 소득활동능력이 감소하여 계속하여 소득활동을 할 수 없다고 연방고용공단이 확인하고 관할 연금보험공단이 연금보험법상의 소득감소상태를 확인한 자 역시 기여금 납부의무가 면제된다(SGB Ⅲ 제28조 제1항).

Ⅲ. 급 여

1. 고용 및 노동시장 관련급여

(1) 근로자에 대한 급여

1) 고용알선

고용 및 노동시장 관련급여로 연방고용공단이 시행하는 직업 및 직업교육이 알선된다(SGB Ⅲ 제35조 이하). 이는 보험급여는 아니며, 모든 사용자와 구직자를 대상으로 한다. 직업알선에 있어서 전문요원은 노동시장의 상황, 직업전망, 지원가능성 등에 대해서 개별적으로 필요한 범위에서 상담을 하여야 한다(SGB Ⅲ 제30, 33조). 사용자에게도 노동시장의 상황에 대한 상담을 행한다. 이는 사용자가 실습생 및 근로자를 고용하는 것을 지원하는 목적을 갖는다(SGB Ⅲ 제34조). 이 밖에 노동사무소는 제3자에게 직업의 알선을 위탁할 수 있으며, 근로자는 장기실업상태에 있는 경우 이를 요구할 수 있다(SGB Ⅲ 제37조).

독일에서는 오랫동안 고용알선이 국가의 생존배려 차원에서 실시되었으며, 이에 상응하여 직업알선을 국가의 독점적 과제로 이해하였다. 연방헌법재판소는 고용시장의 기능유지와 구직자의 보호를 위하여 연방고용공단의 독점적 활동이 독일 헌법 제12조 직업의 자유에 위반되지 않는다는 결정을 내린 바 있다.[120] 그러나 이와 같은 국가독점은 시장지배적 권한의 남용을 금지하고 있는 유럽연합법에 비추어 유지하기 힘들었다.[121] 또 정책적으로 보더라도 점점 복잡해지는 경제구조 및 직업구조, 그리고 고용시장의 변화에 비추어볼 때 연방고용공단이 노동의 공급과 수요를 적시에 파악하고 조절하는 것이 기대하기 힘들다고 인식되었다. 이에 1994년 연방고용공단의 독점적 지위를 완화하였다. 이에 독일 고용촉진법에서 고용알선에 관한 국가독점은 완전히 폐지되고 민간사업자의 직업알선이 광범위하게 인정되게 되었다. 고용촉진법은 민간직업알선기관에 의하여 유료로 직업이 알선되는 경우 알선비용을 부담한다.

고용촉진법은 직업알선을 위하여 직업알선기구(Personal-Service-Agentur; PSA)를 설치·운영하고 있다. PSA는 주로 다음과 같은 두 가지 기능을 수행한다. 첫째, 근로자 파견을 통하여 실업자에게 고용을 알선한다. 둘째, 아직 파견근로관계에 있지 않은 자에게는 고용관계에 편입될 수 있도록 직업교육을 실시한다(SGB Ⅶ 제37c조).

직업알선을 통하여 실제 고용의 기회를 향상시키기 위하여 다양한 조치가 취해진다. 이를 위하여 구직자의 지식과 업무능력 및 직업에서의 성공가능성을 조사하고, 고용시장의 상황을 감안하여 알선될 수 있는 직업을 선정한다. 필요한 경우 먼저 교육을 통하여 능력과 지식을 갖추게 한

120) *BVerfGE* 21, 245면 이하 참조.

121) 실제 유럽재판소는 1991년 독일의 고용알선에 있어서의 국가독점을 유럽경쟁법에 위반된다는 판결을 내린 바 있다. 이에 대해서는 Eberhard Eichenhofer, “Das Arbeitsvermittlungsmonopol der Bundesanstalt für Arbeit und das EG-Recht”, *Neue Juristische Wochenschrift*(1991), 2857면 이하 참조.

다. 이러한 조치는 현재 실업자 뿐 아니라 실업의 위험에 있는 자에게도 제공된다. 연방고용공단은 이러한 조치에 소요되는 비용을 부담하고, 또 경우에 따라서 실업보험급여를 계속 지급한다(SGB Ⅲ 제48조 이하). 이 밖에 직업을 알선하는 데 필요한 지원비용과 면접 등을 위하여 소요되는 이동비용이 지급된다. 고용을 위하여 거주장소의 이동 및 이동 후 새로운 생활환경을 조성하는 데 필요한 경우 이에 대한 지원이 이루어진다. 고용된 시점부터 첫 임금이 지급되기까지의 생활비용에 대한 지원, 설비비용, 운송비용, 이사비용 등이 지급될 수 있다(SGB Ⅲ 제53조).

2) 직업교육

노동력의 자질향상과 취업구조개선을 위해서 직업교육이 실시된다. 이는 경제 및 직업의 구조변화에 신속히 적응하게 하여 실업을 예방하는 데 기여한다. 직업초년자를 위한 직업교육(Ausbildung) 뿐 아니라, 재교육 및 직업전환교육(Weiterbildung)이 실시된다(SGB Ⅲ 제59조 이하, 제77조 이하, 제153조 이하).

직업교육(Ausbildung)은 직업을 수행하는데 직접적으로 필요한 기능을 습득시키기 위한 조치이다. 여기에는 직업교육을 받기 위하여 필요한 기초교육이 포함된다(SGB Ⅲ 제60, 61조). 직업교육을 받기 위하여 부모와 함께 거주할 수 없으며, 그 결과 부모의 부양을 받지 못하는 등의 사정이 있는 경우에는 보충적으로 피교육자는 생활보조금(Berufsausbildungsbeihilfe)을 받는다. 생활보조금은 원칙적으로 1년을 한도로 지급된다(SGB Ⅲ 제73조). 이 밖에 부가적인 급여로서 원격교육비용, 작업복, 교재, 이동비용 및 자녀양육비용에 대한 지원이 이루어질 수 있다(SGB Ⅲ 제60조 이하). 이들의 사회보장을 위해서 질병보험에 임의가입하여 납부하는 보험료와 장기요양보험의 보험료가 지원된다. 이들에게 질병보상금에 대한 청구권은 인정되지 않는다(SGB Ⅲ 제68조).

재교육에 대한 지원은 실업자 혹은 실업의 위험에 처한 자에게 새로운 직업에의 편입을 위하여 필요한 경우 이루어진다(SGB Ⅲ 제77조). 재교육지원은 기본적으로 이미 직업교육을 수료한 자를 대상으로 한다. 재교육이 지원되기 위해서는 재교육 후 대상자가 적정한 기간 내에 지원조치에 상응하는 취업을 할 수 있을 것으로 기대되어야 한다(SGB Ⅲ 제86조). 그러나 이는 어느 정도 예측에 기초한 판단이며, 개인적 및 직업적 능력과 건강상태, 그리고 노동시장의 상황이 함께 고려된다. 예컨대 다른 조건이 충족되더라도 재교육 후 갖게 될 직업에 대한 수요가 노동시장에 없는 경우 재교육 지원은 이루어지지 않는다. 재교육 지원을 위해서는 노동사무소에서 상담이 먼저 이루어져야 한다(SGB Ⅲ 제77조 제1항 제2호).

재교육 지원을 위하여 교육비용에 대한 지원이 이루어진다. 여기에는 수강비용, 이동비용, 숙박 및 식사비용, 자녀양육비용 등이 포함된다(SGB Ⅲ 제92조, 제79조 이하).

(2) 사용자에 대한 급여

1) 고용지원

일자리의 창출 및 유지를 위하여 필요한 다양한 조치를 통하여 사용자를 지원하고 있다. 이는 일반적으로 보조금의 형태로 이루어진다. 보조금은 개인적인 사정으로 인하여 취업알선이 어려운 경우에 취업 초기 근로자의 적응과정을 지원하기 위하여 사용자에게 지급된다. 적응보조금(Eingliederungszuschüsse)은 근로자가 초기에는 수습과정에 있고 그만큼 업무능력에 한계가 있다는 점을 보상하는 목적의 급여이다.

보조금의 지급기간 및 수준은 해당 근로자의 업무능력, 적응에 필요한 수요를 기준으로 산정한다. 보조금은 최장 12개월 동안 지급되며, 임금의 50%를 상한으로 한다(SGB Ⅲ 제217조). 중증장애인의 경우 지원기간은 24개월 혹은 36개월까지 연장될 수 있으며, 임금의 70%가 상한이다. 55세 이상의 중증장애를 가진 고령자에 대해서는 96개월까지 지원기간이 연장될 수 있다(SGB Ⅲ 제217조).

2) 대체근무지원

사용자가 기존의 근로자에게 직업교육의 기회를 부여하는 대신 대체인력으로 실업자를 고용하는 경우 이를 지원하는 조치이다. 이는 한편으로는 기존의 근로자의 직업교육을 장려하고, 다른 한편 한시적으로 실업자를 고용하여 실업자의 업무능력을 향상시키는 목적을 갖는다. 기존의 근로자가 직업교육 후 직장에 복귀하는 것이 지원의 조건은 아니다. 예컨대 기존의 근로자가 교육 후 자영업에 종사할 수도 있다. 사용자는 기존의 근로자에게 임금을 지불하는 것이 원칙이지만 해당 직업교육이 사용자의 이익과는 관계없이 본인의 자영활동을 위한 준비로서의 성격을 갖는 경우에는 임금지불의무는 없다. 이러한 내용의 지원은 최장 12개월 동안 이루어지며, 보조금으로는 임금의 50% 내지 100%에 해당하는 금액이 지급된다(SGB Ⅲ 제229조 이하).

3) 자영인에 대한 고용지원 및 창업지원

이는 한편으로는 창업을 하는 자에게 본인의 재정부담을 덜어 주면서 근로자를 고용할 수 있게 하고, 다른 한편 이로써 실업자에게 고용을 알선하는 이중의 목적을 추구하고 있다. 지난 2년 동안 새로이 창업을 하고 5명 미만의 근로자를 고용한 소기업 사용자가 지원 대상이다. 지원은 2명을 한도로 이루어진다. 지원기간은 최장 12개월이며, 이 기간에 임금의 50%가 지원될 수 있다(SGB Ⅲ 제225조 이하).

실업자가 창업을 하여 실업을 벗어날 수 있도록 지원이 이루어질 수 있다. 이는 창업 후 생계 및 사회보장을 위한 배려를 지원하는 형태로 이루어진다(Überbrückungsgeld). 근로자가 실업보험급여로서 지급받았던 금액과 이를 기초로 산정되는 사회보험 보험료의 금액을 합한 액이 지원된다. 이러한 급여의 지원기간은 6개월이다(SGB Ⅲ 제57조).

(3) 작업단축지원금과 건설업고용지원금

일시적인 작업 중단에도 불구하고 고용관계를 유지하기 위한 목적으로, 혹은 실업의 발생을 사전에 예방하기 위한 목적으로 작업단축지원금과 건설업고용지원금이 지급된다.

작업단축지원금(Kurzarbeitergeld)은 경제적 여건의 악화 및 기업의 구조조정, 자연재해 등 불가피한 사정으로 인하여 일시적으로 작업의 단축이 불가피하여 근로자의 임금이 삭감되는 경우, 이를 보상하기 위한 급여이다. 지원금이 지급되기 위해서는 1개월에 3분의 1 이상의 근로자에게 10% 이상의 임금 삭감이 예상되어야 한다(SGB Ⅲ 제170조). 작업단축지원금은 최장 6개월간, 삭감된 임금의 60% 혹은 67%가 지급된다(SGB Ⅲ 제177, 178조).

건설업고용지원을 위해서 근로자에게 겨울철 건설사업지원금(Winterbauförderung)이 지급된다. 이 급여는 겨울철에도 건설사업을 계속하도록 지원하여 고용관계가 지속되고, 그 결과 실업을 방지하기 위한 조치이다. 지원의 종류는 다음과 같다. 첫째, 겨울철 작업을 계속 유지하기 위하여 소요되는 추가비용을 보상한다(Mehraufwands-Wintergeld). 둘째, 악천후로 인하여 작업이 중단되고 그 결과 상실되는 임금을 지원하는 형태로 이루어진다(Zuschuss-Wintergeld). 악천후로 인하여 소득이 상실되는 기간이 100시간이 넘는 경우에는 사용자가 재원을 부담하는 임금지원 전 급여(Winterausfallgeld-Vorausleistung)가 지급된다. 이를 보조하기 위하여 급여가 지급된다. 셋째, 임금지원전 급여에 이어 악천후로 인하여 작업이 중단되고, 그 결과 임금이 상실되는 것을 보상하는 급여가 지급된다(Winterausfallgeld). 급여의 산정방식은 위에서 설명한 작업단축지원금의 예에 따른다(SGB Ⅲ 제209조 이하).

2. 실업보험급여

지금까지 설명한 조치들은 실업을 사전에 예방하기 위한 목적에 기여한다. 이에 비해서 실업보험급여는 실업으로 인하여 발생한 소득상실을 보상하기 위한 조치이다.

실업보험급여(Arbeitslosengeld)에 대한 청구권을 갖기 위해서는 신청인이 고용촉진법상의 실업자로서의 요건을 갖추어야 한다. 실업자란 고용관계에 있지 않으며, 실업을 극복하기 위하여 노력하고 있는 자로서, 노동사무소의 직업알선에 응할 수 있는 상태에 있는 자를 말한다(SGB Ⅲ 제119조 제1항). 실업자는 본인의 건강상태 혹은 노동시장의 상황 등 "객관적 여건"에 비추어 노동사무소(Agentur für Arbeit)가 알선하는 직업을 수행할 수 있어야 한다. 주관적으로는 그러한 업무를 수행할 의사가 있어야 한다. 따라서 예컨대 객관적으로 노동능력이 없는 65세 이상의 고령자에게는 실업보험급여 청구권이 인정되지 않는다(SGB Ⅲ 제167조 제2항). 노동사무소가 알선하는 직장이 실업자의 직업경력, 노동조건, 교육수준 등 "주관적 여건"에 비추어 기대가능한 때에는 실업자는 이를 거부할 수 없다. 예컨대 고학력 근로자에게 단순 막노동을 기대할 수는 없지만, 유사한 사무직 근로에 대해서는 기대가능성이 인정될 것이다. 해당 업무가 법률, 노사협약 혹은 근로보호에 관한 규정에 위반하는 경우, 현저히 낮은 임금인 경우, 그리고 근무지와 거주장소간의 거리가 현저히 떨어져 있는 경우 등은 기대가능성이 없는 예이다(SGB Ⅲ 제121조).[122] 실업 초기에는 이러한 주관적 기대가능성의 기준은 비교적 엄격하게 적용된다. 예컨대 실업 초기 3개월까지는 이전 임금수준의 20%, 이후 3개월 기간은 이전 임금수준의 30% 이상이 감소된 직업에 대해서는 기대가능성이 없는 것으로 본다. 그러나 이후에는 해당 직업에서 업무수행과 관련하여 소요되는 비용을 고려하여 순임금이 실업보험급여의 수준에 미달하는 경우에 한하여 기대가능성이 없는 것으로 본다(SGB Ⅲ 제121조 제3항).

실업보험급여를 청구하기 위해서는 법률에 정한 대기기간(Anwartschaftszeit)을 충족시켜야 한다. 즉, 실업자는 실업발생 전 2년 기간 중 12개월 이상 기여금 납부의무 대상인 업무에 종사하였어야 한다(SGB Ⅲ 제123, 124조). 위의 요건을 갖춘 실업자는 노동사무소에 실업신고를 하고, 실업보험급여의 지급신청을 하여야 한다(SGB Ⅲ 제122조).

실업보험급여로 자녀 한 명 이상을 양육하는 실업자에게는 순임금의 67%, 그 밖의 실업자에게는 60%가 지급된다(SGB Ⅲ 제129조). 실업보험급여는 연금과 같은 계속급여는 아니며 보험가입기간과 수급자의 연령에 따라 다음과 같이 차등화 되어 있다. 기본적으로 55세에 이르기 전에는 취

122) 근로시간이 1일 6시간인 경우 출퇴근에 2시간 이상이 소요되면 기대가능성이 없는 것으로 본다(SGB Ⅲ 제121조 제4항).

업기간 12개월, 16개월, 20개월, 그리고 24개월에 대해서 각각 6개월, 8개월, 10개월, 그리고 12개월 동안 실업보험급여가 지급된다. 55세 이후에는 연령이 함께 고려된다. 55세에 달한 자의 경우 보험가입기간 30개월, 36개월에 대해서 각각 15개월, 18개월 동안 급여가 지급된다(SGB Ⅲ 제127조).

실업보험급여 청구권을 유지하면서 주 15시간미만의 소득활동을 하는 경우 세금 및 사회보험 보험료 등을 제외한 순임금은 급여산정에 반영되어 그만큼 급여가 감소한다. 다만 근로유인을 위하여 소득 중 165유로는 보험급여의 산정에 반영되는 소득에서 제외된다(SGB Ⅲ 제141조).

근로자는 실업을 극복하기 위하여 자구노력을 하여야 할 의무가 있다. 이에 위반하는 다양한 행태에 대해서 실업보험급여가 제한된다. 첫째, 고용관계를 종료시키거나 그러한 계기를 부여하는 등 고의 또는 중과실로 실업을 스스로 유발하는 경우이다. 둘째, 노동사무소가 해당 실업자가 수행할 수 있는 직장을 알선하였고, 이를 거부했을 때 주어지는 법적 효과에 대한 정보를 제공했음에도 거부하는 경우이다. 셋째, 노동사무소의 경고에도 불구하고 취업을 위한 자구노력을 게을리 하는 경우이다. 넷째, 직업교육 및 재교육조치에 참여하는 것을 거부 혹은 중단하는 경우이다. 다섯째, 실업자가 신고의무를 이행하지 않거나 혹은 노동사무소가 지시하는 의료적 및 심리적 진단을 회피하는 경우이다. 위와 같은 경우 실업보험급여는 3주에서 6주 동안, 혹은 12주 동안 중단된다(SGB Ⅲ 제144조).

근로자가 파업에 가담한 이유로 실업한 때에는 파업이 종료될 때까지 실업보험급여는 지급되지 않는다. 연방고용공단은 노사관계에서 중립적이어야 한다. 그런데 이러한 경우에도 실업보험급여를 지급하는 것은 노사중립의 요청과 조화될 수 없기 때문이다. 다만 이러한 원칙은 파업의 양상이 다양하기 때문에 실제 적용에 있어서는 다음과 같이 세분화되어 규율되어 있다.[123] 파업에 참가하여 실업이 발생한 경우 이에 대해서 실업

123) 국제노동기구 협약 제168호에 의하면 실업의 조건으로 현재 진행중인 노동쟁의의 직접적인 결과로서 발생한 것인가의 상황이 고려되어야 한다(제21조 제2항). 그런데 이 규정에 대해서는 해석이 필요하였기 때문에, 예컨대 1965년 국제노동기구 전문가위원회(The Committee of Experts on the Application of Conventions

보험급여가 정지되는 것은 명확하다. 파업의 간접적인 효과로서 실업이 발생한 경우에 대한 법적 평가는 복잡하다. 근로자가 파업에 참가하지 않았지만 파업으로 인하여 실업이 발생한 때에는 원칙적으로 실업보험급여가 지급된다. 그러나 다음과 같은 경우에는 예외적으로 실업보험급여가 정지된다. 첫째, 해당 근로자가 소속한 사업장이 파업사업장과 같은 지역에 소재하고 산업종류가 동일한 경우이다. 둘째, 산업종류는 동일하지만 지역을 달리하는 경우에도 해당 지역에서 유사한 종류와 범위의 파업을 행할 것이 요구되고 있고, 파업의 결과가 해당 지역에도 영향을 미칠 가능성이 많은 경우이다(SGB Ⅲ 제146조). 청구권 정지의 사유에 해당하는 파업인가의 여부에 대해서는 연방고용공단의 특별위원회(Neutralitäts-Ausschuss)가 결정한다(SGB Ⅲ 제380조).

3. 파산시 임금지불확보

이는 기업이 도산하여 근로자에 대한 임금이 체불되는 결과, 근로자가 소득을 상실하는 위험을 보호하기 위한 급여(Insolvenzgeld)이다. 이 제도에 의해 체불된 임금에 대해서 소급해서 청구권이 인정된다. 소급하여

---

and Recommendations)는 파업으로 인하여 발생한 실업을 세 가지로 분류하였다. 먼저 적극적인 파업가담자에 대해서는 실업급여가 정지된다. 둘째, 파업작업장에 고용되어 있지 않으며 따라서 파업의 결과에 따라 고용조건에 영향을 받지도 않는 집단의 경우 실업급여는 지급된다. 셋째, 파업에 적극적으로 참여한 것은 아니지만 파업결과에 따라 고용조건에 있어서 영향을 받는 집단이 있다. 이 경우 전문가위원회는 실업급여가 지급되어야 한다고 이해하고 있다. International Labour Conference, *Report of the committee of experts on the application of conventions and recommendations, International Labour Conference 49. session Geneva*, 1965, 116면 이하 참조. 예컨대 독일에서는 1971년 및 1984년 금속노조의 파업시 이 문제가 쟁점으로 부각된 바 있다. 또 1986년 연방고용촉진법 제116조가 제정되면서 파업에 간접적으로 관련된 자에게도 실업급여를 거부할 수 있는 근거가 마련되었다. 이 조문은 재산권의 보호범위와 한계를 둘러싼 헌법적 논의를 불러 일으켰다. 이에 대해서 자세히는, Ernst Benda, *Sozialrechtliche Eigentumspositionen -Ein Beitrag zur Diskussion um die Änderung des §116 Arbeitsförderungsgesetz-*(Nomos, 1986); Fritz Ossenbühl/Reinhard Richardi, *Neutralität im Arbeitskampf*(Carl Heymanns Verlag, 1987); Gunther Schwerdtfeger, *Rechtsfragen zu §116 AFG n.F.* (Duncker & Humblot, 1990) 등 참조.

청구하는 임금체불기간은 파산절차가 개시되기 전 3개월이다(SGB Ⅲ 제183조). 이 기간에 근로자가 납부할 의무가 있는 사회보험 보험료는 노동사무소가 부담한다(SGB Ⅲ 제208조).

Ⅳ. 재 정

고용촉진의 재정은 기여금과 사용자 부담금, 그리고 연방의 부담 및 보조에 의하여 충당된다.

1. 기여금과 사용자 부담금

고용촉진법상의 급여비용은 원칙적으로 근로자와 사용자가 반씩 부담하는 기여금으로 충당된다(SGB Ⅲ 제340조, 제346조 제1항). 기여금률은 연금보험에 적용되는 보험료 산정한도액을 상한으로 하여 임금의 6.5%이다(SGB Ⅲ 제341조). 장애인사업장에 고용되어 있는 장애인으로서 연금보험 가입자 평균임금의 5분의 1 미만의 소득이 있는 근로자에 대한 기여금은 사용자가 단독으로 부담한다. 병역의무자에 대한 기여금은 연방이, 그리고 수형자에 대한 기여금은 형의 집행을 관할하는 해당 주의 정부가 부담한다(SGB Ⅲ 제346조 제2항, 제347조).

기여금 외에 사용자는 부담금(Umlage)을 납부한다. 사용자 부담금은 파산시 임금지불의 재원으로, 그리고 겨울철 건설사업지원의 재원으로 사용된다(SGB Ⅲ 제354조, 359조).

2. 연방의 부담 및 연방보조

연방은 연방정부가 고용촉진법을 근거로 공단에 위임한 사업을 수행하는 비용을 부담한다(SGB Ⅲ 제363조). 연방은 연방고용공단이 지불의무를 이행하는 데 재원이 부족한 경우 이를 지원할 수 있다. 이러한 지원은 무이자 대출의 형태로 이루어진다. 이러한 지원은 연방고용공단에서 월수입이 지출을 초과하는 경우에는 상환하여야 한다(SGB Ⅲ 제364조). 회계연도 말에 연방고용공단의 수입과 적립금이 위에서 설명한 대출금을 상환하기에 부족한 경우에는 적립금을 초과하는 대출금은 보조금으로 성격이 전환된다(SGB Ⅲ 제365조).

3. 재정방식에 관한 논의

고용촉진에는 직업상담, 직장알선, 직업교육 등 근로자 이외에도 일반 국민을 대상으로 하는 급여가 적지 않다. 그런데 이러한 급여비용을 근로자가 부담하는 것은 형평부담의 원칙에 맞지 않는다는 문제가 제기되고 있다.[124] 한 때 공무원과 자영인에게 노동시장부담금(Arbeitsmarktabgabe)을 부과하는 형태로 이들을 재정에 참여시켜야 한다는 제안이 있었다.[125] 그러나 이 제안은 특히 공무원의 경우 신분보장이 되어 있기 때문에 실업이 공무원에게 발생하는 사회적 위험이라고 할 수 없다는 점에서 설득력이 없다. 독일의 연방헌법재판소는 고용촉진의 경우 기여금과 급여간에 등가관계가 있어야 하는 것은 아니라고 판시함으로써 이 문제에 대한 헌법적인 문제는 제거되었다.[126] 그러나 사회정책적으로는 실업보험만을 기여금을 재원으로 하여 운영하고, 모든 국민이 대상자인 다른 급여에 대해서는 조세를 재원으로 하는 것이 보다 설득력이 있는 것 같다.[127]

Ⅴ. 조 직

고용촉진의 운영주체는 연방고용공단(Bundesagentur für Arbeit)이다. 연방고용공단은 중간조직으로 지역기구(Regionaldirektionen)를, 그리고 하부조직으로서 노동사무소(Agentur für Arbeit)를 두고 있다(SGB Ⅲ 제368조).

연방고용공단의 자치운영기구는 행정위원회(Verwaltungsrat)이다. 일반

124) 이에 대해서는 Josef Isensee, “Die Rolle des Beitrages in der rechtlichen Einordnung und Gewährleistung der sozialen Sicherheit”, Hans F. Zacher(편), *Die Rolle des Beitrages in der sozialen Sicherung*(Duncker & Humblot, 1989), 485면 이하 참조.

125) 이에 대해서는, 예컨대 Ehrenberger/Fuchs, *Sozialstaat und Freiheit*(Suhrkamp, 1980), 168, 299면 참조.

126) *BVerfGE* 51, 114(125) 참조.

127) 이에 대해서는 Franz Ruland, “Sozialrecht”, Ingo von Münch(편), *Besonderes Verwaltungsrecht*(Walter de Gruyter, 1988), 413면 이하 참조.

사회보험단체와는 달리 연방고용공단의 행정위원회는 근로자 및 사용자 대표와 더불어 공익대표가 동수로 참여한다(SGB Ⅲ 제371조 제5항). 연방고용공단에는 위에서 살펴본 바와 같이 광범위한 고용정책 및 사회정책적 과제가 부과되어 있기 때문이다. 행정위원회의 구성방법도 사회보험단체와는 달리 구성원에 의해서 선출되지 않고, 사용자 단체, 노동조합 및 연방정부, 연방참사원 등이 제청하여 연방노동사회장관이 임명한다(SGB Ⅲ 제377, 379조).

제 3 절 구직자에 대한 기초보장 (Grundsicherung für Arbeitsuchende)

Ⅰ. 구직자 기초보장의 기본이념

사회법전 제2권은 기존의 고용촉진법상의 실업부조와 연방사회부조법상의 소득능력 있는 자에 대한 생활보호급여를 통합하여 규율하였다. 사회법전 제2권에 의한 수급자는 제12권 사회부조에서는 제외된다. 사회법전 제2권은 소득능력 있는 구직자의 자기책임을 강조하고, 구직자가 급여에 의존하지 않고 독립하여 자신의 능력으로 생활을 형성할 수 있도록 하는 목표를 제시하고 있다. 이러한 입법목적에 기초하여 사회법전 제2권은 특히 수급자의 동기를 적극적으로 자극하는 정책에 비중을 두고 있다(SGB Ⅱ 제1조 제1항). 이러한 기본이념은 급여 목록의 편제에도 표현되어 있다. 즉 사회법전 제2권은 취업을 통하여 대상자에 대한 보호의 필요성을 조기에 종식 혹은 감소시키기 위한 급여를 먼저 규율하고, 이어서 생활보장을 규율하고 있다(SGB Ⅱ 제1조 제2항).

위와 같이 실업자의 자구노력과 이를 전제로 한 고용정책을 강조하고 있지만 사회법전 제2권은 고용촉진을 위한 조치에 대해서 대부분 사회법전 제3권의 규정들을 적용하도록 하고 있다.

Ⅱ. 급여의 조건 및 내용

1. 급여의 조건

구직자 기초보장급여는 사회부조체계에 속한다. 따라서 급여의 결정에 있어서 여러 단계의 심사가 이루어진다.

기초보장의 대상자는 소득능력이 있지만(erwerbsfähig) 보호의 필요성이 인정되는(hilfebedürftig) 실업자로서 15세 이상 65세 미만의 자를 말한다(SGB Ⅱ 제7조 제1항). 다만 아직 소득활동연령에 있지 않은 자의 경우 부모와 생활공동체를 형성하기 때문에 독자적으로 기초보장청구권을 가질 가능성은 낮다.[128) 소득능력이란 단기간 내에 노동시장에서의 일반적인 조건하에 1일 3시간 이상 소득활동을 기대 할 수 있는 상태를 말한다(SGB Ⅱ 제8조 제1항). 보호의 필요성은 본인의 생계, 취업, 그리고 함께 생활공동체(Bedarfgemeinschaft)를 형성하여 생활하는 자의 생계를 스스로의 능력과 수단으로 전혀 혹은 충분하게 해결할 수 없는 상태를 말한다(SGB Ⅱ 제9조 제1항).

기초보장의 수급에는 노동의 의무가 전제된다. 즉 신청인은 기대할 수 있는 노동을 행할 의무가 있다. 고용촉진법상의 실업부조에 비해서 구직자 기초보장에 있어서 이러한 노동의 의무는 훨씬 강화되었다. 이 기준은 사회부조에서의 기대가능성에 보다 접근하였다. 즉 이제 모든 소득활동이 기대가능한 것으로 인정된다. 실업 전 수행했던 업무와의 유사성이 없다든가, 새로운 직업이 이전 직업에 비해서 소득수준이 낮다는 사실은 기대가능성을 배제하는 사유가 될 수 없다(SGB Ⅱ 제10조 제2항). 다만 구직자 기초보장에서 직업보호의 관점이 완전히 포기된 것은 아니다. 새로운 직업의 수행을 신체적·정신적 및 심리적인 상황으로 인하여 수행할 수 없거나, 새로운 직업을 수행함으로 인하여 기존의 직업에 복귀하는 것

128) 이 점에 대해서는, 예컨대 Ralf Möller, "Vereinbarungen des Koalitionsvertrages zur Grundsicherung für Arbeitsuchende", *Die Sozialgerichtsbarkeit*(2006), 269면 이하 참조.

이 장애가 되는 등의 사정이 있는 경우에는 기대가능성이 부인된다(SGB Ⅱ 제10조 제1항).

기초보장에 있어서는 소득 및 재산심사가 이루어진다. 소득활동을 유인하기 위하여 일정한 범위의 소득은 심사 대상에서 제외된다. 이는 다음과 같이 차등화 되어 있다. 월 소득이 100유로 이상 800유로 미만인 경우에는 소득의 20%, 월 소득 800유로 이상 1200유로 이하인 경우에는 800유로를 초과하는 소득의 10%를 소득심사에 산입하지 않는다. 한 명 이상의 자녀를 양육하는 경우 1,500유로가 심사대상인 소득에서 공제된다(SGB Ⅱ 제30조). 재산심사에 있어서도 성년연령부터 1년에 200유로를 심사대상인 재산액에서 공제한다. 최소공제금액은 4,100유로이다. 총 공제금액은 13,000유로를 한도로 한다. 이 밖에 수급자가 직접 이용하는 주거에 필요한 부동산 등은 일정한 범위에서 심사로부터 제외된다(SGB Ⅱ 제12조 제2항).

구직자 기초보장은 사회부조의 일종으로서 가족법상의 부양의무를 대체하는 것은 아니다. 사회법전은 생활공동체에서 함께 주거하는 자에게 부양의무와 동시에 기초보장청구권을 인정하고 있다. 생활공동체에는 보호를 필요로 하는 소득능력 있는 자, 함께 생활하는 부모 혹은 미성년자 및 미혼자녀의 부모, 부모와 유사혼인관계에 있는 자 등이 포함된다(SGB Ⅱ 제7조 제3항).[129] 가족법상의 부양청구권은 그 행사 여부에 관계없이 신청인이 급여를 수급한 경우 급여의 범위 내에서 행정청이 대신 행사할 수 있다(SGB Ⅱ 제33조).

2. 급여의 내용

구직자 기초보장의 급여로서 노동에의 편입을 지원하는 각종 촉진급여가 제공된다. 이 급여들에 대해서는 위에서 언급했듯이 대부분 사회법

129) 혼인유사관계에 있는 자를 부양의무 있는 생활공동체의 구성원으로 하는 데 있어서 현재 법원이 엄격한 기준을 적용하고 있다. *BVerfGE* 87, 234(264); *BSGE* 63, 120(122) 등 참조. 이에 대해서는 Ulrich Wenner, “Verfassungsrechtlich problematische Regelungen für eheahnliche Gemeinschaft und Stiefeltern”, *Soziale Sicherheit*(2006), 146면 이하 참조.

전 제3권의 규정이 적용된다. 사회법전 제2권은 이에 관한 사회법전 제3권의 해당 규정을 준용하도록 하는 상세한 규정을 두고 있다(SGB Ⅱ 제16조). 사회부조에서 생계급여에 해당하는 급여로서 실업부조급여(Arbeitslosengeld Ⅱ)와 사회급여(Sozialgeld)가 지급된다.

생계급여는 사회부조법상의 생계급여의 산정기준에 따른다. 기존의 실업부조급여가 실업 전 소득을 기준으로 산정되었던 점과는 차이가 있다. 그 결과 구직자 기초보장급여의 수준은 일반적으로 기존의 실업부조급여의 수준에 비해서 낮게 결정된다.130) 생계급여는 음식물, 피복, 주거시설, 일상생활수요, 적정한 범위 내에서의 주변환경과의 접촉 및 문화생활에의 참여를 보장하기 위하여 지급된다. 현재 월 표준수요는 독신자 혹은 편부모 혹은 동거인이 미성년자인 자에 대해서 345유로로 결정되어 있다. 그 밖의 소득능력 있는 동거인에 대해서는 표준수요의 80%가 지급된다. 동거인이 모두 18세 이상인 경우에는 표준수요의 90%가 지급된다. 표준수요는 매년 7월 1일 연금보험법상의 평균연금가(aktueller Rentenwert)의 변화에 따라 조정된다. 연방노동사회장관은 매년 다음 해 적용될 표준수요를 연방입법보(Bundesgesetzblatt)에 공표하여야 한다(SGB Ⅱ 제20조). 이와 같은 표준수요에 따른 보호 외에 임신 중이거나 여러 자녀를 양육하기 때문에 추가의 수요가 있는 경우 이에 대한 보호가 이루어진다. 또 주거 및 난방비용에 대한 지원이 이루어질 수 있다(SGB Ⅱ 제21, 22조).

실업보험급여 수급기간이 종료되고 이어서 구직자 기초보장급여를 받는 경우 급격하게 급여수준이 하락하는 것을 방지하기 위하여 2년간 조정기간을 두었다. 즉 실업보험급여와 주택보조금을 합한 금액과 원래 실업자에게 산정되는 구직자 기초보장급여와의 차액을 기준으로 처음 1년차에

130) 이로써 수급자의 재산권을 침해하는가의 여부가 쟁점이 될 수 있다. 그러나 실업부조급여는 자기기여에 의하여 형성된 급여는 아니기 때문에 재산권적 보호의 대상이 될 수는 없다. 독일의 연방헌법재판소는 실업보험급여를 재산권적 보호의 대상으로 인정하였다. *BVerfGE* 72, 9; 74, 203; 90, 226; 92, 365 등 참조. 그러나 실업부조급여에 대해서는 아직 명확한 판단을 내리지 않았다. 이에 비해서 연방사회법원은 실업부조급여는 재산권적 보호의 대상이 아니라는 점을 명확히 하였다. *BSGE* 85, 123 참조.

는 3분의 2가 추가로 지원된다. 2년차에는 50%가 삭감되어 지급된다. 이러한 보조금액에 상한이 있다. 1년차에는 160유로, 2년차에는 80유로를 각각 상한으로 한다(SGB Ⅱ 제24조). 구직자 기초보장급여 수급자는 질병보험과 장기요양보험, 그리고 연금보험에 가입한다. 보험료는 최저금액을 기준으로 산정하며, 이는 연방이 부담한다(SGB Ⅴ 제5조 제1항 제2a호, SGB Ⅺ 제20조 제1항 제2a호, SGB Ⅵ 제3조 제1문 제3a호). 예컨대 질병보험의 경우 실업부조수급자는 연금보험에 적용되는 월평균소득의 0.3620배의 30분의 1에 해당하는 액이 보험료산정의 기초이다(SGB Ⅴ 제232a조 제1항 제2호).

소득능력 있는 가족구성원에게 실업부조급여가 지급되는 반면 소득능력이 없는 구성원이 사회법전 제12권의 사회부조급여 청구권이 없는 경우에는 사회급여(Sozialgeld)가 지급된다. 소득능력이 없는 경우 노동시장에의 접근이 불가능하여 실업부조급여가 지급될 수 없기 때문이다. 사회급여로서 위에서 설명한 실업부조급여의 일부가 지급된다. 즉 14세까지는 표준수요의 60%가, 이후에는 표준수요의 80%가 지급된다(SGB Ⅱ 제28조).

Ⅲ. 재 정

연방고용공단이 관리하는 구직자 기초보장의 재정 및 행정비용은 연방이 부담한다. 이러한 연방의 부담을 통하여 지방자치단체의 재정이 경감되는 효과가 있으며, 실제 지방자치단체에게 25억 유로가 절감되는 효과가 있을 것으로 기대되고 있다(SGB Ⅱ 제46조).

Ⅳ. 조 직

구직자의 기초보장을 일원화한다는 본래의 취지와는 달리 구직자 기초보장의 관리운영은 여전히 이원화되어 있으며, 또 유동적이다. 구직자 기초보장의 관리운영주체는 기본적으로 연방고용공단이다. 그러나 일부 조치, 즉 장애아동 보호, 부채상담, 사회심리적 상담, 중독 상담, 주거 및 난방급여 등은 지방자치단체가 관할한다(SGB Ⅱ 제6조 제1항). 그런데 이러한 관할의 분할은 다시 다음과 같은 규정들을 통하여 유동적인 상태에 있다. 즉 한편으로 연방고용공단과 지방자치단체는 공법상의 혹은 사법상의 계약에 의하여 독립된 협의체를 구성하여 과제의 통일적인 수행을 꾀할 수 있다(SGB Ⅱ 제44b조). 다른 한편 시범적으로 지방자치단체가 신청에 의하여 허가를 얻어 연방고용공단이 관할하는 사업을 대신 관할할 수 있다(SGB Ⅱ 제6a조). 이 시범사업의 기간은 6년이며, 6년 후에야 관할문제에 대한 최종적인 결정이 이루어질 것으로 예상되고 있다.

제 3 장 사회보상체계

독일에서 전통적인 사회보상은 전쟁과 관련된 희생을 국가가 보상하는 것을 대상으로 하였다.[131] 그러나 이후 점차로 평시 사회보상에 해당하는 접종피해(Impfschäden), 범죄피해(Verbrechensopfer) 등이 발전하여 왔다. 독일에서는 개별적인 실정법에 사회보상의 급여조건을 규율하고 있다. 그러나 사회보상의 급여와 관련된 기본법은 연방부양법이며, 사회보상에 관한 개별 법률들은 급여와 관련해서는 연방부양법을 준용하고 있다(SVG 제80조; BGSG 제59조 제1항; ZDG 제47조 제1항).

제 1 절 보상되는 희생(피해)

Ⅰ. 전쟁 및 특정 정권에 의한 희생

이는 독일이 전쟁 당사국이었던 두 차례의 세계대전과 그 패전으로 야기된 개인의 희생에 대한 보상이다.[132] 이러한 구성요건은 직접 전투에

131) 보상급여는 이와 같이 국가에 책임이 있는 희생에 대한 반대급여이기 때문에 국가의 일방적인 급여가 아니며, 그 결과 헌법상 재산권적 보호의 대상에 포함된다. *BVerfGE* 87, 1(42) 참조.

132) 독일 사회법전은 인적 손상에 대한 보상만을 규율하고, 사회보상체계의 일부를 구성하는 전쟁으로 인한 물적 손상에 대한 부담조정(Lastenausgleich), 혹은 나치

관련된 희생과 전후 동구권에 잔류하였던 독일 국민이 겪었던 희생으로 대별할 수 있다. 이 두 구성요건은 각각 연방부양법(Bundesversorgungsgesetz)과 억류자보호법(Häftlingshilfegesetz)이 규율하고 있다.

연방부양법은 제2차 세계대전 중 독일군대(Deutsche Wehrmacht)에서의 복무 중에 입은 신체손상을 보상한다. 전후 연방군대(Bundeswehr)에서 복무 중 입은 신체손상에 대한 보상은 후술하는 군인부양법(SVG)이 규율하고 있다. 전투관련 희생은 주로 독일군대 구성원을 대상으로 한 구성요건이다. 그러나 경우에 따라서 민간인도 전투와 관련하여 직접 피해를 입은 경우에는 연방부양법에 의한 보호를 받는다(BVG 제1조 제2a항 제3호).[133]

전투관련 희생은 구체적으로는 군무수행 중의 사고, 혹은 군무와 밀접한 관련이 있는 활동 중의 사고로 인한 신체의 손상을 말한다(BVG 제1조 제1항). 재해보험에서 출퇴근 중의 재해가 보호의 대상이 되듯이 전투 혹은 훈련장소로 이동하던 중 입은 피해도 연방부양법에 의하여 보호된다(BVG 제4조). 군무수행 그 자체는 아니지만 직접적인 전쟁의 영향 하에 신체손상을 입은 경우에도 보상의 대상에 포함된다(BVG 제1조 제2항, 제5조). 예컨대 전후 불발의 폭탄을 제거하기 위한 작업을 하던 중 폭탄이 폭발하여 피해를 입은 경우, 적군에게 부모가 사살되는 것을 보고, 또는 자녀의 사망 소식을 듣고 심리적 충격을 받은 경우 등이 여기에 해당한다.[134]

전투관련 희생으로 인정되기 위해서는 한편으로는 군무수행과 사고 사이에, 그리고 다른 한편으로는 사고와 신체 손상 사이에 이중의 인과관

불법으로 인한 물적 손상에 대한 보상(Wiedergutmachung nationalsozialistischen Unrechts)은 점차 적용례가 없어진다는 이유로 사회법전의 규율대상에서 제외하였다. 이 두 피해는 각각 Lastenausgleichsgesetz와 Bundesentschädigungsgesetz에 의하여 보호되고 있다. 이로써 이론적인 사회보상의 개념과 사회법전상의 사회보상의 개념간에 구분이 된다. 이에 대해서는 Hans F. Zacher, *Einführung in das Sozialrecht*(C.F.Müller, 1985), 5, 21면 참조.

133) *BSGE* 2, 29; 2, 265; 13, 272; 58, 38 등 참조. 우리나라의 경우 민간인은 국가유공자보상에서 원칙적으로 제외되며, 다만 예외적으로 보상을 받을 수 있는 경우를 열거하고 있다. 국가유공자예우 및 지원 등에 관한 법률 제74조 제1항.

134) *BSGE* 49, 98; 88, 153 등 참조. 이에 비해서 전쟁의 직접적인 영향은 아니며, 따라서 보상청구권을 부정한 예로는 *BSGE* 54, 206 참조.

계가 존재하여야 한다.[135)] 이는 재해보험에서의 인과관계와 같은 구조를 띠고 있다.[136)] 다만 연방부양법의 경우 사고의 발생과 피해 사이의 인과관계는 대부분 오랜 시간을 두고 발전하여 왔기 때문에 인과관계의 확정과 관련하여 다음과 같은 특칙을 두고 있다. 즉 인과관계의 개연성(Wahrscheinlichkeit)이 존재하는 것으로 충분하다(BVG 제1조 제3항). 이에 따르면 인과관계를 부정하기 보다는 긍정하는 것이 의학적으로 지배적인 견해일 경우 인과관계는 긍정된다. 그러나 이는 부분적으로 인과관계에 관한 판단을 완화한 것이며, 사고와 피해와의 인과관계 이외의 다른 쟁점에 있어서는 엄격한 심사가 이루어진다.[137)] 피해자의 공동책임이 인과관계를 배제하지 않는 것 역시 재해보험에 있어서와 같다(BVG 제1조, 제4조 제1조 제2항 e).[138)] 그러나 의도적으로 유발한 피해는 보상에서 제외된다(BVG 제1조 제4항).[139)]

위와 같은 조건을 갖춘 경우에도 신청인이 나치시대에 인권 및 법치국가에 위반되는 행위를 한 전력이 있는 경우에는 청구권이 인정되지 않는다(BVG 제1a조). 이 규정은 1998년 연방부양법에 도입되었으며 1997년 11월 13일 이후에 제기된 신청에 한하여 적용된다.

억류자보호법이 보상하는 포로희생은 전후 소련 점령지역, 특히 동독에서 정치적 이유에 의하여 감금되어 있던 자가 포로기간 중 입은 피해를 말한다(HHG 제1조 제1항). 이러한 구성요건은 엄격히 보면 독일에 직접 책임이 귀속되는 것은 아니다. 이러한 피해에 대해서 독일이 사회적 보호를 위하여 책임을 수용한 것으로 보아야 한다.[140)] 독일 통일 이후 구동독에서의 이러한 구성요건은 아래에서 설명하는 동독에서의 불법행위로 인한 희생에 대한 복권법에 의하여 보상된다. 다음과 같은 경우에는 보상이

135) *BSGE* 41, 153 등 참조.
136) 이에 대해서는 위 177면 이하 참조.
137) 인과관계를 완화하는 판례의 경향에 대해서는 *BSGE* 69, 211; 74, 195 등 참조.
138) *BSGE* 1, 72(76); 1, 150(156); 1, 268(270); 6, 192(193); 7, 53(55); 11, 50; 33, 202(204); 50, 95(96) 등 참조.
139) 이에 관한 다양한 사례로는 *BSGE* 1, 150(155); 70, 164 등 참조.
140) 이러한 이해방식에 대해서는 *BSGE* 37, 206(210); 51, 275(278) 등 참조.

제한된다. 첫째, 억류기간 중 해당 지배체계에 협조한 경우이다. 둘째, 나치시대 혹은 억류기간 중 인권 및 법치국가의 기본원칙에 위반되는 행위를 한 경우이다. 셋째, 종전 후 독일 법원에서 전체 3년 이상 징역형을 선고받은 경우이다.

Ⅱ. 군복무 및 민간역무 수행중의 희생

이것은 독일에서 전후 조직된 연방군대(Bundeswehr), 연방국경경비대(Bundesgrenzschutz)의 구성원, 그리고 민간역무수행자(Zivildienstleistende)가 복무 중 입은 신체 손상을 말한다. 이에 대한 보상은 각 단행 법률이 규정하고 있다(SVG 제80조 이하; BGSG 제59조; ZDG 제47조). 구성요건의 내용, 인과관계 등은 연방부양법상의 그것과 동일하다.

Ⅲ. 통일 전 동독에서의 국가불법으로 인한 희생

동독 정권하에서 형사재판 및 행정법사건에서 정치적 이유에서 혹은 법치국가적 헌법과 조화될 수 없는 결정에 의하여 피해를 입은 자를 복권시키기 위하여 동서독 통일 이후 형법에 관한 복권법(strafrechtliches Rehabilitierungsgesetz)과 행정법에 관한 복권법(verwaltungsrechtliches Rehabilitierungsgesetz)이 제정되었다.[141] 이 두 법률은 법원의 판결에 의하여 신체손상이 발생한 경우 본인 및 유가족에게 연금을 지급하는 규정을 두고, 구체적인 급여의 내용에 있어서는 연방부양법을 준용하도록 하였다(STRehG 제17조 이하; VwRehG 제3조 이하). 이러한 보상은 신청인이 인권 및 법치국가의 기본원칙에 위반되는 행위를 한 경우, 자신의 지위를 개인의 이익을 위하여 또는 타인에게 불이익이 되게 남용한 경우에는 제한된다(STRehG 제16조 제2항; VwRehG 제2조 제2항).[142]

---

141) 이에 대해서 자세히는 Hans-Jürgen Papier, "Vergangenheitsbewältigung; Abwicklung, Ahndung, Entschädigung", Josef Isensee/Paul Kirchhof(편), *Handbuch des Staatsrechts* Bd. Ⅸ(C.F.Müller, 1997), 589면 이하 참조.

142) 이에 관한 적용례로는 *BVerwGE* 18, 187 참조. 이 결정에서 법원은 신청인이 독일 공산당의 당원이었다는 사실만으로는 보상을 제한할 수 없다고 보았다. 그

Ⅳ. 접종피해

보상의 대상은 법률의 명시적인 규정에 의해서(현재 독일법상 접종의무는 없다), 또는 법률의 근거에 의해서 실시된 접종, 혹은 관할 관청의 권고 또는 국제보건규정을 시행하는 조치로서 실시된 접종으로 인하여 발생한 피해(Impfschäden)이다.143) 접종피해에 대한 보상은 접종반응이 통상의 정도를 넘는 피해가 발생했을 때 이루어진다(Infektionsschutzgesetz; IfsG 제60조).

Ⅴ. 범죄피해

자기 또는 타인에 대한 고의의 위법한 사실상의 강제력 행사로 인하여, 혹은 그것을 합법적으로 방어하는 중에 피해를 입은 자는 신청에 의해서 연방부양법에 따른 부양청구권을 갖는다(OEG 제1조 제1항 제1문). 이는 범죄피해자보상법에 의하여 규율된다. 보호되는 피해의 구조는 고의의 위법한 사실상의 강제력 행사와 건강상의 피해라는 두 개의 구성요건 및 이 두 구성요건 사이의 인과관계로 구성되어 있다.144)

보상의 요건인 범죄가 발생하는 공간적 범위는 독일 영역, 그리고 선박 및 항공기 내로 한정되어 있다(OEG 제1조 제1항 제1문). 국가의 통치권이 미치는 공간에서 발생한 범죄에 대해서만 국가에 책임을 물을 수 있기 때문이다.

러나 공산당의 간부, 혹은 국가정보원의 요원이었다는 사실은 보상을 제한하는 사유에 해당한다.

143) *BSGE* 42, 178(182); 50, 136; 54, 202 등 참조.

144) 이에 대해서 자세히는 전광석, “서독 범죄피해자보상법”, 「법조」(1990.10), 169면 이하; Michael Stolleis, “Entschädigung für Opfer von Gewalttaten-erste Konkretisierungen durch die Rechtsprechung”, *Festschrift zum 25jährigen Bestehen des Bundessozialgerichts*(1979), 597면 이하; Ulrike Weintraud, *Staatliche Entschädigung für Opfer von Gewalttaten in Grossbritannien und der Bundesrepublik Deutschland*(1982), 117면 이하 등 참조.

제 2 절 보상급여

연방부양법의 보상규정은 범죄피해에 대한 보상을 포함하여 전체 사회보상에 관한 기본법이며, 이는 사회보상체계에 속하는 각 단행 법률에서 준용된다.[145] 보상급여는 수급권자에 따라 본인급여와 피해자가 사망한 때 지급되는 유족급여로 나눈다. 건강과 근로능력의 회복 · 유지 · 개선을 위한 재활조치, 그리고 경제적 손실을 보상하기 위한 급여 등이 지급된다. 재활조치가 보상에 앞서 우선적으로 실시되어야 한다. 연방부양법상의 재활조치는 질병보험법상의 재활조치에 비해서는 범위가 넓다. 질병보험이 의학적 재활에 중점을 두는 데 비해서 연방부양법은 사회적 재활을 동시에 추구하기 때문이다. 연방부양법의 보상급여는 수급자의 신청에 의하여 개시된다(BVG 제60조 제1항, 제61조).

I. 본인급여

1. 치료급여와 부양보조금

신체손상에 대해서는 치료급여(Heilbehandlung)가 지급된다(BVG 제10조 제1항). 이는 현물급여이다(BVG 제18조 제1항). 군복무 중의 사고에 직접 원인관계가 없는 신체손상에 대해서도 치료급여가 지급되는 경우가 있다. 소득능력이 50% 이상 감소된 중장애인이 다른 제도에 의하여 보호받지 못하는 경우이다(BVG 제10조 제2, 7항, 제31조 제3항). 다만 중장애인이 소득이 높거나 다른 법률에 의하여 충분한 보호를 받는 경우에는 위 급여

---

145) 이에 대해서는 국가의 책임정도가 각기 다른 구성요건에 동일한 급여를 하는 것은 정당하지 않다는 비판이 있다. 예컨대 국가를 위한 복무행위라는 국가의 책임을 근거 짓는 선행행위가 존재하는 전투수행 중의 피해와 직접적으로는 제3자가 가해자이며 국가는 다만 범죄예방을 게을리 했다는 의미에서 간접적인 책임만을 갖는 범죄피해에 동일한 보상을 하는 것이 정당화될 수 있는가 하는 의문이 제기된다. 이에 대해서는 Hans F. Zacher, "Die Frage nach der Entwicklung eines sozialen Entschädigungsrechts", *Die öffentliche Verwaltung*(1972), 461면 이하, 특히 468면 참조.

는 지급되지 않는다. 중장애인은 보충적으로 부양가족을 위해서 가족급여를 받기도 한다(BVG 제10조 제4, 8항).

치료급여의 종류 및 범위는 질병보험법상의 요양급여와 거의 동일하다(BVG 제11조 제1항). 다만 본인부담이 없다는 점에서 질병보험에 비해서는 유리하게 형성되어 있다. 일시적으로 근로능력이 상실된 때에는 요양급여와 함께 부양보조금(Versorgungskrankengeld)이 지급된다. 부양보조금으로는 순 임금감소분을 상한으로 하여, 근로능력이 상실되기 전 임금의 80%가 지급된다(BVG 제16조).

2. 연　금

신체손상이 장기화되어 소득능력이 감소된 경우에는 연금이 지급된다. 연방부양법이 규정하는 연금의 종류는 3가지이다; 기본연금(Grundrente), 조정연금(Ausgleichsrente), 직업보상연금(Berufsausgleichsrente)이 그것이다.

기본연금은 신체의 완전성이 훼손된 것을 보상하고, 또 신체의 손상 때문에 피해자가 스스로의 능력으로 일상생활을 수행할 수 없기 때문에 필요한 추가지출을 보상하는 이중적인 기능을 수행한다.146) 기본연금의 이러한 기능에 상응하여 기본연금의 액은 피해자의 소득능력이 감소된 정도에 따라 산정된다. 기본연금을 통해서 사실상의 소득감소액이 보상되는 것은 아니다.147) 기본연금의 액은 소득능력 감소의 정도에 따라서 차등화되어 있다(BVG 제31조). 피해자의 소득이나 기타 사회보장급여는 기본연금의 산정에 영향을 주지 않는다.148) 기본연금이 지급되기 위해서는 소득능력의 감소가 적어도 25%에 달해야 한다. 소득능력의 산정은 재해보험과 마찬가지로 추상적 피해산정의 원칙이 적용된다. 지금까지 수행하던

---

146) *BSGE* 30, 21(25); 40, 225(227); 48, 217(218); 50, 196(199); 50, 243(245); 56, 238(243) 등 참조.

147) 이에 대해서는 Friedhelm Hase, “Soziales Entschädigungsrecht”, Bernd von Maydell/Franz Ruland(편), *Sozialrechtshandbuch*(Nomos, 2003), 1391면 이하 참조.

148) *BSGE* 40, 225(227) 참조.

직업을 계속 수행하는 데 특히 중대한 장애가 발생한 경우 예외적으로 개별적인 손해산정을 하는 가능성이 있는 점도 재해보험과 같다(BVG 제30조 제2항). 다만 이러한 제도가 기본연금의 존재이유와 조화되는지에 대해서는 검토가 필요하다. 기본연금은 기본적으로 소득능력의 감소를 가져오는 신체손상을 보상하는 목적을 갖는다. 따라서 실제 소득상황과는 무관하게 지급된다. 그런데 위에서 설명한 바와 같이 특별히 직업장애를 고려하는 경우 필연적으로 소득상황이 연금산정의 기준이 될 것이기 때문이다. 또 아래에서 설명하는 직업보상연금이 실제 소득상실을 보상하는 기능을 수행하기 때문에 위와 같은 제도가 필요한가는 더욱더 의심스럽다.149)

2006년 현재 30% 소득능력이 감소된 경우 117유로가, 소득능력이 완전히 상실된 경우에는 615유로가 지급된다. 신체손상의 정도가 50%를 넘는 65세 이상의 중장애인에게는 소득능력이 감소된 정도에 따라 기본연금이 인상된다. 피해의 내용이 시각장애인인 경우 소득능력이 완전히 상실된 것으로 본다(BVG 제31조 제4항).

중장애, 노령 혹은 그 밖의 사유로 인하여 전혀 소득활동을 할 수 없거나 혹은 극히 제한적으로만 소득활동을 할 수 있는 경우, 또 해당 직업을 수행하기 위하여 평균 이상의 신체소모가 필요한 경우에는 기본연금 외에 조정연금이 지급된다(BVG 제32조 제1항). 이는 일정한 소득을 보장하는 기능을 수행한다. 이로써 수급자가 사회부조에 의존하는 상황을 예방할 수 있다. 조정연금액 역시 피해자의 소득능력이 감소된 정도에 비례하여 법률에 정해져 있다(BVG 제32조 제2항). 조정연금으로 50-60% 소득능력을 상실한 경우 377유로가, 완전히 소득능력을 상실한 경우에는 615유로가 지급된다. 기본연금의 산정에 있어서 와는 달리 조정연금에서는 수급자의 임금을 포함한 소득이 법률에 정한 산정면제액(Freibetrag)을 초과하는 경우에는 그 초과액만큼 공제되어 지급된다(BVG 제33조 제1항).

직업보상연금은 연금수급자에게 재해로 인하여 발생한 구체적인 소득의 상실을 보상한다(BVG 제30조 제3항). 직업보상연금으로 수급자의 현재

149) 이 점에 대해서는 Friedhelm Hase, 위 각주 147의 책, 1390면 이하 참조.

소득과 조정연금의 합계액을 한편으로 하고, 재해가 없었다면 피해자가 속했을 직업군에서 평균적으로 지급되는 소득액을 다른 한편으로 하여 그 차액의 42.5%에 해당하는 액이 지급된다(BVG 제30조 제3, 4, 5항).

연금급여 외에 장기요양보호를 필요로 하는 자에게는 장기요양보조금(Pflegezulage)이 지급된다(BVG 제35조). 중장애인에게는 배우자 및 자녀를 위한 보조금이 지급된다(BVG 제33a조). 자녀보조금은 원칙적으로 16세까지, 아직 교육과정에 있는 경우에는 27세까지 지급된다.

Ⅱ. 유족급여

피해자가 사망한 경우에는 유족에게 장제비(Bestattungsgeld)와 사망보상금(Sterbegeld)이 지급된다. 장제비는 실제 장례비용을 보상하기 위한 급여이다. 사망 보상금은 부양의무자를 상실한 유족에게 새로운 생활환경에 쉽게 적응할 수 있도록 보조하기 위한 급여이다.[150] 사망보상금으로는 사망원인에 관계없이 피해자에게 지급되는 월연금의 3배에 해당하는 액이 지급된다(BVG 제37조 제1항).

피해자가 재해를 원인으로 하여 사망한 경우에는 유족에게 장제비와 사망보상금 외에 연금이 지급된다(BVG 제38조 제1항). 유족연금 역시 피해자 본인연금과 마찬가지로 기본연금, 조정연금 및 손실보상연금(Schadensausgleich)으로 구성되어 있다. 이 중 기본연금과 조정연금의 액은 법률에 정해져 있다. 기본연금은 모든 유족연금 수급권자에게 일률적으로 동일하게 결정되어 있다(BVG 제40조). 이는 현재 월 374유로이다. 조정연금은 미망인의 소득능력이 50% 이상 감소되었거나, 미망인이 45세 이상인 경우 혹은 미망인이 자녀연금 수급권 있는 자녀 1명 이상을 양육하는 경우에 지급된다. 조정연금으로는 기본연금과 같은 액이 지급된다(BVG 제41조). 다만 피해자 본인연금에서와 마찬가지로 유족의 소득이 법률에 정한 산정면제액(Freibetrag)을 초과하는 경우에는 조정연금은 그 초과액만큼 공제되어 지급된다(BVG 제41조 제3항, 제33조). 미망인의 소득이 사망한 배

150) 이에 대해서는 Friedhelm Hase, 위 각주 147의 책, 1396면 이하 참조.

우자가 재해가 발생되지 않았더라면 취득했을 소득의 50%에 미달할 때에는 그 차액의 42.5%에 해당하는 손실보상연금(Schadensausgleich)이 지급된다(BVG 제40a조).

연방부양법은 유족부조급여(Witwen- und Waisenbeihilfen)를 규정하고 있다. 이는 중장애인이 재해를 원인으로 사망하지는 않았지만, 재해로 인하여 완전소득활동을 할 수 없고, 그 결과 유족에 대한 부양이 충분히 이루어지지 못했다는 사실을 고려한 급여이다.

Ⅲ. 전쟁희생자부조급여

전쟁희생자부조(Kriegsopferfürsorge)는 보충적인 급여로서의 성격을 갖는다(BVG 제25조 제1항). 즉 전쟁희생자부조는 피해자가 재해로 인하여, 혹은 그 유족이 부양의무자인 전쟁희생자가 사망하였기 때문에 법률로 인정된 생활수요를 연방부양법에 의한 급여나 혹은 기타 소득으로서 충족시킬 수 없는 경우에 지급된다(BVG 제25a조). 전쟁희생자부조는 재해를 원인으로 한 급여라는 점에서는 전쟁희생자부양과 마찬가지로 사회보상에 해당한다. 그러나 전쟁희생자부조는 보충적으로 지급되고, 이때 구체적인 수요가 개별적으로 심사된다는 점에서는 사회부조와 공통점을 갖는다.[151]

전쟁희생자부조로 직업재활보호, 교육보호, 생계보호, 장기요양보호, 주택보조, 특별생활보호 등이 지급된다(BVG 제26조 이하). 이들 급여에 대한 자세한 규율은 장기요양보험법, 사회부조법 등에 따른다.

제3절 재 정

전쟁희생자부양급여는 연방이 재원을 부담한다(GG 제120조 제1항). 접종피해 또는 범죄피해에 대한 보상을 위한 재원은 연방과 주가 각각 40%와 60%를 부담한다(BSeuchG 제59조 제1항; OEG 제4조 제1, 2항).

151) 이에 대해서는 Wolfgang Rüfner, *Einführung in das Sozialrecht*(C.H.Beck, 1991), 127면 이하 참조.

제 4 절 조 직

사회보상은 원칙적으로 각 주가 관장하며, 각 주에는 이 사업의 수행을 위하여 부양청(Versorgungsamt)이 설치되어 있다(Gesetz über die Einrichtung der Verwaltungsbehörden der Kriegsopferversorgung 제1조 제1, 2항). 이 밖에 지방자치단체가 참여한다. 이에 비해 전쟁희생자부조는 각 주의 사회부조 담당관청과 기타 사회부조 담당기구가 운영주체가 된다(SGB Ⅰ 제24조 제2항). 치료보호에 있어서는 질병보험이 함께 참여한다.

제 4 장 사회촉진 및 사회부조

제 1 절 특별 사회부조 및 촉진

Ⅰ. 교육촉진

교육촉진(Ausbildungsförderung)은 모든 국민에게 학교교육에 있어서 균등하게 교육받을 기회를 보장하는 목표를 갖는다. 교육촉진은 근로생활의 전단계인 교육을 장려하고, 이로써 독일 기본법 제12조 제1항이 보장하는 직업의 자유를 참여권으로 실현하는 과제를 갖는다. 사회법전 제1권은 프로그램규정으로 교육촉진을 예정하고 있으며(SGB Ⅰ 제3조 제1항), 이는 교육촉진법(BAföG)에 구체화되어 교육촉진에 대한 법적 청구권이 보장되어 있다.

교육촉진이 교육기회의 균등을 보장하고, 이로써 노동시장에서 개인의 소득능력을 향상시키는 목적을 갖는다는 점에서, 교육촉진은 구체적인 생활 수요를 보호하는 사회부조와 구별된다.[152] 그 결과 교육촉진에서는 사회부조와는 달리 급여의 조건으로 근로의 의무가 요구되지 않는다. 또

152) 이에 대해서는 Ingo Richter, “Ausbildungsförderung”, Bernd von Maydell/Franz Ruland(편), *Sozialrechtshandbuch*(Nomos, 2003), 1551면 이하 참조.

교육촉진은 간접적으로 근로의 기회균등을 실현하는 과제를 갖는다는 점에서 앞서 설명한 고용촉진과 공통점을 갖는다. 다만 고용촉진은 직업교육에, 교육촉진은 학교교육에 중점을 두고 있다는 데에 차이가 있다. 이에 비해서 사회부조는 특별히 엄격한 조건을 충족시키는 경우에 한하여 교육촉진의 기능을 수행한다. 사회부조법은 이를 명시하여 교육촉진법과 고용촉진법의 대상자는 특별한 경우를 제외하고는 사회부조의 규율대상에서 제외하고 있다(SGB XII 제22조).

교육촉진급여를 청구하기 위해서는 교육촉진을 받을 능력과 필요성(Ausbildungsfähigkeit und -bedürftigkeit)이 인정되어야 한다. 교육촉진을 받을 능력이 있는 자란 교육촉진법(BAföG) 제2조 이하에 열거되어 있는 교육기관, 즉 일반학교 뿐 아니라 야간고등학교, 아카데미, 대학교, 통신학교(Fernunterricht) 등에서 교육을 받는 자를 말한다.[153] 피교육자는 원칙적으로 독일 국적을 소지하여야 한다(BAföG 제8조). 교육개시연령은 원칙적으로 최고 30세이다(BAföG 제10조). 교육촉진은 원칙적으로 한 분야에서의 교육에 대해서만 인정된다(BAföG 제7조 제1항). 교육분야가 동일하다면 교육과정과 시행되는 기관이 다르더라도 교육촉진의 대상이 된다. 그러나 촉진급여를 받고 교육을 받던 중 혹은 교육과정을 마치고 전공을 바꾸는 경우에는 극히 예외적인 경우에 한하여 보호된다(BAföG 제7조 제2항).[154]

교육촉진 급여기간은 원칙적으로 교육의 전 과정이다(BAföG 제15조 제2항). 대학교육에 있어서는 원칙적으로 9학기 동안 지원된다. 교육촉진의 필요성은 피교육자와 그 배우자, 그리고 부모의 소득과 재산이 교육을 받는데 필요한, 법률에 정해진 수요를 충족시킬 수 없는 경우에 인정된다(BAföG 제 11조 2항).[155] 심사대상인 소득 및 재산 중 법률에 정해진 일정

153) 이와 같이 거의 모든 학교교육을 교육촉진의 대상으로 한 것은 교육촉진이 결코 우수인재양성을 위한 제도가 아니라 경제적 이유로 학교교육을 받기 어려운 국민에게 교육의 기회균등을 보장하는 취지의 표현이다. *BVerwGE* 61, 87(90); 71, 268 등 참조.

154) *BVerwGE* 50, 161(164) 참조.

155) 교육을 위하여 필요한 비용은 교육기관에 따라 310유로 혹은 333유로이며, 그 밖의 생계비용으로 부모와 함께 거주하는 경우 44유로가, 그렇지 않은 경우 133

액은 산정에서 제외된다. 부모가 부양의무를 이행하지 않기 때문에 교육을 받을 수 없다고 피교육자가 주장하는 경우에도 교육촉진의 필요성이 인정된다(BAföG 제36조 제1항). 이 경우 피교육자가 자신의 부모에 대해 갖는 청구권은 교육촉진을 관할하는 주가 대신 행사한다(BAföG 제37조 제1항).

교육촉진급여로 피교육자의 생계 및 교육에 필요한 비용, 사회보험 보험료 보조금과 피교육자, 배우자 및 부모의 소득 및 자산과의 차액이 지급된다. 이 때 법률에 정한 일정한 금액은 소득의 산정에서 면제된다(BAföG 제11조 이하). 교육촉진급여는 일반 학생에 대해서는 보조금의 형태로 지급된다(BAföG 제12조). 대학생에게는 무이자의 대부와 보조금이 반씩 지급된다(BAföG 제17조 제2항). 대부금은 교육과정이 끝나고 5년 후부터 20년 동안 상환된다. 다만 상환의무가 성립하기 위해서는 교육촉진급여를 수령한 자의 소득이 법률에 정한 일정액에 달하여야 한다(BAföG 제18조 제2항, 제18a조). 학업성적이 우수한 자에게는 대부금의 일부에 대한 상환의무가 면제된다(BAföG 제18b조).

교육촉진급여의 재원은 연방과 주가 각각 65%와 35% 비율로 부담한다(BAföG 제56조). 교육촉진의 집행은 연방의 위임으로 각 주가 담당한다(BAföG 제39조 제1항).

Ⅱ. 아동보조금 및 아동양육비용공제

이들 급여는 개인적 측면에서는 아동의 양육이 가계에 주는 이중의 부담, 즉 한편으로는 그 자체로서 추가 가계지출의 원인이 되고, 다른 한편으로는 부부의 소득활동에 장애가 되기 때문에 발생하는 가계부담을 덜어주려는 목적을 갖는다. 헌법적으로 보면 이들 급여는 독일 헌법 제6조 제1항의 가족과 혼인의 보호에 관한 국가의 과제를 실현하는 대표적인 수단이다. 이들 급여는 사회적 측면에서는 다음과 같은 의미를 갖는다. 첫째, 미래 세대인 아동의 성장을 국가가 지원함으로써 건전한 공동체의 형성에 이바지한다. 둘째, 보다 구체적으로는 현재의 아동은 장래 소득근로

유로가 추가된다. BAföG 제13조 참조.

자로서 현재의 소득근로자가 노령에 이르렀을 때 이들에 대한 노후보장의 재정을 책임진다. 따라서 현재의 아동에 대한 보호는 특히 부과방식의 연금보험에서는 세대 간 부담조정이 정상적으로 이루어지기 위한 전제조건이 된다.[156)]

독일에서 아동에 대한 사회적 보호는 근본적인 변화를 겪었다. 1995년까지 아동양육에 따른 부담은 이중적으로 이루어졌다. 즉 한편으로는 사회법에 해당하는 연방아동보조금법(Bundeskindergeldgesetz)에 의하여 적극적인 급여를 제공하여 보호하였다. 다른 한편 세법적으로 아동양육에 소요되는 비용을 소득세 부과대상인 소득에서 공제하는 소극적인 방법을 통하여 지원하였다. 1990년 이후 일련의 결정에서 연방헌법재판소는 사회법적 수단을 채택하기 전에 우선적으로 소득세 산정에 있어서 아동양육에 소요되는 비용을 공제하는 방법을 통하여 보호하는 것이 보다 헌법에 합치한다는 결정을 내렸다.[157)] 이를 반영하여 1996년 이후 독일에서 아동양육에 대한 지원은 세법 단일법제에 의하여 이루어지고 있다. 다만 세법은 소득공제의 방법뿐 아니라 아동보조금을 급여의 종류로 포함하고 있다. 연방아동보조금법은 납세의무가 없는 부모의 자녀 등 극히 일부 아동에 대해서 적용되고 있다.

위에서 언급했듯이 아동양육에 대한 지원은 소득세법에서 소득공제(Kinderfreibetrag) 혹은 아동보조금(Kinderzuschlag)의 형태로 이루어진다. 아동지원급여에 대한 청구권자는 아동을 양육하는 부모이다. 청구권은 기본적으로 아동이 18세가 될 때까지 행사할 수 있다. 아동이 아직 교육과정에 있는 등 예외적인 경우에는 21세 혹은 25세까지 청구할 수 있다. 아동이 장애로 인하여 자립능력이 없는 경우 청구권 행사의 기간에 제한이 없다(EStG 제32조). 소득공제는 아동양육 및 교육비용을 소득에서 공제하는 방식으로 이루어진다(EStG 제31조 제1문). 아동보조금의 수준은 법률에

156) *BVerfGE* 51, 119(122); 53, 49(51); 53, 201(203); 53, 294(295) 등 참조.
157) 이에 대해서는 *BVerfGE* 82, 60; 82, 198; 87, 153; 99, 216, 246, 268, 273 등 참조.

정해져 있다. 셋째 아동까지는 아동 1명당 154유로가, 그리고 넷째 이후에는 아동 1명당 179유로가 지급된다(EStG 제66조). 소득공제는 아동 1명당 3648유로이며, 여기에 양육 및 교육비용 등으로 2160유로가 추가로 공제된다(EStG 제32조 제6항). 소득세에 누진율이 적용되는 것을 고려하면 소득공제는 고소득자에게 유리하게 형성되어 있으며, 이 점이 비판을 받고 있기도 하다.

아동보조금은 연방고용공단의 가족지원부(Familienkasse)가 결정·지급한다(EStG 제67조, 제70조 제1항).

Ⅲ. 아동양육 부모에 대한 지원

위에서 설명한 소득공제 및 아동보조금은 아동의 양육에 소요되는 비용을 지원한다. 이에 비해서 아동양육으로 인하여 부모가 정상적인 소득활동을 할 수 없는 상황은 부모보조금 및 양육휴가에 관한 법률(Bundes-elterngeld- und Elternzeitgesetz)에 의하여 지원된다. 부모보조금은 사회법적 지원이며, 양육휴가는 노동법적 지원에 해당한다. 아래에서는 부모보조금에 한하여 설명한다.

부모보조금의 청구요건은 다음과 같다. 첫째, 부모가 독일 국내에 거주하거나 최소한 독일이 상거소지이어야 한다. 둘째, 부양하는 아동과 생계를 같이 하여야 한다. 셋째, 해당 아동을 직접 양육 및 교육하여야 한다. 넷째, 소득활동을 하지 않거나 혹은 적어도 전일노동을 하지 않아야 한다(BEEG 제1조). 후자의 조건은 주 30시간미만을 근무하는 경우에 충족된다.

부모보조금의 지급대상 기간은 아동의 출생 시부터 14세까지이다. 이 중 12개월 동안 부모의 선택에 의하여 보조금을 청구할 수 있다. 부와 모 중 1인이 교대로 혹은 단독으로 청구권을 행사할 수 있으며, 부모가 함께 청구권을 행사할 수 있는 기간은 2개월이다(BEEG 제4, 5조).

부모보조금으로 아동의 출생 전 12개월 평균소득의 67%가 지급된다.[158] 부모보조금에는 상한이 있으며, 이는 월 1800유로이다. 저소득자의

158) 이와 같이 부모보조금이 부모의 소득에 연계되어 산정되는 것이 기존 연방양육

경우 높은 소득대체율이 적용될 수 있다. 예컨대 340유로 소득이 있는 자의 경우 소득대체율은 100%이다. 부모보조금에는 최저급여가 있다. 이는 기존에 소득활동을 하지 않았던 부모에 대해서 적용되며, 현재 300유로이다(BEEG 제2조). 이로써 아동양육지원에 있어서와 마찬가지로 부모보조금 역시 저소득자에 비해서 고소득자에게 유리하게 형성되어 있다는 것을 알 수 있다.

부모보조금의 집행은 각주의 법률에서 정한 행정청이 관할한다. 부모보조금의 재원은 연방이 부담한다(BEEG 제12조).

Ⅳ. 아동부양보조금

부모 일방과 동거하는 자녀는 타방 부모가 부양의무를 전혀 이행하지 않거나, 혹은 적어도 정기적으로 이행하지 않는 경우에는 아동부양보조금(Unterhaltsvorschuss) 청구권을 갖는다. 타방 부모가 사망하였거나, 혹은 이 법의 적용범위 밖에서 거주하거나, 혹은 거주지가 불분명하기 때문에 부양이 이루어지지 않는 경우에 역시 보조금(Unterhaltsausfalleistung)이 지급된다(UnterhVG 제1조). 실제 부양하는 부모 일방의 소득 혹은 재산의 정도는 급여청구권의 성립 및 내용에 영향을 주지 않는다. 사회부조와 다른 점이다. 다만 아동부양보조금에 대한 청구권이 성립하기 위해서는 아동이 실제 부양을 하지 않고 있는 부모 일방에 대해서 부양청구권을 가지고 있다는 사실이 민법적으로 확인되어야 한다.

아동부양보조금은 12세 미만의 아동에게 인정되며, 청구권자는 아동 자신이다. 부모가 청구권자인 아동보조금과 다른 점이다. 아동부양보조금은 독일 민법 제1612a조에 따른 최저부양금액을 기준으로 산정된다. 아동부양보조금에는 하한이 있다. 이는 6세까지는 281유로, 그리고 12세까지는 324유로이다. 아동부양보조금은 최장 72개월 동안 지급된다(UnterhVG 제3조).

보조금법(Bundeserziehungsgeldgesetz)과 다른 점이다. 연방양육보조금법은 定額으로 지급되었기 때문에 주로 소득이 낮은 모가 청구권자가 되었으며, 이 점은 여성의 소득활동에 장애가 된다는 비판을 받았다.

아동부양보조금 청구권을 행사하는 자녀의 부양의무자인 부모 일방에 대한 부양 청구권은 주가 대신 행사한다(UnterhVG 제7조).

아동부양보조금의 재원은 연방과 주가 각각 50%를 부담한다. 아동보조금의 집행은 연방의 위임으로 각 주에서 주로 청소년청(Jugendamt)이 담당한다(UnterhVG 제8조).

V. 주택보조금

주택보조금(Wohngeld)은 개인에게 가족규모에 적합한 주거생활을 지원하는 급여이다. 개인 및 가족에 적합한 주거생활을 위하여 필요한 비용을 해당 가정이 감당하기 어려운 경우 주택보조금이 지급된다(WoGG 제1조). 주택보조금은 사회부조급여 및 다른 사회보장급여와는 독립하여 지급된다. 그러나 주택보조금은 교육촉진제도의 급여에 대해서는 보충적으로 지급된다(WoGG 제18조 제1항).[159]

주거비용이 해당 가정에 과도한 지출을 요구하는가의 여부, 즉 주택보조금의 지급 여부는 다음과 같은 과정을 거쳐 결정된다. 먼저, 가족의 규모 및 전체 가구소득, 해당 지역의 임대료 수준 그리고 주택의 시설, 주거의 건축연도 등을 고려하여 최고 임대료가 법률에 정해져 있다.[160] 다음, 해당 가정의 실제 임대료 지출 및 주거필요비용을 산출한다. 이 비용이 법률에 정해진 일정한 산정면제액을 공제한 가족의 소득을 초과하는 경우 주택보조금 청구권이 인정된다(WoGG 제5조 이하, 제8조).

주택보조금은 임차인에게는 임대료(Miete)의 형태로, 주택소유자에게는 주택유지비(Lastenzuschuss)의 형태로 지급된다(WoGG 제3조 제1, 2항). 주택보조금의 액은 가족규모, 가족소득과 기타 주거관련비용을 고려하여 법률로 확정되어 있다(WoGG 제2조 제1항).

주택보조금의 재원은 연방과 주가 각각 50%를 부담한다. 주택보조금

159) *BVerwGE* 44, 271 참조.

160) 예컨대 3인 가족이 1992년 이후 건축된 주거에서 거주하는 경우 최고 임대료는 해당 지역 임대료 수준에 따라 385유로에서 540유로의 범위 내에서 인정된다. WoGG 제8조 참조.

의 집행은 대부분 지방자치단체가 관할한다(WoGG 제34조).

Ⅵ. 아동 및 청소년보호

아동 및 청소년보호는 1990년 제정된 사회법전 제8권에 편찬되었다.[161] 이전까지 청소년보호에 관한 기본법은 1924년 제정되고, 1961년 전면 개정된 청소년복지법(Jugendwohlfahrtsgesetz)이었다. 청소년보호법은 애초에는 주로 경찰법 및 질서법적 차원에서 제정되었으나 이미 오래 전부터 청소년보호라는 적극적인 목적을 추구하였으며, 새로운 사회법전 제8권은 이러한 경향을 따르고 있다.

청소년보호는 넓은 의미에서 청소년을 대상으로 하는 교육적인 차원에서 논의되어야 할 사항이어서 이를 사회법전 제8권에 편입시키는 것이 정당한가에 대해서는 많은 의문이 제기되었다.[162] 실제 1980년에 청소년보호법에 관한 정부와 야당의 개정안은 모두 부결된 바 있다.

아동 및 청소년보호(Kinder- und Jugendschutz)는 건전한 인격의 실현을 위하여 교육을 장려하여 청소년을 사회에 통합시키는 목적을 갖는다.[163] 이로써 청소년보호는 청소년 자신에게는 인격실현의 자유를(헌법 제2조 제1항), 그리고 부모에게는 가족 보호의 기본권(헌법 제6조 제1항)을 실현하는 기능을 수행한다.

이 법에 의한 청구권자는 아동 및 청소년의 부모, 그리고 부양권자이다. 아동은 14세 미만의 자, 청소년은 14세 이상 18세 이하의 자를 말한다(SGB Ⅷ 제6조 제1항). 부분적으로는 18세 이상의 자도 청구권자가 될 수 있다.

아동 및 청소년보호법은 법적 청구권성이 인정되지 않는 일반적인 보호조치와 법적 청구권성이 인정되는 개별적 보호조치로 나눈다.

161) 이 법안의 제정과정에 대해서는 Wolfgang Rüfner, "Zum neuen Kinder- und Jugendhilfegesetz", *Neue Juristische Wochenschrift*(1991), 1면 이하 참조.

162) 이에 대해서는 Hans F. Zacher, *Einführung in das Sozialrecht*(C.F.Müller, 1985), 48면 참조.

163) *BVerwGE* 67, 256(257, 260) 참조.

일반적 보호조치로는 교육문제 등에 관한 청소년상담을 위한 시설장려, 여가활동지원 등이 있다(SGB Ⅷ 제11조 이하). 또 청소년이 속한 가정의 보호 · 육성에 중점을 두어 양육자에 대한 상담 및 기타 시설지원 등을 규정하고 있다(SGB Ⅷ 제16조). 소득활동을 하면서 양육에 어려움이 있는 부모에게는 직접 청소년청(Jugendamt)의 인력으로 양육보호가 이루어질 수 있다. 또 경우에 따라서는 보호시설 사용료를 부담할 수 있다(SGB Ⅷ 제20, 21조). 소득활동을 하는 부모를 가진 아동의 보호를 위해서 유아원 등 다양한 시설의 설치 · 운영에 대해서 규율하고 있다(SGB Ⅷ 제22, 23조). 이러한 시설보호에 대한 청구권을 인정할 것인가의 여부에 대해서 논란이 있었다. 사회법전은 이 문제를 명시하지 않았다. 1996년 임산부 및 가족보호법(Schwangeren- und Familienhilfegesetz)이 제정되면서 시설보호에 대한 청구권이 인정되었다. 아동은 3세 이후 유치원에 취학할 권리가 있다(SGB Ⅷ 제24조). 다만 아동의 부모는 부담능력에 따라 비용의 일부를 부담하여야 한다(SGB Ⅷ 제90조).[164)]

개별적인 청소년보호조치는 일반적인 보호조치와는 달리 청소년의 신체적 · 정신적 · 심리적 발달이 구체적으로 장애를 받을 때 이루어진다(SGB Ⅷ 제27조 제1항). 이러한 범주에 속하는 조치로는 양육아동의 보호, 후견제도(Vormundschaftswesen) 및 교육후원제도(Erziehungsbeistandschaft)에의 참여, 타인가정 혹은 청소년시설에서의 양육보조 등이 있다(JWG 제4조, 제7조 제1항). 정신장애아동 및 청소년에 대해서는 장애인보호에 관한 사회법전 제9권에 의한 재활보호가 이루어지며, 이는 사회법전 제8권에 우선하여 적용된다(SGB Ⅸ 제6조).

청소년보호의 영역에 속하는 제도로 청소년소송보호가 이루어진다. 청소년소송보호는 소년법원(Jugendgericht)에서의 소송심리에 교육적 · 사회보호적 관점을 반영시키기 위한 제도이다. 이를 위해서 구체적으로는 피고인 청소년의 인격 및 성장환경에 대한 조사, 보호관찰기간 중의 지도감시, 사회 적응을 용이하게 하기 위한 조치 등이 행해진다(SGB Ⅷ 제50조 이하).

164) 이러한 비용 차별화의 헌법문제에 대해서는 *BVerfGE* 97, 332 참조.

청소년보호를 위한 재원은 사용자부담의 원칙에 따라서 아동, 청소년 혹은 그 부모가 부담한다. 비용부담은 실비를 초과할 수는 없으며, 부모의 소득수준과 아동의 숫자에 따라 차등화 되어 있다(SGB Ⅷ 제90조 이하). 청소년보호사업의 집행은 각 주의 지방자치단체에 설립되어 있는 청소년청(Jugendamt)이 담당한다. 청소년청은 청소년복지위원회(Jugendhilfeauschuß)와 행정부서로 구성되어 있다(SGB Ⅷ 제70조 제1항). 청소년복지위원회에는 청소년단체의 대표자, 청소년 복지사업단체, 사회사업 전문가 등이 참여한다(SGB Ⅷ 제71조). 특히 청소년보호에 있어서 공적인 청소년 보호제도와 민간 차원에서의 청소년 복지사업단체와의 협력이 강조되고 있다(SGB Ⅷ 제3조).

제 2 절 일반 부조 및 촉진체계 – 사회부조

Ⅰ. 사회부조의 영역과 입법목적, 그리고 기본원리

1. 사회부조의 영역 및 입법목적

독일의 사회부조는 이원적으로 형성되어 있다. 첫째, 사회부조의 기본법은 아래에서 다루는 사회법원 제12권의 사회부조법이다. 둘째, 이미 위에서 설명한 구직자의 기초보장에 관한 사회법전 제2권이다. 이로써 전통적으로 빈곤을 보호하기 위한 기본급여인 생계보호의 적용범위는 상당부분 줄어들었다. 소득능력이 있는 자의 기초보장은 사회법전 제2권이 담당한다. 노인의 기초보장을 위해서는 사회부조법 중 노인에 특유하게 적용되는 사회법전 제12권 제4장이 적용된다. 그 결과 사회부조법상의 생계보호는 가족에서 보호되지 못하는 아동 및 청소년, 그리고 소득능력이 없는 자를 적용대상으로 하게 되었다.

사회부조는 급여대상자에게 인간의 존엄에 상응하는 생활을 보장하여야 한다. 사회부조는 급여대상자가 궁극적으로 사회부조급여를 받지 않고 스스로의 능력으로, 그리고 자기책임 하에 생활을 유지할 수 있도록 하여야 한다.165) 사회부조가 결코 개인의 생활을 보장하는 지속적인 수단은 아니다.166) 이와 같은 목적을 달성하기 위하여 수급권자 자신이 최선을 다하여야 하며, 또 수급권자와 사회부조의 운영주체가 함께 협력하여야 한다(SGB XII 제1조).

인간다운 생활의 보장은 제도적 구체화를 필요로 한다. 헌법적 차원에서 보면 인간다운 생활을 위해서는 물질적 수요뿐 아니라 최소한의 사회·문화적 수요를 보장하여야 한다. 이 밖에 인간의 존엄은 필연적으로 사회적 가치 및 경험사회과학적 판단에 종속될 수밖에 없다.167) 따라서 이를 사회부조에서 구체화하는 데에는 해석의 가능성과 필요성이 있다.168) 예컨대 생계보호의 기준인 하위임금계층의 평균임금, 적절한 범위 내에서의 보호 등의 개념은 그 판단이 필연적으로 행정부의 재량에 유보되어 있다. 실제로 사회부조법적 분쟁을 관할하였던 연방행정법원은 이 개념에 대한 실체적 접근을 거의 포기하고, 다만 행정부가 법적 이념을 구체화시키는 데에 있어서 신중한 주의를 기울였는가를 심사하는데 그치고 있다.169)

2. 사회부조의 기본원리

(1) 보편성의 원칙

사회부조는 보호를 필요로 하는 모든 국민을 대상으로 한다. 구체적인 수요가 존재하는가의 여부가 본질적인 기준이며, 일반적으로 수요가 의제되는 상황, 예컨대 노령, 장애 등이 존재하여야 하는 것은 아니다. 빈

165) *BVerwGE* 23, 149; 25, 317; 28, 216; 57, 257 등 참조.

166) 이에 대해서는 Peter Trenk-Hinterberger, “Sozialhilfe”, Bernd von Maydell/Franz Ruland(편), *Sozialrechtshandbuch*(Nomos, 2003), 1229면 참조.

167) 이에 대해서는 *BVerwGE* 72, 113(117) 참조.

168) 그 결과 인간의 존엄이 사회부조법의 형성지침으로 기능하는데 있어서 한계가 지적되기도 한다. 이에 대해서는 Tade Mathias Spranger, “Die Unzulänglichkeit des Menschenwürdebegriffs im Sozialhilferecht”, *Zentralblatt für Sozialversicherung, Sozialhilfe und Versorgung*(1999), 5면 이하 참조.

169) 이러한 지적으로는, 예컨대 Peter Trenk-Hinterberger, “Würde des Menschen und Sozialhilfe”, *Zeitschrift für Sozialhilfe*(1980), 46면 이하 참조.

곤의 원인은 원칙적으로 고려되지 않는다.170)

(2) 보충성의 원칙

사회부조는 개인에서 발생하는 수요는 원칙적으로 개인의 능력으로 충족시켜야 하며, 또 충족시킬 수 있다는 원칙에 대한 예외적인 제도이다. 여기에는 사회보장을 스스로 사전에 배려할 능력을 포함한다. 따라서 개인은 먼저 생활유지를 위해서 자신의 노동력과 소득 및 재산을 투입하여야 한다(SGB XII 제2조). 또 사회부조의 운영주체는 신청인이 자기보호를 위한 노력을 하였는가를 심사한 후 급여 여부를 결정한다. 수급자가 자구노력을 통하여 빈곤을 극복할 수 있도록 사회부조 운영주체는 적극적으로 상담하고, 또 동기를 부여하여야 한다(SGB XII 제11조). 이를 제도적으로 실현하기 위하여 급여가 개시되고 늦어도 4주가 지나면 수급자의 상황과 빈곤을 극복하기 위하여 필요한 조치들에 대한 보고서가 작성된다(SGB XII 제12조).

사회부조의 종류에 따라 정도에 차이가 있지만, 보충성의 원칙은 구체적으로 다음과 같이 실현된다.

첫째, 개인은 자신의 노동력을 먼저 행사하여야 한다. 이러한 의무는 사회부조급여 중에서도 생계보호(Hilfe zum Lebensunterhalt)에 엄격히 적용된다. 이에 비해서 특별한 상황에 대한 보호에 있어서는 차별적으로 적용되며, 일반적으로는 완화된 기준이 적용된다. 노동력 투입의무는 대상자에게 정신적·신체적으로 기대가능 하여야 한다. 다만 이러한 조건은 사회법전 제12권의 사회부조에서는 큰 의미가 없다. 왜냐하면 소득능력이 있는 자를 대상으로 하는 사회법전 제2권과는 달리 사회부조는 소득능력이 없는 자를 대상으로 하기 때문이다.

둘째, 수급자는 부조급여를 청구하기 전에 자신의 소득 및 재산으로 생계를 유지할 의무가 있다. 즉 부조급여는 소득 및 재산이 일정한 수준에 미달하는 경우에 지급된다. 소득에서 사회부조법상의 급여 및 연방부

---

170) *BVerwGE* 29, 99(102) 참조.

양법상의 기본연금 등은 제외된다.171) 소득 및 재산 기준은 생계보호와 특별한 상황에 대한 보호에 있어서 차이가 있다. 생계보호에서는 근로유인을 위하여 수급자에게 소득이 있는 경우 전체 소득의 30%는 소득기준의 산정에서 공제된다(SGB Ⅻ 제82조 제3항). 특별한 상황에 대한 보호에 있어서는 공제되는 소득의 범위가 넓으며, 그만큼 완화된 소득기준이 적용된다. 즉 이 경우 아래에서 설명하는 표준수요의 2배, 그리고 생계를 같이 하는 가족구성원 1인당 표준수요의 20%에 해당하는 액 및 필요한 범위 내에서 난방비 등이 공제된다(SGB Ⅻ 제85조 제1항). 재산의 심사에 있어서는 모든 재산이 고려되지만 가족의 규모, 특별한 수요상황, 주택의 가격 등을 고려하여 일상생활 및 직업활동에 필요한 범위내의 재산은(이른바 Schonvermögen) 재산심사에서 제외된다(SGB Ⅻ 제90조).

셋째, 수급자는 제3자로부터 받는 사실상의 급여 및 법적 권리를 생계유지를 위하여 우선적으로 사용하여야 한다. 법적 권리에는 연금, 질병보상금 등 다른 사회보장주체에 대한 청구권과 부양의무자에 대한 부양청구권, 또 불법행위를 원인으로 한 손해배상청구권 등이 포함된다. 사회보장급여의 경우 사회부조급여, 연방부양법상의 기본연금(Grundrente)(BVG 제31조) 등은 제외된다. 사회보장주체는 수급자가 사회부조를 받을 것이라는 이유로 법률상의 급여를 제한할 수 없다(SGB Ⅻ 제2조 제2항). 급여의 법적 의무가 있는 자가 이를 이행하지 않는 동안 사회부조급여가 지급된 경우 수급자의 제3자에 대한 권리는 사회부조 운영주체에게 이전된다(SGB Ⅻ 제93조).

(3) 개별성의 원칙

사회적 위험이 발생하면 추상적으로 수요가 의제되는 사회보험과는 달리 사회부조는 개인의 구체적인 수요를 충족시켜야 한다. 따라서 사회부조에서는 개인의 수요, 급여의 종류 및 내용, 그리고 급여수준의 결정이 모두 개인의 구체적 상황을 기준으로 개별적으로 이루어진다. 또 사회부

171) 사회보장급여의 소득산정에 대해서는 *BSGE* 90, 172 참조.

조에서는 필연적으로 근거리 행정이 이루어져야 한다.

사회부조에서의 개별성의 원칙은 다음과 같은 두 가지 형태로 실현되고 있다. 첫째, 구체적인 수요의 측정 및 급여 수준이 개인의 책임능력을 고려하여 결정된다. 둘째, 급여 제공에 있어서 적절한 범위 내에서 개인의 선택이 최대한 존중되어야 한다. 급여비용이 과도하게 소요되어서는 안 된다(SGB Ⅻ 제9조). 이때 비용 그 자체의 비교가 중요한 것이 아니라 수급자의 선택에 따른 급여비용이 해당 보호상황을 극복하는 데 필요한가의 여부에 대한 심사가 이루어진다.[172] 그러한 범위 내에서는 가족의 특별한 상황이 충분히 고려되어야 한다(SGB Ⅻ 제16조). 결국 구체적인 수요의 측정 및 급여수준의 결정은 개별성과 정형성이 혼재된 형태로 이루어진다. 표준수요지표는 생계보호에 한하여 적용되기 때문에 개별성의 원칙은 생계보호보다는 특별생활보호에서 강하게 실현되고 있다.

(4) 구체적 수요충족의 원칙

1) 사실상의 구체적 수요

사회부조에서 보호의 가장 중요한 계기는 개인이 스스로 충족시킬 수 없는 수요가 현실적으로 발생하였다는 점이다. 사회적 위험이 발생하면 곧 법률에 의해서 수요가 추정되는 사회보험과 다른 점이다. 사회부조에서는 개인의 수요상황이 사회부조 주체에게 인식되었을 때 급여청구권이 성립된다(SGB Ⅻ 제18조 제1항). 즉 직권으로 보호가 이루어진다. 이로써 수급권자가 제도에 대한 無知 혹은 烙印에 대한 두려움으로 인하여 신청을 하지 않는 폐단이 방지될 수 있다. 그러나 신청에 의한 보호가 배제되지는 않으며, 오히려 현실적으로는 신청에 의한 보호가 일반적이다. 사회부조가 소급해서 지급되지 않기 때문에 수급권자는 되도록 조기에 급여를 신청하여야 한다.[173] 직권에 의한 경우는 물론이고, 신청에 의하여 급여심사가 이루어지는 경우 심사기관은 신청의 내용에 구속되지 않고 신청인의

172) 이에 대해서는 *BVerwGE* 97, 103(104) 참조.
173) *BVerwGE* 90, 154 참조.

상황을 전체적으로 평가하여 급여 여부 및 급여의 종류와 내용에 대해서 결정한다(SGB Ⅻ 제18조 제1항).[174]

사회부조에서 빈곤의 원인, 그리고 수요의 발생에 스스로 책임이 있는가의 여부는 원칙적으로 급여의 지급 여부에 영향을 미치지 않는다.[175] 다만 18세 이상의 자가 급여를 받을 목적으로, 혹은 보다 많은 급여를 받을 목적으로 자신의 소득 혹은 재산을 감소시킨 경우에는 생계를 유지하기 위하여 필요한 최소한의 범위 내에서 보호가 이루어진다(SGB Ⅻ 제26조). 고의 혹은 중과실로 빈곤을 스스로 야기한 경우에도 마찬가지이며, 이 경우에는 사회부조비용이 상환된다(SGB Ⅻ 제103조 제1항). 수급자가 의무에 위반하여 노동의 수행 등 적극적인 협력의무를 이행하지 않는 경우에는 기본수요의 25%가 삭감되며, 의무위반이 반복되는 경우 다시 25%가 삭감된다(SGB Ⅻ 제39조).

2) 수요의 충족

사회부조는 현재의 구체적 수요를 충족시키기 위하여 다양하게 급여의 종류를 형성하고 있다. 특히 현금급여 외에 서비스급여가 필수적이다. 사회부조법은 이러한 의도를 급여의 종류를 규정하면서 암시하고 있다. 즉 서비스급여(Dienstleistungen)를 현금 및 현물급여에 우선하여 규정하고 있다(SGB Ⅻ 제10조 제1항). 사회부조 혹은 그 밖의 사회적 문제에 대한 상담이 서비스급여에 속한다.

3) 현재의 구체적 수요

사회부조는 시간적으로 현재의 구체적 수요를 충족시켜야 한다. 따라서 과거의 수요 혹은 미래에 예상되는 수요를 보호하기 위한 급여는 원칙적으로 인정되지 않는다.[176] 사회부조는 기본적으로 현재의 구체적 수요를 충족시켜야 하기 때문에 급여는 한시적으로 지급된다. 사회부조급여는 일반적으로는 1개월 단위로 지급된다. 따라서 사실상 계속 지급되는 급여

174) *BVerwGE* 22, 319 참조.
175) *BVerwGE* 29, 99(102) 참조.
176) *BVerwGE* 58, 68(70) 참조.

가 중단된다고 해서 그것이 개인에게 유리한 행정행위의 철회라고 할 수는 없다.

사회부조에서 수급자의 과거 채무는 원칙적으로 보호의 대상이 아니다.[177] 다만 현재의 주거 혹은 이와 유사한 상황을 보호하기 위하여 필요한 경우에는 채무에 대한 보호가 이루어진다. 예컨대 노숙자가 되는 것을 방지하기 위하여 이루어지는 채무에 대한 보호가 대표적인 예이다(SGB Ⅻ 제34조). 마찬가지의 이유에서 사회부조급여는 양도 또는 압류될 수 없고, 또 담보의 대상이 될 수 없다(SGB Ⅻ 제17조 제1항 제2문). 그러나 과거의 급여거부처분이 불법인 것으로 결정되었을 때 적법 상태를 실현하기 위한 목적으로 소급하여 급여를 지급할 수 있다.[178]

긴급한 보호의 필요성이 있음에도 불구하고 사회부조급여가 적시에 지급되지 못하는 경우가 있다. 이 경우 법적 혹은 윤리적 의무가 없는 제3자가 보호를 했을 때에는 보상이 이루어진다. 이러한 보상을 위해서는 제3자가 신청을 하여야 한다(SGB Ⅻ 제26조).

독일의 사회부조는 빈곤을 전후한 예방 및 재활을 위한 급여를 두고 있다. 즉 사회부조는 빈곤을 예방하기 위하여 필요한 경우, 그리고 이미 지급된 사회부조급여가 목적을 달성하기 위하여 계속 필요한 경우에는 예방적, 그리고 추가적 보호를 행할 수 있다(SGB Ⅻ 제15조).

(5) 가족중심의 보호

사회부조에 의한 보호에 있어서는 특히 가족상황이 고려되어야 한다. 사회부조는 가족의 자기보호 및 가족 연대를 조장하여야 한다(SGB Ⅻ 제16조). 이에 상응하여 사회부조급여는 원칙적으로 시설 밖에서 이루어지며, 이는 시설보호에 우선하여 이루어져야 한다. 적절한 시설에서 보호될 수 있고, 또 시설 밖에서의 보호가 과도한 비용을 필요로 하는 경우에는 시설

177) *BVerwGE* 48, 182 참조.

178) *BVerwGE* 40, 346 참조. 이 급여에 대해서는 이자가 추가된다. SGB I 제44조 참조. 이에 대해서는 *BVerwGE* 66, 90 참조.

보호가 이루어질 수 있다(SGB Ⅻ 제13조). 가족 중심의 사회부조는 소극적으로 다음과 같은 내용을 갖는다. 즉 생계를 같이하는 부부의 경우 급여 요건의 심사에 있어서 소득과 재산이 함께 고려된다. 수급자가 가족 등 생활공동체의 일원으로서 편입되어 있는 경우에는 보호의 필요성이 없다고 의제한다. 그럼에도 불구하고 보호급여를 받기 위해서는 이를 反證하여야 한다(SGB Ⅻ 제36조).

(6) 사회부조급여의 법적 청구권성

전통적인 공적 부조와는 달리 개인은 사회부조급여에 대해서 공법상의 청구권을 갖는다(SGB Ⅻ 제17조 제1항).[179] 이로써 사회부조급여는 공동체의 질서를 유지하기 위한 목적으로 제공되며, 따라서 국가의 은혜적인 급여로서 반사적 이익의 성격을 갖는다는 사상은 극복되었다.

사회부조급여에 대한 법적 청구권성에는 다음과 같은 두 가지 제한적인 설명이 필요하다. 첫째, 사회부조급여에 대한 법적 청구권은 법률 자체가 이것을 명시했을 때 한하여 인정된다. 따라서 재량급여인 급여에 대해서는 법적 청구권성이 인정되지 않는다. 둘째, 법적 청구권은 급여의 원인관계에 한하여 인정되며, 급여의 종류 및 수준은 재량결정의 대상이다(SGB Ⅻ 제17조 제2항). 개별성의 원칙에 따라 급여의 종류와 수준은 개별적이고 구체적인 상황을 기준으로 결정되어야 하기 때문이다. 이러한 이유에서 개별성의 원칙과 법적 청구권성은 일정한 범위에서 긴장관계에 있다.

(7) 민간부조 우선의 원칙

독일에서 전통적으로 사회부조는 공적 과제이지만, 국가가 아닌 지방자치단체가 관할하였다.[180] 특히 현금급여가 아닌, 서비스급여는 국가기관이 아닌 민간복지기관(Verbände der freien Wohlfahrtspflege)이 담당하여

---

179) 이러한 사회부조의 법적 성격의 변화는 직접적으로는 1954년 연방행정법원의 판결이 계기가 되었다. *BVerwGE* 1, 159 참조.

180) *BVerfGE* 22, 180 참조.

왔다. 현재 독일의 사회부조제도는 이러한 전통을 제도적으로 다음과 같이 반영하고 있다. 즉 국가의 사회부조활동으로 인하여 교회, 종교단체 등 민간복지기관의 활동이 영향을 받아서는 안 된다. 공적 사회부조운영주체는 민간복지기관을 적극적으로 지원하고, 또 이들과 협력하여야 한다. 공적 주체는 민간복지기관이 동의하는 경우 사회부조사업에 적극적으로 참여시켜야하며, 이들에게 자신의 사무를 위임할 수 있다. 공적 주체는 민간복지기관이 보호급여를 제공하는 경우 이를 자신의 과제로 하여서는 안 된다(SGB Ⅻ 제5조).

1996년 사회부조법의 개정 전까지는 민간복지기관의 우선적 활동의 원칙을 명시하였다. 이는 폐지되었다. 다만 민간복지기관이 충분히 마련되어 있음에도 불구하고, 같은 기능을 갖는 공적 기관을 새로이 설립 혹은 확장하는 것을 허용되지 않는다. 여전히 민간복지기관의 존속을 보호하는 규정은 남아 있는 셈이다(SGB Ⅻ 제75조 제2항).

Ⅱ. 급여의 종류와 내용

독일의 사회부조가 전통적인 공적 부조와 비교하여 갖는 특징은 급여의 종류 및 내용에도 나타나 있다. 즉 전통적인 공적 부조가 개인의 생계유지를 보호하는 과제를 갖는 반면, 오늘날의 사회부조는 이 외의 빈곤에 원인이 되는 혹은 될 수 있는 상황을 보호한다.

생계보호와 특별한 상황에 대한 보호는 같은 사회부조급여이지만, 소득 및 재산 심사에 적용되는 기준에 차이가 있다. 특별한 상황에 대한 급여에 있어서는 노동력의 투입은 급여의 조건이 아니다. 또 개별성의 원칙이 실현되는 정도도 다르다. 생계보호에서는 원칙적으로 계속적인 급여가 표준수요지표(Regelsätze)에 따라 정형화되어 있다. 반면, 특별한 상황에 대한 보호는 개별성의 원칙에 보다 비중을 두고 있다. 이와 같이 두 급여는 목적 및 운영원칙이 다르기 때문에 상호 급여를 배제하는 관계에 있지는 않다. 즉 사회부조 대상자는 급여요건을 충족시키면 두 급여를 동시에 수급할 수 있다. 그러나 다른 법률상의 급여는 사회부조를 배제한다. 예컨대 구직자 기초보장에 의한 수급자, 연방교육촉진법상의 급여 대상자는 원칙적으로 생계보호를 받을 수 없다(SGB XII 제21, 22조).

특별한 상황에 대한 보호로는 노령 및 소득능력감소에 대한 보호, 건강보호, 장애인의 재활보호, 장기요양보호, 특별한 사회적 장애를 극복하기 위한 보호, 그리고 그 밖의 보호가 있다. 이 밖에도 보호를 위하여 필요한 경우 상담과 지원이 이루어진다(SGB XII 제8조).

사회부조급여는 서비스급여, 현물급여 및 현금급여의 형태로 지급될 수 있다. 사회법전은 현금급여가 원칙적인 급여형태임을 명백히 하였다. 사회부조법이 다른 규정을 두고 있거나 현물급여가 사회부조의 목적을 달성하는 보다 효과적이고 경제적이거나, 수급자 본인이 원하는 경우에는 현물급여의 형태로 보호될 수 있다(SGB XII 제10조). 사회부조가 현금급여를 원칙적인 보호형태로 규정하고 있는 것은 수급자가 수요를 자유로운 선택에 의하여 충족시킬 수 있기 때문이다.[181]

1. 생계보호

생계보호는 음식물, 주거, 의복, 가재도구, 난방 등 일상적인 생활에 필요한 수요를 충족시키기 위한 목적의 급여이다. 여기에는 최소한의 사회적 활동 및 문화생활을 하는데 필요한 보호가 포함된다(SGB XII 제27조).

생계보호의 수준은 법적으로 확정된 기본수요에서 개인의 소득 및 재산, 기타 사실상의 급여 및 권리의 합을 공제하여 결정된다. 구체적인 수요는 각 주가 법규명령을 통하여 결정하는 표준수요지표를 통해서 어느 정도 정형화 되어 있다(SGB XII 제28조). 다만 주거비용과 난방비용은 별도로 산정된다. 주거 및 난방수요에 대해서는 실제 소요되는 비용이 지급된다(SGB XII 제29조). 또 특별한 수요 역시 별도로 산정된다.

기본수요는 임금의 변화, 소비행태 및 생활비용 등을 고려하여 결정한다. 기본수요는 사실상의, 통계를 통하여 조사된 하위 소득계층의 소비

181) *BVerfGE* 72, 354(357) 참조.

지출을 기준으로 결정된다(이른바 "Statistik-Modell").[182] 현재 기본수요로 구 서독지역과 구 동독지역에 각각 345유로, 331유로가 정해져 있다. 기본수요는 부부와 3명의 자녀로 구성된 세대에 있어서 주거비용과 난방비, 그리고 일시급여를 합하여 하위 소득계층의 평균 순임금을 초과해서는 안 된다. 사회부조는 수급자가 질병보험 및 장기요양보험에 의하여 보호될 수 있도록 해당 사회보험의 보험료를 부담한다. 적절한 노령보장을 위하여 연금보험의 보험료를 부담할 수도 있다(SGB Ⅻ 제32, 33조).

부가수요(Mehrbedarf)는 기본수요에 반영되지 않은, 가족 상황의 특수성으로 인하여 발생하는 추가의 수요를 보호하는 기능을 수행한다. 65세 이상의 노령, 임신, 자녀양육, 장애 등이 부가적인 수요가 있다고 인정되는 요인들이다. 부가수요에 대해서는 종류에 따라 기본수요의 17%에서 60%가 추가로 지급된다. 부가수요를 보호하는 급여에는 상한이 있다. 즉 기본수요를 초과할 수는 없다(SGB Ⅻ 제30조).

기본수요 혹은 부가수요로 정형화될 수 없는 생활의 수요를 보호하기 위하여 일시급여가 지급된다. 주거시설 및 설비를 위한 비용, 임신 및 분만에 소요되는 피복비용 등이 여기에 해당한다. 주거시설 및 설비를 위한 비용은 생계급여 수급자가 아닌 자에게도 자신의 능력으로 감당할 수 없는 경우에 지급될 수 있다(SGB Ⅻ 제31조).

2. 노령 및 소득감소에 대한 기초보장

노령 및 소득감소의 경우 지급되는 생계보호급여(이하 "노령보호급여"로 줄임)의 수급자는 65세 이상인 자, 혹은 지속적으로 소득능력이 감소되어 있으며 이러한 상태가 회복될 수 없는 18세 이상의 자이다. 후자의 경우 노동시장의 상황은 판단의 기준이 되지 않는다. 즉 개인의 순수한 소득능력을 기준으로 판단이 이루어진다. 이들이 자신의 소득과 재산으로 생계를 유지할 수 없는 경우 보호가 이루어진다(SGB Ⅻ 제41조).

---

182) 이는 이른바 "Warenkorb-Modell"에서 전환된 것이다. 이 점에 대해서는 위 39면 이하 참조.

이러한 급여의 요건 중 소득능력감소는 연금보험이 보호하는 사회적 위험이다. 따라서 사회부조와 연금보험이 각각 독립해서 이를 심사하는 이중 행정이 바람직하지 않고, 또 이 경우 심사가 상이한 기준에 따라서 이루어질 수도 있다. 이에 사회부조법은 신청인이 지속적으로 소득능력이 감소된 상태에 있는가의 여부를 연금보험공단에 의뢰하고, 연금보험공단의 결정이 사회부조주체에 대해서 구속력을 갖도록 하였다.183) 이 외에도 사회부조와 연금보험공단은 밀접하게 협력하여야 한다. 예컨대 연금보험공단은 사회부조 신청인에게 급여의 조건과 관련하여 정보를 제공하고, 상담에 응하여야 한다. 사회부조에서 의뢰하여 이루어지는 연금보험공단의 업무에 소요되는 비용은 사회부조의 주체인 지방자치단체가 연금보험공단에 보상하여야 한다(SGB XII 제45, 46조).

노령보호급여는 위에서 설명한 생계보호와는 달리 부양의무의 요건을 완화된 형태로 적용하고 있다. 노령자가 자녀의 부양의무에 의존하는 것이 현실적으로 한계가 있다는 점을 고려한 것이다.184) 즉 자녀에 대한 수급자의 부양청구권은 자녀의 연소득이 100,000유로가 넘지 않는 한 노령보호급여의 지급에 영향을 주지 않는다. 기본적으로 자녀의 소득이 이러한 상한액을 넘지 않는 것으로 추정된다(SGB XII 제43조). 이와 같이 노령보호는 급여의 조건이 완화되어 있어 생계보호에 비해서 우선적으로 적용된다. 노령보호급여는 위에서 설명한 생계보호와는 달리 수급자의 신청에 의하여 지급된다.

노령보호급여로 위에서 설명한 생계보호 이외에 주거비용 및 난방비

183) 이 점에 대해서 자세히는 Sylvia Dünn/Katrin Rüb, "Die Neuregelung der bedarfsorientierten Grundsicherung im Alter und bei Erwerbsminderung zum 1. Januar 2005", *Deutsche Rentenversicherung*(2004), 614면 이하 참조.

184) 기존 사회부조법에서 부양의무를 급여조건으로 하면서 나타난 이른바 暗數(Dunkelziffer)의 문제에 대해서는 Helmut Hartmann, "Armut trotz Sozialhilfe. Zur Nichtanspruchnahme von Sozialhilfe in der Bundesrepublik", Stephan Leibfried/Florian Tennstedt(편), *Politik der Armut und die Spaltung des Sozialstaats*(Suhrkamp, 1985), 213면 이하; Richard Hauser, "Armut. Erscheinungsformen, Ursachen, Wirkung", Anton Rauscher(편), *Armut im Wohlfahrtsstaat*(Bachem, 1987), 33면 이하 등 참조.

용, 부가급여 및 일시급여, 질병보험 및 장기요양보험에 대한 보험료 등이 지급된다. 이들 급여를 통해서 수급자의 수요를 충족시키지 못하는 경우에는 대부의 형태로 추가적인 보호가 이루어질 수 있다(SGB Ⅻ 제42조). 노령보호급여의 또 하나의 특징은 급여의 결정이 원칙적으로 1년 기한으로 이루어진다는 것이다. 그러나 이는 어디까지나 원칙일 뿐 급여기간이 단축될 수 있다(SGB Ⅻ 제44조).

지난 10년 동안에 보호의 필요성을 고의 혹은 중과실에 의하여 스스로 야기한 자에게는 노령보호급여에 대한 청구권은 인정되지 않는다(SGB Ⅻ 제41조 제3항). 이 경우 개인은 엄격한 조건이 적용되는 생계보호에 의존할 수밖에 없다.

3. 건강보호

질병을 사전에 예방하고 조기에 발견하기 위하여 건강검사를 비롯한 의료적 조치가 취해진다. 질병이 발생한 경우 치료급여가 지급된다. 이 밖에 출산과 관련된 의료적 상담, 임신 및 분만보호, 임신조절에 관한 상담 및 의료적 조치 등이 취해진다(SGB Ⅻ 제47조 이하). 수급자는 질병보험에 있어서와 마찬가지로 본인이 원하는 의사를 자유롭게 선택할 수 있다.

위와 같은 조치들은 모두 질병보험법상의 급여의 종류와 내용에 관한 규정에 준하여 이루어진다. 요양기관에서 이루어지는 건강보호급여에 대한 보상은 질병보험법상의 이에 관한 규정에 따라 이루어진다(SGB Ⅻ 제52조).

4. 장애인 재활보호

장애인의 재활보호는 사회법전 제9권에 편찬되어 있다. 그럼에도 불구하고 사회부조법상의 장애인 재활보호는 여전히 중요한 역할을 수행하고 있다. 사회법전 제9권은 다른 법률에 의한 장애인 재활보호를 우선적으로 행하도록 하고 있기 때문이다. 사회부조법 상의 장애의 개념은 사회법전 제9권의 장애에 대한 개념정의에 따른다. 장애인 재활보호의 요건은 다음과 같다. 첫째, 신체적 · 정신적 및 심리적 장애로 인하여 사회참여능력이 현저히 제한되어 있거나, 그러한 위험에 처해 있어야 한다. 둘째, 장애의 종류와 정도 등 사정을 참작하여 볼 때 재활보호의 목적이 실현될 수 있어야 한다. 이러한 현저한 장애가 없는 경우에는 재량에 의하여 재활보호가 이루어진다(SGB Ⅻ 제53조 제1항). 장애인보호에 적용되는 보충성의 원칙에 따라 질병보험, 재해보험 및 연금보험의 재활급여가 우선적으로 지급된다.

장애인 재활보호에 있어서는 특히 완화된 소득기준이 적용된다(SGB Ⅻ 제92조). 즉 생계를 같이하는 부부 등이 재활보호에 소요되는 비용을 부담할 수 있다고 인정되는 경우에도 장애인 재활보호는 이루어질 수 있다. 이 경우 생계를 같이하는 자는 급여비용의 일부를 부담하여야 한다. 생계를 같이하는 자가 경제적 능력이 있는 경우에도 부담할 수 있는 조치를 열거적으로 규정하여, 보충성의 원칙이 적용되는 범위를 축소하였다.

장애인 재활보호는 장애를 예방하고, 기존의 장애 및 그로 인한 열악한 상황을 제거 혹은 최소화하여 장애인이 사회에 편입될 수 있도록 하여야 한다. 장애인이 일상생활에 참여할 수 있도록 지원하고, 주변의 도움이 없이도 적절한 직업 등의 활동을 수행할 수 있도록 하여야 한다(SGB Ⅻ 제53조 제3항). 장애인 재활보호로 기본적으로 사회법전 제9권에 의한 의료적 · 직업적 및 사회적 재활이 이루어진다. 보충적으로 학교 및 직업교육조치가 취해진다. 시설에 수용되어 있는 장애인에게는 필요한 경우 장기요양보호가 이루어진다(SGB Ⅻ 제54, 55조).

장애인 재활은 다양한 조치를 통하여 이루어지며, 또 다양한 조직이 협력하여야 하기 때문에 사회부조주체는 가능한 한 지원을 시작할 때 개별적인 조치를 집행하는 계획을 수립하고 이에 따라 지원이 이루어질 수 있도록 하여야 한다(SGB Ⅻ 제58조).

5. 장기요양보호

사회법전 제11권 장기요양보험이 편찬되기 전에는 장기요양수요를 보호하는 특별한 제도가 존재하지 않았기 때문에 사회부조가 이러한 기능을 담당하였다. 이는 비전형적인 사회적 위험을 보호하는 사회부조의 기능에 장애가 되었다.[185] 사회법전 제11권에 장기요양보험이 편찬되면서 이러한 문제는 극복되었다. 그러나 장기요양보험이 도입된 후에도 장기요양문제에 있어서 사회부조의 기능은 여전히 중요하다. 장기요양보호는 장기요양보험과의 관계에서 보면 다음과 같은 경우에 적용된다. 첫째, 장기요양보험의 급여조건을 충족시키지 못하기 때문에 보험급여를 받을 수 없는 경우이다. 둘째, 장기요양보험이 숙박비용 및 일상적인 생활비용을 보호하지 않기 때문에 이러한 부담과 관련하여 보호가 필요한 경우이다. 셋째, 중증의 장기요양수요를 가지고 있기 때문에 보험급여만으로는 보호가 불충분한 경우이다. 넷째, 거꾸로 아직 장기요양보험이 보호하는 상태에는 이르지 않았지만 장기요양수요가 있고 따라서 사회부조에 의존하여야 하는 경우이다.

장기요양보호는 신체적·정신적 및 심리적 질병 또는 장애로 인하여 세면, 식사, 이동, 가사활동 등 일상생활에서의 활동을 스스로 할 수 없는 자를 대상으로 한다. 보호를 필요로 하는 상태가 지속적으로, 적어도 6개월 이상 존재하여야 하지만 보호가 필요한 상태가 6개월 미만인 경우에도 장기요양보호가 이루어질 수 있다(SGB Ⅻ 제61조 제1, 5항).

장기요양보호는 원칙적으로 거택에서 이루어진다. 예외적으로 시설에서 보호될 수 있다. 장기요양보호는 재가보호, 치료제재, 시설수용보호 등의 형태로 이루어진다. 이들 급여는 장기요양보험법의 규정에 의하여 이루어진다. 장애인보호에 있어서와 마찬가지로 장기요양보호는 여러 사회보장주체의 과제와 중복되기 때문에 수급자는 신청에 의하여 종합적인 보호를 위한 개인별 예산을 확정하고 그 범위에서 보호를 받을 수 있다(SGB Ⅻ 제61조 제1, 5항).

재가보호로 충분한 경우 사회부조 운영주체는 장기요양보호가 수급자

185) 장기요양보험이 도입되기 전 사회부조에서 장기요양보호를 위한 지출은 전체 사회부조예산의 약 3분의 1에 달하였다.

의 주변에 있는 자 혹은 이웃에 의하여 이루어져야 한다는 점을 주지시켜야 한다. 장기요양의 필요성은 세 단계로 차별화된다. 1일 1회 이상, 1일 3회 이상 보호를 필요로 하는 상태가 경증 및 중증보호상태이다. 일상생활에 있어서 거의 매 시간, 그리고 야간에도 보호를 필요로 하는 상태가 최중증보호상태이다. 이 각각의 상태에 대해서 장기요양지원금이 차등 지급된다. 이는 현재 각각 월 205유로, 410유로, 그리고 665유로이다. 장기요양보험이 보호하지 않는 숙박비용 및 일상적인 생활비용을 수급자가 부담할 수 없는 경우에는 위에서 설명한 생계보호급여가 제공된다.

장기요양보험에 있어서와 마찬가지로 장기요양급여를 직접 제공하는 자에 대한 보상 및 보호가 이루어진다. 장기요양요원에게는 보상이 이루어져야 한다. 이들의 노령보장을 위하여 보험료 부담 등 지원이 이루어진다. 주변의 지인 등으로부터 장기요양보호를 받을 수 없기 때문에 다른 인력이 필요한 경우 이에 대한 보상이 이루어진다.

장기요양보호는 기본적으로 장기요양보험과 보호위험을 같이한다. 따라서 행정절차의 간편화와 통일화를 위하여 장기요양보호의 필요성 및 정도는 장기요양금고의 결정이 기준이 된다(SGB XI 제62조).

6. 특별한 상황을 극복하기 위한 보호

이는 다른 사회부조급여에 대한 보충적인 급여이다. 즉 위에서 설명한 보호를 통하여 빈곤의 원인이 되는 특별한 상황이 극복될 수 없는 경우에 지급된다(SGB XII 제67조). 여기에는 특히 상담과 개별적 지원, 교육보호, 직업보호, 주거보호 등이 포함된다. 이는 사회부조급여 중에서도 보충적인 보호이기 때문에 필요한 경우 종합적인 계획을 수립하여 집행될 수도 있다.

이러한 보호를 위하여 서비스급여가 필요한 경우에는 소득 및 재산심사는 이루어지지 않는다. 또 가족법상 부양청구권의 행사를 조건으로 하는 경우 보호의 목적이 달성될 수 없는 때에는 부양청구권과 관련된 조건에 관계없이 보호가 이루어진다. 이 보호는 빈곤의 원인이 되는 모든 비전형적인 상황을 보호하여야 하기 때문에 사회부조 운영주체는 이와 유사한 과제를 갖는 기관과 협력하여야 하며, 또 서로 기능을 보충할 수 있도록 노력하여야 한다(SGB Ⅻ 제68조).

7. 그 밖의 보호

사회부조는 위에서 설명한 보호 이외에 세대구성원이 세대를 계속 유지할 수 없는 예외적인 상황을 보호한다.[186] 이는 기본적으로 일시적인 보호조치이다. 이러한 일상적인 가계유지를 위한 보호 이외에 노인보호와 시각장애인보호가 예정되어 있다.

노인보호는 노령으로 인하여 발생하는 위험을 사전적으로 예방하거나 혹은 사후적으로 보호하는 목적을 가지며, 노인이 공동체의 일상적인 생활에 참여할 수 있도록 지원하여야 한다. 노인보호에는 사회활동에 대한 지원, 주거지원, 시설에의 수용지원, 대인접촉지원 등이 포함된다. 위에서 설명한 특별한 상황에 대한 보호에 있어서와 마찬가지로 노인보호에 있어서도 서비스급여가 필요한 경우에는 소득 및 재산심사는 이루어지지 않는다(SGB Ⅻ 제71조).

시각장애인보호는 시력장애로 인하여 발생하는 추가비용을 보상하기 위한 조치이다. 시각장애인보호로서 18세 이후에는 585유로가, 18세 이전에는 293유로가 지급된다. 이 금액은 연금보험에서의 평균연금가를 기준으로 조정된다. 시각장애인보호로서 사회법전 제11권 장기요양보험에 의한 재가보호가 행해지는 경우 이 급여의 일부는 시각장애인보호를 위한 지원에서 삭감된다. 즉 경증보호상태의 경우 장기요양보상금의 70%, 중증보호상태 및 최중증보호상태의 경우 중증보호상태에 대한 장기요양보상금의 50%가 삭감된다. 또 시각장애인이 시설보호를 받는 경우에도 지원금은 지원금의 50%에 해당하는 액을 한도로 해당 수용시설이 부담하는 비용만큼 삭감된다(SGB Ⅻ 제72조).

---

186) *BVerwGE* 30, 19 참조.

Ⅲ. 재정 및 운영주체

사회부조의 재원은 조세이며, 이에 소요되는 비용은 각 주와 지방자치단체가 부담한다. 현재 주가 약 20%, 그 밖의 지방자치단체가 약 80%를 부담하고 있다. 연방은 외국에 체류하는 독일인에 대한 사회부조급여의 재원을 부담한다.

사회부조의 집행은 지방자치단체가 관할한다. 구체적인 관할은 주법에 의하여 결정한다(SGB Ⅻ 제3, 97조). 주는 지방자치단체에서의 사회부조의 집행을 조정·조성하여야 한다(SGB Ⅻ 제7조). 구체적으로는 체류지 원칙에 따라 대상자의 주소지에 관계없이 사실상 현재 거주하는 곳을 관할하는 사회부조 운영주체가 집행자인 동시에 비용부담자이다. 다만 노령 및 소득능력감소에 대한 보호는 수급자의 상거소지를 연결점으로 결정된다. 시설에의 수용보호 역시 수급자의 상거소지를 연결점으로 관할이 결정된다(SGB Ⅻ 제98조).

빈곤의 원인인 상황은 다른 사회보장제도가 보호하는 사회적 위험과 중복된다. 따라서 사회부조는 다른 사회보장제도들과 긴밀하게 협력하여야 한다. 특히 사회법전 제2권 구직자에 대한 기초보장, 제8권 아동 및 청소년보호, 그리고 제9권 장애인보호와의 협력관계가 법률에 명시되어 있다(SGB Ⅻ 제4조). 사회부조의 집행과 관련하여 공적 사회부조단체와 민간복지기관과의 협력관계가 역시 강조되어 있다(SGB Ⅻ 제5조).

민간복지기관에 의한 보호에 대해서는 보상이 이루어져야 한다. 사회부조 운영주체는 해당 기관과 급여의 내용과 범위, 보상관계, 급여의 경제성 및 효과를 심사하는 문제에 대해서 합의를 하여야 한다. 이러한 합의가 이루어지지 않은 경우에는 개별적인 상황에 비추어 해당 기관에 의한 보호가 필요하다고 인정되는 경우에 한하여 보호조치를 취하도록 할 수 있다. 이 경우 보호조치는 사회부조 운영주체의 개별적인 제안에 따르며, 심사가 이루어진다(SGB Ⅻ 제75조 제2항).

위에서 설명한 복지기관과의 합의는 회계연도 개시 전에 체결된다.

이에 기초가 되는 대강의 내용을 담은 계약은 주단위의 사회부조 운영주체와 복지기관협의체 사이에 체결된다(SGB XII 제79조). 이에 기초하여 개별적인 계약이 체결된다. 다만 일방 당사자가 합의를 요청한 후 6주 내에 합의에 이르지 못하면 중재위원회가 결정한다. 중재위원회의 결정에 대한 불복은 사회법원이 관할한다(SGB XII 제77조).

제5장 장애인 재활 및 참여보호(사회법전 제9권)

제1절 역 사

독일에서 장애인보호의 역사는 그리 길지 않다. 1974년 중증장애인보호법이 제정되면서 본격적으로 장애인문제가 사회보장법적 시각에서 다루어지기 시작하였다. 다만 독일에서 일종의 보상법적 차원에서는 장애인문제는 일찍이 부각되었다.[187] 이미 제1차 세계대전 후 전쟁희생자보호(Kriegsbeschädigtenfürsorge)의 내용으로 장애인보호가 시작되었다. 본격적으로는 1919년 중증장애인에 대한 직업재활을 위한 특별법으로 1919년 중증장애인고용에 관한 명령(Verordnung über die Beschäftigung Schwerbeschädigter)이 제정되었다. 이 명령은 사용자에게 중증의 전쟁희생자와 중증의 산업재해를 입은 자를 고용하는 의무를 지웠고, 또 이들을 해고로부터 보호하였다. 이 명령은 1924년까지 개정을 하면서 발전하였고, 오늘날의 중증장애인보호의 내용을 포섭하였다. 예컨대 고용의무제도를 통하여 사용자에게 사업장 근로자의 2%를 인정 중증장애인으로 고용하는 의무를 부과하였다.

제2차 세계대전이 종료된 후 1953년 중증장애인고용에 관한 법률(Gesetz über die Beschäftigung Schwerbeschädigter)이 제정되었다. 이 법률에

187) 장애인복지 및 재활법의 역사에 대해서는 Ingwer Ebsen, “Schwerbehindertenrecht”, Bernd von Maydell/Franz Ruland(편), *Sozialrechtshandbuch*(Nomos 2003), 1404면 이하; Axel Reimann, “Recht der Rehabilitation und Teilhabe behinderter Menschen”, Bernd von Maydell/Franz Ruland(편), *Sozialrechtshandbuch*(Nomos, 2003), 1434면 이하 등 참조.

서는 특히 전쟁희생자, 산재근로자뿐 아니라 시각 및 청각장애인이 보호의 대상에 포함되었다. 1974년에는 중증장애인의 노동·직업 및 사회편입을 위한 법률(Gesetz zur Eingliederung Schwerbehinderter in Arbeit, Beruf und Gesellschaft)이 제정되어, 중증장애인보호의 내용이 변화하였다. 이로써 전쟁희생자 및 산업재해자 외에 보호의 대상을 보편화하였다. 즉 소득능력이 50% 이상 감소된 자는 모두 보호의 대상이 되었다. 이 밖에 장애인사업장(Werkstatt für Behinderte)이 재정보조를 받을 수 있게 되었다.

위와 같이 장애인보호가 다양한 영역에서 산발적으로 발전해 왔기 때문에 재활영역에서 통일적인 급여체계가 형성되지 못했다는 점이 문제로서 제기되었다.[188] 이러한 인식하에 1974년 재활급여를 통일적으로 규율하기 위하여 재활급여조정법(Rehabilitations-Angleichungsgesetz)이 제정되었다. 이로써 재활급여의 조정과 절차, 그리고 조직간 협력의 문제가 통일적으로 규율되었다. 서비스급여를 제외한 모든 현금급여에 대해서는 조정이 이루어졌다. 이 법률에 의하여 조정의 대상이 되는 법률은 질병보험법, 산재보험법, 연금보험법, 전쟁희생자보호법, 고용촉진법이다. 이에 비해서 사회부조는 제외되었다. 사회부조는 보충성의 원칙이 지배하기 때문에 위 법률들과 동질성이 없다는 것이 주된 이유였다.[189] 그러나 사회부조는 재활급여를 관할하는 중요한 법이기 때문에 사회부조를 배제한 것에 대해서는 비판적인 견해가 지배적이었다.[190] 특히 재활보호에 적용되어야 하는 중요한 원칙, 즉 관할 여부에 관계없이 우선적으로 보호가 이루어져야 한다는 의무(이른바 'Vorleistungspflicht')가 사회부조에 적용되지 않는다는 점

---

188) 예컨대 이미 1966년 사회보장전문가위원회(Sozialenquête-Kommission)의 보고서는 장애를 효율적으로 보호하기 위하여 이에 대한 조직과 재정 및 법적 규정들을 통합규율하고, 관할조직으로 연방재활공단(Bundesanstalt für Rehabilitation)의 설치를 제안한 바 있다. Sozialenquête-Kommission, *Soziale Sicherung in der Bundesrepublik Deutschland*(W.Kohlhammer, 1966), 301면 이하 참조.

189) 이 점에 대해서는, 예컨대 Helmut Hannesen/Volker Jacobi/Klaus Lachwitz/Alexander Vater, "Menschenwürde und soziale Rechte von Menschen mit geistiger Behinderung", *Vierteljahresschrift für Sozialrecht*(1992), 193면 이하 등 참조.

190) 2001년 효력을 발생한 사회법전 제9권은 사회부조를 규율대상에 포함시켰다. 법 제6조 제1항 제7호.

이 문제로 부각되었다.

공공운송수단을 무료 이용하는 혜택은 1979년에 와서 모든 중증장애인에게 확대되었다. 독일 정부는 1980년대에 장애인복지법의 발전을 위하여 "80년대의 재활"을 위한 다음과 같은 행동강령을 선언하였다: 1. 연방사회부조법에 의한 재활보호를 재활급여조정법에 포함시킨다. 2. 급여에 관한 법률을 통일적으로 규율한다. 3. 재활급여조정법과 중증장애인보호법을 개선한다. 4. 장애인복지법을 장애인의 재활을 위한 통합법으로 개편한다. 이에 우선 중증장애인보호법이 1986년 개정되었다. 이후 행동강령 중 장애인의 재활을 위한 통합법률을 사회법전에 편입하는 문제가 본격적으로 논의되었다.

1994년 독일 헌법에 장애인보호에 대한 규정이 새로이 삽입되었다(제3조 제3항 제2문).[191] 즉 "누구도 장애를 이유로 불이익한 취급을 받지 않는다". 이 규정이 장애인복지법제에 직접적인 변화를 가져온 것은 아니다. 장애인의 평등과 참여의 요청은 이미 기존의 평등권(제3조)과 사회국가조항(제20, 28조)을 통해서 도출된다고 이해되었다. 또 새로운 규정을 근거로 장애인의 국가에 대한 직접적인 청구권, 예컨대 중증장애인의 고용청구권이 도출되는 것도 아니다. 그러나 이로써 장애인을 사회의 구성원으로 적극적으로 포섭하고, 이 점에 대한 사회적 관심을 환기시켰다는 점에서 헌법개정의 의미가 있다. 또 이 규정은 장애인에 대한 특별보호를 정당화한다는 점에서 헌법적 의의가 있다. 이 규정은 독일에 전통적인 장

191) 이에 대해서는, 예컨대 Helmut Hannesen/Volker Jacobi/Klaus Lachwitz/Alexander Vater, 위 각주 189의 논문; Matthias Herdegen, "Die Aufnahme besonderer Vorschriften zugunsten behinderter Personen in das Grundgesetz", *Vierteljahresschrift für Sozialrecht*(1992), 245면 이하; Andreas Jürgens, "Gleichstellungsgesetze für Behinderte?" *Zeitschrift für Rechtspolitik*(1993), 129면 이하; Gunther Jürgens, "Grundrecht für Behinderte", *Neue Zeitschrift für Verwaltungsrecht*(1995), 452면 이하; Maunz-Dürig, Grundgesetz-Kommentar, Art. 3 Ⅲ; Rüdiger Sannwald, "Die Reform des Grundgesetzes", *Neue Juristische Wochenschrift*(1994), 3313면 이하; Heinrich Scholler, "Die Krise des Sozialstaates und die Garantie des sozialen Besitzstandes, insbesondere bei Behinderten", Heinrich Scholler(편), *Beiträge zum Behinderten- und Rehabilitationsrecht*(R. Schultz, 1986), 221면 이하 등 참조.

애인보호를 위한 사회법전 제9권 외에 2002년 장애인평등법(Behindertengleichstellungsgesetz)이 제정되어 실현되고 있다.

제 2 절 사회법전 제 9 권의 편찬

위와 같이 장애인보호법이 여러 법률들에 산재해 있기 때문에 장애인의 법적 지위가 체계적이지 못하고, 혼란스러운 상태였다. 1974년 재활조정법이 실제 입법목적에 충실하게 형성되지 못했다는 비난도 따랐다. 이는 곧 법전화의 계기가 되었다. 이에 오랜 논의 끝에 장애인보호법이 사회법전 제9권으로 제정되었다(SGB Ⅸ -Rehabilitation und Teilhabe behinderter Menschen).[192] 이 법은 2001년 7월 1일 효력을 발생하였다.

사회법전 제9권은 2편으로 구성되어 있다. 제1편은 장애인보호 일반에 관한 규정들이다. 제2편은 중증장애인보호에 관한 규정들로서, 기존의 중증장애인보호에 관한 법률의 규정들이 편입되었다. 특히 중증장애인의 고용촉진이 중점적으로 규율되어 있다. 제2장 사용자의 고용의무, 제3장 그 밖의 사용자의 의무와 이에 상응하는 중증장애인의 권리, 제4장 해고로부터의 보호, 제5장 사업장내에서 중증장애인의 보호와 참여를 보장하기 위한 기업조직법적 조치들이 주로 장애인고용보장에 기여하는 규정들이다. 이들 조치들은 특히 사회법전 제3권 고용촉진법상의 장애인에 대한 고용조치들과 경합한다. 사회법전은 이에 대한 조정규정을 두었다. 고용촉진법상의 급여는 다른 급부의 주체 혹은 그 밖의 공법상의 주체가 동일한 급부의무를 갖지 않는 경우에 한하여 적용된다(SGB Ⅲ 제22조).

192) 장애인보호법의 법전화 논의에 대해서는 *Kodifikation des Rehabilitationsrechts,* Schriftenreihe des Deutschen Sozialrechtsverbandes 37(1993) 참조. 특히 이 책에 수록되어 있는 Karl Jung, "Kodifikation des Rehabilitationsrechts aus der Sicht der Bundesregierung", 39면 이하 참조.

제3절 사회법전 제9권 장애인 재활 및 참여보호

Ⅰ. 장애인의 개념과 분류

사회법전은 장애 및 중증장애를 정의하였다. 장애는 "신체적 기능, 정신적 능력 및 심리적 상태가 해당 연령에 전형적인 상태를 6개월 이상 일탈하여 정상적인 사회생활에의 참여가 어려운 상태"이다(SGB Ⅸ 제2조 제1항). 이는 세계보건기구(WHO)의 장애에 대한 사회적 · 참여적 모델에 기초한 이해방법이다. 복합장애의 경우에는 전체적인 기능 상실의 정도가 산정된다. 이 경우 단순히 장애의 정도를 합산하는 것은 아니다(SGB Ⅸ 제69조 제3항).

중증장애란 "장애정도가 50% 이상이고 사회법전의 장소적 적용범위 내에 합법적으로 거주, 상시 체류하거나 혹은 법률(SGB Ⅸ 제9권 제73조) 상의 고용상태에 있는 자"를 말한다.[193] 유사중증장애인 역시 보호의 대상이다. 유사중증장애란 "장애정도가 50%에 이르지 않았지만 30% 이상이며, 중증장애인의 다른 요건을 충족시키는 경우로서 고용보장을 위한 조치가 없으면 법률상의 고용의 기회를 취득 혹은 유지하지 못하는 상태"를 말한다(SGB Ⅸ 제2조 제2, 3항).[194] 중증장애인에게는 등록증이 교부된다. 장애 및 중증장애의 여부 및 정도를 판단할 때 장애의 원인은 중요한 기준이 아니다.

Ⅱ. 장애인 보호의 기본원칙

장애인 보호의 기본원칙은 이미 사회법전 제1권에 선언되어 있다. 장애인의 자기결정권과 평등한 참여를 위하여 장애인에게 다음과 같은 권리가 보장된다(SGB Ⅰ 제10조). 첫째, 장애를 예방 · 제거 · 감소시키고, 악화

193) 1986년까지 중증장애인보호법은 중증장애분류의 기준으로 소득능력의 감소(Minderung der Erwerbsfähigkeit; MdE)를 적용하였다. 그러나 장애가 항상 소득활동과 연관되어 있지는 않다는 인식하에 사회법전은 장애의 정도(Grad der Behinderung; GdB)라는 개념을 사용한다.

194) 2003년 현재 독일에서 중증장애인의 숫자는 약 6,639,000명으로 보고되고 있다.

를 방지한다. 장애가 이미 발생한 경우 그 효과를 최소화하기 위해서 필요한 보호를 받는다. 둘째, 소득능력의 감소와 장기요양보호의 필요성을 예방·제거 혹은 최소화하며 악화를 예방·방지하고, 장애인이 조기에 사회보장급여를 받는 상황을 방지하고, 계속적인 급여지출을 줄일 수 있도록 한다. 셋째, 장애인에게 적성과 능력에 적합한 고용의 기회를 보장한다. 넷째, 장애인의 인격 실현을 지원하고 사회참여를 촉진하며 독자적인 자기결정능력을 향상시킨다. 다섯째, 장애를 이유로 한 불이익을 금지한다.

사회법전은 재활조치의 중요성을 강조하고 있다. 재활에 앞서 장애의 발생이 예방되어야 하며, 연금급여에 앞서 재활조치를 취하여야 한다(SGB Ⅸ 제3, 8조). 이미 장애가 발생한 경우에는 장애인이 정상적인 사회생활에 편입될 수 있도록 하여야 한다. 따라서 연금지급이 개시되면 재활급여가 중지되는 것은 아니다. 특히 장기요양보험이 도입되면서 이제 재활급여는 장기요양보험에 의한 보호의 필요성을 감소 혹은 제거하기 위하여 보다 적극적인 기능을 갖게 되었다.[195] 이때 장애인의 개인적인 상황을 충실히 고려하여 장애인의 요구를 추가 비용이 소요되지 않는 한 존중하여야 한다. 이 점은 객관적인 관점에서는 행정주체의 과제로서 이미 사회법전 제1권에 선언되어 있지만, 사회법전 제9권은 주관적인 측면에서 장애인의 희망과 선택가능성을 보장하도록 하여 개별성의 원칙을 강화하고 있다(SGB Ⅸ 제9조).[196]

사회법전은 관할의 다원화로 인한 혼란을 극복하기 위하여 조직법적인 개선을 하였다. 독일에서 장애에 대한 의료, 재활 등 각종 보호는 해당 사회적 위험을 보호하는 법률에 다양하게 예정되어 있다. 그런데 독일 사회보험법은 조직법적으로 다원화되어 있기 때문에 이들 조치에 대한 관할 역시 다원화되어 있다. 사회법전은 재활조치를 담당하는 기구를 열거하여 재활주체의 문제를 명확히 하였다(SGB Ⅸ 제6, 14조).[197] 즉 종전의 재활의 관

195) 이 점에 대해서는, 예컨대 Karl Jung, 위 각주 192의 논문, 57면 이하 참조.
196) 이에 대해서 자세히는 Felix Welti, “Wunsch- und Wahlrechte und individuelle Konkretisierung”, *Zeitschrift für Sozialreform*(2004), 423면 이하 참조.
197) 다양한 급여주체의 급여목록에 대해서는 Igl/Welti, *Sozialrecht*(Werner Verlag,

할과 관련된 다원적 조직체계는 그대로 유지되었다('Risikozuordnung'). 이들 다양한 조직은 상호 급여를 조정 · 협력하여야 한다(SGB Ⅸ 제10, 12조). 다만 이로써 관할의 문제가 모두 명확히 해결된 것은 아니다. 예컨대 사회부조에서 재활보호와 장기요양보호, 그리고 장기요양보험에서의 장기요양보호의 문제는 아직 논의가 필요한 문제로 남아 있다. 장애아동의 보호에는 학교도 중요한 역할을 하여야 한다.[198] 한때 재활의 종류에 따라 해당 재활조치에 대해서 전문적 기능을 갖는 사회보장주체가 관할하는 제안이 있었다('Strukturverantwortung').[199] 예컨대 의료적 재활은 전통적으로 연금보험이 관할하여 왔으며, 따라서 연금보험을 이에 대한 통일적인 주체로 하고, 사회적 재활은 사회보험의 관할범위에 속하지 않았으므로 이는 사회부조를 관할하는 지방자치단체의 관할로 하자는 것이다. 그러나 이러한 제안은 채택되지 않았다.

산업재해 등 특별한 원인에 의하여 위험이 발생한 경우에는 해당 원인을 보호하는 특유한 제도에서 재활조치가 전적으로 이루어진다. 이 경우에는 위에서 설명한 바와 같은 다른 재활기구와의 협력의 문제가 제기되지는 않는다. 재해보험, 사회보상 등이 이러한 예에 해당한다. 또 장기요양보호와 관련하여 이를 예방하기 위한 재활조치의 과제는 명확히 질병보험에 부과되었다(SGB Ⅴ 제11조 제2항).

사회법전은 다원적인 관할로 인하여 재활이 적시에 이루어질 수 없는 문제를 극복하기 위하여 재활을 담당하는 주체간에 상호 협력하도록 하였다(SGB Ⅸ 제12조). 예컨대 모든 재활기구는 자신의 관할이 아니더라도 신청이 있는 경우 접수하고 해당 사안을 관할하는 기구로 이송하여야 한다(SGB Ⅸ 제14조). 또 사회법전은 종합서비스센터(Gemeinsame Service-

---

2007), 347면 이하 참조.

198) 이 점에 대해서는 *BVerfGE* 96, 288 참조.

199) 이 점에 대해서는, 예컨대 Franz Ruland, "Anforderungen an ein Buch "Rehabilitationsrecht" aus der Sicht der medizinischen Rehabilitation", Schriftenreihe des Deutschen Sozialrechtsverbandes 37, *Kodifikation des Rehabilitationsrechts*(1993), 114면 이하; Hubertus Stroebel, "Anforderungen an ein Buch "Rehabilitationsrecht" aus der Sicht der Verwaltungspraxis", 같은 책, 78면 이하 등 참조.

stelle)를 설치하여 장애인에 대한 관할문제를 포함한 상담과 안내기능을 강화하였다(SGB Ⅸ 제22조 이하). 여기에서는 급여의 조건과 종류 및 행정절차, 급여청구 및 협력사항에 대한 상담, 관할기관에 대한 설명, 재활기구에 대한 신속한 보호의 필요성 통지, 재활기구간의 협력문제 등이 다루어진다.

위와 같이 장애인 보호는 다원적인 조직에 의하여 다원적인 방법으로 이루어지기 때문에 종합적인 보호를 위하여 본인의 신청에 의하여 개인별 예산을 작성하여 집행하는 방법으로 실현될 수 있다(SGB Ⅸ 제17조).

장애인 보호에 공적 사회보장주체뿐 아니라 정부 및 민간복지기관들이 적극적으로 참여하여야 한다. 재활기구들은 장애의 개별 분야별로, 그리고 이러한 하부구조가 지역적으로 충실히 갖추어질 수 있도록 노력하여야 한다. 재활기구들은 민간기구들과 계약을 체결하여 급여의 적절성을 보장하고, 보상을 규율하여야 한다. 이 계약에는 수급자의 권리와 의무, 개인 정보의 보호 등이 동시에 규율되어야 한다(SGB Ⅸ 제21조).

Ⅲ. 장애인 일반에 대한 보호

1. 의료적 재활

장애 혹은 장애의 위험이 있는 아동에 대한 조기보호, 장애인에 대한 치과진료를 포함한 의료적 진료조치, 물리 · 언어 및 노동치료, 약재 · 치료제재 등의 지급, 보장구 및 정형외과적 치료, 그 밖의 검사 등이 이루어진다. 장애인이 자력으로 장애를 극복하도록 유도 · 지원하는 다양한 급여가 제공된다. 또 장애인이 주변환경과 접촉할 수 있도록 심리적 · 사회적 능력을 제고하여야 한다. 이때 본인의 동의하에 장애인과 접촉하는 가족구성원 등에게 관련 정보를 제공하고 상담을 행한다(SGB Ⅸ 제26조). 장애인의 자구노력을 지원하는 단체를 적극적으로 육성하여야 한다(SGB Ⅸ 제29조). 보호의 명목으로 장애인의 자기결정권과 참여를 저해하는 것은 허용되지 않는다. 궁극적으로는 장애인이 기존의 활동을 계속할 수 있는

능력을 단계적으로 향상시켜야 한다(SGB Ⅸ 제28조).

2. 고용보호

장애인이 능력에 적합한 소득능력을 갖게 하고, 이를 기초로 지속적으로 소득능력을 보유할 수 있도록 하여야 한다. 여성에게도 평등한 기회가 보장되어야 한다. 이를 위하여 고용의 기회를 취득 혹은 유지하기 위한 보호조치, 직업준비 · 적응 · 교육 및 재교육조치, 그 밖에 노동과정에의 참여를 지원하는 조치들이 취해진다. 고용보호에 있어서도 의료적 재활에 있어서와 마찬가지로 장애인의 자구노력을 지원하여야 한다. 부모가정에서 독립하여 생활하기 위해 필요한 비용, 고용능력을 갖추기 위하여 필요한 교육 및 시험응시 비용, 이동비용, 중증장애인의 업무를 지원하기 위하여 필요한 비용, 주거비용 등이 지원된다(SGB Ⅸ 제33조 이하).

사용자도 지원의 대상이다. 사용자에게 장애인교육비용의 범위 내에서 장애인교육을 행하는 전체 기간 중에 매월 보조금(Ausbildungszuschüsse)이 지급된다(SGB Ⅸ 제34조 제2항). 이 밖에 직업교육장의 설비를 위하여, 그리고 그 밖에 장애인에 대해서 평균 이상의 보호비용을 지출하는 경우 추가로 보조금 혹은 대부 형태의 보조가 지급된다.

장애인은 교육을 통하여 직업 선택에 따르는 어려움을 극복하여야 한다. 특히 오늘날과 같이 급변하는 사회에서 생애에 걸쳐 계속 주변 환경의 변화에 적응하는 평생교육이 이루어져야 한다. 장애의 상황에 따라서는 직업교육 자체가 불가능한 경우도 있으며, 이 경우에는 직업교육을 받기 위한 준비를 위하여 필요한 조치가 취해진다.

직업교육의 장소는 1차적으로는 전문학교 및 전문대학 혹은 정부가 설치한 직업교육장이다. 장애의 종류 및 정도를 원인으로 인정 직업교육을 받을 수 없는 장애청소년에 대해서는 특별교육과정이 마련되어 있다. 또 장애의 종류 및 정도로 인하여 일반 노동시장에서 고용의 기회를 가질 수 없는 장애인 혹은 통상적인 직업교육을 이수할 수 없는 장애인은 장애인사업장(Werkstätte für behinderte Menschen)에서 적응능력을 개선하고 근로 기회가 부여된다(SGB Ⅸ 제41조). 이러한 급여는 사회부조주체와 연방고용공단에 의해 이루어진다(SGB Ⅸ 제42조). 장애인사업장은 해당 장애인을 관할하는 사회보장기구로부터 적절한 보상금을 지급받는다(SGB Ⅸ 제41조 제3항). 이 밖에 장애인사업장은 고용 장애인에 대한 보상을 위하여 관할 사회보장기구로부터 추가로 고용촉진금(Arbeitsförderungsgeld)을 받는다(SGB Ⅸ 제43조).

장애인고용지원은 장애인이 기존의 작업장에서 직업을 계속 수행하는 것을 1차적인 목표로 한다. 이것이 불가능한 경우에 한하여 장애인은 새로운 직업교육을 받을 수 있다. 기존의 직업 혹은 기존의 작업장에서 고용관계를 계속하기 위해서 필요한 기술적 보조장치와 장애인에게 적합한 작업장 시설을 위하여 필요한 비용이 보조된다. 기존의 직업수행이 불가능한 경우 새로운 직업교육이 필요하다. 이를 판단하기 위한 기준으로 적성, 능력, 기존의 직업, 그리고 노동시장의 상황 등이 고려된다. 심사의 결과 새로운 직업이 필요한 경우 직업전환교육이 실시된다. 이는 일반적으로 2년간 시행된다. 기존의 직업을 유지할 수 없고, 또 새로운 직업교육을 받을 수도 없는 장애인은 특별교육장(Berufsförderungswerke)에서 직업훈련을 받는다. 여기에서는 개인의 특별한 상황을 충분히 고려하여 직업교육이 이루어진다. 이 밖에 사회적 재활조치가 취해진다. 정신장애인의 직업교육을 위해서는 직업교육센터(Berufliche Trainingszentren)가 설치되어 있다.

신규 고용된 장애인이 작업장에 편입되어 정상적으로 노동할 수 있도록 보조금(Eingliederungszuschüsse)이 사용자에게 지급된다(법 제34조 제3항). 보조금으로는 장애인에게 지급되는 통상임금의 50%에 해당하는 액이 지급된다. 보조금의 지급기간은 원칙적으로 1년이다. 필요한 경우에 급여는 20% 상향조정될 수 있으며, 지급기간도 2년까지 연장될 수 있다. 이는 지속적인 고용관계를 보장하는 목적을 갖는다. 보조금이 지급되는 중에 고용관계가 종료되거나 혹은 보조금지급이 종료된 후 보조금이 지급된 시간에 해당하는 기간이 경과하기 전에 고용관계가 종료된 경우에는 보조금은 환수된다(SGB Ⅸ 제34조 제3항).

장애인이 장애의 종류 및 정도 때문에 일반 노동시장에서 고용의 기회를 갖지 못하는 경우 장애인사업장에서 근로의 기회가 부여된다. 여기서는 고용촉진조치와 인성교육을 함께 시행하여 일반 노동시장에의 접근능력을 기른다. 특히 중증장애인의 고용지원을 위하여 이른바 통합프로젝트(Integrationsprojekte)가 새로운 정책수단으로 가동하고 있다. 이는 장애인사업장에 고용되어 있는 장애인이 일반 노동시장에 접근할 수 있도록 보조한다.

3. 사회적 재활

사회적 재활은 장애인이 가능한 한 외부의 지원 없이 사회생활에 참여할 수 있도록 지원한다. 이를 위하여 아동에 대한 교육치료적 급여, 사회생활에 정상적으로 편입되는 데 필요한 능력을 습득하기 위한 조치, 주변환경과의 의사소통능력을 기르기 위한 조치, 그 밖에 공공생활 및 문화생활에 참여하는데 필요한 조치들이 취해진다(SGB Ⅸ 제55조).

Ⅳ. 중증장애인에 대한 고용지원

1. 고용의무

사용자는 중증장애인을 일정한 범위 내에서 고용할 의무가 있다.[200] 이는 공공부문 뿐 아니라 민간부문에도 적용된다.[201] 현재 20명 이상을 고용하는 사업장의 사업주는 고용인원의 5%를 중증장애인으로 고용할 의무가 있다. 여성 중증장애인은 특별한 보호를 받는다(SGB Ⅸ 제71조 제1항).

200) 우리의 장애인고용촉진 및 직업재활법은 장애인고용의무를 사용자에게 부과하고 있으나 이 고용의무가 중증장애인만을 대상으로 하는 것은 아니다(법 제23조 이하).

201) 이 법이 적용되는 공공부분은 법률에 열거되어 있다. 법 제71조 제3항 참조. 이러한 입법이 사용자의 권리를 침해하는가의 여부가 헌법적인 쟁점이 될 수 있다. 독일의 연방헌법재판소는 고용의무의 범위가 실제 고용대상인 중증장애인의 숫자를 초과하는 경우 이것이 위헌인가의 여부가 문제된 사건에서 이 경우에도 여전히 장애인을 고용하는 다른 사용자와의 형평을 위하여 장애인고용부담금이 정당성이 있으며, 또 해당 초과분은 고용알선을 위한 예비적 성격이 인정된다는 이유로 합헌결정을 한 바 있다. *BVerfGE* 57, 139 참조.

의무고용비율은 다음과 같이 산정된다. 파트타임 고용에 있어서는 해당 사업장에 일반적인 근무시간에 미달하지만 주당 근무시간이 18시간 이상인 경우에는 의무고용비율에 포함된다. 파트타임 고용이 장애의 종류 및 정도에 비추어 불가피한 경우에는 주당 근무시간이 18시간 미만인 경우에도 의무고용비율에 포함된다(SGB Ⅸ 제75조 제2항).[202] 사용자가 중증장애인인 경우에는 사용자도 의무고용비율의 계산에 포함된다(SGB Ⅸ 제75조 제3항).

고용의무의 이행에 있어서 다음과 같은 중증장애인은 적정한 범위 내에서 고용대상에 포함되어야 한다. 첫째, 장애의 종류 및 정도로 인하여 고용에 있어서 특히 어려움을 겪는 중증장애인이다. 여기에는 장애로 인하여 노동수행에 있어서 상시 특별한 보호를 필요로 하는 자, 노동수행에 있어서 상시 사용자에게 특별한 재정적 부담을 유발시키는 자, 상시 제한적인 노동만을 수행할 수 있는 자, 정신적 및 신체적 장애의 정도가 50% 이상인 자, 그리고 장애의 종류 및 정도로 인하여 직업교육법에 의한 직업교육을 이수할 수 없는 자 등이 여기에 속한다. 이 밖에 50세 이상의 중증장애인 역시 적절한 범위 내에서 고용되어야 한다(SGB Ⅸ 제72조 제1항). 노동사무소는 사용자가 (50세 이상의 중증장애인의 경우를 제외하고) 이들을 고용한 경우 의무고용비율을 계산함에 있어서 가산점을 부여한다. 특히 고용 접근이 현저히 곤란한 중증장애인을 고용한 경우에는 최대 3인으로 계산할 수 있다(SGB Ⅸ 제76조 제1항).

중증장애인이 직업교육을 받는 경우 의무고용비율의 계산에 있어서 2인으로 계산된다(SGB Ⅸ 제76조 제2항). 직업교육을 받기에 지극히 어려운 중증장애인에게 직업교육의 기회를 부여하는 경우 최대 3인으로 인정할 수 있다. 이 밖에 사용자는 기업 내 직업교육에 있어서 중증장애인을 배려하여야 한다. 즉 사용자가 직업교육을 하는 경우 중증장애인 의무고

---

202) 우리 장애인고용촉진 및 직업재활법은 위와 같은 실질적인 고용의 상태를 실현하기 위한 세분화된 규정을 두고 있지는 않으며, 따라서 좀 더 적극적인 입법이 필요하다.

용비율의 범위 내에서 중증장애인을 포함시켜야 한다(SGB Ⅸ 제72조 제2항). 고용의무의 이행 여부에 대한 감독은 연방고용공단이 관할한다.

2. 장애인고용부담금

(1) 장애인고용부담금의 법적 성격 및 기능

사용자는 고용의무를 이행하지 않은 경우 장애인고용부담금(Ausgleichsabgabe)을 납부하여야 한다. 장애인고용부담금은 특별부담금(Sonderabgabe)으로서 고용의무의 이행 가능성과는 관계없이 부과된다.[203] 사용자의 과실이 필요하지 않으며, 또 고용대상인 중증장애인이 존재하는가의 여부도 장애인고용부담금의 부과결정에 영향을 미치지 않는다.[204] 이 경우 장애인고용부담금은 장애인을 고용하는 사업자에 대한 보상기능을 수행한다.[205]

장애인고용부담금은 다음과 같은 다양한 기능을 수행한다.[206] 첫째, 사용자로 하여금 장애인고용의무를 이행하도록 유도하여 장애인고용을 간접적으로 실현한다(유도기능). 둘째, 장애인을 의무고용비율에 따라 실제 고용하는 사용자와 그렇지 않은 사용자 사이에 발생하는 부담의 차이를 보상하고, 이로써 사용자 사이에 발생할 수 있는 경쟁력에 있어서의 불이익을 방지한다(보상기능). 셋째, 중증장애인의 직업 및 사회 일반에 있어서의 보호를 위하여 필요한 급여의 재원으로 기능한다(재정기능).

(2) 장애인고용부담금의 내용 및 사용

고용부담금은 의무고용비율에 상응하는 근로자의 수에 미달하는 정도에 따라 다음과 같이 차등 산정된다. 고용비율이 3%에서 5%인 경우, 2%

203) *BVerfGE* 57, 139; 72, 82 참조. 특별부담금의 성격에 대해서는 전광석, 한국헌법론(법문사, 2007), 520면 이하; 헌재결 2003. 12. 18, 2002헌가2, 15-2(하), 380면 이하 등 참조.

204) 이 점에 대해서는 Ingwer Ebsen, 위 각주 187의 책, 1417면 이하 참조.

205) 보상기능에 따른 특별부담금의 정당성에 대해서는, 예컨대 *BVerfGE* 57, 139 (168) 참조.

206) 이 점에 대해서는 Ingwer Ebsen, 위 각주 187의 책, 1417면 이하 참조.

에서 3%인 경우, 그리고 2% 미만인 경우 의무고용 근로자수에 미달하는 각 1명당 월 105유로, 180유로, 그리고 260유로이다. 중소기업의 과도한 부담을 덜어주기 위한 특례가 있다. 즉 40인 미만을 고용하는 사업장에 1명의 중증장애인도 고용하지 않은 경우 부담금은 105유로이다. 60인 미만 사업장의 경우 고용인원이 2명 미만인 경우, 그리고 1명도 고용하지 않은 경우 각각 105유로와 180유로의 부담금이 부과된다. 장애인고용부담금은 월 단위로 산정 · 부과된다(SGB Ⅸ 제77조 제1, 2항).

사용자가 장애인을 고용할 의무와 부담금 납부 중 선택의 자유가 있는 것은 아니다. 즉 고용부담금을 납부하였다고 하여 사용자의 중증장애인 고용의무가 면제되는 것은 아니다(SGB Ⅸ 제77조 제1항). 사용자가 고용의무를 이행하지 않은 데에 고의 혹은 과실이 있는 경우에는 벌금이 부과된다.

사용자는 부담금을 관할 통합사무소에 납부하여야 한다(SGB Ⅸ 제77조 제4항). 통합사무소는 징수된 고용부담금의 일부를 중증장애인고용지원기금(Ausgleichsfonds)에 적립한다(SGB Ⅸ 제77조 제6항). 중증장애인고용지원기금은 연방노동사회부장관이 관리한다. 기금은 중증장애인의 고용 및 노동을 특별히 보호하고, 각 주의 중증장애인 고용보장정책에 기여하여야 한다. 또 기금은 중증장애인의 고용보장을 위한 전국적인 사업을 지원한다(SGB Ⅸ 제78조).

장애인고용부담금은 목적기속적 부담금이다. 따라서 이는 중증장애인의 고용지원을 위한 목적으로만 사용될 수 있다. 또 다른 법률에 동일한 목적의 급여가 있는 경우 이에 대해서 보충적으로 사용된다. 장애인고용부담금은 이들 조치를 위하여 필요한 행정 및 인력비용으로는 사용될 수 없다.

Ⅴ. 중증장애인에 대한 해고보호

사용자가 중증장애인의 고용관계를 해지하는 경우 통합사무소의 사전동의를 얻어야 한다(SGB Ⅸ 제85조). 이는 노동법적 성격의 규율에 해당한다.[207] 해고보호는 통상적인 해고와 비전형적인 해고의 경우로 나누어

207) 이와 같은 이유에서 중증장애인의 해고보호에 관한 규정을 사회법전에 편입시

규율되고 있다. 통상적인 해고는 사용자에 의하여 고용관계가 해지되는 경우를 말한다. 이에 비해서 계약기간이 종료되어 고용관계가 소멸되는 것은 통상적인 해고에 해당하지 않는다. 통상적인 해고가 아닌 경우 아래에서 보는 바와 같이 특별한 규정이 적용된다.

통상적인 해고의 경우 사용자가 중증장애인을 해고하기 위해서는 최소한 4주전에 이를 당사자에게 통보하여야 한다(SGB Ⅸ 제86조). 해고의 동의를 얻기 위하여 사용자는 사업장을 관할하는 통합사무소에 이를 서면으로 신청하여야 한다. 통합사무소는 관할 노동사무소와 근로자위원회 혹은 중증장애인대표(Schwerbehindertenvertretung)의 의견을 구하여야 하며, 당해 중증장애인에게도 의견진술의 기회가 부여된다. 이를 위반하는 경우 절차의 하자가 발생한다.[208] 통합사무소는 해고 절차의 진행 중 합의가 이루어질 수 있도록 노력하여야 한다(SGB Ⅸ 제87조). 통합사무소는 신청을 접수한 후 1개월 내에 동의 여부를 결정하여야 한다. 통합사무소가 기한을 준수하지 않은 경우 적시에 해고를 할 수 없었던 사용자는 경우에 따라서는 손해배상청구권을 행사할 수 있다. 그러나 이 경우 동의가 의제되는 것은 아니다. 결정은 사용자와 당해 중증장애인에게 통지되며, 노동사무소에 제출된다. 해고를 동의하는 결정의 효력은 기한에 제한이 있다. 즉 통합사무소가 해고 동의를 한 경우 사용자는 결정을 접수한 후 1개월 내에 해당 중증장애인을 해고하여야 한다. 통합사무소의 동의에 대한 이의제기 혹은 소송제기는 집행정지의 효과를 갖지 않는다(SGB Ⅸ 제88조).

비전형적인 해고의 경우에도 해고예고기간에 관한 규정을 제외하고는 해고보호에 관한 규정들이 적용된다(SGB Ⅸ 제91조). 첫째, 해고에 대한 동의는 사용자가 해고 결정을 한 후 2주일 내에 신청하고, 통합사무소는

키려는 시도에 대해서는 부정적인 견해도 있었다. 예컨대 Bertram Schulin, “Kodifikatorische Anforderungen an ein Buch “Rehabilitationsrecht” — SGB Ⅸ — aus juristischer Sicht”, *Kodifikation des Rehabilitationsrechts*, Schriftenreihe des Deutschen Sozialrechtsverbandes, 37(1993), 29면 이하 등 참조.

208) 이에 대한 법적 효과에 대해서는 사회법전 제10권 제41조 및 제42조가 규율하고 있다.

신청을 접수한 후 2주일 이내에 결정하여야 한다. 통합사무소가 기한 내에 결정하지 않은 경우에는 동의결정이 있는 것으로 본다. 둘째, 통합사무소는 해고가 장애와 관계없이 이루어진 경우에는 해고에 동의하여야 한다. 셋째, 중증장애인이 파업 혹은 직장폐쇄를 이유로 예고 없이 해고된 경우에는 파업 혹은 직장폐쇄 후 다시 고용되어야 한다.

해고보호에 관한 규정들은 다음과 같은 경우에는 적용되지 않는다(SGB Ⅸ 제90조). 첫째, 해고통보 시점에 계속고용관계가 6개월 미만인 경우이다. 이 경우에도 해고보호에 관한 규정이 적용된다면 사용자가 시험적으로 중증장애인을 고용하는 가능성은 오히려 저해되기 때문이다. 둘째, 이 법에 의한 정식고용관계로 인정되지 않는 업무(법 제73조 제2항 제2호에서 제5호)에 고용된 경우이다.[209] 셋째, 58세 이상인 자로서 퇴직수당, 보상 및 그 밖에 사회계획(Sozialplan)에 근거하여 유사한 급여가 지급되는 경우이다. 이 경우에도 사용자는 근로자에게 해고의 의도를 적시에 통보하여야 하며 중증장애인이 해고예정일까지 이의를 제기하지 않았어야 한다. 해고보호에 관한 규정은 계절적인 이유로 인하여 이루어지는 해고에는 적용되지 않는다. 다만 이 경우 중증장애인에 대한 재고용이 보장되어야 한다.

Ⅵ. 중증장애인 근로자의 경영참가

기업 내에 설치되는 근로자위원회 혹은 인사위원회(Betriebs-, Personalrat) 등은 중증장애인의 사회통합을 지원하는 과제를 갖는다. 이들 기구들은 사용자의 중증장애인에 대한 의무의 이행 여부를 심사하고, 중증장애인대표기구의 형성에 관여한다(SGB Ⅸ 제93조). 위와 같은 일반적인 경영참여기구 외에 중증장애인대표(Schwerbehindertenvertretung)가 설치된다.

상시 5인 이상 중증장애인을 고용하는 사업장에는 중증장애인의 이

209) 이는 고용이 기본적으로 소득을 위한 목적이 아니라 자선 혹은 종교적 계기에 의한 경우, 혹은 고용이 치료 및 교육목적으로 이루어지는 경우, 사회법전 제3권에 의한 고용창출조치에 참여하는 경우 등을 말한다.

익을 대표하는 자 혹은 그 대리인을 선출한다. 상시 5인 이상의 중증장애인을 고용하지 않는 사업장의 경우 인근 사업장과 공동으로 중증장애인 대표기구를 설치할 수 있다(SGB Ⅸ 제94조 제1항). 사업장의 모든 중증장애인은 기구구성을 위한 선거권을 갖는다(SGB Ⅸ 제94조 제2항). 피선거권은 사업장에 상시 고용된 자로서 선거일 당시 18세 이상이고 사업장에 6개월 이상 고용된 자에게 부여된다(SGB Ⅸ 제94조 제3항). 비밀 · 직접선거의 원칙에 따라 선거가 실시되며, 다수득표자가 대표로 선출된다. 대표의 임기는 4년이다(SGB Ⅸ 제94조 제6, 7항).

중증장애인대표는 중증장애인의 이익 증진을 위하여 노력하여야 하며, 기업 내에서 중증장애인의 이익을 대변하고 상담과 보호를 행한다. 이들 과제는 다음과 같이 실현된다(SGB Ⅸ 제95조 제1항). 첫째, 중증장애인을 보호하기 위한 법률 · 명령 · 단체협약, 그 밖의 기업 내 합의와 행정규정들의 준수 여부를 감독한다. 특히 사용자가 법률상의 의무를 준수하는가의 여부를 감독한다. 둘째, 중증장애인에게 도움이 되는 조치, 특히 재활조치 등을 신청한다. 셋째, 중증장애인의 건의 및 이의제기 등을 접수한다. 그것이 정당한 경우에는 사용자와 협의하여 수용되도록 한다. 장애인에게 협의의 상황과 결과에 대해서 보고한다.

사용자는 개별적으로 혹은 집단적으로 중증장애인에 관한 모든 사안에 관한 정보를 중증장애인대표에게 즉시, 그리고 포괄적으로 제공하여야 한다. 또 이에 관한 결정에 있어서 사전에 의견을 들어야 한다. 사용자는 결정내용을 즉시 중증장애인대표에게 통지하여야 한다. 중증장애인대표는 법 제81조 제1항에 의한 사용자의 중증장애인에 대한 의무를 이행하기 위한 조치에 참여할 수 있으며, 노동사무소의 고용알선을 위한 제안이 있거나 중증장애인이 고용신청을 한 경우 그 결정에 중요한 서류를 열람하고 알선과정에 참관할 수 있다(SGB Ⅸ 제95조 제2항).

중증장애인은 자신에 관한 인사서류 혹은 사용자의 정보를 열람할 수 있으며, 이때 중증장애인대표를 참관시킬 수 있다. 중증장애인대표는 이들 정보에 관한 비밀을 유지할 의무가 있다(SGB Ⅸ 제95조 제3항).

중증장애인대표는 근로자위원회, 인사위원회 등 모든 회의에 참여한다. 중증장애인대표는 중증장애인에게 개별적 혹은 집단적으로 관련된 사안을 회의에 의제로 상정할 수 있다. 근로자위원회 등에서의 결정이 중증장애인의 중요한 이익을 심각하게 침해하는 것으로 판단되는 경우 혹은 그 결정에 중증장애인의 참여가 보장되어 있지 않은 경우에는 신청에 의하여 해당 결정은 결정일로부터 1주일간 집행이 정지된다(SGB Ⅸ 제95조 제4항).

Ⅶ. 그 밖의 중증장애인의 권리와 사용자의 의무

1. 사용자와 연방고용공단 및 통합사무소와의 협력관계

사용자는 고용된 중증장애인 명단을 사업장 내에 비치하고 노동사무소 혹은 통합사무소의 직원이 요청하는 경우 제시하여야 한다. 또 의무고용비율을 산정하는 데 필요한 자료를 비치하여야 한다. 사용자는 요청이 있는 경우에는 중증장애인을 작업장에서 보호하기 위하여 취해진 조치들을 보고하여야 한다(SGB Ⅸ 제80조 제1항). 사용자는 연방고용공단 혹은 통합사무소의 위임을 받은 자에게 중증장애인의 이익을 위해서 필요하고, 영업 및 업무상의 비밀을 위태롭게 하지 않는 경우에는 작업시설을 직접 점검할 수 있는 기회를 부여하여야 한다(SGB Ⅸ 제80조 제7항).

2. 사용자의 의무와 중증장애인의 권리

노동사무소는 신규고용에 있어서 중증장애인의 고용 가능성에 대해서 심사하여야 한다. 이때 특히 노동사무소에 실업신고를 한 중증장애인이 특별히 배려된다. 노동사무소와 통합사무소는 적합한 중증장애인을 고용하도록 사용자에게 권고할 수 있다. 이러한 권고와 평가가 있는 경우 이를 접수한 사용자는 접수 후 즉시 중증장애인대표에게 통보하여야 한다. 특히 사용자가 중증장애인 의무고용비율을 충족하지 못하고 있음에도 불구하고 위와 같은 제안을 거부하는 경우에는 사용자는 장애인대표에게 그 사유를 설명하여야 한다. 이때 해당 중증장애인은 의견을 진술할 수 있다

(SGB Ⅸ 제81조 제1항).

사용자는 중증장애인을 장애를 이유로 차별하여서는 안 된다. 구체적으로 다음과 같은 조치들이 예정되어 있다(SGB Ⅸ 제81조 제2항). 첫째, 중증장애인이 사용자와의 합의에 있어서, 특히 고용 및 그 밖에 노동관계의 성립, 승진 및 인력배치, 그리고 해고에 있어서 장애를 이유로 차별받아서는 안 된다. 중증장애인이 수행하는 업무 자체가 합의의 대상이거나 특정한 신체적 기능 · 정신적 능력 및 심리적 상태가 중요하고도 결정적으로 요구되는 경우에는 예외적으로 장애가 차별사유가 될 수 있다. 구체적인 경우에 중증장애인이 부당한 차별이라고 주장하는 경우에는 사용자는 장애가 해당 차별의 원인이 아니라는 혹은 해당 차별이 특별한 신체기능 · 정신적 능력 및 심리상태가 해당 업무수행에 있어서 중요하고도 결정적인 조건이기 때문이라는 점을 객관적으로 증명하여야 한다. 둘째, 장애인에 대한 부당한 차별이 이루어진 경우 중증장애인은 적정한 보상을 청구할 수 있다. 셋째, 차별 없이 고용심사를 하였음에도 불구하고 중증장애인이 고용되지 않은 경우에는 사용자는 중증장애인에게 적절한 보상을 지급하며, 보상액은 최고 3개월분의 임금에 해당한다. 위와 같은 보상청구권은 고용거부가 이루어진 후 2개월 내에 서면으로 행사하여야 한다. 이러한 보상에 관한 규정들은 승진에 있어서의 차별에도 적용된다.

사용자는 고용된 중증장애인이 가능한 한 지속하여 고용관계를 유지할 수 있도록 필요한 조치를 취하여야 한다(SGB Ⅸ 제81조 제3항).

중증장애인은 사용자에 대해서 다음과 같은 권리를 갖는다(SGB Ⅸ 제81조 제4항). 첫째, 중증장애인은 능력과 지식을 최대한 발휘하고 계속 발전시킬 수 있는 업무를 수행할 수 있어야 한다. 둘째, 사업장내에서 직업능력을 개발하기 위한 직업교육조치에 있어서 우선적으로 배려 받을 권리를 갖는다. 셋째, 사업장 외에서의 직업교육에 참여할 수 있어야 한다. 넷째, 장애의 상황에 적합하게 사업장시설을 설치 · 유지할 수 있어야 한다. 이때 특히 위험발생률 등이 고려되어야 한다. 다섯째, 기술적인 노동보조장치를 작업장에 갖출 것을 요구할 수 있다. 위와 같은 조치를 취함에 있어서 노동사무소와 통합사무소는 고용에 본질적인 중증장애인의 특성을 고려하여 지원한다.

사용자는 파트타임고용을 장려하여야 한다(SGB Ⅸ 제81조 제5항). 통합사무소는 이를 지원한다. 중증장애인은 파트타임고용이 장애의 종류와 정도에 비추어볼 때 필요한 경우에는 이를 요구할 권리를 갖는다.

3. 통합을 위한 합의

사용자는 중증장애인대표와 중증장애인의 통합을 위한 합의(Integrationsvereinbarung)를 작성하며, 이는 기속력을 갖는다. 중증장애인대표의 신청에 의하여 이에 대한 협상이 이루어진다. 사용자와 중증장애인대표는 통합사무소를 협상에 참여시킬 수 있다. 합의의 결과는 사업장을 관할하는 노동사무소와 통합사무소에 제출된다(SGB Ⅸ 제83조 제1항). 위와 같은 합의에는 인력수급계획, 근무시간, 고용환경의 조성, 노동조직, 근무조건 등이 포함된다(SGB Ⅸ 제83조 제2항). 사용자는 중증장애인집회에서 중증장애인의 통합과 관련된 모든 사항에 대해서 보고하여야 한다(SGB Ⅸ 제83조 제3항).

4. 예방조치

사용자는 고용관계에서 개인적·행태적 및 기업경영에 관한 어려움이 나타나고 이것이 상황을 악화시킬 위험이 있다고 판단되는 경우 가능한 한 조기에 중증장애인대표 등과 통합사무소를 참여시켜 모든 가능한 수단을 사용하여야 한다. 또 상담 혹은 그 밖의 재정적인 조치에 대해서 설명하고, 이로써 중증장애인의 어려움을 극복하고 고용관계를 가능한 한 지속시키도록 하여야 한다. 중증장애인이 3개월 이상 노동불능상태에 있거나 혹은 고용관계가 건강상의 이유로 지속될 수 없다고 판단될 때에는 당해 중증장애인의 동의하에 중증장애인대표와 협의하여야 한다. 중증장애인대표는 당해 중증장애인의 동의하에 통합사무소와 협의하여야 한다. 위 규정은 단순장애인에게도 적용된다(SGB Ⅸ 제84조).

Ⅷ. 장애인고용보호조치의 집행

중증장애인의 고용보호는 각주에서 통합사무소(Integrationsamt)와 연방고용공단(Bundesagentur für Arbeit)의 밀접한 협력 하에 집행된다.210) 이미 언급했듯이 다른 법률에 의하여 재활관할기관에 부과되는 과제가 우선적으로 집행되며, 사회법전 제9권에 의한 보호는 보충적으로 이루어진다(SGB 제3권 제22조).

1. 통합사무소의 과제와 구성

통합사무소의 과제는 다음과 같다(SGB Ⅸ 제102조 제1항). 첫째, 고용부담금의 징수 및 사용을 관할한다. 둘째, 해고보호를 관할한다. 셋째, 노동과정에서의 지원조치, 그리고 중증장애인에 대한 지원조치의 중단 등을 결정한다. 노동과정에서의 지원조치는 연방고용공단 및 재활관할기관들 간의 밀접한 협력 하에 실현된다. 이들 조치를 통하여 중증장애인의 사회적 지위가 저하되지 않고, 중증장애인이 능력과 지식을 충분히 발휘·발전시킬 수 있는 업무에 종사할 수 있도록 하여야 한다. 또 재활급여와 사용자의 조치를 통하여 작업현장에서 비장애인과의 경쟁에서 낙오되지 않도록 하여야 한다. 개별적인 상황에 따라서 필요한 경우 사회심리적 보호가 취해진다. 통합사무소는 사회심리전문가를 포함하여 전문가가 참여할 수 있도록 하여야 한다. 이 밖에 통합사무소는 노동과정에서 중증장애인에게 발생하는 어려움을 예방·제거하도록 노력하여야 한다(SGB Ⅸ 제102조 제2항).

통합사무소는 다음과 같은 경우에 중증장애인과 사용자에게 현금급여를 지급할 수도 있다(SGB Ⅸ 제102조 제3항). 중증장애인에게 기술적인 노동보조, 고용, 자영업을 개시·유지하기 위해서 필요한 경우, 또 장애인의 상황에 적합한 설비의 시설 및 유지, 직업능력의 습득·향상을 위하여

210) 현재 독일에는 각 주에 최소한 1개의 통합사무소가 설치되어 있으며, 바덴-뷰르텐베르크주, 바이어른주, 노르트라인-베스트팔렌주에는 각각 2개, 7개, 그리고 2개의 통합사무소가 설립되어 있어 통합사무소의 숫자는 총 24개이다.

필요한 경우, 그 밖에 특별한 상황이 존재하는 경우 등이 그 예이다. 장애의 상황에 적합한 시설·설비를 위하여 필요한 경우, 중증장애인의 고용이 특별히 부담이 되며, 이에 대한 지원이 없이는 고용관계가 유지될 수 없는 경우에는 사용자에게 급여가 지급될 수 있다.

중증장애인을 보호하기 위하여 통합사무소의 운영에 중증장애인이 직접 참여할 수 있다. 즉 모든 통합사무소에는 중증장애인 상담위원회가 구성된다. 이는 중증장애인의 노동참여, 그리고 중증장애인의 노동참여를 지원하기 위한 규정의 집행을 지원한다.

2. 연방고용공단의 과제와 구성

중증장애인의 고용보호를 위하여 연방고용공단은 다음과 같은 과제를 갖는다(SGB Ⅸ 제104조 제1항). 첫째, 중증장애인의 직업상담, 직업교육의 알선, 직업알선 등이다. 둘째, 중증장애인을 교육장 및 작업장에 고용하는 사용자에 대한 상담이다. 셋째, 중증장애인이 일반노동시장에 참여할 수 있도록 지원한다. 특히 다음과 같은 중증장애인이 보호된다. 장애의 종류 및 정도, 그 밖의 사유로 인하여 특별히 어려움이 있는 자, 장기실업자, 파트타임근로자, 보충교육을 위하여 고용된 자 등이다. 넷째, 고용창출조치와 구조조정조치에 있어서 중증장애인을 특별히 지원한다. 다섯째, 평등보호청구 및 이에 관한 이의신청을 관할한다. 여섯째, 채용을 위한 광고의 집행(SGB Ⅸ 제80조 제2, 4항)을 담당한다. 일곱째, 고용의무이행 여부를 감독한다. 여덟째, 중증장애인사업장의 설치·승인·폐지에 관한 사무를 담당한다. 아홉째, 통합사무전문직을 설치하고, 여기에 고용부담금을 재원으로 재정을 배분한다.

연방고용공단은 중증장애인을 일반노동시장에 참여시키기 위한 지원조치의 성과를 매년 연방노동사회부에 보고한다. 여기에는 지원된 사용자 및 중증장애인의 규모, 이에 소요된 총비용, 그리고 평균지원비용 등이 포함된다. 연방고용공단은 이를 公刊한다(SGB Ⅸ 제104조 제2항).

사용자를 상담하는 경우 연방고용공단은 신규고용에 중증장애인을 채용할 것을 권고한다. 사용자에게 해당 장애인의 능력을 설명하고 해당 장애가 고용대상인 업무에 미치는 영향을 고려하여 적합한 업무를 권고하여야 한다. 연방고용공단은 필요한 경우 가능한 범위 내에서 재활기관의 지원조치 및 통합사무소에 의한 보호의 가능성에 대한 정보를 제공하여야 한다.

Ⅸ. 통합전문직

1. 개념 및 보호대상

통합전문직(Integrationsfachdienste)이란 연방고용공단과 재활기구, 그리고 통합사무소의 위임을 받아 중증장애인의 고용참여를 위한 조치에 참여하는 제3자 기구이다(SGB Ⅸ 제109조 제1항). 보호대상인 중증장애인은 다음과 같다(SGB Ⅸ 제109조 제2항). 첫째, 고용참여를 위한 보호가 특별히 필요한 중증장애인이다. 둘째, 장애인사업장에서 일반노동시장에 진입하기 위하여 준비하고 있는 자로서, 비용 및 인력, 그리고 개별적인 보호에 의존해 있는 중증장애인이다. 셋째, 정상적인 학교교육을 받을 수 없었던 중증장애인으로서 일반노동시장에 진입하기 위하여 통합전문직의 지원을 특히 필요로 하는 중증장애인이다. 고용보호에 있어서 필요한 특별수요란 정신적·심리적 장애가 있거나 중증의 신체적 및 정서적 혹은 중복장애가 있어서 이것이 고용에 불리한 영향을 미치고 노령·장기실업 등의 고용알선을 저해하는 다른 상황 등과 함께 작용하여 일반노동시장에 접근하기 어려운 경우를 말한다(SGB Ⅸ 제109조 제3항).

2. 통합전문직의 과제

통합전문직의 과제는 다음과 같다(SGB Ⅸ 제110조). 첫째, 통합전문직은 중증장애인의 고용참여를 위하여 활동한다. 이를 위하여 중증장애인을 상담·지원하며, 적절한 고용을 알선한다. 이 밖에 사용자에게 정보를 제공·상담하며, 필요한 지원을 한다. 둘째, 중증장애인의 능력을 평가하고, 중증장애인과 학교 및 직업교육기관과의 밀접한 협력 하에 일반노동시장에 진입하기 위하여 필요한 개별적인 능력을 양성한다. 중증장애인이 적합한 직업을 가질 수 있도록 준비시킨다. 필요한 경우 작업장 혹은 구체적인 업무와 관련된 직업능력개발을 위한 교육과정에 중증장애인을 참관 · 보조한다. 중증장애인의 동의하에 작업장에서 다른 근로자에게 중증장애인의 장애의 종류 및 그 영향, 그리고 중증장애인과의 관계에서 필요한 조치들에 대해서 정보를 제공하고, 상담한다. 중증장애인이 고용된 후에도 이들을 사회심리적으로 보호하고, 사용자를 상담한다.

통합전문직은 연방고용공단 및 통합사무소 혹은 재활기구의 위임에 의하여 활동한다. 통합활동에 대한 책임은 연방고용공단 및 통합사무소 혹은 재활기구가 진다(SGB Ⅸ 제111조 제1항). 위임기관은 통합전문직과 협의하여 통합전문활동의 종류 · 범위 · 활동기간 및 보수 등을 확정한다(SGB Ⅸ 제111조 제2항). 통합전문직은 특히 노동사무소의 관할부서, 통합사무소, 관할 재활기구, 특히 산재보험 직업재활기구, 사용자와 중증장애인대표 및 그 밖의 사업장내 이익집단, 학교 및 직업교육기관 혹은 장애인의 고용보호를 위하여 활동하는 작업장내 통합전문인력 등과 협력한다(SGB Ⅸ 제111조 제3항). 위임과 협력, 전문직수행과 감독 및 보호의 효율성을 위하여 필요한 상세한 사항은 위임인과 통합전문직 관할기관 사이에 계약을 통해서 합의한다. 이러한 합의의 유효기간은 최소한 3년이다(SGB Ⅸ 제111조 제4항).

통합전문직은 장애인의 고용참여를 위한 활동과 결과를 문서화하고, 이를 매년 위임인에게 제출한다. 여기에는 특히 다음 사항이 포함되어야 한다; 연간 보호의 성공 및 실패율, 보호의 숫자, 보호가 종료된 경우 일반고용, 통합계획에 따른 고용, 그리고 장애인사업장에의 고용으로 분류한 통계(SGB Ⅸ 제114조).

Ⅹ. 중증장애인에 대한 그 밖의 지원조치들

중증장애로 인하여 지급되는 연금 및 이와 유사한 급여는 임금 산정에 영향을 주지 않는다(SGB Ⅸ 제123조 제1항). 중증장애인은 본인의 요구에 의하여 초과근무에서 면제될 수 있다(SGB Ⅸ 제124조). 중증장애인은 연 5일간 추가로 유급휴가를 받는다. 중증장애인의 불이익 혹은 추가비용을 보상하기 위한 보호규정들은 장애의 원인과 관계없이 장애의 종류 및 정도를 고려하여 형성된다(SGB Ⅸ 제126조).

통합사무소, 연방고용공단, 재활기구, 혹은 이들의 위임을 받아 활동하는 통합전문직 종사자 및 이에 관련된 각종 위원회의 위원들은 직무상 혹은 위임에 의하여 알게 된 중증장애인의 개인정보로서 중요성과 내용에 비추어 비밀로 할 필요가 있는 경우 이를 누설하여서는 안 된다. 또 사용자가 명시적으로 비밀사항으로 한 경우 영업비밀을 누설하거나 평가하여서는 안 된다(SGB Ⅸ 제130조 제1항). 위와 같은 의무는 직무를 떠난 후에도 마찬가지로 준수되어야 한다.

XI. 통합프로젝트

1. 사업의 목적 및 적용대상

통합프로젝트(Integrationsprojekte)는 법적, 그리고 경제적으로 독립한 사업으로 장애의 종류 및 정도로 인하여 통합전문직의 노력에도 불구하고 더 이상 고용지원의 가능성이 없는 중증장애인을 일반노동시장에 진입시키는 목적을 갖는다(SGB Ⅸ 제132조 제1항).

중증장애인은 다음을 말한다(SGB Ⅸ 제132조 제2항). 첫째, 정신·심리적 장애 혹은 중증의 신체적·정서적 및 복합장애를 가진 자로서 이 점이 고용에 불리하게 영향을 미치고, 그 밖에 고용알선에 방해가 되는 상황이 함께 작용하여 통합사업 이외에는 일반노동시장에의 접근이 어려운 자이다. 둘째, 장애인사업장에 고용될 목표로 준비중인 중증장애인 혹은 일반노동시장에의 진입을 위하여 정신치료시설이 필요하고 이를 준비하고 있는 중증장애인이다. 셋째, 사전에 직업준비를 위한 교육에 참여하여 고용되고 직업능력이 개발되는 경우에 비로소 일반노동시장에 진입할 수 있으며, 학교교육을 마친 후 대기 중인 중증장애인이다.

2. 사업의 과제

통합프로젝트의 과제는 다음과 같다. 중증장애인에게 고용과 노동수행에 필요한 보호를 제공한다. 필요한 경우에는 직업능력개발을 위한 조치와 이에 상응하는 사업장 밖에서 실시되는 조치에 참여할 기회, 그리고 같은 직장에서 업무 전환에 필요한 조치와 통합프로젝트 내에서 고용을 위한 준비조치를 받을 수 있다(제133조). 통합사업을 위한 조치를 취하기 위하여 작업장의 시설·설비의 설치, 시설·설비의 현대화 및 경영상담, 그리고 중증장애인을 위한 부가적인 비용의 부담에 대해서 고용부담금으로부터 재정지원을 받을 수 있다(SGB Ⅸ 제134조).

XII. 장애인사업장

1. 장애인사업장의 개념과 과제

장애인사업장(Werkstätte für Behinderte)은 작업장에서 장애인의 통합 및 고용을 지원하기 위하여 설치된 기구이다. 장애인 사업장은 장애의 종류 및 정도로 인하여 일반노동시장에 진입 혹은 재진입할 수 없는 장애인을 적용대상으로 한다.211) 장애인사업장은 이들에게 직업교육 및 고용의 기회를 제공한다. 이를 위하여 장애인사업장은 교육을 담당할 자격 있는 인력과 서비스를 갖추어야 한다(SGB Ⅸ 제136조 제1항).

2. 장애인사업장의 수용자격과 법률관계

장애인사업장은 장애의 종류와 정도에 관계없이 교육 후 최소한의 소득활동을 할 수 있다고 기대되는 경우에는 장애인에게 개방되어야 한다. 다만 장애에 적합한 교육에도 불구하고 고용에 위험이 따르거나 혹은 보호의 정도가 중대하여 교육이 적합하지 않거나, 그 밖의 이유로 소득활동

211) 현재 독일에서 671개 장애인사업장에 약 200,000명의 장애인이 고용되어 있다.

을 할 수 없을 때에는 적용대상에서 제외된다(SGB Ⅸ 제136조 제2항). 장애인사업장에 고용되기 위한 조건을 결여하고 있는 장애인은 사업장에 부속된 별도의 기관에서 지원을 받는다(SGB Ⅸ 제136조 제3항).

장애인사업장에의 수용은 장애의 원인, 종류 및 정도에 관계없이 이루어진다(SGB Ⅸ 제137조). 승인된 장애인사업장에서 근무하는 중증장애인은 근로자가 아닌 경우 사회법이 이를 특별히 규율하지 않는 한 사업장과의 관계에서 유사고용관계에 있는 것으로 본다(SGB Ⅸ 제138조 제1항). 장애인사업장은 장애인에게 임금을 지급한다. 임금은 연방고용공단이 관련 규정에 의하여 직업교육을 받는 장애인에게 지급하는 직업교육수당(Ausbildungsgeld)에 해당하는 기본금액(Grundbetrag)과 이 급여에 상응하는 보충금액(Steigerungsbetrag)을 합한 액으로 한다. 보충금액은 장애인 개인의 노동능력을 기준으로 산정되며, 이때 노동의 양과 질이 고려되어야 한다(SGB Ⅸ 제138조 제2항). 유사고용관계의 내용은 장애인과 재활기관 사이에 존재하는 사회보장급여관계를 고려하여 장애인과 사업장 사이의 사업장계약을 통하여 상세히 규율된다(SGB Ⅸ 제138조 제3항).

장애인사업장에서 근무하는 장애인은 근무능력에 관계없이 장애인의 이해와 관련된 사안에 있어서는 사업장위원회(Werkstattrat)에 참여한다. 사업장위원회는 작업장에의 수용절차 및 노동과정에서 장애인의 이익을 적절한 방법으로 고려하여야 한다(SGB Ⅸ 제139조 제1항). 작업장은 1년에 1회 부모 및 보호자대회를 개최하여 장애인의 법정 대리인 혹은 보호가 위임된 자에게 작업장의 상황에 대해서 보고하고, 그들의 의견을 듣는다. 작업장에는 작업장을 관리하는 주체와 협의하여 부모 혹은 보호인위원회를 둘 수 있다. 이들은 작업장과 작업장위원회에 상담 · 의견제시 · 권고 등의 활동을 한다(SGB Ⅸ 제139조 제4항).

장애인사업장에 고용된 장애인은 연금보험과 질병보험에 의무적으로 가입된다. 사회법전 제9권 제35조의 직업교육기관에서 고용보장을 위한 급여를 받는 청소년장애인은 고용보험에 의무적으로 가입된다(SGB Ⅲ 제26조 제1항 제1호).

제10편 사회보장소송법

제 1 장 권리구제의 조직법적 다원성

제 1 절 국제비교

사회보장법에 관한 분쟁을 대상으로 하는 권리구제의 형태는 비교법적으로 보면 다양하다. 다음과 같이 유형화할 수 있다.[1)] 첫째, 사회보장법적 분쟁을 일반법원에서 관할하는 유형이다. 우리나라가 여기에 속한다. 이 밖에 프랑스, 이탈리아, 네덜란드 등이 이러한 유형이다. 둘째, 사회보장법적 분쟁을 관할하는 특별법원을 설치하여 운영하는 유형이다. 독일의 사회법원이 이러한 유형에 속한다. 유사한 유형으로 벨기에, 오스트리아, 폴란드에서는 특별법원이 사회보장법적 분쟁과 노동법적 분쟁을 함께 관할한다. 독일의 경우 노동법적 분쟁은 독립하여 설치되어 있는 노동법원이 관할한다. 셋째, 드물기는 하지만 사회법적 분쟁을 원칙적으로 행정부 내부에서의 심사를 통하여 결정하고, 중대한 법원칙의 침해 여부가 문제되는 경우에 한하여 법원이 관할하는 입법례가 있다. 영국과 아일랜드가 여기에 속한다.

위와 같은 제도의 차이에도 불구하고 사회법적 권리구제에 있어서 일반 소송과는 다른 일정한 공통점이 발견된다. 즉 소송절차의 간편화, 비용부담의 경감, 사회보장법관계 당사자의 참여 보장 등을 추구하는 경향이

1) 사회보장 권리구제의 다양한 유형에 대해서는, 예컨대 Hans F. Zacher, "Der Rechtsschutz auf dem Gebiet des Sozialrechts im Ausland", *Entwicklung des Sozialrechts, Aufgabe der Rechtsprechung*(1984), 773면 이하 참조.

일반적으로 관찰된다.

제2절 독일 사회보장 권리구제의 이원적 구조 — 사회보장법원과 행정법원

독일에서 사회법적 분쟁은 전후 헌법이 효력을 발생하기 전까지는 독립성을 갖는 사법부가 관할하지는 않았다. 사회보험에 관한 행정관청의 일종인 제국보험청(Reichsversicherungsamt)이 최종적인 분쟁의 조정자였다.[2] 1949년 효력이 발생한 독일 헌법은 제20조에서 입법·행정·사법의 조직 및 기능상의 분리를 법치국가의 필수적인 조직원리로 선언하였다. 이에 사회법에 관한 분쟁 역시 사법부가 최종적으로 관할하도록 재편성되었다. 실제 독일 헌법 제95조 제1항은 사회법에 관한 분쟁사건을 최종적으로 관할하는 연방사회법원을 연방최고법원의 하나로 설치하도록 하였다.[3] 이러한 헌법적 요청을 근거로 1953년 사회법원법(Sozialgerichtsgesetz)이 제정되었고, 이 법을 근거로 일반행정법원에서 독립한 특별행정법원으로서 사회법원(Sozialgerichte)이 설치되었다.[4] 다만 독일에서 사회법에 관한 모든 분쟁을 사회법원이 관할하는 것은 아니다. 아래에서 살펴보는 바와 같이 사회법원과 행정법원이 기능을 분담하고 있다. 이 밖에 재해보험에서 사용자책임을 다투는 소송은 민사법원이 관할한다.

행정법원에서의 권리구제에는 몇몇 특수한 문제를 제외하고는 일반 행정소송법상의 원칙과 조문들이 그대로 적용된다. 아래에서는 행정법원에서의 사회법적 사안에 관한 권리구제의 특수성을 간략히 살펴본 후, 사

2) 제국보험청의 조직 및 기능에 대해서, 예컨대 Walter Bogs, "Sozialrechtspflege vor Einführung der Sozialgerichtsbarkeit, insbesondere Verfassung und Verfahren des Reichsversicherungsamts", *Festschrift zum 25jährigen Bestehen des Bundessozialgerichts*(1979), 3면 이하 참조.

3) 독일 헌법은 사회보장법원 이외에 최고법원으로 민형사법원, 노동법원, 재정법원, 행정법원을 설치하도록 예정하고 있다.

4) 사회법원의 설치와 그 후 발전에 대해서 자세히는, 예컨대 Michael Stolleis, "Entstehung und Entwicklung des Bundessozialgerichts", *Festschrift zum 25jährigen Bestehen des Bundessozialgerichts*(1979), 25면 이하 참조.

회법원에 의한 권리구제의 내용을 다룬다.

제 2 장 행정법원에서의 권리구제

제 1 절 관 할

사회보장주체의 결정에 대한 불복은 주로 사회법원이 담당한다. 이에 비해서 일반 행정청으로서 사회보장업무를 함께 다루는 기관의 결정에 대한 권리구제는 행정법원이 관할한다. 주로 지방자치단체가 업무를 담당하는 사회보장 사안, 즉 교육촉진, 주택보조금, 아동 및 청소년보호, 전쟁희생자부조, 중증장애인보호 등의 사건이 여기에 해당한다. 행정법원은 행정법원법 제40조 제1항 제1문에 규정된 일반조항(Generalklausel)을 근거로 위 사안을 관할한다. 행정법원에서 행정소송법에 열거된 사안은 이를 관할하는 특별부가 담당한다(VwGO 제188조 제1문).

사회부조법적 분쟁은 기존에 행정법원이 관할하였으나 사회부조법이 사회법전 제12권에 편찬되면서 이제 사회법원이 관할한다(SGG 제51조 제1항 제6a호). 이로써 사회부조와 전쟁희생자부조는 기본적으로 모두 사회부조체계에 해당하지만 그 관할이 분할되게 되었다. 아래에서는 기존의 사회부조법에 대한 행정법원의 관할과 관련된 설명을 주로 한다. 사회법전 제12권 사회부조법이 사회법원의 관할이 되었지만 기존의 사회부조법과 관련된 소송법적 설명이 전쟁희생자부조 등에 그대로 적용되고, 또 우리의 경우 사회부조에 관한 소송을 일반행정법원이 관할하는 데, 기존에 이에 대한 논의가 우리에게 시사하는 바가 있기 때문이다.

제 2 절 소송비용

사회법원에서와 마찬가지로 행정법원에서도 소송비용이 면제 된다(VwGO 제188조 제2문). 소송당사자는 변호비용을 부담할 뿐이다. 상급행정법원에서 변호사 강제주의가 적용되는 경우 소송당사자는 변호비용에 대한 법률구조를 요청할 수 있다.

제 3 절 소송의 종류

행정청과 급여청구권자간에 청구권에 관한 분쟁이 발생하는 경우 의무화소송의 형태로 소송이 제기된다. 부조급여의 특성상 보호를 필요로 하는 상황에 대한 판단, 그리고 해당 상황을 보호하는 데 필요한 급여의 종류와 내용, 그리고 수준에 대해서 행정청의 판단이 필요하며, 이 판단을 법원이 대신할 수는 없다. 따라서 이는 일반적으로는 이행소송의 대상이 되지는 않는다. 또 부조법적 분쟁에서 취소소송이 제기되는 가능성도 제한적이다. 예컨대 기존에 지급되던 부조급여의 중지를 결정하는 행정처분은 소송법적 의미에서 부담적 행정행위에 속하지 않으며, 따라서 취소소송의 대상이 아니다. 이 경우 급여 거부처분에 대한 의무이행소송을 제기하여야 한다.[5] 예외적으로 이미 장기간에 걸쳐 급여결정이 이루어진 후 지급되던 급여를 중지하는 결정은 부담적 행위로서 취소소송의 대상이 된다. 사회보장주체간에 지급된 급여에 관한 구상권이 문제되는 경우에는 이행소송이 사용된다.

제 4 절 가처분의 필요성과 가능성

가처분(einstweilige Anordnung)의 문제는 특히 사회부조법에 관한 분쟁에서 논의의 실익이 있다. 사회부조는 추상적인 보호를 내용으로 하는 사회보험과는 달리 현재의 구체적인 수요를 보호한다. 그런데 사회부조급여에 관한 결정에 불복하여 이의를 제기하는 경우 집행정지의 효과를 갖지는 않는다. 따라서 사회부조에서 신속한 권리구제를 위해서는 가처분제도가 활용되어야 한다(VwGO 제123조).

---

5) 이에 해당하는, 예로는 *BVerwGE* 89, 81 참조.

가처분은 본안소송에서 청구인이 승소한 경우에도 이후의 조치를 취하는 데에 있어서 다음과 같은 원칙간의 충돌이 발생하기 때문에 더욱 필요하다. 사회부조는 현재의 구체적인 수요를 보호한다. 그런데 청구권자가 행정청의 거부처분을 대상으로 소송을 제기한 후 이미 보호를 필요로 하는 상태가 극복되었으며, 이러한 상황에서 승소한 경우에 문제가 나타난다. 이 경우 사회부조급여에 대한 법적 청구권성을 우선적으로 존중하여야 한다면 현재의 구체적인 수요가 존재하지 않음에도 불구하고 급여가 소급해서 지급되어야한다. 그러나 이러한 조치는 사회부조의 입법목적에 반한다. 현재의 구체적인 수요가 존재하지 않기 때문이다. 사회부조에 대한 권리구제에 있어서는 이러한 원칙간에 긴장관계가 있기 때문에 어느 분야에 비해서도 신속하게 권리가 구제되어야 한다. 여기에 가처분제도를 적극적으로 활용할 필요성이 있다.

제 5 절 비용보상의 가능성

사회부조는 현재의 구체적인 수요를 보호하기 때문에 해당 수요가 존재하는 구체적인 시점에 보호가 이루어진다. 따라서 보호조치가 신속하게 취해지지 않는 경우 청구권자가 다른 방법을 통하여 해당 상황을 극복하는 노력을 하고, 또 그러한 방법으로 극복되는 경우가 있다. 이 경우 권리구제는 이미 이루어진 보호조치의 비용을 보상하는 사후적인 형태로 실현될 수밖에 없다. 보호가 긴급하기 때문에 행정청의 급여결정을 기다릴 여유가 없거나, 혹은 우선 다른 방법, 예컨대 제3자의 도움을 받은 경우가 대표적인 예이다. 기존에 독일의 연방사회부조법에 법적 근거가 없었지만 독일의 행정법원은 비용보상을 통하여 청구인의 권리를 실현하는 판결을 발전시켜왔다.[6] 사회법전 제12권 사회부조법은 이에 대한 법적 근거를 새로이 도입하였다(SGB XII 제25조).

6) 이에 해당하는 예로는 *BVerwGE* 90, 154, 160 참조.

제3장 사회법원에서의 권리구제

사회법 소송에서 많은 경우 소송제기인이 사회적 약자임을 감안하여 사회법원법은 소송의 제기 및 수행을 간편화하기 위한 여러 조치들을 마련하고 있다.

제1절 전심절차

사회법에 관한 분쟁은 특수한 형태의 행정소송이다. 따라서 특히 취소소송과 의무이행소송의 경우에는 전심절차를 거쳐야 한다(SGG 제78조 제1항). 이 밖에 확인소송의 경우에도 전심절차를 밟도록 하고 있다.[7] 이에 비해서 이행소송은 행정행위의 발동을 구하는 소송이 아니기 때문에 전심절차의 대상이 존재하지 않는다.[8]

전심절차는 행정처분을 행한 행정청으로 하여금 해당 처분의 당·부당 혹은 적법 여부를 재심사하는 기회를 주며, 소송을 통하여 분쟁을 해결하기 전에 해당 사안에 관한 문제 상황을 재검토하여 신속한 권리구제를 행하는 기회를 부여한다. 전심절차에 있어서는 법적 심사뿐 아니라 당·부당에 대한 심사를 행하며, 이 점이 법적 기준에 따른 심사에 한정되는 소송과 다르다. 전심절차는 필수적이다. 따라서 전심절차를 거치지 않고 소송을 제기할 수 없다. 다만 피고인 행정주체가 원고인 청구권자에게 전심절차가 필요하지 않다는 통보를 한 경우에는 예외적으로 전심절차를 거치지 않고 소송을 제기할 수 있다.

전심절차는 행정행위를 행한 행정주체에 대한 이의제기로 개시된다. 이의제기기간은 원칙적으로 1개월이다. 이는 행정법원에서도 마찬가지이다(SGG 제78조; VwGO 제58조). 전심절차를 거치지 않은 소송이 언제나

7) 이에 해당하는 예로는 *BSGE* 57, 184(186) 참조.
8) 이에 해당하는 예로는 *BSGE* 67, 143(145f.) 참조.

각하되는 것은 아니다. 즉 절차상의 흠결이 소송 수행 중에 치유될 수 있다.[9] 행정소송에 일반적으로 적용되는 전심절차 적용배제사유 외에도 행정행위가 연방최상급기관, 주최상급기관 및 연방고용공단의 장이 발한 것인 때에는 전심절차는 생략된다(SGG 제78조 제1항). 이 경우 법적 및 사실관계가 충분히 검토되었다고 보기 때문이다.

제2절 관 할

사회법원의 관할은 다음과 같이 세 가지로 유형화될 수 있다.

첫째, 사회법원은 전형적인 사회보험법관계에서 발생하는 법적 분쟁, 즉 질병보험과 연금보험, 장기요양보험, 산재보험, 고용촉진법관계에서 발생하는 법적 분쟁 중 공법상의 분쟁을 관할한다. 질병보험에서 보험의 등 요양기관간에 발생하는 사법상의 분쟁 역시 사회법원이 관할한다. 민간장기요양보험에 관한 분쟁사건 역시 사회법원이 관할한다. 질병보험 가입자는 법정장기요양보험에 가입하지 않은 경우 민간장기요양보험에 의무적으로 가입되기 때문에 이러한 법률관계가 어느 정도 공법적 성격을 띠기 때문이다.

둘째, 사회법원은 사회법원법이 개정되면서 과거에 행정법원이 관할하였던 사회부조법적 분쟁을 이제 사회법원이 관할하게 되었다. 사회법원은 일부 사회보상법관계에서 발생하는 법적 분쟁을 관할한다. 전쟁희생자부조(이는 행정법원이 관할한다)를 제외한 사회보상, 즉 전쟁희생부양, 군인부양, 대체복무자부양 등의 법률관계에서 발생하는 분쟁이 여기에 해당한다. 여기에서 사회법원은 장애의 여부 및 정도에 대한 확인과 관련하여 발생하는 법적 분쟁을 관할한다. 이와 같은 관할사항에 대해서는 사회법원법이 직접 규율하고 있다(SGG 제51조).

셋째, 이 밖에 사회법원은 다른 법률에서 사회법원의 관할로 하고 있는 사안을 관할한다. 양육보조금, 아동보조금 및 보험의법(Kassenarztrecht),

9) 이에 해당하는, 예로는 *BSGE* 20, 199; 25, 66 등 참조.

범죄피해자구조, 중장애인보호, 접종피해보상에 관한 분쟁사건 등이 여기에 해당한다. 이 밖에 청소년보호의 경우 가정법원의 관할에 속하지 않는 경우에 한하여 사회법원이 관할한다.

제 3 절 조직과 심급

사회법원은 세 단계의 심급으로 조직되어 있다. 보통사회법원(Sozialgerichte), 주최고사회법원(Landessozialgerichte), 연방사회법원(Bundessozialgericht)이 그것이다.

보통사회법원의 결정에 불복하는 자는 주최고사회법원에 항소할 수 있다. 항소는 원칙적으로 제한 없이 허용된다(SGG 제43조 이하). 항소법원에서는 분쟁대상에 대한 법률심 및 사실심이 이루어진다. 연방사회법원에의 상고를 위해서는 상고법원의 허가가 필요하다(SGG 제160조). 해당 사안이 근본적으로 중요한 법적 의미가 있는 경우, 항소법원의 결정과 상고법원의 결정에 있어서 견해의 차이가 있는 경우, 그리고 판결에 영향을 미치는 절차상의 하자가 있는 경우에 상고가 허용된다. 상고심은 법률심이다. 상고심 재판에 있어서 항소법원의 사실관계에 대한 판단은 구속력을 갖는다.

심급마다 직업법관(Berufsrichter) 외에 명예직 법관(ehrenamtliche Richter)이 심리 및 결정에 참여한다. 이에 비해서 구두심리를 거치지 않는 판결에는 명예직 법관은 참여하지 않는다. 보통사회법원은 직업법관 1명과 명예직 법관 2명으로, 주최고사회법원과 연방사회법원의 각 원(Senat)은 3명의 직업법관과 2명의 명예직 법관으로 구성된다(SGG 제12조, 제33조, 제40조). 행정법원에서 명예직 법관의 자격에는 특별한 제한이 없는데 비해서(VwGO 제20조), 사회법원에서는 제한이 있다. 즉 예컨대 사회보험법 분쟁에는 가입자와 사용자 대표가, 保險醫法 사건에는 보험조합과 保險醫 代表가 각각 명예직 법관으로 참여한다. 전쟁희생자 등 특별한 이해관계가 있는 자가 명예직 법관의 자격이 있다(SGG 제13조 이하).

명예직 법관제도는 해당분야의 직업적 전문지식을 분쟁의 해결과정에 반영하기 위한 제도이다. 명예직 법관제도는 전통적으로 독일의 사회보험이 노동자정책의 일환으로 성립하였으며, 노동관계의 당사자인 사용자와 노동자의 이익을 조정하는 의미를 갖는다.

연방사회법원 각 원간의 법적 견해 차이를 조정하고, 이로써 법적 통일성과 법적 안정성을 기하기 위해서 연방사회법원에 대심원(Großer Senat)을 둔다(SGG 제41조). 대심원은 7명의 직업법관과 4명의 명예직 법관으로 구성되어 있다.

제 4 절 소송의 종류

사회법원은 소송의 종류로 취소소송, 의무이행소송, 이행소송, 확인소송 등을 두고 있다. 이러한 소송은 독립해서 혹은 경우에 따라서는 병합해서 제기되기도 한다.

행정행위의 취소를 구하는 취소소송(Anfechtungsklage)은 침해행정분야에서 발전하였기 때문에, 급부법인 사회법 소송에서는 독자적으로 제기되는 경우는 드물다.[10] 예컨대 계속급여를 중지하는 행정행위가 발동된 경우 이는 취소소송의 대상이 된다. 이 경우 이행소송은 불필요하다. 왜냐하면 행정행위의 취소로 인하여 급여가 자동적으로 지급되는 효과가 발생하기 때문이다. 행정행위의 발동을 전제로 하지 않는 급부관계에 있어서는 이행소송(Leistungsklage)이 제기된다. 사회보장 주체간의 비용상환에 관한 다툼이 있는 경우의 소송방식이 그것이다(SGG 제54조 제5항).

취소소송과 이행소송은 병합하여 제기되기도 한다(SGG 제54조 제4항). 이러한 소송방식은 사회법 소송에서 가장 사용빈도가 높다. 법률에 의해서 인정된 급여를 거부하는 행정행위가 발해진 경우, 행정행위의 취소를 구하는 동시에 해당 급여를 지급할 것을 소송의 내용으로 하는 경우가 여기에 해당한다(SGG 제54조 제4항).[11]

---

10) 이에 해당하는, 예로는 *BSGE* 49, 291(292) 참조.
11) 이에 해당하는, 예로는 *BSGE* 41, 218(219) 참조.

사회보장주체의 재량결정과 행정행위의 발동을 구하는 사안은 의무이행소송(Verpflichtungsklage)을 통해서 다투어 진다. 권력분립의 원칙에 의하여 행정청의 재량이 "0으로 수축" 되는 경우를 제외하고는 법원이 행정청의 재량을 대신할 수는 없기 때문이다. 이 소송방식은 행정행위의 발동이 거부되었거나, 혹은 행정행위의 발동을 구하는 신청에 대해서 처분이 통지되지 않은 경우에 사용된다.

확인소송(Feststellungsklage)은 법률관계의 존재 여부, 행정행위의 무효 및 관할 사회보장주체를 확인하기 위한 소송이다. 질병보험조합간에 가입자의 소속에 관한 분쟁이 발생한 경우 확인소송이 사용된다. 확인소송은 다른 소송의 종류에 대해서 보충성을 갖는다. 즉 당사자는 취소소송과 이행소송을 병합 제기하여 권리구제를 받을 수 있다면 확인소송을 제기할 수 없다.[12)]

사회법적 소송에서 민중소송은 인정되지 않는다. 즉 일반 소송에서와 마찬가지로 자신의 권리이익이 침해된 자만이 청구인능력을 갖는다.

제 5 절 소송의 제기

Ⅰ. 소제기의 형식

소송제기인이 일반적으로 사회적 보호를 필요로 하기 때문에 특히 사회법소송의 제기에 있어서는 엄격한 형식성을 탈피하였다. 소의 제기는 원칙적으로 문서로 신청해야 하지만, 소송제기인은 단순히 행정조치에 대해서 이의가 있다는 의사와 이를 법원이 심사해 줄 것을 인식시키는 것으로 충분하다. 구두의 형식을 취하는 것도 가능하다(SGG 제90조 이하).

Ⅱ. 제소기간

제소기간과 관련하여서도 특별한 보호규정을 두고 있다. 취소소송은 행정처분이 발해진 후 1개월 이내에 제기하여야 한다. 전심절차에 있어서

12) 이에 해당하는, 예로는 *BSGE* 43, 148(150f.) 참조.

와 마찬가지로 소송에 있어서도 청구인이 외국에 체류하고 있는 경우에는 제소기간은 3개월로 연장된다(SGG 제87조 제1항). 의무이행소송의 경우에도 마찬가지이다. 취소소송과 의무이행소송과는 달리 이행소송의 경우에는 제소기간에 관한 규정은 적용되지 않는다. 이행소송의 경우 제소기간의 기산점인 행정행위가 발동된 시점은 존재하지 않기 때문이다. 확인소송 역시 제소기간에 관한 규정이 작용되지 않는다. 이는 행정행위의 무효 등을 확인하기 위한 소송이기 때문이다. 제소기간이 도과하여 더 이상 취소소송을 제기할 수 없는 행정행위에 대해서 그 밖의 소송, 예컨대 확인소송을 통하여 다투는 것은 허용되지 않는다.

사회법원법은 소제기인이 제소기간을 인지하지 못할 수도 있다는 점을 고려하여 다음과 같은 조치를 마련하였다; 제소기간은 소제기의 가능성 및 이에 대한 관할법원 등을 포함하여 제소를 위하여 필요한 사항이 당사자에게 문서로서 통지되었을 때 비로소 개시된다(SGG 제66조). 당사자가 소송관련문서를 1개월 내에 관할법원이 아니더라도 적어도 관련 행정청에 제출한 경우에는 법원에 소를 제기한 것으로 의제하여 본안심리가 이루어진다(SGG 제91조 제1항). 또 제소기간이 경과한 데에 소제기인의 과실이 없는 경우에는 치유될 수 있다. 이때 치유는 직권으로 이루어진다(SGG 제67조 제2항).

Ⅲ. 관할법원의 결정

관할법원의 결정문제도 매우 단순화되어 있다. 법원의 장소적 관할은 당사자의 거주지 혹은 고용지이다. 법인의 경우에는 법인 소재지이다(SGG 제57조 제1항).

Ⅳ. 변호사 강제주의의 배제

사회법 소송에서는 연방사회법원을 제외하고는 변호사 강제주의가 적용되지 않는다(SGG 제166조 제1항). 또 사회보장 관련단체의 구성원은 변호사 자격이 없는 경우에도 법원에서 소속 구성원을 위하여 변론을 할 수 있다. 비용을 절감하면서 전문지식을 활용하여 당사자를 보호하려는 취지이다(SGG 제166조 제2항).

Ⅴ. 소송비용

소송당사자인 개인에게는 소송비용이 면제된다(SGG 제183조). 가입자, 급여청구권자, 장애인 및 그 승계인의 경우 소송비용이 면제된다. 이들에게는 변호비용에 대한 부담이 있을 뿐이다. 변호비용도 심급에 따라 법률에 비교적 저액으로 확정되어 있어 사회적 약자의 소송제기를 수월하게 하였다. 이에 비해서 사용자에게는 소송비용이 면제되지 않는다. 또 공법상의 단체에게는 사안의 경중에 관계없이 소송비용이 일괄적으로 부과된다.

Ⅵ. 심 리

1. 직권심리의 원칙

사회법원에서는 당사자의 사회적 보호를 위하여 직권심리주의가 적용된다. 사실관계의 설명은 법원의 과제이며, 소송당사자의 부담이 아니다(SGG 제103조). 소송당사자간에 사실관계에 대한 다툼이 없는 경우에도 이것이 법원을 구속하지는 않으며, 법원은 직권으로 조사권한을 갖는다. 민사재판과 구분되는 점이다. 사회법원에서의 소송에 있어서도 급여의 전제조건인 사실관계에 대한 판명이 될 수 없는 경우 객관적인 입증책임의 부담은 존재한다. 이 경우 입증책임은 일반 소송에 있어서와 마찬가지로 원고가 부담한다.[13] 司法의 본질상 사회법원이 소송당사자의 청구대상에 기속되는 것은 물론이다.

2. 심리절차

소송이 제기되면 법원은 먼저 소송요건의 충족 여부를 심사한다. 본안심판에서 구두심리가 이루어지며, 이는 직업법관이 진행한다. 심리를 위

13) 이에 해당하는 예로는 *BSGE* 6, 70(72); 30, 121; 35, 276 등 참조.

하여 직업법관은 사실관계를 설명하고 필요한 경우 증인을 소환하며, 사실관계를 구명하기 위하여 중요한 입증자료를 수집한다. 법관은 의사, 심리학자 및 전문직업인 등 전문가의 소견서를 요청할 수 있다. 법원에서의 구두심리는 공개된다(SGG 제169조).

3. 가구제의 가능성

사회법원에서 가구제의 가능성은 집행정지제도와 가처분을 통하여 실현되고 있다.

(1) 집행정지

행정청의 처분에 대한 이의제기 혹은 취소소송을 제기한 경우 원칙적으로 집행이 정지된다(SGG 제86a조). 따라서 행정청은 행정행위를 집행하거나 강제집행 할 수 없다. 또 이미 특정한 조치가 취해진 경우 이를 중단하여야 한다. 그러나 다음과 같은 경우에는 예외적으로 집행이 정지되지 않는다(SGG 제86a조 제2항 제1-4호). 보험의연합회의 보험의에 대한 보상결정(SGB Ⅴ 제85조 제4항), 사용자에 의한 실업보험급여 비용의 보상, 노동허가의 철회 및 변경, 직업상담을 거부하는 결정 등이 여기에 해당한다(SGB Ⅲ 제336a조). 이 밖에 행정소송법 제80조 제5항을 준용하여 당사자의 신청에 의하여 법원이 일정한 경우에 집행정지의 명령을 내릴 수 있다. 집행정지결정의 여부는 기본적으로 소송의 적법 여부에 영향을 받지 않는다.

(2) 가 처 분

취소소송의 경우는 물론이고 부작위에 대한 소송에 있어서도 법원은 가처분을 명할 수 있다(SGG 제86b조).[14] 다음과 같은 조건 하에 가처분이 명해진다. 즉 가처분 명령이 내려지지 않는 경우 중대하고 다른 방법으로 극복할 수 없는 불이익이 발생하며, 판결을 통하여 해당 상황을 사후적으

14) 이 문제에 대한 헌법적 판단으로는, 예컨대 *BVerfGE* 46, 166 참조.

로 극복할 가능성이 없어야 한다. 이에 대해서 법원은 기속재량으로 판단한다.

Ⅶ. 판 결

법원에서의 소송이 종결되는 계기는 다음과 같은 네 가지이다. 첫째, 원고가 소를 취하하는 경우이다(SGG 제102조 제1항). 이러한 원고의 의사는 피고의 동의를 필요로 하지는 않으며, 법원에 의사를 표시하면 법적 효과가 발생한다. 둘째, 피고가 청구의 내용을 인정하는 경우이다. 셋째, 원고와 피고가 조정에 합의하는 경우이다(SGG 제101조 제1항). 이러한 조정은 공법상 계약의 성격을 갖는다. 넷째, 법원의 판결이 내려지는 경우이다.

제11편 사회보장절차법 및 정보보호

제 1 장 사회보장 행정절차법의 편찬

독일에서는 특별 행정법의 하나인 사회법의 행정절차를 규율하기 위하여 일반 행정절차법과는 독립하여 행정절차, 정보보호, 사회보장주체간의 협력관계 및 사회보장주체와 제3자와의 관계를 규율대상으로 하는 사회보장 행정절차법이 사회법전 제10권에 편찬되어 있다. 그러나 실제 사회보장 행정절차법의 내용은 일반 행정절차법의 그것과 크게 다르지는 않다. 일반 행정절차법과 마찬가지로 사회보장 행정절차법도 주로 행정청이 발하는 행정행위와 공법상의 계약을 규율대상으로 한다(SGB Ⅹ 제8조). 사회보장 행정절차법은 사회법에서 행정청의 중요한 행위양식의 하나인 행정상의 사실행위를 상세히 취급하지는 않았다. 이 점에 있어서 사회보장 행정절차법이 사회법의 특성을 충분히 반영하지 못했다고 비판을 받는다. 아래에서는 사회보장 행정절차법이 일반 행정절차법과 중복되는 내용은 피하고, 주로 사회보장 행정절차법의 특수성에 시각을 맞추어 행정절차와 정보보호에 대해서 살펴본다.

제 2 장 사회보장객체의 협조의무

독일에서 사회보장급여는 대부분 수급자의 신청에 의해서 지급된다(SGB Ⅳ 제19조 제1문; WoGG 제1조; BAföG 제46조 제1항; BVG 제1조 제1항). 사회부조와 산재보험에서는 직권으로 급여가 지급된다(SGB Ⅻ 제18조 제1항; SGB Ⅳ 제19조 제2문).

사회보장급여를 위해서는 급여의 원인인 사실관계를 확인하는 작업이 선행되어야 하기 때문에 행정객체에 다양한 협조의무(Mitwirkungspflichten)가 부과되어 있다. 사실관계 및 증거제시의 요청에 협조할 의무(SGB Ⅰ 제60조), 행정객체가 직접 출두할 의무 등이 그것이다(SGB Ⅰ 제61조). 특히 장애등급 등을 확정하기 위해서 개인의 건강상태를 확인할 필요가 있는 때에는 청구권자는 진단 및 치료에 응할 의무가 있다(SGB Ⅰ 제62조 이하). 협조의무에는 다음과 같은 제한이 있다. 협조의무는 사회보장제도가 기능하기 위하여 필요한 범위 내에서 부과되어야 하며, 또 행정객체에 기대가능성이 인정되는 경우에 한하여 정당성을 갖는다(SGB Ⅰ 제65조 제1항). 따라서 위험하고 고통이 따르는 치료 혹은 진단에 응할 의무가 부과되어서는 안 된다.

제 3 장 행정행위의 취소 및 철회

사회보장 행정절차법은 일반 행정절차법에 비해서 행정행위의 취소 및 철회에 관한 특별한 규정을 두고 있다. 특히 사회보장급여가 오늘날 개인의 생활유지에 중요한 기능을 수행한다는 점을 염두에 두고 사회보장 행정절차법은 행정행위의 존속력(Bestandskraft)에 대해서 규율하면서 신뢰보호(Vertrauensschutz)에 비중을 두었다.

제 1 절 행정행위의 취소

행정행위의 취소와 관련하여 수익적 행정행위(begünstigender Verwaltungsakt)인가, 혹은 침해적 행정행위(nicht begünstigender Verwaltungsakt)인가, 그리고 급여의 시간적 지속관계를 기준으로 지속적인 급여관계를 규율하는 행정행위인가, 일시급여를 규율하는 행정행위인가에 따라서 존속력에 차이를 두었다.

일시급여를 대상으로 하는 수익적 행정행위가 위법하게 발해졌을 때에 행정청은 당사자의 신뢰를 침해하지 않는 한 행정행위를 장래를 향하여 취소할 수 있다. 이것은 행정청의 재량결정이다. 취소기간에도 제한이 없다(SGB Ⅹ 제45조 제2항). 이 경우 신뢰보호를 이유로 취소가 제한되는 경우는 드물다. 수급자가 이미 급여를 사용하였거나, 혹은 급여를 기초로 일정한 재산상의 조치를 취했기 때문에 회복하기 힘든 경우에 한하여 보호가치 있는 신뢰가 존재하기 때문이다(SGB Ⅹ 제45조 제2항 제2문). 행정객체의 사기·강박·매수에 의해서, 혹은 행정객체가 고의 또는 중과실로 잘못된 사실관계를 제시하여 이를 기초로 행정행위가 발해졌을 때에는 보호가치 있는 신뢰는 존재하지 않는다. 행정객체가 행정행위의 위법성을 인식하였거나 인식하지 못한 데에 중과실이 있는 경우에도 마찬가지이다(SGB Ⅹ 제45조 제2항 제3문).

지속적인 급여관계를 대상으로 하는 행정행위에는 보다 강한 존속력이 부여된다. 즉 취소기간이 제한되어 있다. 원칙적으로 행정행위가 발해진 후 2년이 경과한 후에는 취소할 수 없다(SGB Ⅹ 제45조 제3항 제1문). 예외적으로 취소기간에 제한이 없는 경우, 혹은 취소기간이 10년으로 연장되어 있는 경우가 있다. 전자의 예에 해당하는 것이 독일 민사소송법 제580조에 따라 재심사유가 존재하는 경우 및 행정행위가 행정객체의 사기·강박·매수에 의해서 발동된 경우이다. 행정객체가 고의 또는 중과실로 잘못된 사실관계를 제시하여 이를 기초로 행정행위가 발해졌을 때 혹은 행정객체가 행정행위의 위법성을 인식하였거나 인식하지 못한 데에 중과실이 있는 경우에는 행정행위에 대한 취소기간은 10년으로 연장되어 있다(SGB Ⅹ 제45조 제3항 제2문). 이러한 취소가능성은 행정청의 재량에 의해서 행사된다.

행정행위를 소급적으로 취소하는 가능성은 일시급여와 계속급여 모두 매우 제한되어 있다. 소급적인 취소의 사유가 제한되어 있을 뿐 아니라, 소급기간에도 제한이 있다. 또 행정행위가 소급적으로 취소되는 결과 발생하는 행정객체의 부당이득반환의 내용도 행정객체를 보호하기 위하여 한정적으로 규율되어 있다. 행정행위는 다음과 같은 경우에 한하여 소급적으로 효력을 상실한다. 행정행위가 행정객체의 사기 · 강박 · 매수에 의해서, 혹은 고의 또는 중과실로 잘못된 사실관계를 제시하여 이를 기초로 발해졌을 때, 행정객체가 행정행위의 위법성을 인식하였거나 인식하지 못한 데에 중과실이 있는 경우 및 독일 민사소송법 제580조에 의하여 재심사유가 존재하는 경우이다(SGB Ⅹ 제 45조 제4항 제1문). 취소기간에도 제한이 있다. 소급효 있는 취소결정은 행정청이 취소사유를 인식한 후 1년이 경과하면 할 수 없다(SGB Ⅹ 제45조 제4항 제2문). 행정행위가 소급적으로 효력을 상실하면 해당 행정행위를 근거로 지급된 급여는 상환된다(SGB Ⅹ 제50조 제1항). 이때 이자가 가산되지는 않는다. 이러한 비용상환청구권에는 4년의 소멸시효가 적용된다(SGB Ⅹ 제50조 제4항).

침해적 행정행위가 위법하게 발해졌으며, 그 결과 급여가 지급되지 않았거나 보험료를 납부한 경우에는 행정행위는 소급하여 효력을 상실한다(SGB Ⅹ 제44조 제1항). 그러나 행정객체가 고의로 잘못된 사실관계를 제시하여 이를 기초로 행정행위를 발한 때에는 위 규정은 적용되지 않는다. 행정행위가 소급해서 효력을 상실하는 기간은 4년으로 제한되어 있다(SGB Ⅹ 제44조 제4항). 침해적 행정행위는 위법한 경우에도 급여를 거부하거나 보험료를 납부하는 사안이 아닌 한 행정행위는 장래를 향하여 효력을 상실할 뿐이다(SGB Ⅹ 제44조 제2항).

제 2 절 행정행위의 철회

적법한 수익적 행정행위를 장래를 향하여 효력을 상실시키는 가능성은 제한적이다. 즉 이를 법률이 허용하는 경우, 혹은 행정행위의 철회가 행정행위 자체에 유보되어 있는 경우, 또는 행정행위의 부관이 충족되지 않는 경우에 한한다(SGB Ⅹ 제47조 제1항). 반면 적법한 침해적 행정행위는 원칙적으로 장래를 향하여 철회될 수 있다(SGB Ⅹ 제46조 제1항).

제 4 장 정보보호

사회보장주체는 사회보장의 기능을 효율적으로 수행하기 위해서 필연적으로 가입자 및 그 밖에 사회보장 급여대상자, 그리고 사용자 등의 개인정보를 대량으로 취급한다. 이러한 개인정보는 형법에 의해서 보호받을 수 있다(독일 형법 제203조 제 2항). 사회법전 역시 개인정보보호의 필요성을 인식하고, 이를 위한 여러 제도적 장치를 하였다. 우선 행정객체는 사회보장주체에게 개인정보가 외부에 유출되지 않도록 요구할 수 있고, 허용되지 않는 방법으로 공개하는 것을 금지하고 있다(SGB Ⅰ 제35조 제1항).

정보공개는 다음과 같이 법률에 열거된 경우에 한하여 허용된다. 첫째, 당사자가 자신의 정보공개를 동의한 경우이다. 동의는 원칙적으로 서면으로 행한다. 또 동의는 개별적으로 이루어지며, 포괄적인 정보공개에 대한 동의는 허용되지 않는다(SGB Ⅹ 제67조 제1문 제1호). 둘째, 정보공개는 사회보장주체가 법률에 부여된 기능을 수행하기 위하여 필요한 경우에 이루어진다(SGB Ⅹ 제69조 이하). 사회보장행정에서 개인정보처리에는 연방정보보호법(Bundesdatenschutzgesetz)이 적용된다. 따라서 예컨대 사회보장주체는 이미 사용한 개인정보를 폐기하여야 한다. 이에 관한 의무를 위반한 경우 질서벌적 제재를 받는다(SGB Ⅹ 제80조 이하).

제12편　동서독 통일과 사회보장법

제1장 머 리 말

누구도 예상할 수 없었던 속도로 진행되었던 동서독의 통일과정은 1990년 10월 3일 정치적 통일이 이루어지면서 일단 매듭이 지어졌다.[1)] 그러나 정치적 통일이 곧 40년간 이질적인 정치·경제·사회공동체 속에서 동서독 국민에게 일순간에 통일적인 국가생활의 규율을 마련해 줄 수는 없었다. 오히려 법적 통일에 관한 한 1990년 10월 3일이라는 시점은 새로운 출발이었다. 통일의 결과 서독 헌법은 동독지역에 효력을 발생하게 되었다(통일조약 제3조). 다만 서독 헌법은 일부 규정이 통일과 동시에 개정되거나, 혹은 경과규정을 두어 일정 사안에 대해서는 잠정적으로 적용이 배제되었다(통일조약 제4조, 독일 헌법 제143조).[2)] 일반법의 차원에서는 통일과 동시에 연방법의 장소적 적용범위를 동독 지역으로 확장시키면

1) 통일에 이르기까지의 사건전개에 대해서 자세히는 백경남, 분단에서 통일까지(강천, 1991); 정용길/안석교/전성우, 독일 통일에서 무엇을 배울 것인가(연합통신, 1990); 이영기, 독일 통일의 해부(국제언론문화사, 1990); 프리데만 슈레커/임정택(편), 논쟁 독일 통일의 과정과 결과(창작과 비평사, 1991); 황석모, 독일 통일 현장 연구(일념, 1990); Gerhard A. Ritter, *Der Preis der deutschen Einheit* (C.H.Beck, 2007) 등 참조.

2) 이에 따르면 동독 지역에 적용되는 법률에 대해서 1992년까지는 독일 헌법은 적용이 유보된다. 부분적으로 이 유보는 1995년 12월 31일까지로 연장되어 있다. 이에 대해서는 자세히는 전광석, “동서독 통일 관련 조약과 독일 헌법의 발전”, 「한림법학 FORUM」 제1호(1992), 13면 이하 참조.

서, 일부 서독 연방법은 동독에 적용이 배제되거나, 동독지역에서는 동독 법률의 효력을 통일 후에도 잠정적으로 지속시켰다(통일조약 제8조, 제9조 제2항). 이러한 과도기에 통합되는 다른 체제와 마찰 없이 혹은 마찰을 최소화하면서 법적 통일을 이루는 문제가 법학의 과제였다.

동서독 통일이라는 대사건 속에서 이루어지는 사회법의 통일은 이전의 동독지역을 법적 측면에서 뿐 아니라 사회적으로 재편성하는 것을 의미한다. 또 이러한 재편성은 기본적으로 국가적 급여의 확대를 통해서 이루어지기 때문에 현실적, 즉 재정적 가능성의 여부가 중요한 관점이 되었다.

동서독 통일이라는 역사적 사건을 사회법의 시각에서 접근하는 데에는 다음과 같은 질문이 순차적으로 제기되어야 한다. 첫째, 서독의 사회법이 동서독 통일의 원인이 될 수 있었는가, 즉 서독의 선진 사회보장제도가 동독 국민으로 하여금 서독 국민과 같은 사회적 혜택을 누리면서 하나의 민족(Wir sind ein Volk!)[3)]이 되려는 의지의 유인요소로 작용할 수 있었는가 하는 질문이다. 이 질문은 양독의 통일 전 사회법을 비교하면서 어느 정도 접근할 수 있다(제2장). 둘째, 서독에서 보면 통일은 헌법이 요청하는 국가과제이다. 그렇다면 이로부터 실제로 통일 전 서독은 헌법의 과제를 구체화하기 위하여 사회법에 통일을 염두에 둔 정책적 고려를 제도화하였는가 하는 질문이 제기된다(제3장). 즉 서독의 사회법에서 통일을 염두에 둔, 혹은 적어도 양독의 특유한 법적 지위를 고려한 조항이 발견되는가 하는 문제이다. 셋째, 40여 년 동안 이질적인 사회경제체제를 가지고 있었던 동서독은 통일 이후 어떠한 모습의 통일된 사회법을 형성할 수 있었는가 하는 의문이다(제4장). 통일은 궁극적으로는 양독 국민의 생활수준의 통일을 의미한다. 이 문제는 동서독의 정치적 통일 이후 생활수준의 통일은 어떠한 방법과 과정을 거쳐서 이루어질 것인가의 문제를 제기한다. 위 세 가지 질문은 아직 분단상태에 있는 우리에게도 언젠가는 제기될 것이며, 이러한 우리의 과제를 해결하는 데 하나의 살아 있는 희귀한

---

3) 독일 통일의 결정적인 계기가 되었던 1989년 10, 11월 동독 지역에서의 민중봉기 때 나타난 구호였다.

비교법적 寶庫가 될 것이다.

제 2 장 통일 전 동서독의 사회법

제 1 절 독일 사회보장의 역사적 전통과 독일의 분단

독일의 사회보장은 1880년대 초 시작된 이른바 비스마르크 사회보험에서 기원한다. 비스마르크 사회보험입법은 1869년 독일 최초의 민족국가의 형성을 정치시대적 배경으로, 그리고 동시에 이루어진 경제성장을 경제적 배경으로 하였다.[4] 그리고 민족국가의 형성과 경제적 성장을 동시에 위협하고 있었던 자본가와 노동계급의 갈등을 그 사회적 배경으로 하였다. 즉 독일 사회법은 민족국가를 완성하는 사회제도로서의 측면을 가지고 있었다.

종전 후 독일이 분단되면서 양독에서는 이질적인 사회보장제도가 형성되었다. 서독에서는 독일에 전통적이고, 조직적으로 분산된 형태의 사회보험제도를 중심으로 사회보장제도가 계속 발전하였다. 동독 지역에서는 소련 점령당국의 강력한 영향을 받아 통합조직체계를 가진 사회보험을 중심으로 한 사회보장제도가 새로이 건설되었다.

제 2 절 서독의 사회법

서독은 독일에서 전통적으로 발전된 사회보험의 조직을 그대로 유지하면서 그 내용을 다양하게 발전시켜 나갔다. 연금보험, 산재보험, 질병보험, 실업보험이 각각 조직 및 재정에 있어 독립하여 발전했다. 연금보험과 질병보험은 다시 직역별로 다원적인 운영조직을 유지하였다. 각 조직은 공법상의 법인으로서, 정도의 차이는 있지만 자치행정의 원칙에 의해서 운영되었다. 서독에서 사회보장은 시장경제질서에 기초한 경제정책을 부

---

4) 이에 대해서는 위 43면 이하 참조.

분적으로 수정하는 의미를 갖는 정책영역으로 이해되었다. 즉 경제정책은 자원의 효율적인 이용 및 경제성장의 과제를 갖는 반면, 사회정책은 이와는 이질적인 과제, 즉 시장경제에서 스스로의 수요를 충족시킬 수 없는 국민의 생활을 보장하여야 했다.

서독 사회보장의 발전에 중요한 변화는 1957년 연금급여를 전체 가입자의 평균임금의 변화에 따라 조정하는 조치를 내용으로 하는 연금개혁(Rentenreform)을 통해서 이루어 졌다. 이로써 현재 근로자의 임금수입과 연금수급자의 연금수입이 같은 비율로 상승할 수 있게 되었다. 이는 연급수급자가 전체 사회의 복지성장에 참여한다는 의미를 갖는다. 이러한 변화는 연금의 재정방식에 있어서 적립방식에서 부과방식으로의 변화를 수반하였다. 이로써 서독의 연금보험은 세대간 계약(Generationenvertrag)의 성격을 띠게 되었다. 그 밖에 사무직근로자(Angestellte)에 대한 의무보험 소득상한이 폐지되어 연금보험의 대상자가 확대되었다. 나아가서 임금근로자 뿐 아니라, 자영인이 연금보험의 가입대상이 되면서 사회보험의 보호대상자가 결정적으로 확대되었다. 서독의 연금보험은 거의 국민개보험으로 발전하였다. 이 시기에는 노령보장을 위한 기업연금의 지불보장수단이 도입되었다.

질병보험은 질병이 수반하는 현물 혹은 서비스 수요를 충족시킬 뿐 아니라, 소득상실에 대한 보상(Krankengeld)을 급여로서 제공하였다. 특히 민간질병보험이 확대되면서 공적 질병보험이 경쟁력을 갖기 위한 제도적 개선이 있어 왔다. 1969년 고용촉진법(Arbeitsförderungsgesetz)이 제정되면서 실업보험은 단순한 실업자 보호에서 고용촉진을 통한 적극적인 노동시장정책의 일부로서 기능을 확대해 갔다. 사회보상은 전통적인 전쟁희생자 보호에서 평시사회보상으로 기능을 확대하면서, 위험의 종류와 대상자의 범위를 확대해 갔다. 범죄피해, 접종피해 등이 사회보상의 구성요건으로 되었다. 또 재해보험에 이른바 비진정재해보험(unechte Unfallversicherung)을 보충하여 사회보상의 기능을 부과하였다. 전후 독일 사회법은 순수한 사회정책적 목적에서(final) 제공되는 급여를 확충하여 왔다. 주택보조금

(Wohngeld), 교육보호(Ausbildungsförderung), 아동보조금(Kindergeld), 양육보조금제도(Erziehungsgeld) 등이 그것이다. 사회부조는 구체적인 수요를 충족시키는 제도로서 완비되어 갔고, 무엇보다도 사회부조급여에 청구권적 성격이 인정되는 진전이 있었다. 이로써 사회부조는 국가정책의 반사적 이익에서 헌법상의 인간의 존엄, 사회국가원리 등에 근거한 국민의 권리로 발전하였다.

제 3 절 동독의 사회법

서독과는 달리 동독에서는 사회주의적 경제질서에 기초하여 사회보장은 경제정책의 종속 부분으로 인식되었다. 즉 사회보장은 경제정책의 과제였다.[5] 따라서 예컨대 실업문제는 1945년과 1952년 사이에 이루어진 기업의 국영화에 의해서 문제성이 사실상 상실되었다. 규범적으로는 동독 헌법 제24조에 노동의 권리가 보장되고, 이것이 노동법에 해고보호의 형태로 구체화되었다. 주거에 대한 임대가격이 철저히 법적으로 통제되면서 주택시장의 개념은 사라지고, 주거공간은 국가에 의해서 배분되었다. 토지가 국유화되었다. 식생활비 역시 법률에 의해서 확정되었다. 이처럼 전체 경제가 계획의 대상이 되었고, 동시에 사회정책적 목표를 내재하고 있었다.

이러한 정책을 통해서 식량비 및 주거비용은 저렴하게 유지되었고, 모든 국민에게 어떤 형태로든 고용의 기회가 부여되었다. 그러나 이러한 현상은 다른 한편 식생활 수준을 악화시키고, 주거공간이 협소화되는 결과를 낳았다. 노동생산성은 노동의 기회가 개인의 자유로운 선택에 의해서 제공되지 않으면서 저하되었다. 사회정책은 서구적 기준으로는 대단히

5) 따라서 동독에서 사회법이 독립된 분과로 존재하지 않고, 예컨대 사회보험법은 노동법의 한 분과로, 그리고 사회부조법은 행정법의 한 분과로 이해되었다. 이에 대해서는 Ulrich Lohmann, “Sozialistisches Sozialrecht?”, *Zeitschrift für ausländisches Arbeits- und Sozialrecht*(1988), 269면 이하; Günther Manz/Gunnar Winkler, *Sozialpolitik*(Die Wirtschaft, 1988), 11면 이하; Brunno Schönfelder, *Sozialpolitik in den sozialistischen Ländern*(Günter Olzog, 1987); Hans F. Zacher, “Sozialpolitik in sozialistischen Ländern Osteuropas”, *Jahrbuch für Ostrecht*(1982), 331면 이하 참조.

제한된 범위에 그쳤다.6)

모든 소득근로자는 질병, 분만, 장애, 노령, 전쟁피해, 사망 등의 사회적 위험을 보호하는 사회보험에 가입되었다. 동독에서 사회보험은 조직 및 재정이 통합적으로 운영되었다. 전 국민의 약 80%는 근로자연금제도(Sozialversicherung der Arbeiter und Angestellten)에 가입되었다.7) 이 제도는 독일자유노동조합연맹(Freier Deutscher Gewerkschaftsbund; FDGB)에 의해서 관리운영 되었다. 재정은 근로자와 기업이 함께 부담하였고, 연금수급자에게는 보험료 납부가 면제되었다. 자영인 및 생산공동체(Produktionsgemeinschaft)의 구성원은 국가보험(Sozialversicherung bei der staatlichen Versicherung)에 조직되어 있었다.

동독에서 연금 수준은 극히 낮았다. 여기에는 다음과 같은 두 가지 이유가 있었다. 첫째, 임금의 상승에도 불구하고, 통합사회보험 보험료의 산정한도액이 1947년 이래 월 600마르크로 동결되어 있었다.8) 결국 동독에서 연금은 임금에 비례하여 보험료를 납부하고, 이에 비례하여 급여가 지급되는 형태가 아니었다. 오히려 동독에서의 연금은 사실상 최저생활을 보장하는 데 그쳤다. 실제 후에는 노동연한에 따라 330마르크에서 470마르크에 이르는 최저연금이 보장되었다. 아래에서 살펴보듯이 동독에서 사회부조가 중요한 기능을 수행할 수 없는 이유는 이와 같이 연금이 최저생활보장의 기능을 담당하였기 때문이다. 둘째, 낮은 수준의 연금액도 정기적으로 임금상승 혹은 물가상승에 따라 조정이 되지 않았다. 연금인상이

6) 당시 동독의 사회보험 전반에 대해서는, 예컨대 Jans-Jochaim Bartels, Das Sozialversicherungs- und Versorgungsrecht in der DDR, *Jahrbuch für Ostrecht*(1982), 9면 이하 참조.

7) 이에 대해서는 Der Bundesminister für Arbeit und Sozialordnung, *Sozialbericht*(1990), 14면 이하 참조.

8) 이는 가입자 전체의 평균임금(Bruttoarbeitsentgelt)의 약 50%에 해당하는 금액이었다. 서독의 경우에는 가입자 전체평균임금의 약 180%에 해당하는 금액(1990년 75,600마르크)이 보험료산정한도액으로 책정되어 있었다는 점을 고려하면 서독에서 연금산정이 얼마나 비현실적이었는지 알 수 있다. 이에 대해서는 예컨대 Werner Niemeyer, "Die Rentenversicherung in einem vereinigten Deutschland", *Zeitschrift für Sozialhilfe und Sozialgesetzbuch*(1990), 506면 이하 참조.

경제상황의 변동이 아니라 정치적 동기에 따라 이루어졌다. 이러한 문제점이 인식되어 1972년 연금이 임금대체기능을 수행할 수 있도록 보험료 산정한도액, 즉 600마르크를 초과하는 1,200마르크까지의 임금을 보험료 산정한 도액으로 하는 임의적인 부가연금제도(freiwillige Zusatzrentenversicherung)가 창설되었다. 그러나 사회보험과 부가연금의 평균 연금액은 477마르크에 불과했다. 특히 여성은 독자적인 보험가입자로서 연금청구권을 가진 반면, 유족으로서의 연금법적 지위는 대단히 열악하였다. 결국 연금수준이 낮기 때문에 근로자는 계속 노동을 하여 생활수준을 유지하여야 했다.

그 밖에 동독에는 일반 사회보험보다는 소득대체정도가 높은 일련의 부가 혹은 특별부양제도(Zusatz- oder Sonderversorgungssysteme)가 운영되었다.[9] 이는 특수계층에 한정적으로 적용되었다. 특별부양제도에는 당원 및 국방부, 내무부, 국가안전기획부 등의 일부 국가공무원이 가입되었다. 부가부양제도에는 지식계층, 학자, 의사, 과학 기술자 등이 가입되었다. 또 이 제도에 의한 급여의 수준, 보장의 원인관계, 그리고 재정방식 등은 거의 비밀에 가까웠고, 대상자에게도 구두로 통지되어서 명확한 구상에 기초해서 운영되는 사회보장제도라고는 할 수 없었다.

전후 동독의 재해보장제도는 서독의 재해보험과는 다른 방향으로 발전하였다.[10] 재해예방은 사업장 단위로 시행되는 국가 노동보호체계가 담당하였다. 이는 독일자유노조연맹에 의해서 관리운영 되었다. 재해보상청구의 대상은 국가가 아닌 사업장이었다(동독 노동법전 제267조). 의료적 재활조치는 국가건강제도의 과제였으며, 재해로 인한 단기소득상실은 사업체 스스로가 보상하였다. 산업재해 혹은 직업병 발생 후 직업적 재활 역시 사업체 내에서 이루어졌다. 재해로 인한 장기소득상실은 독일 자유노조연맹에 조직되어 있는 사회보험 및 동독의 국가보험에서 연금급여를 통

9) 부가부양제도는 총임금의 약 50% 내지 60%를, 그리고 특별부양제도는 순임금의 약 90%를 급여수준으로 하였다. Der Bundesminister für Arbeit und Sozialordnung, *Sozialbericht*(1990), 17면 이하 참조.

10) 이에 대해서는 H. Aulmann, “Die gesetzliche Unfallversicherung im Beitrittsgebiet”, *Die Sozialgerichtsbarkeit(B)*(1991), 65면 참조.

해 보상되었다. 동독의 재해보호는 이와 같이 사회보험과 사업장이 동시에 보호주체로 나타나는 복잡한 모습을 띠었다. 그러나 전체적으로 보면 재해로 인한 소득상실에 대해서 역시 통합사회보험의 보험료 산정한도액이 제한되어 있었기 때문에 보장의 수준은 낮았다. 질병보험은 치료급여와 임금계속지불을 급여의 내용으로 하였다. 다만 치료급여는 개업의사가 아니라 국가 의료기관에서 제공되었다. 의료시설은 전체적으로 대단히 낙후되어 있었다.[11] 임금계속지불은 질병발생 후 최장 78주 동안 지급되었다. 처음 6주간은 90%가, 7주부터는 50% 내지 90%가 지급되었다.

사회부조제도(Sozialfürsorgeunterstützung) 역시 동독에서는 여러 가지 원인으로 비중이 크지 않았다. 사회보험이 포괄적인 관할권을 가졌고, 모든 소득근로자가 사회보험에 가입되어 있었기 때문에 저소득근로자 역시 사회부조의 대상이 아니었다. 장애인도 사회보험에 의한 보호를 받았다. 최저연금제도가 시행되었으며, 사회부조의 전형적인 대상인 여성이 독자적으로 가입자격을 가졌기 때문에 사회부조의 기능은 한정적이었다.

동독에서 사회보장청구권에 대한 분쟁은 사회보험담당기구, 즉 독일자유노조연맹의 지부에 설치된 이의신청기관(Kreisbeschwerdekommission 혹은 Bezirksbeschwerdekommission)이 관할하였다. 법원에 의한 구제수단은 존재하지 않았다.

제 3 장 양독 사회법에서 동서독 관계

양독의 헌법은 특히 1960년대 후반 이후 독일관계에 대한 이해에 있어 평행선을 달리었다.[12] 1949년 동독 헌법은 헌법제정권자를 전체 독일국민으로, 그리고 독일이 불가분의 민주공화국(eine unteilbare demokratische

11) 이에 대해서는 *Die Sozialgerichtsbarkeit(B)*(1991), 119면 참조.

12) 양독의 분단 및 통일에 대한 헌법적 태도에 대해서 자세히는 전광석, "동서독 통일의 헌법문제", 「논문집(한림대)」 제8집(1990), 327면 이하 참조.

Republik)임을 명시하였다. 이는 동독이 독일제국과 계속성을 갖는 국가임을 의미하였다. 그러나 1968년 헌법개정에서 동독은 사회주의국가의 성격을 강조하면서 동독과 서독이 두 개의 독자적인 국가임을 선언하였다. 또 동독은 이미 1967년 독자적인 국적법을 갖기 시작하였다. 다만 여전히 1968년 헌법은 독일의 분단을 확인하는 데 그치지 않고, 통일의 과제를 헌법에 명시하였다. 1974년 헌법은 결정적인 변화를 가져왔다. 즉 독일의 민족적 단일성을 상징하던 모든 헌법 조항이 삭제되고, 그 대신 동독이 사회주의국가연합(Sozialistische Staatengemeinschaften)의 일원임을 강조하였다. 이러한 헌법적 배경 하에서 동서독 관계를 반영하는 사회법적 조치는 거의 찾아볼 수 없었다.

서독은 헌법제정 이후 계속 독일 제국의 계속성과 통일의 과제를 포기하지 않았다. 이 점은 예컨대 헌법에 다음과 같이 표현되었다. 즉 동독인을 포함하여 1913년 독일 국적법에 의해서 독일 국민의 자격을 가진 자는 서독으로 이주하는 경우 특별한 절차를 밟지 않고 서독법상의 권리와 의무의 주체가 된다. 이는 사회법에도 반영되었다. 동독 주민을 포함하여 정치적 이유에서 서독 이외의 동구권 지역으로 이주한 자가 다시 서독으로 이주하거나 추방되었을 경우에 서독 사회법상의 보호를 받을 수 있다. 외국연금법(Fremdrentengesetz)이 여기에 해당하는 대표적인 예이다.

외국연금법에 따르면 서독으로 이주한 동독 주민의 경우 동독 지역에서 보험가입기간은 서독에서의 보험가입기간으로 인정된다. 이로써 동독 주민이 서독으로 이주하는 데에 따르는 사회법적 불이익이 방지될 수 있다. 이른바 "포섭원칙(Eingliederungsprinzip)"이다. 이에 비해서 연금수급권자가 동독에 거주하는 경우 일반 국제사회법에서와는 달리 동독으로 연금이 지급되지는 않았다.

제 4 장 사회법의 통일

제 1 절 사회법 통일의 방법

사회보장 통합방법론으로서 한때 서독과 동독의 사회보장제도를 조화시키는 방법으로 양독의 사회법을 통합하는 문제가 논의되었다. 그러나 이 질문에는 곧, 그리고 쉽게 부정적인 대답이 모아졌다. 동서독의 정치적 통일은 서독 국민과 같은 생활수준을 동독 주민에게 보장하는 과제를 갖는다. 그리고 서독의 사회보장은 양독의 생활수준의 차이를 제도적으로 보여주는 대표적인 징표였다. 결국 사회법적 과제는 서독의 사회보장제도를 되도록 조속히 동독 지역으로 확대 적용하는 것이었다. 급격한 통일의 와중에서 서독 사회법을 신속히 개혁하고 이를 동독 지역에 확대 적용해야 한다는 논의가 진지하게 주목을 받지는 못했다.

사회법의 통일 작업은 두 단계로 이루어 졌다. 첫째, 1990년 5월 18일 체결된 제1차 국가조약(Der 1. Staatsvertrag)으로 불리우는 통화 · 경제 및 사회공동체 창설을 위한 조약(Vertrag vom 18. Mai 1990 über die Schaffung einer Währungs-, Wirtschafts- und Sozialunion zwischen der Bundesrepublik Deutschland und der Deutschen Demokratischen Republik)이 체결되었다. 둘째, 이른바 통일조약(Einigungsvertrag), 즉 "Vertrag zwischen der Bundesrepublik Deutschland und der Deutschen Demokratischen Republik über die Herstellung der Einheit Deutschlands 31. August 1990"에 사회법 통합을 위한 대체의 기본원칙이 제시되었다. 그리고 이는 양독에서의 입법조치를 통해서 구체화되었다. 이러한 조치를 통하여 양독 지역에 법적 통일이 실제 이루어진 것은 아니다. 통일조약 제9조는 잠정적으로 동독 법률이 계속 효력을 유지하도록 하였기 때문에 통일 후 양독에서 당분간은 어느 정도 상이한 사회법이 계속 분리 적용되었다. 아래에서는 통합조약과 이를 구체화하는 법률을 통해서 양독의 사회법 통합과정, 그리고 필요한 범위 내에서 보충적으로 통일조약의 내용을 살펴본다.

제 2 절 통화 · 경제 및 사회공동체 창설을 위한 조약에 의한 사회법 통일

Ⅰ. 통화 · 경제 및 사회공동체 창설을 위한 조약의 사회법 관련 내용

이 조약은 다음과 같은 세 가지 영역에 대한 합의를 내용으로 하였다. 첫째, 서독의 마르크화가 동독에서도 법정지불화폐로서 인정되었다(통화공동체). 둘째, 영업의 자유가 보장되면서 서독의 노동법이 포괄적으로 계수되었다(경제공동체). 셋째, 동독의 사회법을 서독의 사회법에 유사하게 형성하는 조치가 취해졌다(사회공동체).

사회공동체 창설을 위한 합의는 다음과 같다. 첫째, 동독에 사회적 시장경제질서에 상응하는 노동법을 제정 · 시행한다. 둘째, 사회적 조정(sozialer Ausgleich)의 이념에 기초하고, 개인의 능력에 상응하는 사회정의를 실현하기 위한 사회보장제도를 창설한다. 특히 이러한 합의는 사회법 통합에 중요한 내용과 목표를 제시해 주었다. 이러한 내용과 목표는 보다 구체적으로 양독의 사회법에 다음과 같은 두 가지 과제를 부여하였다. 첫째, 동독 사회보장제도의 구조를 점진적으로 서독의 그것에 접근시키도록 하는 과제이다. 둘째, 과도기에 존재하는 양독의 사회보장제도의 차이가 양독간 자유로운 인적 교류를 저지하는 효과를 가져와서는 안 된다.

Ⅱ. 사회법의 점진적인 통일을 위한 조약의 내용

1. 조직 및 재정문제

사회법의 통합은 조직의 통합으로 시작하였다. 동독의 기존 통합사회보험제도를 폐지하고, 서독의 예에 따라서 직역별로 연금보험 및 질병보험, 그리고 재해보험을 조직하고, 여기에 새로이 고용촉진제도 및 사회부조제도가 창설된다(통합조약 제18조 제1항 제1호, 제20조). 사회적 평등의 이념에 반하며, 또 사회보장의 기능에 있어서도 제한적이었던 동독의 특별부양제도와 부가부양제도(Sonder- und Zusatzversorgung)는 원칙적으로 1990년 7월 1일자로 폐지된다. 이 제도에 의해서 성립된 연금기대권은 연금보험으로 이전된다. 이때 부당한 급여는 폐지되고, 과도한 급여는 삭감된다. 이전된 연금은 국가예산에서 지급된다(통합조약 제20조 제2항). 아래에서 보듯이 새로이 동독 사회보험에서 보험료 산정한도액이 상향조정되기 때문에 이제 사실상 의미가 없어지는 부가임의보험 역시 폐지된다. 동독에서도 사회보험은 독립성을 갖는 공법인을 운영주체로 한다. 다만 이러한 내용은 현실적인 이유에서 즉시 실행될 수 없었으며, 따라서 경과규정을 두었다. 즉 연금보험, 질병보험, 실업보험의 재정은 분리 운영하지만 조직과 관련해서는 잠정적으로 통합 운영되도록 하였다. 재정방식과 관련해서도 연금보험, 질병보험, 실업보험은 사용자와 가입자가 각각 반씩 부담하는 보험료에 의해서, 그리고 산재보험은 사용자가 단독으로 부담하는 보험료에 의하여 운영되도록 하였다(통합조약 제18조 제1항 제2호).

2. 실체법적 문제

실체법의 점진적인 통합과 관련해서 다음과 같은 원칙이 제시되었다. 첫째, 사회법의 통합은 급여수준의 통합이 아니라, 기능구조의 통합을 의미한다. 둘째, 보다 구체적으로 지금까지 소득과의 연계성이 부족한, 따라서 결과적으로 소득 대체성이 약했던 연금에 소득과의 연계성을 부여한다. 셋째, 전반적으로 생활수준을 보장하기에는 불충분한 동독의 연금수준을 상향조정한다. 마지막으로 동독 주민이 통합으로 인하여 적어도 불이익을 받지 않도록 하기 위해서 신뢰보호의 원칙이 존중되어야 한다.

이미 확정된 연금(Bestandsrente)의 수준이 인상되었다. 연금이 45년 보험가입기간을 기준으로 1990년 7월 1일부터 동독의 전체 가입자 평균 순임금의 70%에 달하도록 하였다(통합조약 제20조 제3항). 연금은 동독에서의 임금상승률에 따라 계속 조정된다(통합조약 제10조 제5항).

사회보험의 기능통합을 위해서 동독의 연금보험에서도 가입자는 소득에 비례하여 산정된 보험료를 납부하도록 하였다. 이로써 연금이 진정한 의미에서 임금대체급여의 성격을 띠게 되었다(통합조약 제20조 제1항). 이를 위해서 기존의 비현실적인 보험료 산정한도액을 서독의 경우와 마찬가지의 원칙에 따라 조정되도록 하였다(통합조약 제18조 제5항). 다만 동독의 임금 수준이 낮기 때문에 산정한도액의 절대액 역시 낮을 수밖에 없다. 그런데 이 과정에서 보험료가 갑자기 높아지면서 이에 상응하여 순소득이 낮아지는 것을 고려하여 800마르크 미만 소득자에게는 잠정적으로, 즉 1990년 12월 31일까지 10마르크에서 30마르크까지의 국고보조를 지급하는 규정을 두었다(통합조약 제18조 제4항).

재해보험과 질병보험에 대해서도 유사한 조치가 취해졌다. 재해보험법상 이미 확정된 연금을 동독 임금근로자의 평균임금을 산정기초로 새로이 조정하였다. 연금조정에 관한 규정 역시 마련되었다(통합조약 제23조). 질병보험법과 관련해서는 소득상실 보상급여를 현실화하였다. 연금수급자는 질병보험에 가입하고 일정 수준의 보험료를 납부한다(통합조약 제21조 3, 4항). 동독 주민이 불이익을 받지 않도록 하기 위하여 기존 동독의 사회보험급여는 서독의 질병보험에 없는 경우에도 잠정적으로 국가예산을 재원으로 하여 계속 지급된다(통합조약 제21조 제2항).

실업 및 연금보험의 재정을 국가가 보장하는 규정을 두었다. 즉 일정한 경과기간 동안 국고보조 및 보험료 수입으로 연금지출이 충당될 수 없는 경우에 연방예산에 의해서 적자가 보전된다(통합조약 제25조).[13]

3. 자유로운 인적 교류를 위한 사회법적 조치

통합조약은 활발하게 이루어질 인적 교류에 대한 연금법적 대응을 할 필요가 있었다. 다음 두 가지 사안을 주목하였다. 첫째, 정치적 동기에서 서독지역 이외에서의 보험가입기간을 서독에서의 보험가입기간과 같이 취급했던 외국연금법(Fremdrentengesetz)을 이제 적어도 동독주민(Übersiedler)

13) 통합조약 제28조는 이러한 목적을 위하여 동독 연금보험에 1990년 후반기 7억 5천만 마르크, 같은 기간 실업보험에 20억 마르크, 1991년 30억 마르크를 보조하도록 하였다.

에 대해서는 적용할 필요가 없게 되었다. 둘째, 정치적 통일의 결과 동독 지역으로의 연금지급을 배제해왔던 규정 역시 의미를 상실하였다. 이에 따라 통합조약에서는 1990년 5월 18일 이후, 즉 통합조약 체결 이후 동독에서 서독으로, 혹은 서독에서 동독으로 이주하는 연금 수급권자는 각각 이전 독일지역에서 산정된 연금을 지급받을 수 있다(통합조약 제20조 제7항, 제23조 제4항).

Ⅲ. 조약내용의 실현을 위한 양독의 조치들

통합조약은 양독 정부에게 사회법 통합을 위하여 필요한 조치들을 취할 의무를 부과하였다. 이를 위하여 서독은 통합조약에 관한 법률(Gesetz zu dem Vertrag vom 18. Mai 1990 über die Schaffung einer Währungs-, Wirtschafts- und Sozialunion zwischen der Bundesrepublik Deutschland und der Deutschen Demokratischen Republik vom 25. Juni 1990)을 제정하였다. 동독에서는 다음과 같은 세 개의 법률, 즉 사회보험에 관한 법률(Gesetz über die Sozialversicherung vom 28. Juni 1990), 연금조정법(Gesetz zur Angleichung der Bestandsrenten an das Nettorentenniveau der Bundesrepublik Deutschland und zu weiteren rentenrechtlichen Regelungen vom 28. Juni 1990), 그리고 국가안전기획성 부양제도 폐지에 관한 법률(Gesetz über die Aufhebung der Versorgungsordnung des ehemaligen Ministeriums für Staatssicherheitsdienst/Amtes für Nationale Sicherheit vom 29. Juni 1990)을 제정하였다.

1. 서 독

통합조약의 내용을 실현하기 위해서 서독은 먼저 기존에 양독의 분단을 염두에 두고 적용되던 외국연금법을 개정하고, 또 동독에 서독과 유사한 구조를 갖는 사회보장제도를 구축하기 위하여 필요한 인적 · 물적 지원을 할 의무를 갖는다.

이미 언급했듯이 통합조약이 체결되면서 서독의 이른바 외국연금법(Fremdrentengesetz)이 더 이상 의미를 가질 수 없게 되었다. 원래 외국인

연금법은 본인의 의사와 관계없이 정치적 이유에서 동독 혹은 이전의 독일 지역에 거주할 수밖에 없었던 자가 서독으로 이주하는 경우, 이에 대한 보상으로 그가 마치 서독에서 소득활동을 했던 것과 마찬가지의 상태를 기초로 연금을 지급하는 목적을 가졌다. 그러나 이제 이러한 정치적 이유가 존재하지 않기 때문에 조약체결 후, 즉 1990년 5월 18일 이후 동독에서의 보험가입기간에 대해서 외국연금법을 적용하는 필요성은 상실되었다. 그러나 외국연금보호법의 대상지역 이었던 그 밖의 지역에서 서독으로 이주한 자(Aussiedler)에 대해서는 계속 외국연금법이 적용된다. 다만 급여수준이 조정되었다. 이들 국가와 독일 정부가 양자조약을 체결하여 외국으로 연금을 지급할 수 있도록 했을 때에는 이 양자조약이 우선적으로 적용된다.14)

통합조약에 관한 법률은 서독 주민이 동독으로 이주하는 데 따른 사회법상의 불이익이 발생하지 않도록 하였다. 이는 이미 서독의 국제사회보험법에서 인정되어 왔던 원칙, 즉 외국에 파견 근무하는 근로자에게 본국에서의 보험관계를 계속 유지시키는 원칙(이른바 "Einstrahlungsprinzip")을 동독 지역에 확대 적용하도록 하였다. 그 결과 서독에서 보험에 가입하고 동독에 파견 근무하는 가입자의 경우, 서독에서의 사회보험법관계는 그대로 유지된다.

이 밖에 지금까지 서독의 연금이 지급되지 않았던 유일한 지역이었던 동독으로 연금을 지급할 수 있도록 하였다(통합조약에 관한 법률 제23조 제3항, 제24조 제3항). 이러한 조치들은 이제 독일 전역에 효력을 갖게 된 독일 헌법 제11조 거주이전의 자유를 하위 실정법을 통해서 실효성 있게 한다는 의미를 갖는다.

본래 서독의 질병보험법에 따르면 질병보험급여는 가입자가 서독에 거주하는 경우에 한하여 지급된다. 따라서 설혹 고용지가 서독이더라도

---

14) 실제 독일 정부는 1991년 1월 1일 폴란드와 위와 같은 내용의 양자조약을 체결하였다. 이에 대해서는 Gerhard Bäcker, Die doppelte Sozialversicherung, *Soziale Sicherheit*(1990), 342면 참조.

동독인이 동독에 체류하고 있는 경우에는 보험급여를 받을 수가 없었다. 그런데 통합조약에 관한 법률은 이를 개정하도록 하였다. 즉 가입자가 동독에 거주하는 경우에도 질병보험급여를 지급한다. 가족급여 역시 마찬가지이다(통합조약에 관한 법률 제25조 제1항). 이러한 질병보험급여의 적용범위의 확대는 현금급여의 경우에는 특별한 어려움이 없었다. 그러나 현물급여인 요양급여인 경우에는 양독에 의료급여의 수준이 다르기 때문에 일정한 조정이 필요했다. 결국 가입지역의 질병보험을 존중하여 서독의 가입자가 동독에서 진료를 받을 때 서독 질병보험법에 따른 급여수준을 기준으로 진료를 행하고, 비용징수를 하도록 하였다. 서독 질병보험법상 마치 가입자가 외국에서 진료를 받는 경우와 마찬가지의 형태로 운영되는 것이다. 연금수급자의 질병보험에 대한 규율 역시 필요했다. 서독의 연금보험은 연금수급자에게 질병보험료의 일부를 보조해 주고 있다. 다만 이러한 보조를 받기 위해서는 가입자가 질병보험에 일정한 기간 이상 가입해 있어야 한다. 이러한 보험가입기간이 부족하여 동독의 연금수급자가 보조를 받지 못하는 상황을 방지하기 위해서 동독에서의 질병보험 가입기간을 서독에서의 질병보험 가입기간과 같이 취급하도록 하였다(통합조약에 관한 법률 제25조 제2항).

동독의 사회보험 조직개편에 서독의 해당 사회보험단체가 협력할 수 있는 법적 근거를 마련하였다. 서독의 사회보험단체는 동독에서 사회보험을 구축하는 데에 경우에 따라서는 재정지원을 하여야 한다. 예컨대 향후 재해보험의 통합을 위하여 서독의 해당 단체는 동독에서 재해보험단체가 산업의학 및 그 밖의 보장기술에 관한 인력을 충원하기 위하여 필요한 지원을 하여야 한다.

2. 동 독

통합조약의 내용을 실현하기 위하여 동독 역시 양독간의 인적 교류를 자유롭게 하기 위한 연금법적 조치를 취하여야 한다. 예컨대 동독의 보험관계를 유지하면서 서독에 파견 근무하는 가입자가 근무지에 관계없이 동독의 보험관계를 계속 유지할 수 있도록 한다(사회보험에 관한 법률 제13조). 전반적으로 보면 동독은 지금까지와는 전혀 다른 구조를 갖는 서독의 사회법에 점진적으로 접근하기 위한 개혁입법을 하여야 한다. 동독에서 이 작업은 주로 사회보험에 관한 법률(Gesetz über die Sozialversicherung)에 의해서 구체화되었다. 이 법률에 의해서 지금까지 동독 근로자사회보험, 국가가 운영했던 자영인 및 생산공동체 구성원을 대상으로 한 사회보험은 잠정적으로는 질병보험, 연금보험 및 재해보험을 통합적으로 관리운영하는 조직에 이전되었다. 다만 이들 보험의 재정은 독립적으로 운영된다. 동독에서는 처음으로 사회보험과 국가가 독립하여 재정이 운영된다(사회보험에 관한 법률 제77조).

동독의 연금법은 잠정적으로는 계속 효력을 갖는다(사회보험에 관한 법률 제23조 제2항). 모든 소득 근로자는 원칙적으로 사회보험에 가입된다. 다만 공무원과 같이 다른 방법으로 사회보장이 이루어지거나, 자영인이나 자유직 근로자와 같이 직역별로 사회보장의 대상이 되는 인적 집단은 의무보험에서 면제될 수 있다. 통합조약이 보험료 산정한도액과 보험료율을 새로이 정했기 때문에 연금법은 부분적으로 개정되었다. 구체적으로 보험료 산정한도액은 월 2,700마르크로 하였다(사회보험에 관한 법률 제42조 제1항). 이는 동독의 낮은 임금을 고려하면 비례적으로는 서독과 비슷한 수준이다. 보험료율 역시 서독에서와 마찬가지로 18.7%로 확정되었다(사회보험에 관한 법률 제40조 제1항). 보험의무와 관련해서 저소득자에 대한 보험의무 면제규정이 도입되었다. 즉 서독과 마찬가지로 전체 가입자의 평균임금의 7분의 1에 미달하는 자는 보험의무가 면제된다(사회보험에 관한 법률 제5조, 6조, 39조).

동독 연금의 취약한 재정을 고려하여 1990년 후반에는 국고보조 대신 연금보험의 수입과 지출의 차액을 국가가 부담하게 했다. 1991년부터 동독지역 연금지출의 19.8%에 해당하는 연방보조가 지급된다(사회보험에 관한 법률 제39조).

확정된 동독 연금의 수준을 조정하기 위하여 연금조정법(Rentenangleichungsgesetz)이 제정되었다. 이 법률에 의하여 45년 보험가입기간을 기준으로 연금수준이 동독지역 평균임금의 70%에 해당하도록 조정되었다(연금조정법 제1조). 다만 이러한 연금조정은 해당 조건을 충족시킨 경우에 한하여 이루어진다. 이 조건을 충족시키지 못하는 연금수급자는 사실상 연금으로 생계를 유지할 수 없다. 이는 한편으로는 시장경제가 도입되면서 생활필수품에 대한 국가보조가 폐지되는 현실과, 다른 한편으로는 최저생활을 보장하는 기능을 수행해야 할 사회부조행정이 아직 동독지역에 완비되지 않았다는 사실을 고려하면 극복되어야 할 보장의 공백이었다. 이러한 문제의식의 결과 이른바 사회보조금제도(Sozialzuschlag)를 도입하였다(연금조정법 제18조). 이에 따르면 495마르크 미만의 연금수급자에게는 이 금액에 미달하는 연금수령액과의 차액이 지급된다. 사회보조금은 국가예산을 재원으로 한다.

향후 동독의 연금은 임금상승에 따라 조정된다(연금조정법 제19조). 동독에서 서독으로 이주하는 자에 대한 연금지급 역시 이 법에 의해서 구체화되었다(연금조정법 제20조). 통합조약에서 동독에 부과되었던 의무, 즉 부가적인 부양제도를 폐지하는 조치 역시 연금조정법에 의해서 실현되었다(연금조정법 제22조 이하). 이에 비해 특별부양제도는 별개의 법률을 통해서 폐지되었다. 양 제도에 의한 기존의 기대권은 모두 연금보험으로 이전되었다. 다만 이때 부당한 급여는 폐지하고, 과잉급여는 삭감된다(국가안전기획성 부양제도 폐지에 관한 법률 제1조).15)

동독의 심각한 실업문제에 대처하기 위해서 서독의 고용촉진법과 편제 및 내용이 거의 일치하는 고용촉진법이 제정되었다. 여기서는 특히 직업교육 및 단기작업수당(Kurzarbeitergeld)의 수급요건이 완화되었다.

---

15) 예컨대 1990년 7월 1일 기준으로 부가적인 부양제도에 의한 연금은 연금조정법에 따라 연금인상의 대상에서 제외되고, 그 밖에 주요 당원 및 기간조직원을 대상으로 하는 부양제도에 의한 급여는 우선 그것이 1,500마르크를 초과하는 경우 최고 1,500마르크로 한정하였다. 이 밖에 연금수급권자가 지위를 남용하여 이익을 취했을 때에는 부가적인 부양제도에 의한 급여를 삭감할 수 있도록 하였다. 이 결정은 이 결정을 위하여 구성되는 특별위원회가 행한다. 특별부양제도에 의한 연금은 495마르크를 초과하는 연금액의 50%가 삭감되며 연금액이 990마르크를 초과할 수 없도록 제한하였다.

제 3 절 통일조약에 의한 사회법 통일

통일조약은 서독의 사회법 중 그대로 혹은 개정되어 동독에 확대 적용되는 법률들과 동독 법률 중 그대로 혹은 개정되어 잠정적으로 계속 효력을 유지하는 법률들의 목록을 작성하여 통일 후 사회법 관계를 명확하게 하였다. 사회법에 관한 한 대부분 1991년 이미 통합이 이루어졌고, 부분적으로 1992년을 통합시점으로 하였다. 아래에서는 중요한 분야에 관하여 통일 후 독일 사회법의 모습을 정리해 본다.

Ⅰ. 사회보험

서독과 같은 다원적인 사회보장제도를 창설하려는 통합조약의 목표는 통일조약을 통해서 완성되었다. 통합조약에 의하여 잠정적으로 설치된 통합 사회보험기구는 해체되었다. 1992년 1월 1일자로 개별 사회보험조직이 기능하게 되었다. 이러한 개별 사회보험조직이 설립되기 전까지 과도적으로 사회보험조직, 즉 Überleitungsanstalt Sozialversicherung이 개별 사회보험의 명의로 업무를 담당하였다. 이후 동독에 지역 단위로 노동자 연금보험공단이 설립되었다. 사무직근로자 연금보험은 연방 사무직근로자 연금보험공단(Bundesversicherungsanstalt für Angestellte)이 동독지역을 확대 관할하도록 하였다. 그러나 예산집행, 결산, 통계 등에 있어서는 서독지역과 동독지역이 분리 운영된다. 재정통합의 여부 및 시기는 통합조약과 통일조약에 확정하지 않았다. 이는 1992년 시행되었다.[16)]

서독의 연금보험법은 1992년 1월 1일 자로 전체 독일에 적용되었다. 다만 연금보험법 중 의료 및 직업재활에 관한 규정은 1991년 1월 1일 시행되었다.[17)] 동독에 재활급여에 관한 제도가 없기 때문이다. 이로써 통일과 동시에 포괄적으로 시행되는 고용촉진법상의 각종 조치, 그리고 연금

---

16) *Die Sozialgerichtsbarkeit(B)*(1991), 151면 참조.

17) 이에 대해서 자세히는 Günter Tiedt, "Rehabilitationsleistungen der Rentenversicherung im Jahre 1991 im Beitrittsgebiet", *Die Sozialgerichtsbarkeit(B)*(1991), 33면 참조.

보험법상의 재활조치에 의하여 어느 정도 실업을 예방하는 효과가 기대되었다. 새로운 연금보험법이 시행되면서 동독의 연금보험에 다음과 같은 변화가 나타났다. 먼저, 연금 수급연령이 신축적이게 되었다. 즉 기존의 65세 대신 63세를 연금수급연령으로 선택할 수 있다. 이 조치로 동독에서는 약 200,000명이 추가로 연금수급권을 갖게 되었다. 이 조치는 동시에 고용시장의 문호를 넓히는 효과를 갖는 것으로 기대되었다. 소득능력의 3분의 2 이상이 감소되는 것을 요건으로 했던 기존 동독의 장애연금 대신 직업수행불능(Berufsunfähigkeit)과 소득활동불능(Erwerbsunfähigkeit)으로 이원화된 장애연금이 도입되어, 장애연금 수급요건이 완화되었다.[18] 유족인 여성의 경우, 사망한 남편의 연금에서 파생하는 유족연금이 지급된다. 이로써 미망인의 연금법적 지위가 대폭 개선되었다. 기존 연금수급권자의 신뢰가 침해되지 않도록 경과규정을 마련하였다. 즉 1992년 1월 1일에서 1995년 6월 30일 사이에 연금을 청구하는 경우 새로운 연금보험법에 비해서 1990년 6월 30일 당시 연금보험법에 따라서 산정되는 연금수준이 낮을 때에는 1991년 12월 31일을 산정시점으로 구 연금보험법에 따라 산정되는 연금을 지급한다. 서독과 동독에 같은 보험료율이 적용된다. 그러나 동독의 임금수준은 서독에 비해서 낮기 때문에 보험료 산정기준에는 여전히 차이가 있다. 1991년 동독에서 두 차례 연금이 조정되어 동독 연금이 30% 상향조정 되었다.

이미 위에서 언급한 사회보조금의 대상자는 1991년 12월 31일까지 선정되며, 이는 1995년 7월 1일 이후에는 지급되지 않는다. 그러나 통일조약에 기초하여 제정된 연방법은 이 기간을 연장하였다. 즉 대상자 선정은 1993년 12월 31일까지, 그리고 지급은 1996년까지 연장되었다. 다만 사회보조금은 연금과 달리 조정이 되지는 않는다. 사회보조금이 사회부조에 대한 대체기능을 수행하는 데 입법적 취지가 있다는 것을 알 수 있다.

1991년 1월 1일 사회법전 제5권 질병보험법이 동독으로 확대 적용되

18) 이에 대해서 자세히는 Günter Hennies, "Invaliditätsrenten in den neuen Bundesländern", *Die Sozialgerichtsbarkeit(B)*(1991), 145면 이하 참조.

었다. 동독에서 과도적으로 국가의료기관이 의료의 상당 부분을 담당하겠지만, 이제 개업의의 활동이 인정되면서, 가입자는 보험의를 자유로이 선택하여 진료를 받을 수 있게 되었다.[19] 질병보험조직으로 1991년 1월 1일 동독 지역에 14개의 지역질병보험조합이 설립되었다. 그 밖의 질병보험조합도 동독에 독자적으로 조합을 설립하거나, 적용범위를 확대시킬 수 있다. 동독에서 가입자의 임금수준은 서독 근로자에 비해서 대단히 낮은 수준에 있다. 따라서 질병보험의 급여인 의료적 조치에 낮은 임금수준을 기초로 수가가 결정된다. 동독에서 의료수가는 서독에 비해서 약 45%이다. 병원 및 종합병원에서도 이러한 수가의 차이는 마찬가지로 적용된다. 의약품 가격에 대해서도 차등가격제도가 도입되었다. 통일 후 동독의 의료상황은 악화되었다고 한다. 동독의 의료인들이 독자적인 개업을 하거나, 혹은 서독으로 이주하였기 때문이다. 1991년 동독지역 질병보험조합의 보험료율은 통일적으로 12.8%이다.

1991년 1월 1일 부터 동독에서도 직역중심의 재해보험이 시행되었다. 1990년 12월 31일까지는 기존 동독의 재해보험에 관한 법률이 계속 적용되었다. 다만 이 법률은 1990년 6월 28일자 사회보험에 관한 법률 및 연금조정법을 통해서 상당 부분 서독의 재해보험법에 접근하였다. 1991년 1월 1일자로 재해보험의 조직, 보상관계법, 재활, 재해예방 및 재정에 관한 서독 재해보험의 규정이 동독지역에 적용된다. 또 1992년 1월 1일부터는 가입자의 범위, 보호되는 위험 및 연금에 의한 보상규정 역시 효력을 발생한다. 결국 1992년 1월 1일 이후 발생한 재해에 대해서는 서독의 재해보험법이 적용된다.[20]

---

19) 이에 대해서 자세히는 Reinald Maass, "Die Kassenartzrecht nach dem Einigungsvertrag", *Die Sozialgerichtsbarkeit(B)*(1991), 113면 이하 참조.

20) 이에 대해서 자세히는 H. Aulmann, "Die gesetzliche Unfallversicherung im Beitrittsgebiet", *Die Sozialgerichtsbarkeit(B)*(1991), 65면 이하; Friedrich Stoll, "Der Versicherungsschutz bei Arbeits- und Wegeunfällen nach dem Arbeitsgesetzbuch der DDR-Kapitel Übergangsrecht", *Die Sozialgerichtsbarkeit(B)*(1991), 81면 이하 등 참조.

Ⅱ. 고용촉진

통일 후 독일이 겪는 가장 심각한 문제는 실업이다. 1991년 6월 30일까지는 동독의 고용촉진법에 의해서 근로자가 해고보호를 받았기 때문에 실업률은 약 10%를 유지할 수 있었다. 그러나 이후 실업률은 급격히 늘 것이며, 심지어는 50%까지도 예상되었다. 실업률의 변화에 대한 변수는 다음과 같은 두 가지이다. 첫째, 실업을 적극적으로 방지하기 위한 조치들이 어느 정도 성공할 것인가 하는 문제이다. 둘째, 동독 지역에 고용창출의 기초가 되는 투자가 어느 정도 이루어질 것인가 하는 문제이다. 이러한 목적을 위해서 통일조약은 동독지역의 재산의 사유화에 특별한 비중을 두었다.

이미 동독은 통합조약에서의 합의를 이행하기 위해서 서독의 고용촉진법과 같은 고용촉진법을 제정 · 시행하고 있었다. 따라서 서독의 고용촉진법이 통일 후 즉시 효력을 발생하는 데에는 어려움이 없었다. 이 법으로 실업을 예방하기 위해서 동독에 도입되었던 단기작업수당(Kurzarbeitergeld)이 통일 후 계속 지급되었다. 노동사무소(Arbeitsamt)는 단기작업수당을 수령하는 자의 질병보험료 및 연금보험료를 부담한다. 이러한 잠정적인 특별조치는 1991년 6월 30일까지 시행된다. 연방노동 및 사회장관은 이 조치를 1991년 12월 31일까지 연장 시행할 수 있다. 이밖에 동독의 근로자는 57세를 넘으면 3년 동안, 혹은 노령연금을 수급할 수 있는 가장 빠른 연령에 이를 때까지 경과적 노령연금(Altersübergangsgeld)을 받을 수 있다. 경과적 노령연금으로는 평균 순임금의 65%에 해당하는 액이 지급된다(통합조약 제30조 제2항).

공적 성격을 갖는 기업의 기업주 혹은 지방자치단체는 고용창출을 위한 조치에 소요되는 비용을 분담하여야 한다. 특별히 노동정책적 중요성이 인정되는 고용창출을 위한 조치에 해당하지만 이를 재정적인 이유에서 시행할 수 없는 경우에는 노동사무소가 임금지출에 대한 비용을 부담한다. 그 밖의 조치에 대해서도 임금지출에 소요되는 비용의 90%에 달하는 재정보조를 한다. 임금지출 이외의 비용에 대해서는 일정한 범위 내에서 대부 혹은 이자 감면의 형태로 보조가 이루어진다.

전체 독일의 근로자는 실업보험료로 1991년 4월 1일부터 기존의 4.3%에서 2.5%가 증가한 6.8%를 부담하게 되었다.21) 이 증가된 수입액은 재교육, 직업교육, 고용창출조치 등에 사용된다.

Ⅲ. 사회부조

통일조약에 따라 1991년 1월 1일부터 서독의 연방사회부조법(Bundessozialhilfegesetz)이 동독에 확대 적용되었다. 연방사회부조법은 부분적으로 수정을 거쳐서 적용된다. 중요한 수정내용을 보면 다음과 같다. 먼저, 사회부조급여에 대한 법적 청구권에 제한을 가하였다. 즉 동독의 사회부조 운영주체가 해당 청구권을 실현하기 위해서 필요한 사회적 서비스 및 제도를 갖추고 있거나, 혹은 현재 가용수단으로서 실현할 수 있을 때에 비로소 법적 의무를 진다. 이러한 제한은 서독에서 사회부조 청구권을 행사하고, 연방사회부조법 제103조 이하의 규정에 의하여 동독의 사회부조운영주체에게 비용보상청구권을 행사하는 것을 방지하기 위하여 취해졌다. 동독의 사회부조 운영주체는 가능한 한 조속히 충분한 서비스와 제도를 창설하기 위하여 노력하여야 한다.

사회부조법상의 기본수요는 서독에 비해서는 조금 낮은 한 가구당 400마르크로 확정되었다. 기본수요는 필요한 경우 기본수요에 관한 명령(Regelsatzverordnung)을 개정하여 변경된다. 동독에서는 아직 노인, 소득능력상실에 대한 부가급여는 적용되지 않는다. 동독에서의 급격한 물가상승을 고려하면 사회부조 급여수준을 서독과 달리하는 것이 정당한지는 의심스럽다는 비판이 가해졌다.

동독 사회부조의 운영주체는 서독과는 달리 각 주이다. 동독에서 사회부조행정이 아직 정비단계에 있기 때문에 주가 법률 집행을 위한 가장 적합한 조직이라고 평가되었다. 그렇더라도 동독에서 사회부조가 본래의

21) 이에 대해서 자세히는 *Die Sozialgerichtsbarkeit(B)*(1991), 421면 이하 참조.

기능, 즉 최후의 그리고 예외적인 사회보장제도로서 기능하기 위해서는 동독의 전체적인 경제구조의 변화, 그리고 동시에 다른 사회보장제도의 완비가 빠른 속도로 병행되어야 한다. 실업률의 가속적인 상승 등 경제발전이 불리하게 진행된다면 사회부조는 다수의 국민에게 최저생활을 보장하는 감당키 어려운 문제에 처할 것이다. 통일조약은 이 밖에 민간복지기관의 조직과 서비스 활동이 사회국가를 실현하는 데에 불가피한 요소임을 확인하였다(통합조약 제32조). 이로써 동독지역에서도 민간복지기관의 설립과 확대가 장려되어야 한다는 기본원칙이 선언된 것이다.

Ⅳ. 각종 촉진제도

아동보조금(Kindergeld)은 부분적인 수정을 거쳐 1991년 1월 1일 동독에 확대 적용되었다. 양육보조금(Erziehungsgeld)과 양육휴가(Erziehungsurlaub)는 1990년 12월 31일 이후 출생한 아동에 대해서 제한 없이 적용된다. 이로써 동독에서 처음으로 소득활동을 하지 않는 부 혹은 모가 양육보조금과 양육휴가를 가질 수 있게 되었다. 서독에서 1990년 6월 26일 제정되고, 1991년 1월 1일 효력을 발생한 아동 및 청소년보호법(Kinder- und Jugendhilfegesetz)은 1990년 10월 3일자로 동독에 확대 적용되었다.

Ⅴ. 사회보장 행정절차, 사법적 권리구제

1991년 1월 1일자로 사회법전 제10권이 동독에도 적용되어, 사회보장 행정절차가 통일되었다. 사회법원에 의한 법적 보호 역시 동독에 확대 적용되었다. 다만 동독에 독립 법원이 설치될 때까지 사회법원의 업무는 해당 지역 지방법원(Bezirksgericht)이 관할한다. 그러나 이 경우에도 최종심급은 분쟁의 종류에 따라 연방사회법원 혹은 연방행정법원이다.[22]

---

22) 이에 대해서 자세히는 Clemens Becher, “Regelungen des Einigungsvertrages für die Sozialgerichtsbarkeit”, *Die Sozialgerichtsbarkeit (B)* (1991), 1면 이하; Wolfgang Fichte, “Probleme der Sozialgerichtsbarkeit in den neuen Bundesländern”, *Die Sozialgerichtsbarkeit (B)* (1991), 97면 이하 등 참조.

색 인

[ㅈ]

[ㅊ]

[저자약력]

연세대학교 법과대학 및 동대학원(법학사, 법학석사)
독일 뮨헨대학교 법과대학(법학박사)
독일 막스프랑크 외국 및 국제사회법연구소 연구원
한림대학교 법학과 교수
사법시험 등 각종 국가시험 출제위원
한국공법학회 학술장려상(1994년 헌법 분야) 수상
독일 훔볼트재단 초청교수
독일 막스프랑크 외국 및 국제사회법연구소 초청교수
미국 버클리 로스쿨 방문교수
현재 연세대학교 법과대학 교수
　　한국헌법학회 상임이사, 한국공법학회 상임이사, 한국의료법학회 이사,
　　한국사회정책학회 수석 부회장, 헌법재판소 헌법연구위원

[저　서]

Das Recht der sozialen Sicherheit und seine verfassungsrechtlichen Rahmenbedingungen in der Bundesrepublik Deutschland und in der Republik Korea(Nomos, 1990)
복지국가의 기원(역)(교육과학사, 1992; 법문사, 2005)
사회보장법학(한림대출판부, 1993)
독일사회보장법론(법문사, 1994)
법학개론(공저)(박영사, 1995. 제 5 판, 2005)
환경오염의 법적 구제와 개선책(공저)(소화, 1996)
한국 가족정책의 이해(공저)(학지사, 1996)
한국의 노동법 개정과 노사관계(공저)(한국노동연구원, 2000)
한국판례연구(법문사, 2000)
한국사회보장법론(법문사, 1997. 제 7 판, 2007)
판례헌법(공저)(신조사, 2002)
국제사회보장법론(법문사, 2002)
장애인고용촉진을 위한 세제상 지원방안연구(공저)(한국장애인고용촉진공단, 2002)
집회시위에 대한 경찰개입의 한계에 관한 연구(치안연구소, 2001)
한국헌법론(법문사, 2004. 제 4 판, 2007)

독일사회보장법과 사회정책

2008年 6月 30日 初版印刷
2008年 7月 10日 初版發行

著 者 전 광 석
發行人 安 鍾 萬
發行處 (株) 博 英 社
서울特別市 鍾路區 平洞 13-31番地
電話 (733) 6771 FAX (736) 4818
登錄 1959. 3. 11. 제300-1959-1호(倫)

저자와 협의하여 인지를 생략함

www.pakyoungsa.co.kr e-mail: pys@pakyoungsa.co.kr

破本은 바꿔 드립니다. 本書의 無斷複製行爲를 禁합니다.

定 價 25,000원 ISBN 978-89-7189-836-9